高等院校新形态教材系列

Quality Management

4th Edition

质量管理

第 4 版

谷炜 马风才 ◎编著

本书在总结质量管理实践及教学经验的基础上，系统介绍了质量管理的理论和方法。全书共 11 章，涵盖了质量管理的经典内容，具体包括质量管理概论、全面质量管理、顾客需求管理、设计过程质量管理、统计过程控制、抽样检验、顾客满意度及其测评、质量经济分析、质量管理体系、6σ 管理、卓越绩效模式，同时探讨了当今质量管理领域的热点问题，并融入了质量管理领域的新成果。此外，本书结合现代产业发展趋势，更多地关注了服务这种特殊产品，探讨了新业态质量管理，例如共享经济、快消品和新零售，以及数字化时代的全面质量管理。

本书可以作为高等院校管理学专业的本科生、硕士生和 MBA 学员及其他专业的硕士生的教材，还可以作为质量管理的培训教材，以及实务工作者的参考用书。

图书在版编目（CIP）数据

质量管理 / 谷炜，马风才编著. -- 4 版. -- 北京：机械工业出版社，2024. 10. --（高等院校新形态教材系列）. -- ISBN 978-7-111-76967-5

Ⅰ. F273.2

中国国家版本馆 CIP 数据核字第 20244FW626 号

机械工业出版社（北京市百万庄大街 22 号　邮政编码 100037）
策划编辑：吴亚军　　　　　　　　　责任编辑：吴亚军
责任校对：孙明慧　张慧敏　景　飞　责任印制：邸　敏
三河市国英印务有限公司印刷
2025 年 1 月第 4 版第 1 次印刷
185mm×260mm・17.25 印张・415 千字
标准书号：ISBN 978-7-111-76967-5
定价：59.00 元

电话服务　　　　　　　　网络服务
客服电话：010-88361066　机　工　官　网：www.cmpbook.com
　　　　　010-88379833　机　工　官　博：weibo.com/cmp1952
　　　　　010-68326294　金　书　网：www.golden-book.com
封底无防伪标均为盗版　机工教育服务网：www.cmpedu.com

前　　言

"21世纪是质量的世纪。""质量不是检验出来的，质量是制造出来的，质量是设计出来的。"产品和服务的质量与每个人有着直接或间接的关系。那么，如何切实提高产品和服务质量水平？质量管理包括哪些内容？这些内容之间又是怎样的关系？对于这些问题，本书将给出明确的回答。

一、本书体系结构

《质量管理》第4版沿用第3版的逻辑结构，如图0-1所示。

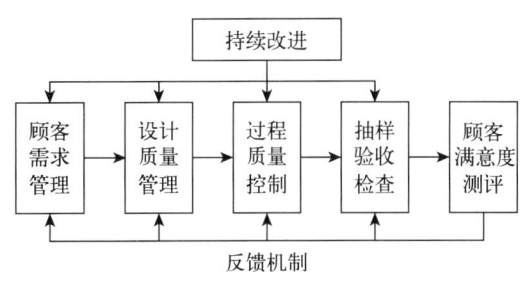

图0-1　本书逻辑结构

图0-1以顾客需求管理为起点，以顾客满意度为归宿，体现了"以顾客为关注点"的质量观。该图还强调要善于发现需求管理阶段、设计阶段、过程控制阶段及验收检查阶段存在的质量问题，并及时反馈、予以改进，体现了"没有最好，只有更好"的质量管理理念。

二、本书篇章内容

本书系统地阐述了质量管理的理论及应用，全书分11章。

第1章"质量管理概论"，主要介绍质量管理的基本概念、基本原理以及质量管理的发展历程与新发展，阐述了新业态与质量管理的相关内容。

第2章"全面质量管理"，围绕"三全一多样"，系统地介绍了质量管理的基本工具和方法，结合实例说明了简单实用的七种常用质量管理工具的用法，介绍了数字化时代的全面质量管理。

第3章"顾客需求管理"，分别介绍了顾客驱动质量管理、顾客需求调查和顾客关系管理。

第 4 章"设计过程质量管理",遵循"质量是设计和制造出来的,不是检验出来的"的思想,分别阐述了面向质量的产品设计思路及方法、质量功能展开的技术路线、可靠性工程以及服务设计与质量控制。

第 5 章"统计过程控制",结合实例,系统地介绍了统计过程控制的基本原理、两类质量控制图的原理与绘制方法以及过程能力分析。

第 6 章"抽样检验",分别介绍抽样检验的基本原理、计数抽样方案设计以及计量抽样方案设计。

第 7 章"顾客满意度及其测评",主要介绍顾客满意度的概念、模型、测评以及持续改进。

第 8 章"质量经济分析",主要介绍质量成本及各项质量成本之间的关系、质量成本核算、质量成本分析与报告、提高质量经济性的途径以及 ERP 支持下的质量成本管理等内容。

第 9 章"质量管理体系",围绕 ISO 9000 族标准,分别介绍 ISO 9000 族标准的产生与发展、ISO 9000:2015 族标准的核心标准、质量管理体系以及质量认证等内容。

第 10 章"6σ 管理",主要介绍 6σ 管理的含义、6σ 管理水平度量、6σ 管理的组织与培训、实施 6σ 管理的 DMAIC 模式以及精益 6σ 管理等内容。

第 11 章"卓越绩效模式",主要介绍卓越绩效模式的内涵与体系结构、卓越绩效评价准则及实施、日本戴明奖的评审标准、美国马尔科姆·鲍德里奇奖的评审标准、欧洲质量管理基金会卓越奖的评审标准。

三、与第 3 版相比本书的主要变化

与第 3 版相比,本书的主要变化体现在以下 9 个方面。

(1)在全书的内容组织上,更多地关注了服务这种特殊产品,同时增加了数字化时代服务质量管理的概念。

(2)在第 1 章中增加了新业态的发展及其质量管理概况,分析了共享经济、快消品及新零售质量管理的关键点与对策。

(3)在第 2 章中增加了数字化时代的全面质量管理内容,分别从纵向及横向分析了数字化时代的全面质量管理。

(4)在第 3 章中增加了顾客驱动质量管理方面的内容,探讨了顾客驱动的要素、顾客驱动与质量的关系及顾客驱动质量管理的内容。

(5)删除了第 3 章 3.3 节的整体内容。

(6)新增了第 7 章,探讨顾客满意度及其测评方面的主要内容。

(7)更新了第 9 章(原第 8 章)9.1.4 节中第 3、4 部分的内容。将 ISO 9004:2009 更新为 ISO 9004:2018;将 ISO 19011:2011 更新为 ISO 19011:2018。

（8）更新了约 90% 的案例，并新增了第 7 章的案例，从而使每一章都有相应的教学案例。

（9）补充了一些例题与练习题。

四、读者对象

本书适合管理学专业的本科生、硕士生和 MBA 学员及其他专业的硕士生，以及从事实际质量管理的人员。

五、致谢

十分感谢机械工业出版社对本书出版给予的鼎力支持，正是在编辑的支持、鼓励和鞭策下，我们才能锲而不舍，最后得以完成本书。

本书的编写得到了 2022 年度北京科技大学校级规划教材建设经费资助，在此表示感谢。

在本书的编写过程中，我们参考了大量国内外有关质量管理的著作和学术论文，限于篇幅，书后仅列出了其中主要的参考文献。在此，谨向国内外有关作者表示深深的谢意。

多年来，读者对本书第 1~3 版提出了一些修改建议。事实上，正是有了读者的厚爱，本书才逐步得到完善，对此表示感谢。

本次编写和修订分工如下：谷炜，第 1、2、7、8、9、11 章；马风才，第 3、4、5、6、10 章。另外，王琛参与了第 3、7、11 章的修订工作，王淑漪参与了第 1、2、11 章的修订工作。此外，马风才对初稿进行了统稿、修改和校对，谷炜对终稿做了最后的校对和审稿。

鉴于作者水平有限，书中难免有不妥之处，恳请同行及读者批评指正。

教学建议

本书的教学目的是让学生掌握质量管理的基本理论与方法，不包括案例分析，讲授完本书的全部内容约需要 32 个学时。管理学专业的本科生、硕士生和 MBA 学员及其他专业的硕士生的开课学时，教师可根据情况压缩部分内容，但建议保留第 4~6 章的全部内容。下表给出了本书学习要点及学时建议，仅供参考。

本书学习要点及建议学时

教学内容	学习要点	学时建议
第 1 章　质量管理概论	（1）掌握质量管理的基本概念 （2）领会朱兰、戴明等质量管理大师的思想 （3）了解产品生命周期质量管理的思想 （4）了解质量管理发展历程与新发展 （5）了解新业态与质量管理	2
第 2 章　全面质量管理	（1）领会全面质量管理的含义 （2）了解"三全一多样"的基本要求 （3）掌握质量管理的基本工具 （4）了解质量管理的七种新工具 （5）掌握一些常用的质量管理方法 （6）了解数字化时代的全面质量管理	2
第 3 章　顾客需求管理	（1）了解顾客驱动质量管理的管理思想 （2）掌握顾客需求的调查方法 （3）掌握顾客信息的获取方法 （4）掌握顾客分析方法 （5）了解顾客关系管理系统	2
第 4 章　设计过程质量管理	（1）了解产品设计 DfX 的内容 （2）熟悉设计过程质量管理的内容 （3）掌握质量功能展开的具体方法 （4）掌握可靠性的概念及其度量 （5）掌握系统可靠性的计算方法 （6）掌握服务设计与服务质量控制方法 （7）掌握 SERVQUAL 模型	4
第 5 章　统计过程控制	（1）掌握统计过程控制的基本原理 （2）认识产生质量变异的原因 （3）掌握质量数据的采集方法 （4）掌握质量控制图的基本原理 （5）掌握质量控制图的绘制方法 （6）掌握质量控制图的观察与分析方法 （7）掌握过程能力的基本概念 （8）掌握过程能力指数的计算方法 （9）了解过程等级及过程能力评价标准	6

（续）

教学内容	学习要点	学时建议
第6章 抽样检验	（1）掌握抽样检验的基本原理 （2）掌握有关抽样检验的名词术语 （3）领会接收概率的含义 （4）了解 N、n、c 对 OC 曲线的影响 （5）了解百分比抽样方案的不合理性 （6）掌握计数标准型抽样方案设计原理 （7）掌握计数标准型一次抽样方案的设计方法 （8）掌握计数调整型转移规则 （9）掌握计量抽样方案的设计方法	4
第7章 顾客满意度及其测评	（1）理解顾客满意度的概念 （2）掌握影响顾客满意度的因素 （3）掌握顾客满意度模型 （4）了解顾客满意度测评 （5）领会持续提升顾客满意度的思想	2
第8章 质量经济分析	（1）掌握质量成本的概念 （2）掌握几项质量成本的相互关系 （3）了解质量成本科目的设置方法及内容 （4）掌握质量成本核算方法 （5）掌握质量成本分析方法 （6）了解质量成本报告的内容 （7）了解质量特性波动及其损失 （8）了解提高质量经济性的途径	2
第9章 质量管理体系	（1）了解 ISO 9000 族标准的发展沿革 （2）了解 ISO 9000：2015 族标准的构成和特点 （3）掌握 ISO 9000：2015 族标准的 4 个核心标准 （4）掌握建立质量管理体系的步骤 （5）掌握质量管理认证的条件与程序	2
第10章 6σ 管理	（1）了解 6σ 管理的产生和发展过程 （2）掌握 6σ 管理的含义 （3）掌握 6σ 管理水平测算的方法 （4）了解 6σ 管理组织架构 （5）了解 6σ 管理培训内容 （6）掌握实施 6σ 管理的 DMAIC 模式 （7）了解精益 6σ 管理的成功要素	4
第11章 卓越绩效模式	（1）了解卓越绩效模式产生的背景 （2）理解卓越绩效模式的内涵与体系结构 （3）掌握卓越绩效评价准则的框架结构 （4）掌握日本戴明奖的评审标准 （5）掌握美国马尔科姆·鲍德里奇奖的评审标准 （6）掌握欧洲质量管理基金会卓越奖的评审标准	2
就案例分析的安排：建议第2章、第4章、第5章、第8章、第9章、第10章各做一个案例分析，不占课内学时，其他课堂案例由教师灵活掌握，时间包含在各章学时之内		
课时总计		32

目 录

前　言
教学建议

第 1 章　质量管理概论　/ 1

1.1　质量管理的基本概念　/ 1
1.2　质量管理基本原理　/ 4
1.3　质量管理发展历程与新发展　/ 9
1.4　新业态与质量管理　/ 13
案例分析　华为：建设质量文化，打造"零缺陷"质量管理体系　/ 22
思考与练习　/ 22

第 2 章　全面质量管理　/ 24

2.1　全面质量管理概述　/ 24
2.2　质量管理基本工具　/ 27
2.3　其他质量管理方法　/ 39
2.4　数字化时代的全面质量管理　/ 41
案例分析　精益求精：上汽通用汽车的全方位质量管理之道　/ 48
思考与练习　/ 49

第 3 章　顾客需求管理　/ 51

3.1　顾客驱动质量管理　/ 51
3.2　顾客需求调查　/ 53
3.3　顾客关系管理　/ 57
案例分析　平安驾校退还学费　/ 61
思考与练习　/ 62

第 4 章　设计过程质量管理　　/ 63

4.1　面向质量的产品设计　/ 63
4.2　质量功能展开　/ 66
4.3　可靠性工程　/ 69
4.4　服务设计与质量控制　/ 79
案例分析　长城鞋店与顾客的纠纷　/ 84
思考与练习　/ 85

第 5 章　统计过程控制　　/ 87

5.1　统计过程控制的基本原理　/ 87
5.2　质量控制图　/ 90
5.3　过程能力分析　/ 111
案例分析　润通公司走上质量管理的快车道　/ 119
思考与练习　/ 121

第 6 章　抽样检验　　/ 124

6.1　抽样检验的基本原理　/ 124
6.2　计数抽样方案　/ 132
6.3　计量抽样方案　/ 145
案例分析　这个抽样方案的合理性值得怀疑　/ 147
思考与练习　/ 147

第 7 章　顾客满意度及其测评　　/ 149

7.1　顾客满意度理念　/ 149
7.2　顾客满意度模型　/ 154
7.3　顾客满意度测评　/ 159
7.4　顾客满意度的持续改进　/ 163
案例分析　卡特彼勒公司的成功之道　/ 165
思考与练习　/ 166

第 8 章　质量经济分析　　/ 168

8.1　质量经济管理概述　/ 168
8.2　质量成本管理　/ 169
8.3　质量成本统计核算　/ 174
8.4　质量成本分析与报告　/ 183

8.5 提高质量经济性 / 187
8.6 ERP 支持下的质量成本管理 / 190
案例分析 民康医药集团搭上质量成本管理的末班车 / 193
思考与练习 / 193

第 9 章 质量管理体系 / 195

9.1 ISO 9000 质量管理体系 / 195
9.2 质量管理体系的建立与有效运行 / 212
9.3 质量管理认证 / 216
案例分析 海尔集团通过 ISO 9001 质量管理体系认证 / 219
思考与练习 / 220

第 10 章 6σ 管理 / 221

10.1 6σ 管理概述 / 221
10.2 6σ 管理水平度量 / 226
10.3 6σ 管理的组织与培训 / 231
10.4 实施 6σ 管理的 DMAIC 模式 / 234
10.5 精益 6σ 管理 / 239
案例分析 中兴通讯的 6σ 管理实践 / 241
思考与练习 / 242

第 11 章 卓越绩效模式 / 244

11.1 卓越绩效模式概述 / 244
11.2 卓越绩效评价准则 / 246
11.3 三大著名质量奖 / 250
案例分析 格力的质量管理之路 / 257
思考与练习 / 258

附录 部分思考与练习参考答案 / 260
参考文献 / 265

第 1 章 质量管理概论

○ 学习目标

√ 掌握质量管理的基本概念
√ 领会朱兰、戴明等质量管理大师的思想
√ 了解产品生命周期质量管理的思想
√ 了解质量管理发展历程与新发展
√ 了解新业态与质量管理

荷兰（Netherlands）原意是"低地之国"，全国近 1/4 的土地低于海平面，1/3 的地面高出海平面仅 1m，海拔最高处仅有 322.5m。为了国家安全，持续 700 多年，荷兰建成了现在长达 1 800km 的拦海大堤。如果说荷兰的拦海大堤是为了保卫荷兰的国家安全，那么组织的产品和服务质量则是保卫组织生存与发展的质量大堤，生命攸关。事实上，提高质量水平，一方面顾客更加满意，从而赢得更大的市场份额，实现更多的收入，最终获得更大的经济效益与社会效益；另一方面，产品或服务价格更高，成本更低，利润更大，最终获得的经济效益与社会效益更大。

要领会质量管理对组织生存和发展的重要性，首先要掌握若干质量管理的基本概念，掌握质量管理的基本原理，了解质量管理的发展历程和新发展。

1.1 质量管理的基本概念

1.1.1 质量

质量，即"一组固有特性满足要求的程度"。

"固有的"（其反义是"赋予的"）就是指某事或某物中本来就有的，尤其是那种永久的特性。

"特性"，即可区分的特征。特性可以是"固有的"或"赋予的"，也可以是"定性的"或"定量的"。有各种类别的特性，比如物理的（如机械的、电的）、感官的（如嗅觉、触觉、味觉、视觉、听觉）、行为的（如礼貌、诚实、正直）、时间的（如准时性、可靠性、可用性）、人体工效的（如生理的、有关人身安全的）、功能的（如飞机的最高速度）。

"要求"，即"明示的、通常隐含的或必须履行的需求或期望"。明示的要求是指合同中规定的或顾客明确提出的要求；"通常隐含的"是指组织、顾客和其他相关方的惯例或一般做法，所考虑的需求或期望是不言而喻的；"必须履行的"是指法律法规的要求。要求可由不同的相关方提出。因此，质量术语中用"满足要求的程度"取代了"满足顾客要求的程度"。

致力于满足要求，就是要达到甚至超过顾客满意。顾客满意就是"顾客对其要求已被满足的程度的感受"。顾客抱怨是一种满意程度低的最常见的表示方式，但没有抱怨并一定表明顾客很满意。另外，即使规定的顾客要求符合顾客的愿望并得到满足，也不一定确保顾客满意。

直到 20 世纪末，质量仍被定义为"产品或服务满足规定或潜在需要的特性的总和"。随着对质量认识的提高，这一概念的外延得到扩大，重新定义为"一组固有特性满足要求的程度"。这一术语反映了质量管理原则的要求，尤其反映了以顾客为关注点的要求。其内核是满足要求的程度，强调在固有特性与要求之间，要求是主导的、第一位的。

1.1.2 质量管理

质量管理，即"在质量方面指挥和控制组织的协调的活动"。

质量管理是组织为使产品质量能够满足不断更新的质量要求、达到顾客满意而开展的策划、组织、实施、控制、检查、审核和改进等所有相关管理活动的总和。概括起来，质量管理主要包括以下五个方面的内容：质量方针和质量目标的制定、质量策划、质量控制、质量保证以及质量改进与持续改进。

1. 质量方针和质量目标的制定

质量方针是由组织的最高管理者正式发布的该组织总的质量宗旨和方向。质量方针是组织全体成员开展质量活动的准则，为质量目标的制定提供了框架和方向。

质量目标，即组织在质量方面所追求的目的，依据组织的质量方针而制定。通常对组织的相关职能和层次分别制定相应的质量目标。

2. 质量策划

质量策划是质量管理的一部分，致力于制定质量目标并规定必要的运行过程和相关资源以实现质量目标。其内容之一是编制质量计划。质量计划是质量策划的结果之一，是质量策划活动所产生的一种书面文件。

3. 质量控制

质量控制是质量管理的一部分，致力于满足质量要求。质量控制的工作内容包括专业技术和管理技术两个方面。质量控制是指为满足质量要求而对产品质量形成全过程中上述两方面的各种因素进行控制。质量控制的具体方式或方法取决于组织的产品性质，也取决于对产品质量要求的改变。同时，在实际中，应明确具体的控制对象，比如工序质量控制、外协件质量控制等。

4. 质量保证

质量保证是质量管理的一部分，致力于提供质量要求会得到满足的信任。质量保证是组织针对顾客和其他相关方要求对自身在产品质量形成全过程中某些环节的质量控制活动提供必要的证据，以取得信任。质量保证分为外部质量保证和内部质量保证。前者向组织外部提供保证，以取得用户和第三方（质量监督管理部门、行业协会、消费者协会）的信任；后者是使组织的管理者确信组织内各职能部门和人员对质量控制的有效性。

质量控制与质量保证之间的关系可理解为质量控制是基础，是具体操作过程，比如检验过程本身；质量保证是目的，最终取得组织内部和外部的信任。

5. 质量改进与持续改进

质量改进是质量管理的一部分，致力于增强在满足质量要求方面的能力。就质量改进而言，要求可以是多个方面的，比如有效性、效率和可追溯性。其中，有效性是指完成策划的活动和达到策划结果的程度；效率是指达到结果与所使用的资源之间的关系；可追溯性是指追溯所考虑对象的历史、应用情况或所处场所的能力。

持续改进是增强满足要求的能力的循环活动。持续改进是对"没有最好，只有更好"最好的诠释。任何组织或任何组织内的任一业务，不管它如何完善，总存在进一步改进的余地。这就要求不断制定改进目标并寻找改进机会。持续改进体现了质量管理的核心理念："顾客满意，持续改进。"

1.1.3 过程与产品

1. 过程

过程即一组将输入转化为输出的相互关联或相互作用的活动。一个过程的输入通常是其他过程的输出。组织为了增值，通常对过程进行策划并使其在受控条件下进行。

任何一项活动都可以作为过程进行管理，即系统地识别和管理组织所使用的过程，特别是这些过程之间的相互作用。将活动和相关的资源作为过程进行管理，可以更高效地得到期望的结果。产品实现过程是组织内部最基本的过程。此外，还有落实管理职责过程、资源管理过程以及测量、分析和改进过程。

产品实现过程的输入是顾客和其他相关方的需要和期望，以此作为设计和开发的依据，通过产品实现过程的各个环节，最终输出产品提供给顾客。图 1-1 是产品实现过程模型。

管理职责过程要求组织的最高管理者做出满足顾客和其他相关方要求以及持续改进组织质量管理水平的承诺，相应地建立质量方针和质量目标，组织策划和提供为达到质量目标所需要的各种资源。

资源管理过程提供质量管理所需要的人力资源、设施及与实现产品质量要求相适应的工作环境，作为对产品实现的支持。

测量、分析和改进过程，一方面通过对组织内部实现过程进行测量和分析，保证产品质量和寻找改进机会；另一方面，搜集、整理和分析来自外部的、对产品和服务的反馈信息，以便为顾客提供更好的产品和服务。

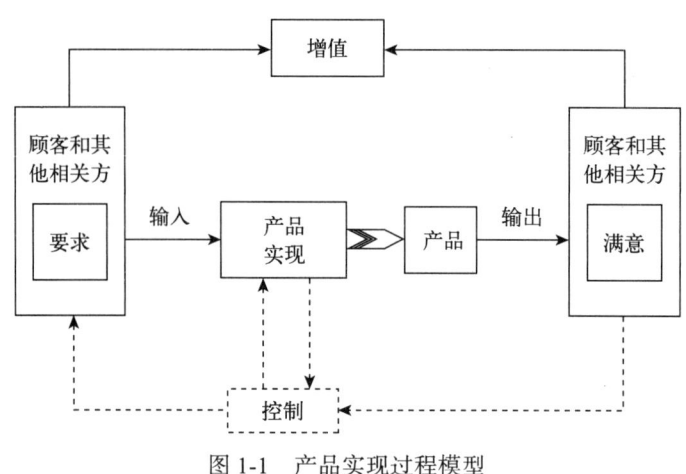

图 1-1　产品实现过程模型

2. 产品

产品即过程的结果。服务、软件、硬件和流程性材料是四种通用的产品类别。服务通常是无形的，并且需要在供方和顾客接触面上至少需要完成一项活动的结果；软件由信息组成，通常是无形产品并可以方法、论文、程序的形式存在；硬件通常是有形产品，其度量具有计数或计量的特性；流程性材料通常是有形产品，其度量具有连续的特性，比如润滑油硬件和流程性材料经常被称为货物。

1.2　质量管理基本原理

1.2.1　朱兰"质量三部曲"

朱兰是举世公认的现代质量管理专家，提出了著名的"质量三部曲"，即质量计划、质量控制和质量改进。

1. 质量计划

朱兰认为，质量管理从质量计划开始，具体包括：①设定目标；②确定顾客；③发现顾客需求；④根据顾客需求设计产品；⑤制定作业流程；⑥根据运行情况制订控制方案。

朱兰提出的质量计划有别于传统的计划，不但强调不同部门的协同，而且强调专业计划方法的应用。

2. 质量控制

朱兰列出了实施质量控制的 7 个步骤：①选定控制对象；②配置测量设备；③确定测量方法；④建立作业标准；⑤判断操作的正确性；⑥分析与现行标准的差距；⑦针对差距采取行动。

判定质量控制是否有效的标准是质量目标是否达成。

3. 质量改进

质量改进的步骤有：①证实改进的必要性，争取立项；②确立改进项目，设立项目组；③领导对项目进行指导；④组织诊断，确认产生质量问题的原因，并找出主要原因；⑤对发现的质量问题进行补救；⑥验证补救措施的有效性；⑦保持已有成果，实现更高水平上的质量控制。

朱兰指出，质量计划是质量管理的基础，质量控制是为了实现质量计划，质量改进是质量计划的一种飞跃。

除了"质量三部曲"，朱兰还提出"质量螺旋"，形象地说明了产品质量的产生、形成和完善过程，如图1-2所示。

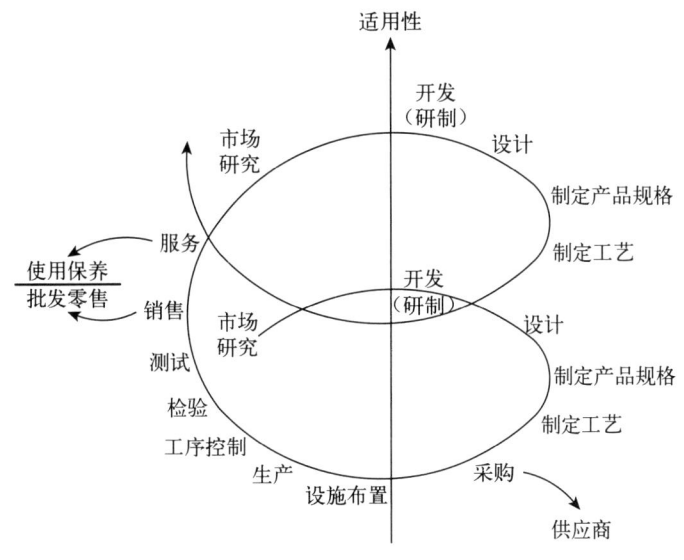

图1-2 朱兰"质量螺旋"

从朱兰"质量螺旋"中可以看出以下几点。

（1）产品质量形成的全过程包括市场研究、开发（研制）、设计、制定产品规格、制定工艺、采购、设施布置、生产、工序控制、检验、测试、销售、服务共13个环节。这个过程以市场研究为起点，体现了满足需求，以便让顾客满意的理念。这是一个循序进行的工作过程，一环扣一环，互相依存、互相促进，不断循环，持续改进。

（2）产品质量的形成过程是一个不断上升、不断提高的过程，每次循环到达服务环节之后，又以更高的水平进入下一次循环的起点——市场研究。

（3）产品质量的形成过程是各环节质量管理活动落实到各部门及其有关人员的过程，因而产生了产品质量全过程管理的概念。

（4）在"质量螺旋"中，有三个箭头分别指向供应商、使用保养和批发零售，说明产品质量的形成过程还涉及组织以外的单位、部门和个人。因此，质量管理也是一项社会系统工程。

1.2.2 桑德霍姆"质量循环"

瑞典的质量管理专家桑德霍姆提出"质量循环",从另一个视角表述产品质量的形成过程,如图 1-3 所示。

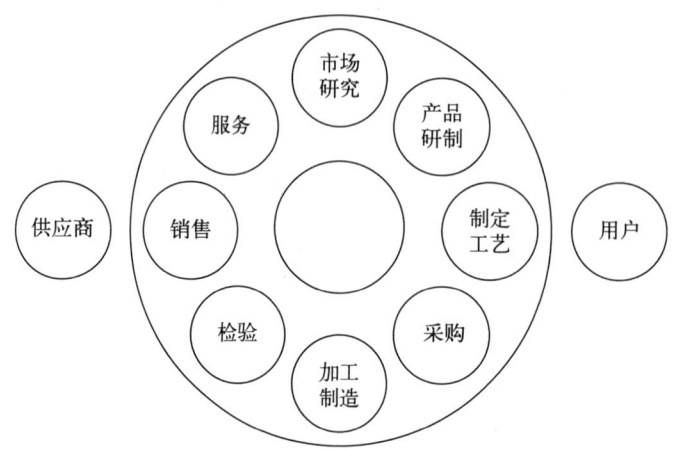

图 1-3 桑德霍姆"质量循环"

桑德霍姆"质量循环"和朱兰"质量螺旋"异曲同工,都是用来说明产品质量形成过程的。可以把"质量循环"看成是"质量螺旋"的俯视图,只是它从 13 个环节中选择 8 个主要环节来构图,也称八大质量职能。"质量循环"的内涵在于:质量水平的提高有赖于组织内部各个过程的密切配合。

1.2.3 戴明"PDCA 循环"

"PDCA 循环"最早由美国质量管理专家休哈特提出,后被戴明采纳、宣传并得以普及,所以又叫"戴明环"。"PDCA 循环"给出了质量管理的工作步骤。戴明认为质量管理同生产活动、科学研究以及我们日常生活、工作和学习等所有过程的活动一样,应该分为 4 个阶段。这 4 个阶段是计划(plan)、实施(do)、检查(check)和处理(act)。4 个阶段构成一次完整的循环过程。在"PDCA 循环"的 4 个阶段中共有 8 个步骤。

属于计划阶段的步骤有 4 个。

(1)找出所存在的问题。
(2)寻找问题存在的原因。
(3)找出其中的主要原因。
(4)针对主要原因,研究、制定改进措施。改进措施包括"5W1H"内容和要求:
- why,即为什么要制订这个计划;
- what,即达到什么目标;
- where,即在哪里执行;
- who,即由谁来执行;
- when,即什么时间完成;

- how，即如何实施。

属于实施阶段的步骤有 1 个。

（5）贯彻和执行改进措施，即按规定的目标和方法实实在在地去做。

属于检查阶段的步骤有 1 个。

（6）检查执行效果，即检查计划实施的结果是否与计划阶段所制定的目标相一致。

属于处理阶段的步骤有两个。

（7）巩固成果，即总结成功的经验和失败的教训，形成标准（制度化和规范化），指出应该怎样做和不应该怎样做。

（8）对遗留问题，提交到下一个循环解决。

"PDCA 循环"可以使质量管理工作更加条理化、形象化和科学化。

"PDCA 循环"的 4 个阶段不是孤立的，而是紧密连在一起的。它像一个车轮，不断地转动，而且每转动一次就提高一步，如图 1-4a 所示。"PDCA 循环"反映了计划、实施、检查和处理 4 个阶段是密切联系的，而且要求各部门、车间、工段直到小组都要参与到循环中，从而形成大循环套小循环，互相推动、互相促进，使组织的质量管理水平不断得到提高，如图 1-4b 所示。

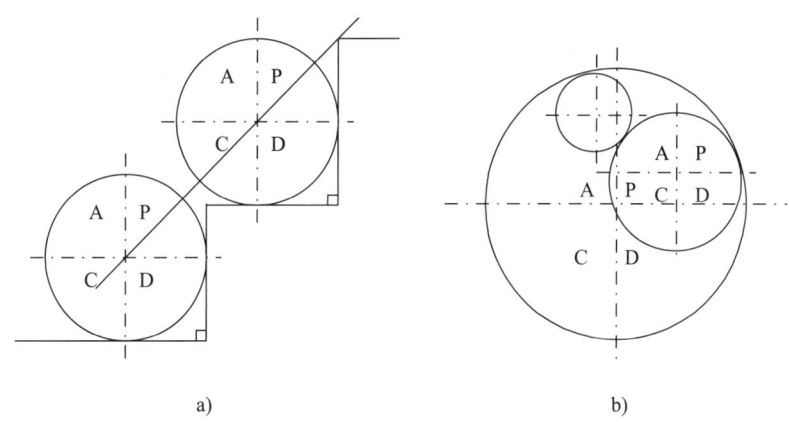

图 1-4 戴明 "PDCA 循环"

除 "PDCA 循环" 外，戴明还提出了著名的 14 条质量管理要点。

（1）为使企业具有竞争力并占领市场，应把改进产品和服务质量作为长期目标。企业所有人员要对质量改进做出公开承诺。

（2）接受新观念。企业所有人员要不断学习新知识、更新观念。

（3）摆脱对大规模检验的依赖性。通过建立基于统计过程控制的质量管理体系，从根本上提高质量水平。

（4）采购、交易不应只注重价格。应综合评价供应商的能力，减少供应商的数量，与他们建立长期的合作和信任关系。

（5）持续改进生产和服务系统。不断提高质量，降低成本，提高生产率。

（6）建立全面的在职培训制度。根据需要不断更新培训内容。

（7）建立领导体系。通过协调和监督来实现企业的整体目标。

（8）排除恐惧，让每个人都能有效地工作。营造一个鼓励创新的氛围，消除对员工的不信任感，使员工树立克服困难的信心。

（9）破除部门之间的壁垒。加强部门之间的信息沟通，鼓励研发、设计、销售和生产部门协同解决质量问题。

（10）取消不切合实际的口号、标语和目标。提供切实可行的质量改进工具和方法。

（11）取消对一线员工的工作定额。对他们进行投入、转换和产出方面的指导，提供过程改进的方法。

（12）消除影响一线员工为其工作成果而自豪的障碍。把工作成果转变为员工继续努力工作的动力。

（13）建立员工自我提高的机制。鼓励员工接受更多的培训和教育，从而提高工作技能和个人素质。

（14）采取积极的行动推进组织变革。了解外部环境的变化，推进组织变革，以增强企业的竞争优势。

1.2.4 克劳斯比"零缺陷"

20世纪60年代，克劳斯比在马丁-玛丽埃塔材料（Martin Marietta Materials，MMM）公司工作。在那里，他提出了"零缺陷"概念，并以名言"开头就开好"而闻名。他强调预防，并对"总会存在一定程度的缺陷"的说法做出了正确的诠释：不是停滞不前的借口，恰恰相反，是持续改进的机会所在。20世纪70年代，他成为ITT公司主管质量的副总裁并说服公司总裁在公司中树立起质量意识。1979年，他的《质量免费》（*Quality is Free*）出版，书名是根据ITT公司执行总裁授意确定的。这本书以通俗易懂的术语解释了质量概念。下面是克劳斯比的部分主要观点。

（1）高层管理者必须承担质量管理责任并表达实现最高质量水平的愿望。

（2）管理者必须持之以恒地努力实现高质量水平。

（3）管理者必须用质量术语来阐明其目标是什么，以及为实现这一目标，基层员工必须做什么。

（4）第一次就做对最经济。

（5）每个人都尽到自己的工作职责。

（6）企业应当追求零缺陷质量水平。

可以从以下几个方面来理解克劳斯比提出的质量免费及追求零缺陷的观点。

（1）免费。在正确的质量上的投入得到的回报会比投入多，即使这种回报不会立竿见影。

（2）追求。追求是一种愿望，未必已经达到，或非达到不可。

（3）零缺陷。正是因为"质量免费"，所以要追求"零缺陷"，但这并不意味着在一定时期内不计代价地投入。在一定时期内，为了企业的生存与发展，应有一个最适宜的质量水平区域。然而，随着时间的推移，这个区域一定会向更高水平变化，终极但可能永远达不到的目标是零缺陷。

1.2.5 产品生命周期质量管理

质量管理应体现产品（服务）质量形成的客观规律，应体现质量管理的目的与手段的逻辑关系，还应建立一种反馈机制。为此，产品生命周期质量管理思想被提出，如图1-5所示。

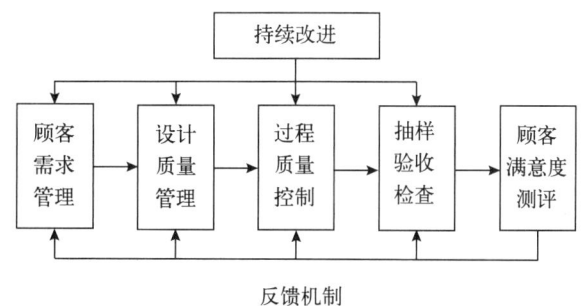

图 1-5 产品生命周期质量管理

这一路线图体现了质量管理以下三个方面的含义。

（1）体现了产品（服务）质量形成的客观规律。首先，把握顾客的真正需求，并对顾客需求进行有效管理；其次，根据顾客需求进行产品的开发与设计，并有效地管理设计质量，体现质量是设计出来的；再次，也是重点，管控产品实现过程，体现质量是制造出来的；在产品放行前，对产品进行抽样验收检查，体现不让一件不合格产品流向顾客的思想；最后，也是归宿，在顾客使用产品后对产品有了感知的基础上对顾客的满意情况进行评价，并最终以可以量化的尺度测评顾客满意度。

（2）体现了质量管理目的与手段的逻辑关系。起点是顾客需求管理，终点是顾客满意度测评。说明只有满足甚至超越顾客需求，才能让顾客满意。

（3）形成了一种质量管理的反馈机制。顾客满意说明实现了阶段性目标，但不是终点，仍然需要改进产品质量形成生命周期的各个阶段的工作。顾客不满意并不是结束的理由，恰恰相反，它说明产品质量形成过程需要大幅度的改进。这种反馈机制表现了"顾客满意，持续改进"的思想。

1.3 质量管理发展历程与新发展

1.3.1 质量管理发展历程

1. 质量检验阶段

在工业革命之前，手工艺人参与工艺品生产的全过程。他们基于对自己制作的工艺品的自豪感和对自己名声的重视，以目视为主要方式检查工艺品。此时，可称为"操作者的质量管理"。

20世纪初，泰勒提出科学管理原理，因此被誉为"科学管理之父"。泰勒的理论之一就是计划与执行分开，于是，产品质量检查职责由工人转移到工长那里，形成了所谓的"工长的质量管理"。

质量检验阶段最终实现了设计、制造、检验的"三权分立"。有人制定质量标准（立法），有人按照事先制定的标准进行生产（行政），有人负责鉴定所制造的产品是否符合质量标准（司法）。

这种以事后检验为主的质量管理方法有以下局限性：因为各司其职，出现质量问题时，容易造成推诿、扯皮；由于是事后检验为主，不能对生产过程进行有效预防和控制，等发现问题，已成事实；这一阶段通常所采取的全数检验在许多场合根本行不通，即使后来所采取的百分比检验方法也存在"大批严，小批宽"的问题。

2. 统计过程控制阶段

1924年，来自贝尔实验室的美国质量管理专家休哈特提出统计过程控制理论，并首创了质量控制图。1930年前后，同样是来自贝尔实验室的道奇和罗米格提出抽样检验理论，并编制了抽样数表。不过，直到第二次世界大战，统计过程控制才得到广泛应用。

从第二次世界大战开始，质量控制在人们心目中的地位越来越重要。美国军方利用改进的抽样方法处理来自众多供应商的军需品运输问题。截至20世纪40年代，美国军方、贝尔实验室和多数高等院校在工程实践与培养管理工程师方面推广应用统计抽样方法。几乎同时，专业质量管理组织在全美范围内出现，其中之一便是美国质量控制协会（ASQC，即现在的ASQ）。

由于过分强调数理统计方法在质量控制中的应用，但又缺乏这些方法在员工中的普及教育，忽视了质量控制的组织管理工作，人们误认为质量控制是专职质量控制工程师的事情，挫伤了普通员工参与质量管理的积极性，影响了统计过程控制应有作用的发挥。

统计过程控制的主要特点可归结为实现了质量管理的3个根本性转变，即从定性描述为主转变为定量分析为主，从事后检验为主转变为事前控制为主，从产品检验为主转变为过程控制为主。

3. 全面质量管理阶段

从20世纪50年代开始，由于出现了一大批高安全性、高可靠性、技术密集型和大型复杂产品，仅在制造过程实施质量控制，已不足以保证产品质量，质量管理发展到了质量保证阶段，质量管理的重点从早期集中于生产过程扩展到了产品设计和原材料的采购。质量保证要求高层领导更多地参与到质量管理中来。

20世纪60年代，"零缺陷"概念得以流行。这一概念是由质量管理专家克劳斯比提出的。零缺陷质量水平永远不可能达到，但不应为缺陷水平设定一个非零指标，即"没有最好，只有更好"。

1961年，在理论研究和企业实践的基础上，美国通用电气公司质量经理费根鲍姆在他的《全面质量控制》（*Total Quality Control*）一书中首次提出全面质量管理（total quality management，TQM）的概念，认为："全面质量管理是为了能够在最经济的水平上，在充分满足用户要求的条件下，进行市场研究、设计、生产和服务，把企业各部门的研制质量、维持质量和提高质量的活动结合在一起，成为一个有效体系。"

全面质量管理可概括为"三全一多样"，即全员质量管理、全过程质量管理、全方位质量管理、多种多样的质量管理方法或工具。"全员质量管理"要求企业的每一位员工都要对质量水平的提高做出贡献;"全过程质量管理"要求从市场研究、产品开发、工艺设计、原料采购、生产制造、储存与运输、销售和售后服务等各个环节都要重视质量管理;"全方位质量管理"要求企业内部各个职能部门,如质量部、工程技术部、生产部、行政部、人力资源部、财务部等都要对企业的质量负责;"多种多样的质量管理方法或工具"是指要想进行有效的质量管理,必须引入专业的质量管理方法和工具。

1.3.2 质量管理新发展

1. 质量管理体系与卓越绩效模式正在各类组织中达成共识

1987年,国际标准化组织(International Organization for Standardization,ISO)正式颁布了 ISO 9000 系列标准第 1 版(ISO 9000∶1987)。自此,在全球范围内掀起了 ISO 9000 热潮,迅速被各国标准化机构和企业认同和采用。

1994年,在总结理论成果和实践经验的基础上,ISO 颁布了 ISO 9000 族标准第 2 版(ISO 9000∶1994)。ISO 9000∶1994 族标准为企业规定了 3 种不同范围的质量管理体系要求,为企业(组织)建立质量体系和取得认证提供了依据。

2000年,根据 ISO 9000∶1994 族标准存在的一些不足,为全面应对进入 21 世纪的挑战,ISO 又对 ISO 9000∶1994 族标准进行了结构体系和技术内容等全面的修订,颁布了 ISO 9000∶2000 族标准。ISO 9000∶2000 族标准适用于各种类型和规模的组织,为它们建立并有效运行质量管理体系提供了支持。2005 年以来,ISO 对 ISO 9000∶2000 族标准进行了修订或修正,逐步形成了 ISO 9000∶2008 族标准。2015 年 9 月,新版 ISO 9001 正式发布。

目前,ISO 9000 族标准已在全世界绝大多数国家和地区等同国家标准,并广泛应用于各种类型的组织。

在 ISO 9000 族标准制定、修订和完善的过程中,在许多国家和地区建立和发展起来了若干卓越绩效模式,建立了国家质量奖计划。目前,世界上共有 60 多个国家实施了类似的计划。在这些质量奖计划中,最著名、影响也最大的当推日本戴明奖、美国马尔科姆·鲍德里奇奖和欧洲质量管理基金会卓越奖。

日本戴明奖设立于 1951 年。奖励范围为符合标准的任何国家的任何组织,分为戴明奖(个人奖)、戴明应用奖和戴明控制奖 3 类,奖励的重点是组织统计过程控制的有效性,戴明应用奖的评定内容分为 10 项:方针,组织及其运营,培训和推行,信息收集、沟通及利用,分析,标准化,控制(管理),质量保证,效果,远期计划。现在,戴明奖已成为享誉世界的质量奖项。

美国马尔科姆·鲍德里奇奖设立于 1987 年,用以表彰美国企业在 TQM 和提高竞争力方面做出杰出贡献的组织,该奖项引导企业通过持续的质量改进,并达到卓越的业绩标准而使得顾客满意。马尔科姆·鲍德里奇奖评定标准的总分为 1 000 分,分为 7 个方面:领导,战略规划,对顾客和市场的关注,测量分析和知识管理,对人力资源的关注,过程管理,经营结果。

欧洲质量管理基金会卓越奖设立于 1992 年。评定标准分为能力和绩效两大方面 9 个细项。两大方面即手段标准和结果标准,9 个细项包括领导作用、人员、方针与战略、资源、过程、人员结果、顾客满意、社会结果、经营绩效。

随着经济全球化进程的加速，国际竞争日趋激烈，各类组织（包括营利性和非营利性）都认识到致力于满足甚至超越顾客和相关方的需求与期望是组织生存和发展的基础。为此，必须建立并有效运行质量管理体系，实践卓越绩效模式，实现"顾客满意，持续改进"。

2. 企业质量文化建设得到了前所未有的重视

（1）企业质量文化的内涵与外延。企业质量文化是指以社会经济发展为背景，在企业长期生产经营活动中，由企业管理层特别是主要领导倡导、职工普遍认同而逐步形成的有关质量的价值观和意识、管理思想和道德规范、技术知识、管控手段、环境装备等因素的总和。

企业质量文化是企业文化的重要组成部分，也是企业文化的核心内容。只有实现了以企业质量文化为导向，才能有效地优化和提升企业文化。

企业质量文化由物质层、行为层和精神层3个层面组成。这3个层面按照从低到高共同组成了质量文化层级结构图，如图1-6所示。

物质层是企业质量文化的物质基础，包括运营环境、技术条件、标示等。企业为了达到质量目标，必须具备相应的物质条件，比如运营场所、设施、作业方法等。

行为层是以物质层为载体所形成的规范，包括制度、标准、准则等。这些制度、标准、准则共同构成了质量管理体系，是达到质量目标最直接的保证。

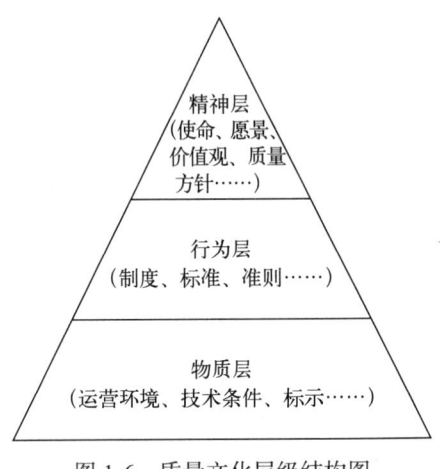

图1-6　质量文化层级结构图

精神层明确了企业的使命、愿景、价值观、质量方针等。其中，使命明确了企业存在的原因，愿景明确了企业未来的状态。为了贯彻质量方针，达成质量目标，在企业使命、愿景以及价值观中都要包括明确的质量方面的元素。

（2）企业质量文化建设的必要性。企业质量文化决定企业产品或服务的质量水平，决定能否达到或超越顾客满意，是实现卓越绩效的基础，是企业履行社会责任的保证。

1）社会经济发展的必然要求。质量文化的形成与演变是以社会经济发展为背景的。随着社会进步和科学技术的长足发展，必须不断优化和提升企业质量文化。

目前，一些企业的质量文化建设仍集中在质量理念或意识的探索中，缺乏科学的、系统的规划与实施，具体表现为：重理念探索，轻物质建设；重口号标语，轻实际操作；重结果检验，轻过程控制；重定性描述，轻定量分析。这些企业质量文化建设的现状与国际社会经济发展现状和现代企业发展水平不相匹配。

2）企业生存和发展的必然要求。今天，随着人们可支配收入和自由时间的增多，以及价值观的改变，人们对产品或服务的需求日益呈现出多样化，同时对产品或服务的质量提出了越来越严格的要求。企业要想满足甚至超越顾客的需求，从而赢得生存和发展空间，就必须重塑企业质量文化。

一些企业存在的典型问题是：重现实效益，轻长期磨炼；重被动满足，轻主动超越。现实效益的逐利性使得改变企业的经营方向具有太大的随意性。同时，正是由于现实效益的导向性，不少企业只愿意满足已知的顾客需求，不愿意挖掘潜在的顾客需求。

（3）企业质量文化建设的主要内容与步骤。

1）企业质量文化建设的主要内容包括硬件建设和软件建设两个方面的内容。硬件建设就是要实施企业质量文化物质层的构建与完善，具体包括设施器具、厂容厂貌、品牌形象、方法工具等的建设与完善。软件建设就是要塑造企业的行为规范、标准、准则，最后凝练出质量理念，具体包括企业的规章制度、产品（或服务）的标准规范、流程规范、企业内部人员之间以及企业与外部人员之间的行为准则、质量定位、质量方针、质量规划等。

2）企业质量文化建设的主要步骤。企业质量文化建设是一个系统工程，一般需要经过以下几个步骤。

第一，现状调查，即分析本企业在同行业或同一区域中与先进企业之间的差距及成功经验。这一阶段的核心是忠实地反映现状，不回避矛盾，不掩盖问题。

第二，宣传发动，即通过宣传发动，让全体员工认识到质量文化在企业经营发展中的战略重要性。这一阶段的核心是达到全体员工对企业质量目标有统一的认识。

第三，推进实施，即着手建设和维持企业质量文化的硬件和软件。这一阶段的核心是让全体员工认识到硬件与软件缺一不可、相辅相成。

第四，巩固提高，即通过评定取得的成绩，形成阶段性成果，条件成熟后持续优化和提升企业质量文化。这一阶段的核心是保持业已取得的成果。

总之，对企业质量文化建设，已经从模糊不清走上认识统一，已经从理论探讨走上实际操作。

1.4 新业态与质量管理

新业态是产业在发展的过程中与新科技成果和新兴技术等结合后得到的一种新型经济活动，常见的有现代服务业、高技术产业、虚拟经济与实体经济等。目前，经济全球化趋势和互联网技术的发展使得各个产业之中的产业链得以细化，进而促进了产业价值链的增加，有利于新业态经济的出现与发展。近年来，以共享经济、快消品及新零售为代表的新业态经济快速崛起，对推动经济社会发展、保障就业民生发挥着积极作用，如何提高新业态经济模式下的质量管理成为企业关注的重点。

1.4.1 共享经济质量管理

共享经济是以取得相关的酬劳为目标，对陌生人开放并短暂转移商品的使用权的一种新型经济模式。这种经济模式的本质就是整合线上和线下的资源，卖家在线上平台发布共享商品的使用信息，买家在线上支付后便可以对商品进行短期的使用。共享经济依托建立在"互联网+"技术体系之上的共享平台发展，其交易过程、数据存储、信息利用、支付过程等都在互联网平台上完成，对互联网具有高度的依赖性。网络共享平台赋予了个体更多的独立性、灵活性和创造性，每个人都可以自主地选择能够发挥自身最大优势的平台，平台把资源共享的时间、地点、内容和形式都赋予了个体。相比起来，能不能为用户提供优质的产品、良好的信用和极致的体验才是平台更看重的事情。

1. 共享经济发展现状

我国目前的经济发展已经告别了过去粗放式的经济发展模式，在集约型经济发展模式下，强调资源的优化配置和经济结构的优化调整。共享经济正是在这一历史条件下产生的，它能够推动我国经济结构完善，增强市场主体的市场竞争力，优化企业经营模式，转变企业投资理念。

共享经济是指人们在互联网技术充分发达的情况下，利用便捷的信息沟通渠道，进行某一类特殊资源的共享。这一类资源可能是社会闲置资源，也可能是利用率不高的社会资源。因此，共享经济是通过对特有资源的深度挖掘来实现资源的价值最大化，通过内容的共享、资源的共享、信息的共享，使具有特殊价值的资源得到多元化、差异化和个性化的需求体现，从而形成一种新型经济模式。在共享经济模式下，一些拥有闲置资源的个人或机构，将资源的使用权让渡给他人，从而获取回报。在这种经济模式下，闲置资源是第一要素，也是最关键的要素，它是资源在实现基本利用价值之后拥有的剩余价值，它使资源的供给方和需求方能够在同一平台上实现沟通，实现资源剩余价值的分享和买卖。在共享经济模式下，资源的价值发挥的最大效应，是社会经济发展转型的重要体现。

在共享经济中，共享平台、服务提供者和服务接受者三者共同构成了一个服务网络。

（1）就服务提供者而言，我国共享经济模式已经发展为个体供给和单位供给并存的局面，而非原来的单一供给。

（2）就服务接受者而言，在共享经济下，个体也可以成为产品或服务的需求方。与此同时，单位机构作为资源的需求方，不再直接掌握资源的所有权，而是通过出售资源的所有权来获取报酬，以共享的形式暂时获得产品或服务的使用权。这在最大程度上实现了资源的优化配置，提高了社会生产率，提高了资源流转的速度和效率。

（3）在共享经济模式下，中介平台公司扮演着理性的角色，需要为供求双方提供交易平台，同时还要为合作方式的建立提供契约关系，平台还承担分配闲置资源的任务。在整合闲置资源的过程中，平台会获取大量客观和理性的大数据，这些大数据都会提供给供需双方，以满足双方的运营需求。

随着共享经济的不断发展，逐渐形成了一种行业规模。共享单车既缓解了交通压力，又倡导了绿色出行理念，同时使公共交通资源能发挥最大的价值。火车站、餐馆、商场随处可见的共享充电宝为出行匆忙忘了对手机进行充电的人群提供了便利，不但能够解人们的燃眉之急，而且使手机充电模式得以集约化的发展，使电能得到了有效的集中利用，最终节省了国家电能，同时又为人们带去了便捷化的充电方式。网约车使私家车车主价值最大化，利用下班时间载客不仅缓解了交通压力、增加了车主的收入来源，而且使私家车的利用价值得到充分发挥。旅游业的发展促进了共享住宿的发展，一方面使房东利用闲置的房屋获得相应的经济收入，另一方面让旅行者既节约了开支，又能享受舒适的旅行。共享经济的不断发展无疑给我们的生活带来了方方面面的便利，如何进行质量管理推动共享经济的进一步发展是一个值得探讨的话题。

2. 共享经济质量管理的关键点

在共享经济发展模式下，我国企业要提高服务质量，需要进行完善的企业转型升级。通过对企业经营业务、工作流程、管理模式以及发展战略的全面规划，推动企业市场竞争力的提高，促进企业的稳步发展。企业管理层要着眼于市场发展动向，根据企业发展情况以及共享经济发展模式的现状，制定符合时代和市场要求的企业发展战略，优化企业管理结构，促进企业稳步前进；企业员工要不断提升自身职业素养，在共享经济发展模式下推动企业经营效益的提高，保障企业与员工共同发展。

由共享经济的内涵可知，共享经济背景下的价值形成过程实质上是一种顾客主导逻辑下的用户间价值共创。其中，企业为用户之间的价值共创行为及活动提供平台支撑，平台是企业介入用户生态系统的重要通道。因此，平台服务质量是衡量共享经济平台与用户之间的价值共创行为的重要指标。

共享服务应最大限度实现平台化。共享服务平台通过为用户提供一站式服务，避免了各级中间商对利润的攫取；共享平台为个体用户的服务利用创造了更大的发挥空间，最终实现"各取所需，物尽其用"的价值目标。共享服务平台可以扩大网络化范围，科学化网格计算，提升服务质量。例如，网约车共享服务平台基于不同时段的供需关系弹性化服务范围，通过大数据云计算等技术，在高峰时段跨区联动，实现网约车的运力配置，为供给者与需求者提供更加合理的订单匹配服务。其他的共享服务也可以借鉴类似的经验，比如科学规划共享充电宝和共享单车的选址、规模等，最大限度地提高用户满意度。

提升共享服务平台和用户之间的信任程度对提高服务质量至关重要。对话、获取、风险评估、透明性对于共享服务企业平台和用户之间的价值共创活动有重要的影响。其中，对话是指交互双方平等地共同解决问题；获取和透明性有利于消除参与者之间的信息不对称，促进平等和信任的建立；风险评估使消费者充分了解自己所面临的风险，从而提高企业与消费者之间的相互信任。尽管共享经济主要集中于消费者之间产品和服务的交换，但在许多情况下，非中介化的资源访问通道是由企业的增值服务提供的。由企业共享平台来提供这种中介服务的一个主要原因是个体之间缺乏信任。共享服务平台应该实现高度信息化，运用通信、数据处理、测量与控制等大量先进技术手段，通过信息资源的高度共享，使得服务过程更加智能、高效，提高平台与用户之间的信任度。数据处理和使用是数据共享过程中的关键环节，要注意以下几点。

（1）平台企业开展数据处理和使用行为要严格立足于明晰数据的权益属性、权益内容、权益归属及保护路径等问题。

（2）企业在收集和使用用户数据时要遵守合法、正当、必要原则。

（3）企业对用户数据的使用应仅限于数据收集时确定的目的、方式和范围，特别是对于包含用户隐私或个人信息的数据，从根本上让用户放心。

（4）要严格整治平台上的违规操作，严格执行各项管理制度。

3. 共享经济质量管理的对策——以网约车为例

根据中华人民共和国交通运输部发布的《网络预约出租汽车运营服务规范》，网络预约出租汽车运营服务被定义为:"企业以互联网技术为依托构建服务平台,并通过网络服务平台接受约车人预约请求,使用符合条件的车辆和驾驶员,提供不在道路上巡游揽客、站点候客的出租汽车运营服务"。新兴的网约车业态盘活了社会闲置的车辆、驾驶能力等资源,为人们打造了个性化、便利化的出行生活。

从服务质量管理主体来看,在网约车领域,传统意义上的服务质量管理研究多是从监管方面指出网约车行业发展出现的问题,并从监管方的角度研究并提出解决措施,比如建立创新友好型监管模式、纳入出租车实行分层管理、建立"政府+企业"监管模式等。从服务提供方的角度针对网约车平台的研究则很少,运用服务科学的理论和方法对网约车服务质量管理的研究存在空白,目前有实证研究对网约车服务问题进行了界定,其中驾驶员素质不佳、司乘信息泄露、乘客拼车不安全三个问题的出现频率较高。针对上述问题,可提出一系列针对性的服务优化和改进措施。

(1) 履行服务承诺,提高平台和驾驶员可靠性。网约车平台要可靠地履行服务承诺,减少与乘客的纠纷;驾驶员要及时响应乘客的需求,为乘客提供即时的网约车服务,树立可靠的形象;政府及网约车平台应该通过必要的考核机制(如动态化考核和智能派单机制)来保证驾驶员具有提供服务的资质。

(2) 高度重视及保证驾驶员和乘客的安全,尤其是保证女性乘客的安全。网约车新政和地方细则的相继出台使得舆论对车辆配置和驾驶员资质的关注增多,行业的安全形势得到有效改善。为了提高网约车服务质量水平,政府有必要通过服务认定机制保证网约车平台的安全性,同时监督平台保证乘客的安全。网约车平台有必要采取安全措施保证驾驶员和乘客尤其是女性乘客的安全,包括设备安全、人身安全和信息安全等。在此基础上,网约车平台应通过合理的工资机制和奖励机制保证员工和驾驶员得到足够的报酬,减少平台与员工、驾驶员之间的纠纷,保障员工和驾驶员更好地为乘客提供服务。

(3) 保障乘客利益,改善乘客情感倾向。降低负向情感的关键在于政府及平台要通过有效的安全保护机制来保障驾驶员和乘客的安全。在提高正向情感上,移情性是平台和驾驶员培养乘客正向情感的关键维度。网约车平台只有重视乘客的利益并在此基础上为乘客提供个性服务,才能在移情性上带来乘客的正向情感,从根本上改善乘客的情感倾向,提高乘客的满意度。

1.4.2 快消品质量管理

快消品即快速消耗品,是指使用寿命短、消费速度较快的消费品,主要包括四大类产品:包装食品饮料、个人护理产品、家居清洁产品、烟酒产品。快消品关系到人们衣食住行各个方面。其特点主要包括:用户分布范围广,消费频率高,需求变化快,忠诚度低,对消费便利性要求高。近几年互联网的快速发展给快消品行业带来了营销模式与消费方式的升级,极大地促进了快消品市场的发展与成长。目前,快消品市场逐渐与网络深度接轨,催生了大量新兴的快消品营销方式,并出现了线上线下消费市场的互动整合发展。快消品作为人们生活中必不可少的产品,其整个供应链中的服务质量管理显得尤为重要。快消品行业的供应链包括从产品原材料取得、产品生产、产成品流通到消费者手中进行消费的一系列过程,其核心要素包括供应商、制造商、分销和用户。

1. 快消品发展现状

虽然我国快消品行业发展较快，规模和增速均处于健康的状态，但在行业发展现状和大环境下也有着需要应对的制约因素。

（1）供应链风险。快消品行业的供应链通常非常复杂，涉及多个供应商和合作伙伴。这导致供应链的可见性和控制能力有限，难以监督和管理整个供应链的质量标准。供应链中的一个环节出现问题可能会影响整个产品的质量和安全性。

（2）假冒伪劣产品。快消品行业存在假冒伪劣产品的问题。一些不法分子通过仿制品牌、低质量的原材料和生产工艺等手段制造假冒伪劣产品，给消费者的健康和安全带来风险。快消品行业需要加强对供应链和市场的监管，加强品牌保护和对假冒产品的打击力度。

（3）质量标准和监管。快消品行业的质量标准和监管存在差异与不一致性。不同国家和地区的质量标准与监管要求不同，导致企业在国际贸易中面临挑战。此外，质量标准的更新和变化也给企业带来了相应的压力。

（4）产品安全和产品召回。以零食饮料行业为例，食品安全一直是快消品行业的一个重要问题。食品安全问题可能由于原材料污染、生产过程不当、储存和运输问题等引起。当产品出现质量问题时，企业需要迅速采取行动，包括召回产品、修复问题以及加强质量管理体系，从而保护消费者的权益和企业的声誉。

（5）数据管理和分析。随着数字化的发展，快消品行业产生了大量的数据，包括质量数据、供应链数据、顾客反馈等。但许多企业面临数据管理和分析能力不足的挑战，无法充分利用数据来改进质量管理和预测潜在问题。

2. 快消品质量管理的关键点

为了推动快消品行业的高质量发展，要根据市场实际需要进行精准化布局，找出快消品市场增长的新着力点，促进我国快消品行业不断走向成熟。各个企业也应进一步认识和识别行业中的潜藏风险，从各个关键环节加强质量管理，把握快消品行业发展趋势，快速推动快消品市场的升级，为发挥快消品行业的经济带动作用奠定基础。

（1）产品设计和开发。质量管理的第一步是确保产品的设计和开发符合高标准。这包括产品规格、材料选择、工艺流程等方面的考虑，从而确保产品具有良好的质量和可靠性。

（2）供应链管理。关注供应链的各个环节，包括原材料供应商、生产过程、运输和配送等，建立供应链的合作伙伴关系，从而确保每个环节都符合质量要求。

（3）生产过程控制。生产过程需要实施严格的控制措施。这包括制定和执行标准操作程序（SOP）、监测关键质量指标、设立质量检查点等，从而确保产品在每个生产阶段都符合质量要求。

（4）质量检验和测试。对于快消品行业，质量检验和测试是至关重要的步骤。通过进行原材料的检验、在生产过程中的抽样检验以及最终产品的全面测试，可以确保产品符合标准和规范。

（5）顾客反馈和投诉处理。及时处理顾客的反馈和投诉是质量管理的重要环节。通过建立有效的反馈机制,收集顾客的意见和建议,并及时采取纠正措施,可以不断改进产品质量,并增强顾客的满意度。

(6)持续改进。通过收集和分析质量数据,识别潜在问题和瓶颈,并制订改进计划和措施,可以不断提升产品质量和生产效率。

3. 快消品质量管理的对策

结合上述行业现状和质量管理的关键要求,企业可以加强供应链管理,提高质量标准和监管的一致性,加强食品安全控制,改进数据管理和分析能力,并加强与消费者的沟通和透明度。此外,行业内的合作和信息共享也是改善质量管理的重要方面。

(1)供应商质量管理。对于供应商来说,快消品企业大多依靠经验预测需求,缺乏与快消品相配套的科学预测方法,使预测结果误差增大。企业出于安全库存的考虑,订货周期越长,需求的不确定性也越大,为此设计的安全库存也越大。结果会造成预期的订货量远大于实际需求量,产生"牛鞭效应"。针对以上快消品行业存在的问题,供应商上下游企业应及时沟通,共享信息,通过提高供应商成员企业间的信息共享水平,提高需求预测的准确性,从而弱化"牛鞭效应"带来的影响。根据行业特点以及企业的历史数据资料情况,在供应链各环节采用统一的、正确的或适合的预测方法,采用准确的预测模型,为企业制定各方面政策提供有利依据。具体如下。

第一,供应商应积极推动仓配一体化系统对接,实现数据信息的互通共享。仓配一体化运营企业的系统与前端顾客的系统对接,实现企业间信息的共享。系统对接实现后,前端顾客的订单可以直接传递至仓配一体化运营企业,前端顾客也可以随时掌握商品的库存状态,及时补货,同样可以监控订单状态。

第二,推动智能化验收入库。通过企业间数据的共享,仓配一体化运营企业对即将到来的货物提前进行入库准备作业,同时系统根据货物信息提前分配货位。对整件商品,库管员使用设备扫描验收入库,验收完成后由无人叉车将货物运送至指定货位,同时将信息反馈给系统;对拆零商品,通过电子货架入库,由库管人员将拆零商品上架,同时在电子货架显示屏中输入商品数量,电子货架随时将库存更改信息反馈给系统。

(2)制造商质量管理。制造商应该加速快消品线上线下资源整合,提高市场把控度,构建企业销售战略平台,以更为立体的方式开展业务。互联网经济时代的来临,使我国快消品行业发展进入快车道。快消品企业必须适应时代的发展,积极开展产业结构调整与互联网营销。加强对供应链资源的整合,提高企业产品流动效率,发挥企业的运营优势;降低整个产品系统的成本投入,提高企业现金流体量和灵活性,为企业的经营和发展上保险。具体如下。

第一,推动"线上+线下"一体融合,建立全面立体的销售渠道。充分发挥线下营销、增值服务等优势。通过不断下沉,深挖线下渠道,精准对接消费者诉求。在大数据背景下,线上营销成为推动快消品营销的核心力量。引入云管理服务体系等营销资源,引入微店、淘宝等营销工具,建设客户服务云平台,借助营销平台,实现生产与销售、客户服务功能的一体融合。通过打造"线上+线下"的营销共同体,形成以快消品为核心关系的"生产-销售"平台,构建智能发展、智享资源的全新行业生态。

第二，建立大数据营销平台。大数据技术已在当前的市场营销中得到广泛应用，企业营销人员应当根据大数据进行分析并开发新渠道。具体来讲，企业的营销人员需获取更多的信息渠道，为确保收集的数据精准与高效，可采取自主采集和购买第三方数据信息等方法，进而与现有历史数据结合，构建符合企业营销的数据体系。通常来讲，数据挖掘、存储及分析等工作需要专业的人员进行，因此企业可以考虑和第三方数据公司进行深入合作，为后续开拓市场的营销工作打下基础。

(3) 建设高效的快消品供应链与物流体系。物流体系与快消品供应链互为支撑，物流产业是快消品行业发展的基础，我国物流产业的高速发展，离不开快消品行业的推动。尤其是在互联网时代背景下，物流产业更是呈现爆炸式发展，成为企业与用户建立高效运输联系的关键纽带。但在庞大的市场需求刺激下，物流产业仍存在许多的生存竞争问题，这无疑会导致企业无法掌控物流成本与安全问题，导致企业服务质量下降。想要推动企业的战略发展，必须首先解决物流问题，只有保障物流体系的完善和安全，才能保证快消品企业业务开展的质量和效率。企业可通过与物流企业和其他企业构建战略合作关系，来构建服务于企业的安全的物流体系。京东正是依托于对物流资源的整合，从电子商务平台发展成为国内首屈一指的快消品运营者。

除了构建完整的物流网络，还要优化网络库存策略，从而通过集中库存和运输与配送模式的整合，提高物流体系的安全性和效率。为了确保物流体系的可持续发展，还要用现代的电算化物流管理体系替代人工物流管理，从而优化物流体系人力资源消耗量，并实现物流管理的标准化。

(4) 提升顾客满意度。在信息大爆炸时代，好的产品和服务口碑为企业赢得了赖以生存的潜在消费者，提供了源源不断的生命力。提升顾客满意度的策略有四个。第一，摸清用户和市场的需求。只有通过资源优化配置，为市场和用户提供需要的产品，才能获得最佳的销量。第二，严把产品质量关。在市场竞争白热化的背景下，物美价廉是企业生存和发展的核心，想要获得好口碑，就一定要把控好产品质量。第三，提高物流效率。快消品寿命短，只有提升物流效率，才能帮助企业与用户建立更加紧密的联系，从而提高企业对市场的响应速度。第四，提高终端服务水平。通过提升服务水平，培养足够庞大的用户群体，构建与用户之间更为紧密的联系。

1.4.3 新零售质量管理

新零售是以互联网为依托，通过运用大数据、人工智能等先进技术手段，升级改造商品生产、流通与销售过程，继而重塑业态结构与生态群，并对线上服务、线下体验及现代物流进行深度融合的新型零售模式。随着社会物质条件的提高，人们的消费方式与消费习惯发生变化，由价格敏感型转为重质量和体验型。传统的线下零售模式虽然能够为消费者提供体验感，但是场地租金、人力成本的提升以及线上电子商务平台的冲击，使线下实体零售企业面临严峻挑战。线上电子商务模式的出现弥补了线下实体零售的高成本缺陷，但满足不了消费者重质量和体验型的消费需求。因此，线上融合线下的新零售模式必然是零售行业未来的发展趋势。

1. 新零售发展现状

近几年,电子商务的发展正在迈向成熟阶段,但同时也面临着新的发展瓶颈。线下实体店在电子商务的冲击下出现了衰落,零售行业面临着转型的压力,零售变革成为大势所趋,云栖大会上阿里巴巴提出的"新零售"概念受到了各行各业的广泛关注。国家也制定了一系列的政策,为新零售行业的发展提供了保障。阿里巴巴认为,需要将线上与线下零售行业进行融合,产生新的发展形式,从而才能产生全新的零售模式。互联网给零售行业带来的红利正逐渐消退,而近几年大数据技术的飞速发展,为新零售行业提供了全新的技术保障。传统零售行业因为缺少对顾客实时跟踪和触达的手段,无法产出精准的用户画像与行为记录,因此线下店铺的精准营销是一个非常困难的问题。

阿里巴巴为了解决传统零售线下不可触达的痛点,提出了基于大数据的"人、货、场"重构,通过线下部署智能硬件、物流改造、线上数据采集等实现对消费者的"统一身份识别",彻底打通线上线下数据,精细化用户标签,还原真实的用户画像。线上线下一体化的用户画像是对"人"层面的重构,而对"货"层面的重构则体现在对供应链的改造上。在新零售的供应链模式中,上下游边界逐渐模糊化,不同环节都可能通过不同方式直接触达消费者,实现企业供应链直接服务消费者,同时包括对商品、订单、物流、消费者的打通,实现人货匹配,全链路数字化。"场"层面的重构通过商场内布设备种智能硬件设备(摄像头、AR、VR、虚拟试衣镜、刷脸支付设备、智能POS机等)实现顾客-商品-交易-会员的打通,实现对消费者场内行为的数据采集。通过对"人、货、场"的全面重构,最终实现人货匹配,产出精准画像,达到现行门店精准运营的目的。

2018年,小米宣布在线上销售、线下体验(小米之家[一]、小米授权体验店)的基础上,推出直供专营店,分别对应市、县等不同市场,在深度上不断下沉。高效的线下渠道有利于用户现场感知产品品质以及AI和IOT的应用场景,提升用户体验。而用互联网的方式做线下零售,改善用户体验,提升流通效率,是小米新零售战略重要模式,也是新零售的意义所在。

从以上案例可知,零售变革已成为全球趋势,高质量、精准化的线下数据又是新零售的技术保障。新零售质量管理涉及的范围非常广泛,比如统计学领域、数据库等信息技术。

2. 新零售质量管理的关键点

有关新零售中的质量管理方法论,行业内目前暂没有一套科学、完整的数据质量管理体系。根据全面质量管理的核心思想,其重点强调以顾客为中心、全员参与、持续改进等。依据全面质量管理的相关思想及相关经验,本书总结出新零售质量管理的3个关键点。

(1)提高消费者的购物体验。新零售过分强调线上渠道融合线下渠道,而消费者的购物体验有待提高。以无人便利店为例。一要重视产品质量。严把供应链源头,及时维护、管理无人店,定期检查商品品质并适当补货。二要关注消费过程体验感。简化无人零售注册流程和支付流程并提供必要的人工服务,帮助消费者尽快找到需要的商品,节省付款时间。三是加大应用技术的开发与使用,让消费者自己使用店内的智能付款设备完成购物,付款设备灵

[一] 已更名为米家。

敏度、网络稳定度、标签识别等技术都能助力消费者快速完成购物，提高购物体验。

（2）提高物流配送能力，满足消费者的个性化、多元化需求。现阶段大多数企业虽然具有健全的物流配送体系，但是其物流配送体系单一，中间配送环节复杂，与新技术结合不足，难以满足消费者快速、个性化、多元化的需求。而在新零售模式下，重构"人、货、场"的关系，可以拉近用户与产品研发环节的距离，使供应链发生变革。因此，这对物流提出了新要求。新零售模式以消费者的个性化、多元化需求为导向，要求针对不同消费群体实现物流精准即时配送。

（3）降低各环节成本。为了实现新零售"线上+线下+物流"的零售模式，各环节需要承受巨大的成本压力。经营门店的租赁费用和门店的装修费用、商品采购和货运成本，以及人力成本，都是新零售重要的考虑因素。

3. 新零售质量管理的对策——以无人超市为例

人工智能技术的推广与普及使零售业突破了传统模式的束缚，"无人零售"的概念得到越来越广泛的应用，零售模式的创新意味着消费体验的优化升级和管理精力的投入缩减。无人超市作为新零售的代表形式，以其智能化、系统化、线上线下联动的特点，成为新零售的重点布局领域。

无人超市指的是无人售货、自助付款的零售业超市，它以消费者诚信购物为基础，利用物联网、大数据以及人工智能技术，通过人机交互的方式，让消费者自助完成购物过程，从而实现无人售货的运营模式。与传统超市和线上零售相比，无人超市具有较高的技术融合度、特殊的购物体验和差异化的人才需求结构，主要服务于社区、商业区等场所。

研发设计是质量管理的第一步。这种新兴的消费方式要被更多用户接受，需要使业务系统的设计从用户角度出发，围绕"使用效率""错误率"等可用性指标，优化用户在购物过程中的触点，减少学习成本与使用负担，改进系统设计，以满足不同类型用户的需求与期待。除了多样化的复杂功能模块，数据库设计也是提高系统运行效率、保障购物消费活动流畅的重要因素之一，应当以业务功能为基础，充分结合具体运营环境及用户要求进行调整和完善。

从短期来看，无人零售企业的"全过程"质量目标实现重点在于技术优化与算法提升。无人零售的发展趋势必然是顾客"拿货即走"的消费模式，本质在于由机器视觉的技术推动，要提高整体的服务质量，需要机器视觉与高精尖技术的结合。

从中期来看，企业的质量管理重点在于供应链与管理效率的提升。无人超市目前并未实现规模化，因此供应链效率还有待提高，供应链的网状转变将加强企业内外部的互联互通，从整体上促进质量管理能力的提升。

从长期来看，企业应重点着力于精细化运营和体验的进一步提升。根据消费者行为大数据反馈绘制更精准的用户画像，分析多维度数据，进行精细化运营，延伸业务，创新产品，以进一步提升用户体验。例如，无人零售通过消费者移动终端的 app 与其建立触点，不仅能够借助 app 向消费者推送广告和优惠券，也能通过消费者身份信息与消费记录建立消费者轮廓，捕捉消费者的消费行为，从而关注场景化和碎片化需求，实现彻底的顾客导向。此外，为忠诚消费者赋予更高的情感互动属性，将无人零售的消费赋予社交属性，如让消费者能在 app 社交平台内分享饮食消费有关的个人动态，将进一步优化服务质量。

❖ 案例分析

华为：建设质量文化，打造"零缺陷"质量管理体系

手机有几百个器件、上千种物料，需要依赖整个产业链的高质量才能成就最终产品的高质量。一次，华为的手机摄像头出现问题，测试团队反复测试后发现是摄像头的胶水质量有问题。摄像头企业是华为的供应商，胶水企业是摄像头企业的供应商，上游的上游出现一点小问题，最终影响了整机质量。这一事件让华为认识到，要把顾客需求与期望准确传递到华为的整个价值链，共同构建质量。

为了保证最终产品的高质量，华为在对供应链的管理上有三个做法。一是只选择价值观一致的供应商。二是坚持优质优价，绝不以价格为竞争的唯一条件。对每一个供应商都会有评价体系，而且是贯穿合作全过程的评价。评价分数将决定它在未来会不会再次合作。三是华为在生产线上也进行了巨大投资，在整个生产线上建立自动化的质量拦截，设定五层防护网，从元器件规格认证到整机测试，层层把控，确保没有质量问题流入市场。

在华为的大质量观受到了德国、日本的企业质量管理经验的启发。德国企业的特点是以质量标准为核心，以信息化、自动化、智能化为手段，确保质量不依赖人的操作，帮助华为建立了严格的流程和标准体系。日本企业则是以精益生产理念为核心，强调减少浪费和提升效率，华为从日本企业学到的是通过员工自主改善推动质量提升，将"零缺陷"作为最终目标。德国和日本企业的经验相结合，促成了华为在质量管理上的"持续改进"文化。

任正非曾经将华为的质量文化比作法国波尔多的红酒文化。法国波尔多产区只有高品质的红酒，这是因为从种子、土壤、种植等到酿造形成了一整套完整的文化，而华为的产品同样依赖一套严谨的质量文化。

任正非强调，真正的质量管理不仅仅是工具和流程的问题，更深层次的是企业文化的建立。华为长期以来树立的"质量文化"就是要求每个员工做到"一次把事情做对"，并且在此基础上不断改进。

在华为，这种质量文化已经根深蒂固。华为坚持脚踏实地，专注长远发展，尽管并不是跑得最快的公司，但却以耐心和坚持赢得了全球领先的地位。正是这份对质量的执着追求，使得华为能够在行业中持续保持竞争力。

● 讨论问题

1. 华为的"零缺陷"质量管理体系给我们带来哪些反思和启示？
2. 对华为来说，建立"零缺陷"质量管理体系最重要的是什么？

思考与练习

1. 解释以下概念：质量、要求、质量管理、质量控制、质量保证、过程、产品。
2. 简述朱兰"质量三部曲"。
3. 谈谈你对朱兰"质量螺旋"的理解。
4. 简述戴明"PDCA 循环"。
5. 谈谈你对克劳斯比"零缺陷"的理解。
6. 简述产品生命周期质量管理。
7. 简述质量检验阶段的主要特征和局限性。

8. 简述统计质量控制的主要特征和局限性。
9. 为什么说质量管理体系与卓越绩效模式正在各类组织中达成共识?
10. 结合实例说明如何切实有效地建设企业质量文化。
11. 什么是共享经济?简述共享经济的服务网络。
12. 简述共享经济质量管理的关键问题。
13. 数据处理和使用是数据共享过程的关键,应注意什么?
14. 简述快消品服务质量管理的痛点和难点。
15. 如何提升快消品服务质量管理水平?
16. 简述提升顾客满意度的快消品供应链策略。
17. 简述新零售质量管理的痛点和难点。
18. 简述"无人零售"的特点。
19. 简述"无人超市"质量管理面临的关键问题。
20. 简述及扩展"无人超市"质量管理对策。

第 2 章 全面质量管理

○ 学习目标

✓ 领会全面质量管理的含义
✓ 了解"三全一多样"的基本要求
✓ 掌握质量管理的基本工具
✓ 了解质量管理的七种新工具
✓ 掌握一些常用的质量管理方法
✓ 了解数字化时代的全面质量管理

全面质量管理可概括为"三全一多样",即全员质量管理、全过程质量管理、全方位质量管理、多种多样的质量管理方法或工具,其内涵是"顾客满意,持续改进"。

只有最高领导者参与到质量管理中,才能真正实现全员质量管理。全过程质量管理强调的是要从产品和服务形成的全过程实施质量管理。全方位质量管理则强调企业内所有的职能部门都要对质量水平的提高做出贡献。但是,只有通过多种多样的质量管理方法或工具,才能有效地实施全面质量管理。

2.1 全面质量管理概述

2.1.1 全面质量管理的含义

1. 全面质量管理及其特点

20 世纪 60 年代初,全面质量管理理论形成,首创者是美国质量管理专家费根鲍姆博士。他指出:"全面质量管理是为了能够在最经济的水平上、在充分满足用户要求的条件下,进行市场研究、设计、生产和服务,把质量各部门的研制质量、维护质量和提高质量的活动结合在一起,成为一个有效体系。"概括起来,全面质量管理有以下特点。

(1)持续改进。持续改进就是追求投入产出过程中的所有因素都持续不断地得到改善。投入产出过程中的因素包括人员(man)、机器设备(machine)、原辅材料(material)、方法(method)、测量(measurement)和环境(environment),简称"人、机、料、法、测、环",即"5M1E"。

（2）树立标杆。树立标杆就是把在某方面做得最好的组织作为本组织的榜样，学习其经验从而提高自己的经营管理水平。

（3）授权给员工。让一线员工承担一定的质量改进责任，并赋予他们为完成改进任务采取必要行动的权力。

（4）发扬团队精神。在组织内部不但要倡导全员质量管理，而且要最大限度地保持目标和行动的一致。

（5）基于事实的决策。管理的任务之一就是收集和分析数据与资料，并依此做出决策。这里要强调指出的是，为了实现有效的质量管理，在做出决策时，需要依据事实而不是个人的主观判断。

（6）活学活用质量管理方法或工具。对组织的成员尤其是管理人员进行质量管理技术培训。在质量管理实践中，运用科学的质量管理技术。进一步，结合本组织的实际，对已有质量管理工具加以改进。

（7）供应商的质量保证。质量管理必须向前延伸到供应商，即选择那些实行了质量保证制度，并努力实现质量改进的组织作为本组织的供应商，从而确保其生产过程能够及时制造出满足本组织要求的零部件或原材料。

（8）强化"源头质量"观念。就是要让组织的每个成员都忠于职守：一方面把工作做好；另一方面如果出现偏差能够及时发现并主动纠正。事实上，组织的每个成员都是自己工作的质量检查员。当所完成的工作成果传递到下一个环节，或者作为整个过程的最后一步传递到最终用户时，必须保证它达到质量标准。

2. 全面质量管理的内涵

从以上全面质量管理的特点可以看出，全面质量管理的内涵为"顾客满意，持续改进"，即在企业全体员工的参与下，通过各种各样的质量管理方法或工具，在全组织范围内实施质量管理，从而持续不断地改进质量，达到甚至超越顾客需求。

2.1.2 "三全一多样"的基本要求

1. 全员质量管理

全员质量管理的含义就是企业中每个员工都要参与到质量管理活动中。企业中的每个员工，上至执行总裁，下至一线作业工人，都处于不同的质量环中，每个人的工作都会影响产品或服务质量。特别地，作为企业最高领导者应对质量管理做出承诺，确定质量方针和目标，营造全员重视质量管理的环境。

为保证全员参与质量管理，应做好以下两项工作。

（1）实施质量培训和教育，只有通过培训和教育，才能让员工深刻认识到质量管理的重要性，提高质量意识。只有不断进行培训和教育，员工才能掌握必要的质量管理知识和技能。

（2）开展群众性质量管理活动，比如开展形式多样的 QC（quality control，质量控制）小组活动，充分调动员工参与质量管理的积极性。

2. 全过程质量管理

全过程质量管理的含义就是要把质量管理贯彻到产品全生命周期内,即从顾客需求调查、产品设计、物料获取、产品加工、配送分销、产品使用、顾客满意度调查到产品最终处置,全生产周期内都注重质量管理。"产品是设计和生产出来的,而不是检验出来的",只有坚持这种质量观,才能实现从事后检验到事前控制的转变。强调产品全生命周期质量管理,则把质量管理提升到了企业社会责任的高度。

为保证实现全过程质量管理,应做到以下两点。

(1)在产品形成的各个阶段,采取专业的控制手段。在顾客需求调查阶段,采取面谈调查法、电话调查法、网络调查法、问卷调查法;在产品设计阶段,做好内部测评和市场竞争性评价;在物料获取阶段,引入供应商关系管理系统;在产品加工阶段,采取统计过程控制保证生产过程处于受控状态;在配送分销阶段,采取科学的配送手段,保证交货准确无误;在产品使用阶段,对顾客进行有关产品使用方面的培训,以便正确使用产品;在顾客满意度调查阶段,及时收集顾客的反馈意见,了解顾客满意程度,不断改进质量水平;在产品最终处置阶段,最大化回收利用报废的产品。

(2)编制标准操作规程(standard operation process,SOP)。任何过程都是通过程序运作来完成的,因此编制科学、有效的程序化文件是保证过程控制的基础。如果只是编制 SOP,而不执行或错误地执行,就无法发挥其应有作用,也就不能保证产品在全生命周期内处于受控状态。

3. 全方位质量管理

全方位质量管理的含义就是各个职能部门要密切配合,按其职能划分,承担相应的质量责任。如果全过程质量管理是从纵向角度强调各个环节在质量形成过程中所起的作用,那么全方位质量管理就是从横向角度强调各个职能单位对质量管理应承担的相应责任。

为做好全方位质量管理,必须建立贯穿整个企业的质量管理体系,并保证其有效运行。费根鲍姆博士把他最先定义的全面质量管理称为一种有效的体系,就是从横向方面考虑如何通过系统工程对质量进行全方位控制。其主要内容包括对管理职责、资源管理、产品实现、测量分析和改进提出明确要求。

4. 多种多样的质量管理方法或工具

影响质量的因素可归结为 5M1E,这些因素又可分为偶然性因素和必然性因素两大类。偶然性因素的出现没有规律,对产品质量造成的影响较小;必然性因素则相反,其出现有一定的规律性,一旦发生,将造成严重的质量问题。显然,质量管理的重点应该放在发现、分析和控制必然性因素上。为此,就需要专门的工具或方法。比较常用的质量管理方法或工具有:质量管理七种常用工具、质量管理七种新工具、QC 小组活动、头脑风暴法、标杆法、顾客需求调查、顾客满意度测评、质量功能展开、统计过程控制、抽样验收等。

"三全一多样"要求建立一种以工具或方法为基石的三维质量管理体系结构,如图 2-1 所示。

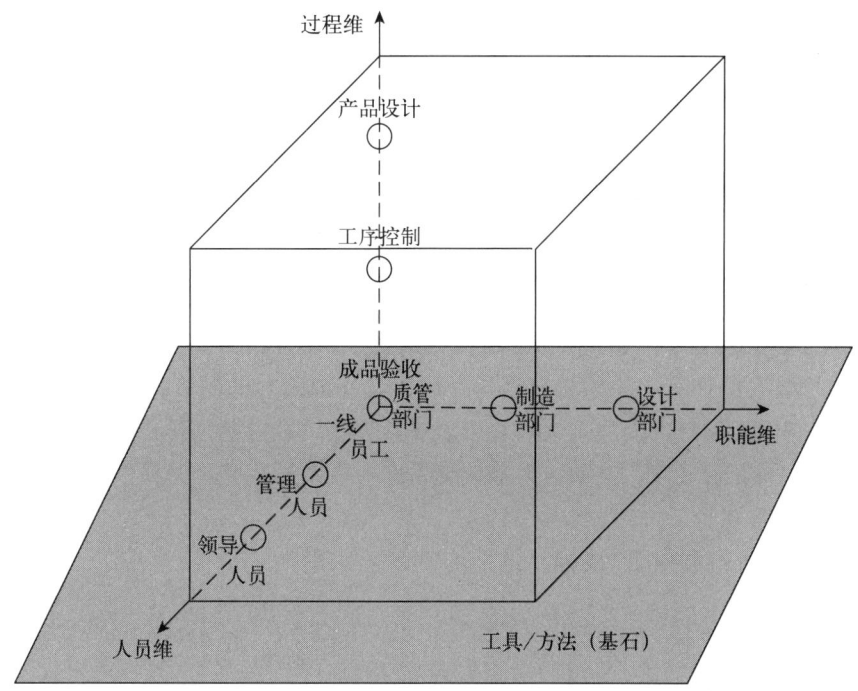

图 2-1 以工具或方法为基石的三维质量管理体系结构

2.2 质量管理基本工具

在实际质量管理中，常用的质量管理工具有七种：检查表、排列图、直方图、因果图、散布图、分层法和控制图。

2.2.1 检查表

检查表又称统计分析表或调查表，是用表格形式进行数据整理和概要分析的一种方法。

不合格或缺陷分项检查表是一种最常见的检查表，将不合格或缺陷按其种类、原因、工序、部位或内容等情况进行分类记录，能简便、直观地反映出不合格或缺陷的分布情况。表 2-1 为饮料瓶标签贴制过程中出现的缺陷分项及发生时段检查表。

表 2-1 标签缺陷分项及发生时段检查表

天	时段	缺陷类型					合计
		遗漏标签	贴偏标签	字迹不清	标签卷曲	其他	
星期一	08:00 — 09:00		‖	‖‖			6
	09:00 — 10:00		‖‖				3
	10:00 — 11:00	‖	‖‖	‖			5
	11:00 — 12:00		‖		‖	‖（撕裂）	3
	13:00 — 14:00		‖				1
	14:00 — 15:00		‖‖	‖‖‖	‖		6
	15:00 — 16:00	‖‖‖‖	‖‖	‖‖			8
合计		5	14	10	2	1	32

从纵向角度看，贴偏标签出现的问题最多，占总缺陷数的 44%。据此，初步判明这是由于机器设备的工位没有设置好造成的。从横向角度看，15:00—16:00 这一时段出现的问题最多，可以初步判明这是人员的原因造成的，因为到了快下班时间，一方面劳累，另一方面急于下班回家，导致出现较多的操作失误。

2.2.2 排列图

任何事物都遵循"少数关键，多数次要"的客观规律。这一规律是由 19 世纪意大利经济学家帕累托最早发现的。帕累托在分析社会财富分布的状况时，发现整个社会 80% 的财富由 20% 的少数人所拥有。帕累托根据这一规律设计出著名的帕累托图。帕累托图又称为排列图。后来美国质量管理大师朱兰将它用于质量管理。事实上，同其他活动一样，质量管理活动也遵循这一客观规律。例如，大多数废品由少数人员造成、大部分设备停顿时间由少数故障原因造成等。

根据表 2-1 可以绘制如图 2-2 所示的标签缺陷排列图。

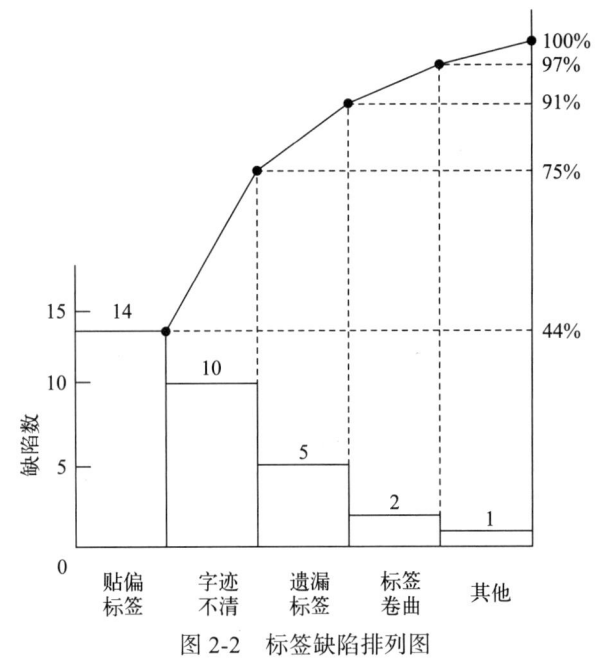

图 2-2 标签缺陷排列图

在图 2-2 中，横坐标表示缺陷类别。左边的纵坐标表示所出现缺陷的绝对数，比如贴偏标签的数量为 14 个，字迹不清的数量为 10 个，等等。右边的纵坐标表示缺陷的累计数，比如贴偏标签占缺陷总数的 44%，贴偏标签和字迹不清累计（24 个）占总数的 75%，等等。可以看到前两类缺陷占总缺陷的绝大多数。

2.2.3 直方图

直方图由坐标系中若干顺序排列的长方形组成。各长方形的底边等距，为观测值区间，长方形的高为观测值落入相应区间的频数。通过直方图可以分析观测值的分布状态，进而推断总体的分布特性。

绘制直方图的一般步骤如下。

第一步：收集质量特性观测值。通常要求观测值的数量 $n \geqslant 50$。

第二步：找出观测值中的最大值 $x_{\max}$ 和最小值 $x_{\min}$。

第三步：确定观测值的分组数 k。k 的取值一般按照以下原则：当 $50 \leqslant n \leqslant 100$ 时，$7 \leqslant k \leqslant 10$；当 $100 \leqslant n \leqslant 250$ 时，$10 \leqslant k \leqslant 20$。

第四步：计算各组组距 h。按以下公式计算 h。

$$h = \frac{x_{\max} - x_{\min}}{k} \tag{2-1}$$

第五步：数据分组。第一组的下限值取为 $x_{\min}$，上限值取为 $x_{\min}+h$。第二组的下限值取为第一组的上限值，上限值为其下限值加上 h。余者类推。

第六步：制作频数分布表。统计落入各分组内的观测值数量，记录在频数分布表中。

第七步：绘制直方图。根据频数分布表，绘制直方图。各组的高度取为各自的频数，按比例绘制直方图。

以下结合实例说明直方图的绘制过程，并说明如何观察直方图。

例 2-1 一种笔记本电脑上用的螺钉，长度范围要求控制在 8 ± 0.5mm。表 2-2 是从生产线随机抽取的 100 个样本数据。

表 2-2　螺钉长度数据　　　　　　　　　　（单位：mm）

8.110	7.900	8.150	8.100	8.120	7.980	7.920	7.820	8.070	8.090
8.060	7.980	7.920	8.140	8.110	8.040	7.890	7.930	7.840	8.100
7.900	7.850	8.150	7.890	7.910	8.080	8.040	8.170	8.140	8.050
8.160	7.780	7.910	7.980	7.970	7.900	8.030	7.820	7.930	7.830
8.130	7.930	8.060	7.830	8.100	8.210	8.180	7.910	8.090	7.970
7.890	8.170	8.080	7.910	7.880	7.910	8.130	7.790	8.060	7.840
8.160	8.080	8.180	8.090	8.070	8.050	8.040	7.980	8.010	7.890
8.050	8.130	8.140	8.180	7.780	7.870	8.210	8.100	8.200	8.150
8.120	8.020	8.050	7.880	8.110	7.980	8.110	7.970	8.060	7.910
7.800	7.920	7.930	7.770	8.150	8.090	8.050	8.160	7.950	7.900

解：

第一步：收集质量特性观测值（见表 2-2），这里 $n=100$，大于 50。

第二步：找出观测值中的最大值和最小值，分别为 8.210mm 和 7.770mm。

第三步：因 $n=100$，取 $k=10$。

第四步：计算各组组距 h。根据式（2-1），

$$h = \frac{x_{\max} - x_{\min}}{k} = \frac{8.210 - 7.770}{10} = 0.044 \text{（mm）}$$

第五步：数据分组。第一组的下限值取为 7.770，上限值为 $7.770+0.044=7.814$。第二组的下限值取为第一组的上限值，即 7.814，上限值为 $7.814+0.044=7.858$，依此类推。各分组界限如表 2-3 中第二列所示。

表 2-3 螺钉长度频数分布表

组号	分组	组中值	频数	累计频数
1	[7.770, 7.814)	7.792	5	5
2	[7.814, 7.858)	7.836	7	12
3	[7.858, 7.902)	7.880	11	23
4	[7.902, 7.946)	7.924	13	36
5	[7.946, 7.990)	7.968	9	45
6	[7.990, 8.034)	8.012	3	48
7	[8.034, 8.078)	8.056	14	62
8	[8.078, 8.122)	8.100	17	79
9	[8.122, 8.166)	8.144	13	92
10	[8.166, 8.210]	8.188	8	100
合计			100	

第六步：制作频数分布表。统计落入 10 个分组内观测值的数量，如表 2-3 第四列所示。

第七步：绘制直方图，如图 2-3 所示。

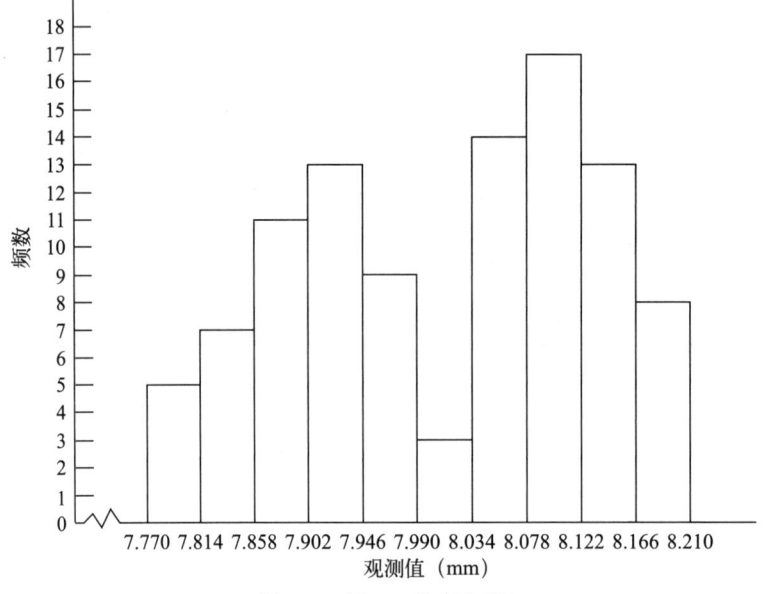

图 2-3 例 2-1 的直方图

通过直方图可以比较直观地看出产品质量特性的分布状态以及工序是否处于受控状态，还可对总体质量情况进行进一步判断。

直方图中间高、两端低，左右基本对称，外围轮廓与正态分布曲线相似，如图 2-4a 所示。如果通过工序能力计算，能力指数充足，就可以判断工序处于受控状态，常把这种分布叫作正常型分布。

当出现以下五种情况时，工序处于失控状态。

（1）偏向型分布。直方图的顶峰偏向一侧，形成不对称图形，如图 2-4b 所示。这种情况通常是由于倾向性加工造成的。

（2）锯齿型分布。直方图呈现参差不齐的形态，如图 2-4c 所示。造成这种情况的原因通常是计量器具的示数误差过多。此外，如果在绘制直方图时，分组过多，也会造成锯齿型分布。

（3）双峰型分布。直方图出现两个峰值，如图 2-4d 所示。造成这种情况的原因通常是数据来源于两个总体。例 2-1 就属于这种情况。

（4）平顶型分布。直方图呈现较大范围的平顶形状，如图 2-4e 所示。这种情况说明生产过程中存在缓慢的异常因素，比如刀具的磨损等。

（5）孤岛型分布。出现两个孤立的直方图，如图 2-4f 所示。这种情况说明生产过程中出现了短暂异常因素。

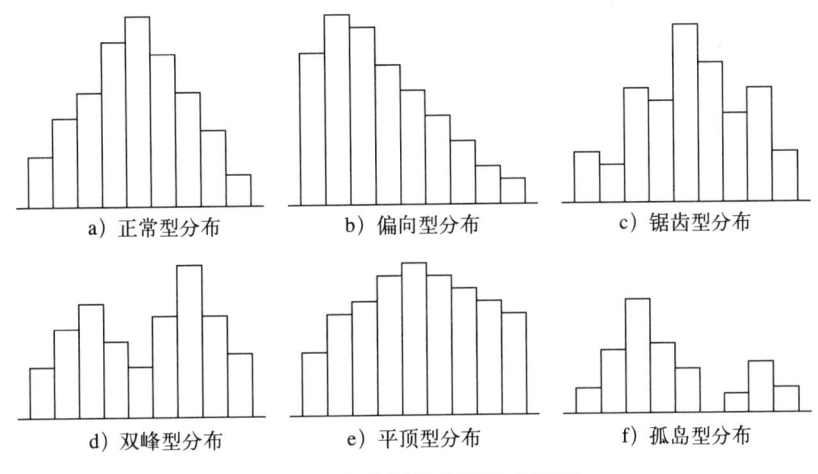

图 2-4　直方图的六种分布类型

2.2.4　因果图

因果图也称为鱼骨图或石川图，是日本质量管理学者石川馨于 1943 年提出的。因果图以质量特性作为结果，以影响质量的因素作为原因，在它们之间用箭头连接起来表示因果关系。下面结合实例说明因果图的应用。

某打字复印社得到顾客的反映："复印不清楚。"为找出问题发生的原因，可按以下步骤进行。

第一步，把复印不清楚作为最终结果，在它的左侧画一个自左向右的粗箭头。在利用因果图分析质量问题时，分析对象应该是一个具体的质量问题，比如本例中的复印不清楚。

第二步，把复印不清楚的原因分成人、机、料、法、测、环 6 类，即 5M1E，放在方框内，并用箭线与第一步画出的箭线连接起来。就本例，分别为操作人员、复印机、复印纸和碳粉、复印方法、测量、作业环境 6 个方面。

第三步，对每一类原因做进一步深入细致的调查分析，每一类原因由若干个因素造成，而某一因素可能又受到更细微因素的影响，逐层细分，直至能采取具体可行的措施为止。

第四步，必要时，应用排列图找出其中的主要原因，并给出解决方案。本例中，在原件、纸张等条件相同的情况下，造成复印不清楚的主要原因是玻璃不干净。

经过上述四步，就可绘制出复印不清楚的因果图，如图2-5所示。

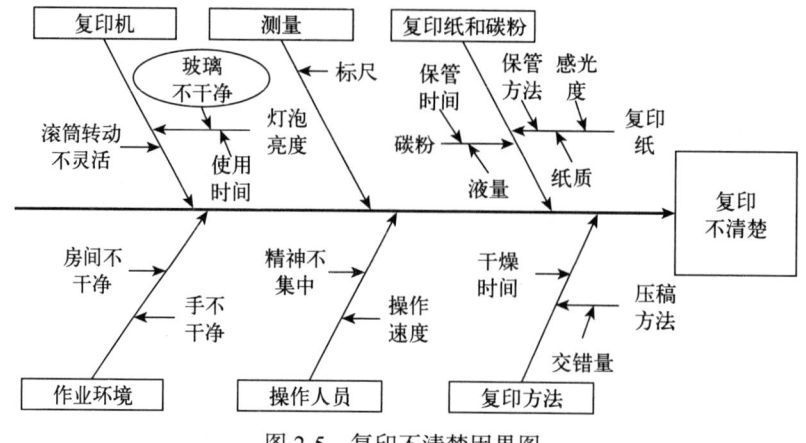

图2-5 复印不清楚因果图

2.2.5 散布图

散布图是对两个变量之间关联性的一种描述。图2-6所示是一个散布图的例子。该散布图表明每小时差错数和环境湿度之间存在着正相关，环境湿度越大，每小时差错数越多；反之亦然。相反，负相关则意味着当一种变量减小时，另一种变量增大；反之亦然。

两种变量间的相互关联性越高（正的或负的），图中的点越趋于集中在一条直线附近。相反，如果两种变量间很少或没有相关性，那么点将完全散布开来。在图2-6所示的例子中，环境湿度和每小时差错数间的关联性很强，因为点分布在一条直线附近。

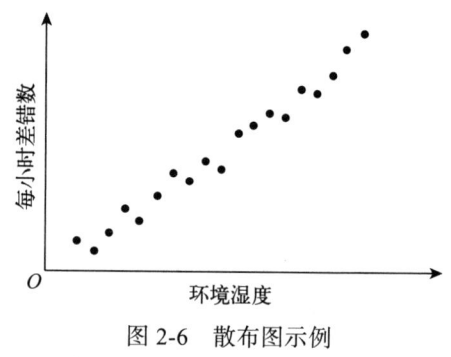

图2-6 散布图示例

除图2-6所示的两个变量之间的关系外，还有其他一些形态，如图2-7所示。图2-7中，图2-7a～图2-7f分别代表强正相关、正相关、负相关、弱负相关、不相关和非线性相关。

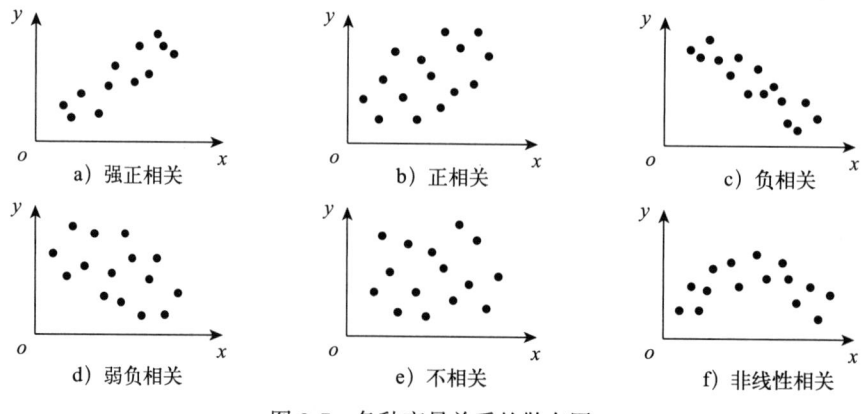

图2-7 各种变量关系的散布图

有时,不便直接控制某一质量特性值。此时,如果通过数据统计分析,发现有另一指标与这一质量特性值相关,就可以通过调整这一可控指标来提高产品或服务质量水平。

2.2.6 分层法

在实际生产过程中,影响质量变动的因素很多,如果不把这些因素区别开来,就难以发现变化的规律。分层法就是把性质相同、在同一条件下收集的数据归纳在一起,以便进行比较分析。依实际情况,可做出以下分层。

(1)对操作人员,可按工人的技术级别、工龄、性别、班次等进行分层。
(2)对使用的机器设备,可按不同型号、不同工具、不同使用时间等进行分层。
(3)对工作时间,可按不同班次、不同日期等进行分层。
(4)对使用的原辅材料,可按不同材料规格、不同供料单位等进行分层。
(5)对工艺方法,可按不同工艺、不同加工规程等进行分层。
(6)对工作环境,可按不同工作环境、不同使用条件等进行分层。

2.2.7 控制图

控制图是判断生产过程是否受控的有效工具。控制图有中心线(center level,CL)、控制上限(upper control limit,UCL)和控制下限(lower control limit,LCL)。控制图的横坐标通常表示按时间顺序抽取的样本序号,纵坐标表示质量特性值或质量特性值的统计量(比如均值、极差)。图 2-8 是控制图示例。本书第 5 章将详细介绍控制图的绘制方法及它在统计过程控制中的应用。

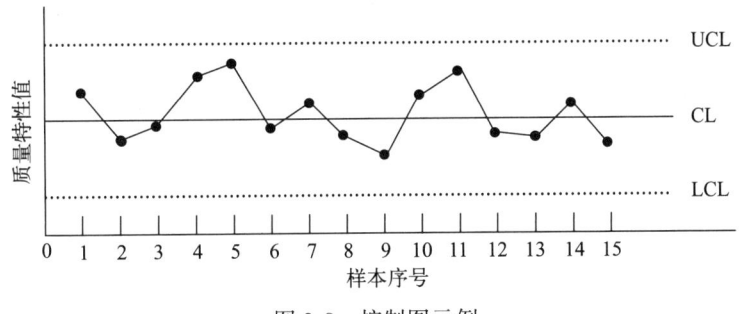

图 2-8 控制图示例

2.2.8 质量管理工具综合应用

在管理实践中,我们经常需要综合应用各种质量管理工具来发现质量问题、分析质量问题、解决质量问题。例如,可以首先通过核查表对质量问题进行汇总,发现质量问题的类别以及发生质量问题的时间或位置。然后,通过排列图发现需要重点解决的关键质量问题。进一步,利用因果图来分析造成关键质量问题的原因,并提出改进方案,实施改进方案。最后,利用控制图直观地展示改进的效果。图 2-9 说明了综合应用质量管理工具解决质量问题的思路。

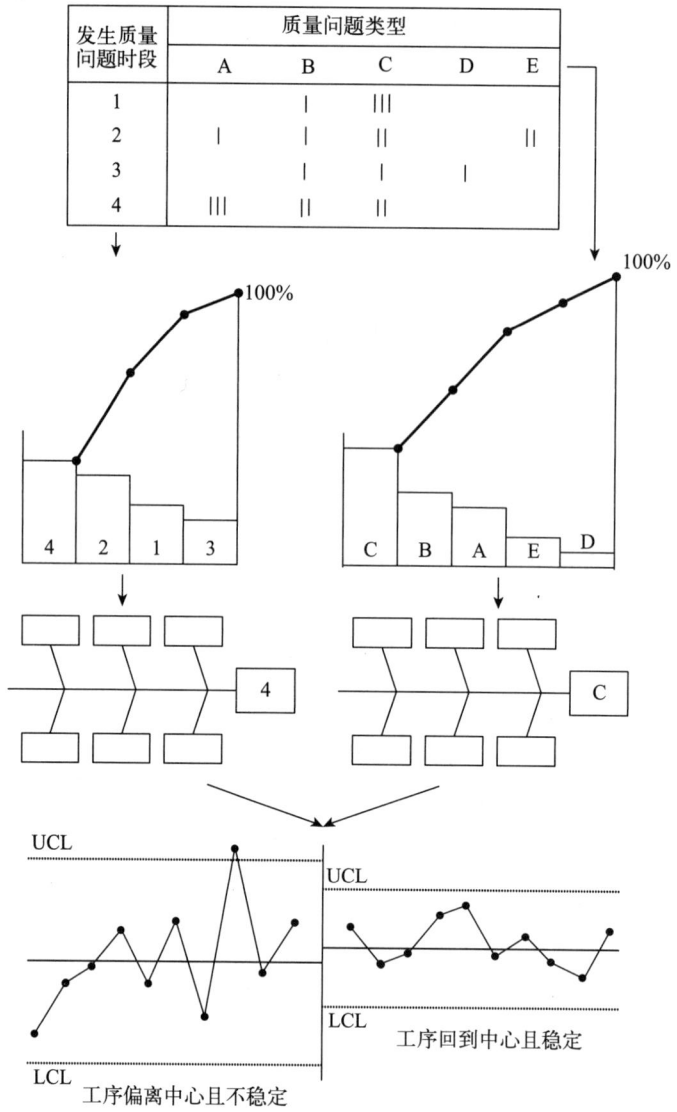

图 2-9 综合应用质量管理工具解决质量问题

2.2.9 质量管理七种新工具简介

20世纪70年代末80年代初，日本科学技术联盟的"质量管理研究会"经过多年的研究和实践，提出了"质量管理七种新工具"，它们是关联图法、亲和图法、系统图法、过程决策程序图法、矩阵图法、箭条图法以及矩阵数据分析法。

质量管理七种新工具是把统计方法和思考过程结合起来，充分体现全面质量管理"三全一多样"的思想。七种新工具把语言和数据等信息，用图表的形式表示出来，简洁明了。此外，通过使用这些工具，可以提高人们的思考能力，对问题进行深入、全面的分析研究，逐步接近问题的实质，以便找到解决问题的最佳方案。

质量管理七种新工具主要用于质量计划的制订与实施、新产品开发或服务项目设计、质量保证、成本管理、环境或安全管理等方面。

下面简要介绍质量管理七种新工具的含义和操作步骤。

1. 关联图法

关联图也叫关系图，是把质量问题按照原因－结果的关系进行展开，逐步找到造成质量问题的根本原因，并找到解决这一质量问题有效手段的图表。在关联图中，用方框代表结果或目的，用椭圆代表原因或手段。图 2-10 是关联图示例。

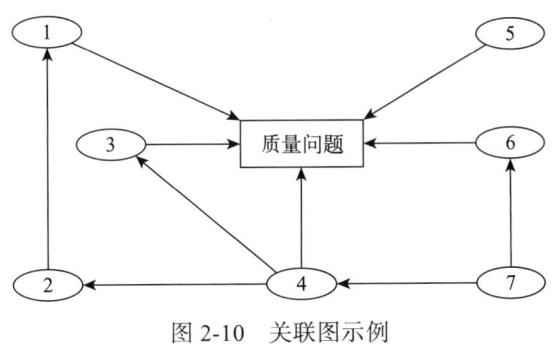

图 2-10　关联图示例

关联图法主要用于质量管理方针和目标的展开、确定 QC 小组活动的项目、过程质量分析和改进、服务质量分析与改善等。

通常按照以下 3 个步骤绘制关联图。

（1）确定所要解决的问题。一张关联图只列出一个问题或密切相关的少数几个质量问题，用方框表示。

（2）寻找原因。尽可能找到造成这一问题的全部原因，用椭圆表示，并用箭头指向质量问题，再分析造成每一原因发生的因素。例如，在图 2-10 中，造成质量问题的直接原因有原因 1、原因 3、原因 4、原因 5 和原因 6。原因 7 又是导致原因 4 和原因 6 发生的因素。

（3）确定要因。找到类似于排列图中的少数关键因素，即要因。在关联图中，那些箭头出多进少或者箭头只出不进的原因一般为要因，对初步确定的要因，通过现场调查予以确认。例如，在图 2-10 中，可初步判定原因 4 和原因 7 为要因。因为，正是原因 7 才导致了原因 4 的发生。而原因 4 不但直接引起质量问题，而且导致原因 2 和原因 3 的发生。而原因 3 是导致质量问题发生的直接原因之一，原因 2 又通过原因 1 引起质量问题。

2. 亲和图法

亲和图法也叫 KJ 法，是指将收集到的大量有关某一主题的意见、观点、想法，按照它们之间的亲和性（affinity）加以归类、汇总的一种方法。这种方法由日本的川喜田二郎（Kawakita Jiro）首创，故又称 KJ 法。图 2-11 是亲和图的示例，该图说明了有效开展 QC 小组活动的两个措施。

亲和图主要用于以下几个方面：认识新事物（新问题、新办法）；整理归纳想法创意；从现实出发，采取措施，打破现状；提出新理论，进行根本改造，"脱胎换骨"；统一思想，促进协调。

亲和图的绘制步骤如下。

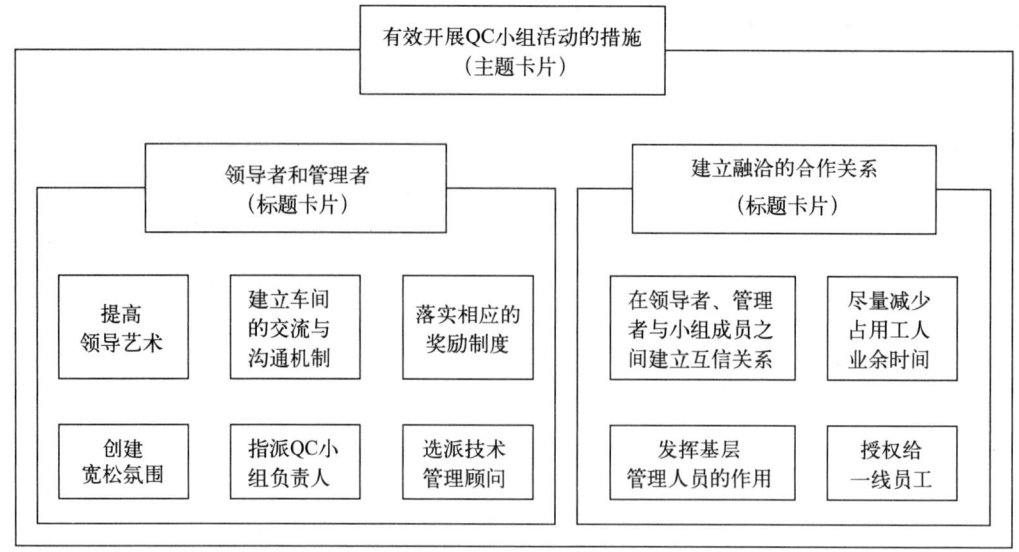

图 2-11 亲和图示例

（1）确定主题，成立相应的活动小组。一次只讨论一个或少数几个密切相关的主题。小组成员一般不超过 8 个人。

（2）收集资料。通过现场调查，取得有关主题的第一手资料，也可以倾听别人的意见或阅读文献资料取得第二手资料。

（3）整理所收集的资料，制作卡片。将所收集的资料制作成卡片，并给予编号，每张卡片只记录一条意见或观点。

（4）卡片归类，制作标题卡片。把第三步制作的卡片按照意见或观点的亲和性归类，并制作标题卡片。

（5）绘制亲和图，撰写调查报告。根据标题卡片之间的关系，绘制亲和图。撰写调查报告，给出质量改进的建议。

3. 系统图法

系统图法也叫树图法，是指为达到预期目的，通过图形的方式，对可能的手段进行系统分析，以探求实现目标的最佳措施或手段的方法。图 2-12 是一种常见的系统图。

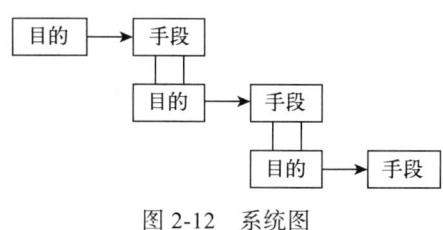

图 2-12 系统图

系统图法主要用于以下几方面：在新产品研制开发中，用于设计方案的展开；在质量保证活动中，用于质量保证事项和工序质量分析事项的展开；结合因果图，更为系统地分析所要解决的问题。

系统图法的工作步骤如下。

（1）确定目的或目标。

（2）提出手段和措施。

（3）评价手段和措施。

（4）绘制系统图。

（5）制订实施计划。

4. 过程决策程序图法

过程决策程序图（process decision program chart，PDPC）法，是指为完成某项任务和目标，在制订行动方案时，预测可能出现的障碍和结果，相应地提出多种应变计划，从而达到预期目标的方法。

PDPC 法可用于制订工程项目中的实施计划，对整个系统的重大安全或环境风险进行预测，制定控制和改进工序能力的有效措施或方案。

图 2-13 是降低不合格产品率的 PDPC。

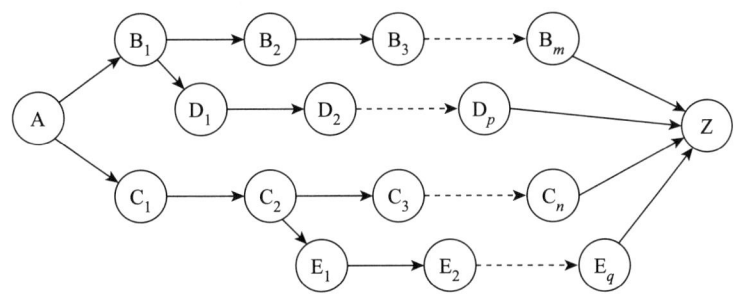

图 2-13　降低不合格产品率的 PDPC

下面以图 2-13 为例子说明 PDPC 法的步骤。

（1）确定所要解决的问题。本例中，就是把不合品率从状态 A 减少到状态 Z，目标是降低 20%。

（2）广泛征求意见，提出达到理想状态的途径和措施。本例中，就是 A→B_1→B_2→…→Z，或者 A→C_1→C_2→…→Z。当从 B_1 到 Z 时，既可以执行 B_1→B_2→…→Z 的路径，也可以执行 B_1→D_1→…→Z 的变通路径。当从 C_2 到 Z 时，既可以执行 C_2→C_3→…→Z 的路径，也可以执行 C_2→E_1→…→Z 的变通路径。

（3）从期限、质量、成本、资源等方面评价各种变通方案，选择综合效果最好的方案。

（4）在执行过程中，当遇到突发事件，及时做出调整。

5. 矩阵图法

矩阵图法就是利用矩阵的形式，把与问题有对应关系的各个因素列成一个矩阵图，根据各因素之间的相关程度寻找解决问题的方法。

矩阵图法可用于确定产品研发或改进的着眼点，确定产品质量问题与原材料、设备、工序、作业人员等的关系，明确顾客需求与技术要求之间的关系等。

矩阵图法的步骤如下。

（1）列出相互关联的两类因素，如 R 类因素和 L 类因素。把 R 类因素（R_1, R_2, …, R_n）和 L 类因素（L_1, L_2, …, L_m）分别排列成行和列，如图 2-14 所示。

◎：关系紧密 ○：关系一般 △：关系微弱		R			
		R_1	R_2	…	R_n
L	L_1		△		
	L_2	◎			
	⋮				
	L_m		○		

图 2-14　矩阵图示例

（2）在行和列的交点上表示 R 类和 L 类两种因素之间的关系，这种关系可用不同的符号表示，如用"◎"表示关系紧密，"○"表示关系一般，"△"表示关系微弱。图 2-14 中因素 R_1 与因素 L_2 之间就具有紧密的关系，因素 R_2 与因素 L_1 之间则关系微弱。

（3）根据关系的紧密程度，确定重点因素，针对重点因素，给出管理对策。

6. 箭条图法

箭条图法也叫矢线图法或网络图法。它是指把一项工程的作业按照其相互关系和时间顺序用箭条连接起来，以便从全局出发，统筹安排，抓住关键路径，节约资源，按时或提前完成工程计划的一种系统方法。箭条图法主要用于质量管理工程计划的展开与实施。

箭条图法的步骤如下。

（1）分解工程计划。把一项工程计划分解成若干相对独立的作业，可采取工作分解结构的方法来实施。

（2）绘制箭条图。根据各项作业的相互关系和时间顺序，由小到大进行编号，并绘制箭条图。

（3）计算作业时间。计算各作业时间的最早开始和最迟开始时间、最迟结束和最早结束时间，并计算其时差，即最迟开始时间与最早开始时间之差，或最迟结束时间与最早结束时间之差。

（4）确定关键路径。关键路径就是时差为零的作业连接起来的路线，一个箭条图中关键路径可能不止一条。

（5）向关键路径要进度。把非关键路径上的资源调配到关键路径上，以便按期或提前完成工程计划。

7. 矩阵数据分析法

矩阵数据分析法就是在矩阵图法的基础上，把各因素之间的关系定量化，从而对大量数据进行预测、分析和整理的方法。矩阵数据分析法实质上是一种主成分分析法。矩阵数据分析法常用于顾客需求预测、竞争对手分析、新产品市场前景调查与预测、工序能力分析与评价等。

矩阵数据分析法包括以下步骤。

（1）收集、分析、整理数据资料，绘制矩阵图。

(2）计算均值、标准差和相关系数。

(3）根据相关系数矩阵，求特征值和特征向量。

(4）计算贡献率、累积贡献率，确定主成分。

(5）根据所确定的主成分，明确工作重点或努力方向。

2.3 其他质量管理方法

除质量管理七种常用工具和七种新工具外，还有许多其他质量管理方法，如 QC 小组活动、头脑风暴法、标杆法、顾客需求调查、顾客满意度测评、质量功能展开、统计过程控制、抽样检验等。下面只介绍 QC 小组活动、头脑风暴法和标杆法。其他方法将在本书的相关章节中介绍。

2.3.1 QC 小组活动

1. QC 小组的概念与类型

QC 小组是由来自不同岗位的员工围绕组织的经营战略、方针目标和现场存在的问题，以改进质量、降低消耗、提高经济效益为目的而组织起来的，运用质量管理理论和方法开展活动的小组，是组织群众性质量管理活动的一种有效组织形式。

根据所要解决质量问题涉及的范围可划分为班组 QC 小组、部门 QC 小组和大型专题 QC 小组。根据所要解决质量问题的类型可划分为"现场型""攻关型""管理型"和"创新型" QC 小组。

2. QC 小组活动的特点

归纳起来，QC 小组具有以下 3 个特点。

（1）参与的自愿性。QC 小组是由来自不同岗位或职务的人员根据自愿性原则组建起来的团队，不是企业的基层行政单位。企业的领导者、管理者、工程技术人员、一线员工都可以参与进来。

（2）管理的民主性。QC 小组组长由成员民主推选，组长与成员之间更多的是指导与支持关系，而不是领导与被领导关系，QC 小组实行自主管理，以充分发挥每个成员的主观能动性。

（3）方法的科学性。QC 小组解决质量问题时，广泛运用全面质量管理的理论与方法，强调用数据说话，更多地运用统计技术解决实际问题。

QC 小组活动的上述特点也是对组建 QC 小组并开展相关活动提出的要求。

3. QC 小组的工作步骤或内容

一般地，QC 小组的主要工作步骤或内容有以下几点。

（1）采用质量管理工具及时发现质量问题或质量改进机会。

（2）采用头脑风暴法，并充分听取来自 QC 小组外部的意见，寻求改进方法。

（3）以表单形式列出可能的问题及相应的解决方案。根据拟解决质量问题及相应解决方案的必要性及可行性对其进行排序。一定时期内着重解决一个或少数几个问题。

（4）对选定项目进行质量改进的策划、组织、协调和监督。

（5）负责向组织汇报质量改进成果。

2.3.2 头脑风暴法

1. 头脑风暴法的来由及含义

头脑风暴法是由亚历克斯·奥斯本于1929年首次提出，1953年正式应用的一种激发创造性思维的方法。其目的是通过新的和"异想天开"的方法来解决问题。

2. 运用头脑风暴法应注意的事项

为达到集思广益，寻求解决问题的最好方案，在运用头脑风暴法时应注意以下4个方面的事项。

（1）禁止评论他人构想的好坏，把对方案的评判放在最后阶段，在此之前不得对别人的意见提出批评或评价。

（2）最狂妄的想象是最受欢迎的，思想越激进越好。

（3）重量不重质，强调产生想法的数量，而不管其是否适当和可行。

（4）探索取长补短和改进办法。除提出自己的意见外，鼓励参加者对他人已经提出的设想进行补充、改进和综合。

3. 头脑风暴法的工作步骤

通常，头脑风暴法有以下4个工作步骤。

（1）明确课题。明确要解决问题的主题、课题的现状、目前存在的问题以及要达到的目标。

（2）成立专家小组。专家小组规模以10人左右为宜，专家要具备专业知识和创新思维能力，了解公司情况。头脑风暴法的主持人最好由对决策问题的背景比较了解并熟悉头脑风暴法程序和方法的人来担任。

（3）脑力激荡。围绕所要讨论的主题，由专家畅所欲言地提出各自的观点。

（4）观点的收集、分析和整理。如实记录专家所提出的观点或想法，用通用术语说明每一观点的要点，对所有的观点进行分类，将意义相同的进行合并，按重要程度对观点排序。

2.3.3 标杆法

1. 标杆法的概念及目的

标杆法就是把产品、服务或过程质量与公认的市场领先者（标杆）进行比较，以寻求改进机会的方法。

标杆法常用于把优秀企业好的解决方案和经验借鉴到本企业的质量管理中来，通过对比，找出差距，改进业务水平，进而提高本企业的竞争优势。标杆法也可用于企业内部流程各环节的业绩对比和评估。

2. 标杆法的工作步骤

标杆法通常按照以下步骤来实施。

（1）确定标杆内容。对比项目应为一项业务的关键特性，比如性能、成本、交货期、返修率等。

（2）确定标杆对象。标杆对象既可以是直接竞争对手，也可以是行业公认的领先者。

（3）收集资料。所收集的资料应来源于标杆对象和顾客的要求，获取资料的方式有直接接触、考察、访问、专家调查以及查阅技术刊物等。

（4）分析对比。根据顾客的需求和标杆对象的绩效，对比自身的现状，明确与标杆对象的差距，确定质量改进机会。

（5）制定改进措施。针对所存在的问题，制定切实可行的改进措施，付诸实施，并评估实施效果。

2.4 数字化时代的全面质量管理

数字化时代是把数字化的创新成果与经济社会各领域深度融合，推动技术进步、效率提升和组织变革，提升实体经济创新力和生产力，形成更广泛的以数字化为基础设施和创新要素的经济社会发展新形态。加快研究探索数字化时代的全面质量管理，开展数字化环境下的全面质量管理活动，有利于重塑质量创新体系，激发全面质量管理活力，形成经济发展新动能，促进经济提质增效升级。

数字化时代的全面质量管理的关键特征是组织把"以质量为本"作为基本战略，提质降本增效，实现可持续发展。在此背景下，原来的全面质量管理概念有了新的内涵。数字化时代的全面质量管理的概念，即组织在信息化环境下，围绕质量为本发展战略，基于全员参与、全方位、全过程的数字化平台和物联网技术，以数据为核心，连接顾客、组织与供应商等运营全过程，使组织和利益相关方均受益的可持续成功的管理途径。

2.4.1 纵向（全过程）的数字化时代的全面质量管理

数字化时代的全面质量管理是企业全体职工及有关部门同心协力，把现代科技、专业技术、经营管理、数理统计和思想教育结合起来，建立起从产品的研究设计、生产、制造到售后服务等活动全过程的质量保证体系。全过程涵盖价值链维度和产品维度。其中，价值链维度主要包括采购管理、生产管理、销售管理等，产品维度主要包括研发设计、工艺设计、加工制造、物流仓储等。下面主要介绍价值链维度。

1. 采购管理

在采购管理中，数字化时代的全面质量管理要求采购预算编制完整，审批流程严格标准化。预算管理是财政支出计划，采购工作按照预算执行。项目采购执行前，需要编制项目预算，列出项目可行性分析、市场调查情况、功能需求等内容，预算编制后履行项目审批程序，审批通过后才能开展采购工作。应该避免预算编制内容不完整、未履行审批手续或者审批手续不全，或采购实施与预算审批同步进行、预算审批后补的现象，更应该杜绝采购金额超过项目预算，使得预算管理功能形同虚设。对于验收结算应该严加管控。除了控制采购需求、项目评审环节外，采购实施过程中的监督、验收项目环节同样重要。

企业应该建立采购管理信息系统，实现全流程工作记录留痕。全流程包含项目立项、预算审批、项目需求、采购方式选择、发布信息、评审或评标、发布结果、合同审核、签订合同、项目验收、供应商评价等所有流程。工作流定制模式根据不同采购模式设计相应工作流程，根据预设工作流自动流转项目状态。通过此模式，实现自动提醒待办事项、预警临近到期合同、分析工作进度延迟原因，实现传统模式难以开展的统计分析、数据挖掘功能。

2. 生产管理

产品质量是企业生产经营管控的核心，是企业建设品牌效应的重要基础。产品质量是企业的"生命线"，是企业塑造品牌的着力点。产品质量的有效控制，要求现代企业建立全面质量管理体系，从产品设计到产品销售，形成完善的质量控制体系。这对生产管理提出了严格的要求。企业生产管理策略的建立，应从管理体系的构建、管理方法的实施两方面着手。

基于全面质量管理下的产品生产管理体系的构建，一是坚持以战略性发展为导向，明确质量目标、组织机构（职责），进而确保管理工作有效开展；二是以顾客需求为标准，以持续性质量改善为核心，强化生产管理规范化建设。

质量目标在生产管理体系中起到了导向性作用。它强调质量目标明确，紧扣企业战略性发展需求。对于企业而言，"质量目标＋战略性发展"的结合，应突出两方面的内容：一是提高生产中产品的合格率，优化生产工艺，做好产品检测，避免质量问题，抓好各环节管理，完善质量标准体系；二是基于经济效益的创收，降低生产成本，进而为企业产品创造成本优势，提高市场竞争力。组织结构的科学化、制度化，强调管理组织机构的建立，明确管理职责，进而确保质量管理工作全面部署。企业应基于生产经营需求，设置相应的管理机构。通过权限、职责的明确划分，让管理责权落实到位，助力实现数字化时代生产管理中全面质量管理的目标。

3. 销售管理

顾客满意是全面质量管理的最终目标，也是企业核心竞争力能够提高的基础。顾客满意战略是指企业的一切经营活动要以顾客为中心，实现彻底的顾客导向。顾客满意战略的指导思想是把顾客所得作为企业开发产品的源头，在产品、价格、分销和促销等方面，以方便顾客为原则，最大限度地满足顾客的需要，从而提高顾客对企业的满意度，营造一种适合企业生存与发展的良好外部环境。销售人员直接影响着企业传递给消费者的价值，而这些价值将最终影响到顾客的满意度。企业的销售管理过程应该遵循的基本原则如下。

（1）时刻以顾客为中心。时刻以顾客为中心是全面质量管理工作的要求，也是销售管理工作的要求。企业价值的实现、利润的完成，最终都是依靠销售工作的。而顾客在购买产品或服务中所享受到的价值则决定了其满意度，进而影响到顾客对企业的忠诚度。

（2）处理好授权与领导的关系。授权与领导的关系是企业内部整合资源的重要工具，如何利用好手中的权力进行授权，并适当地领导下属，是销售管理者的重要工作。

（3）创造持续进步的销售团队。全面质量管理要求，企业在提高产品和服务质量，以及创造顾客满意的过程中，并没有一个固定的目标。企业应该遵循的目标是"没有最好，只有更好"。对于销售管理工作来说更是如此。销售管理本身就是一个设定目标，然后努力超越目标的过程。销售团队也是一个全员努力的过程。销售团队的建立通常是由各个部门的专家共同组成的，比如由技术人员、客户服务人员以及物流配送等部门组成的专门的销售团队，可以很好地一次性解决顾客购买中出现的任何问题。

2.4.2 横向（全方位）的数字化时代的全面质量管理

横向的数字化时代的全面质量管理主要是指从企业内部和企业外部的双重视角进行数字化时代的全面质量管理。其中企业内部包括企业内部负责产品质量的管理层、车间工人等；企业外部则包含产品原材料供应商、产品经销商、相关协作企业等。

数字化技术在企业质量管理方面的应用能够提高产品的质量以及品牌价值。从技术的可行性来讲，工业品应当更易于采用数字化信息技术中的二维码或 RFID 射频识别技术（物联网技术）。事实上，在上述概念尚未提出之时，这些技术也是率先在工业制造与流通领域中被广泛使用的。由外部被动监管到内部主动管理，数字化信息技术一旦被企业用来加强产品的全方位质量管理，其意义是深远的，主要表现如下。

（1）产品质量责任的划分将更加明确。在工业品生产制造领域，社会化大生产的流水线作业方式和生产者的产品质量责任之间存在着必然的冲突和矛盾，其根本原因在于一件产品最终被制造出来，已经不再是某一个人能够独立完成的工作，产品质量责任的划分变得困难。传统的事前人工互检和事后勘查认定的方法都不能很好解决这一问题。数字化信息技术的出现将基本解决这一矛盾，因为从技术角度讲，完全可以将一件产品的每个零部件"贴上"RFID 电子标签，其中记录该部件的包括原材料采购到最终成品销售的所有生产质量信息，其内容涵盖 4M1E，即"人、机、料、法、环"，从而实现对产品生产工序及加工过程的跟踪、监控和管理。也就是说，数字化信息技术能使产品从采购源头直至生产加工过程透明化，所有的信息都能够被记录和读取，最终将建立起一整套产品质量追溯体系，从而使得产品质量在企业内部和外部的责任划分变得简单易行，责任认定更加明确。

（2）全面质量管理的管理理念将进一步深化。借助数字化信息技术所建立的产品质量追溯体系，能够有效解决产品质量责任划分困难的问题。责任明确是企业奖惩制度能够公平落实并行之有效的基础。无论是内部员工还是外部供应商和协作企业，都会意识到自身的质量责任，清楚失责的后果，从而形成有效的约束力，用以指导和协调企业内外所有与质量有关的人员的思想和行为，使得全面质量管理所倡导的"质量管理，人人有责"不再是一句口号，而是人人牢固树立质量意识，追求卓越的品质管理，将全面质量管理的管理理念真正落到实处。

（3）产品制造者的工作自豪感增加，有利于企业质量目标的实现。RFID 电子标签的使用以及产品质量追溯体系的构建，一方面使得生产加工过程透明化，变得易于监控与追踪，另一方面也使得生产流水线上的每一个产品制造者清楚地知道，自己的工作过程和劳动成果都将被记录在最终的产品当中，每一个产品的购买者只要愿意，都可以了解这件产品的制造过程以及制造者的所有信息。从某种意义上说，由于数字化信息技术的应用，人的独立性和个体性得到加强。除了工资支付是企业内部对自身劳动成果的价值认同，产品的生产制造者还将意识到其行为和能力将受到外部社会的关注和认可。产品制造者的行为一方面受到约束，另一方面也提升了工作自豪感，工作积极性提高，愿意挖掘潜力提高工作技能，提高产品的加工制造水平，保证企业质量目标的顺利实现。

（4）整个产业链的品牌价值将得以提升，有助于提高消费者的满意度和忠诚度。生产企业和相关协作企业利用数字化信息技术加强产品质量管理，企业在产品的广告宣传方面增添了新内容，与该产品相关的所有企业的品牌价值将得以提升。同时，企业对产品质量认真负责并敢于接受社会监督的态度会增强消费者的信赖感，由于获得更多关于产品品质设计、加工和管理过程的信息，消费者的满意度和忠诚度都会大幅提高。

（5）有利于提高相关企业产品竞争力，全链条赢得竞争优势。同没有使用数字化信息技术的生产企业相比，应用了数字化信息技术的产品被赋予了新的属性和功能，其独特性是显而易见的。因此，该链条的所有企业都能够成功实施产品差异化的竞争战略。

山东寿光的蔬菜加工厂就是一个典型的案例：山东寿光的蔬菜生产加工者发现寿光蔬菜贴上二维码后，树立了消费者对蔬菜质量的信心，提升了寿光蔬菜的品牌价值，让他们的蔬菜更受市场欢迎，从而扩大了寿光蔬菜的销路。

总之，政府外部监管虽然也属于产品质量管理的范畴，但生产企业应当自觉地承担起向社会提供满足消费者需求的高质量产品。在政府有关部门应用数字化信息技术进行质量监督和管理的示范下，生产企业也应主动利用数字化信息技术加强内部质量管理，与企业外部相关企业或部门积极合作，深化全面质量管理的管理思想，帮助企业内外所有参与产品制造与质量管理的人员树立质量意识，增强责任感以及工作的自豪感，从而提高企业内部的质量管理水平，提高产品品牌价值，在未来的市场竞争中赢得竞争优势。

2.4.3 全员参与的数字化时代的全面质量管理

在数字化时代背景下，全面质量管理是对全面质量和全过程进行的质量管理。因此，全面质量管理不仅是质量管理部门或质量检验部门的事，还是设计、生产、供应、销售、服务过程中有关人员以及企业中各个部门所有人员的事，即全面质量管理是全员共同管理。全员即组织全体员工参与，从最高管理者到一线员工。最高管理者是全面质量管理的第一责任人。

为了能够开发出高效运作的全员参与的全面质量管理体系，企业要把握以下两点原则。一是全面质量管理体系需要改变以往企业对工作的认识，即不再过度重视某个个人所做出的工作，而将更多的关注放在团队工作中。二是全面质量管理还特别要求所有管理层之间能够互相协调和整合，不仅是平级的各个部门之间要做到信息资源共享、互相协作，上下级的管理层也应该保持产品和信息传送渠道的畅通。这两点是与全面质量管理的性质分不开的，全面质量管理提高了质量控制的范围，将质量控制视为整个企业工作的重点，因此各个部门之间应共同努力提高产品和服务的质量，而不是持有只把自己的本职工作做好了就可以的态度。

全员参与是全面质量管理的基础问题，员工应该了解质量是整个企业共同的责任。特别是对于销售人员，他们直接影响着企业传递给消费者的价值，而这些价值将最终影响到顾客的满意度。质量管理小组是用以调动各个部门人员的积极性、共同参与到企业的质量建设中来的重要工具之一。时刻以顾客为中心，是全面质量管理工作的要求。企业价值的实现、利润的完成最终都是企业全部员工的共同努力。顾客在购买产品或服务中所享受到的价值则决定了其满意度，进而影响到顾客对企业的忠诚度。

开展全面质量管理必须依靠全员的素质支持。全员素质即员工的素质，质量战略的一个重要内容是提高全员的质量觉悟和能力。所谓能力，即以高素质的专业队伍为主体、加大技术人员的培养力度，采取培训、考核、技术测试等多种形式，努力提高检测人员的专业检测能力，大力发展一批高素质的专业检测人才，要想方设法培训出精良的检验队伍。

（1）加强技术培训。继续教育是提高全员素质的重要途径，全面质量管理的实施需要许多专门的技术和工具的支持，专业培训可以提升质量绩效能力。包括学习 SPC（statistical process control，统计过程控制）、QFD（quality function deployment，质量功能展开）、6σ、先进的工程技术等。专业能力的提高必须实事求是，能够为质量服务，而不是为了追求待遇。要看见全员工作水平的提高、管理素质的长进。

（2）对全员加强质量管理意识教育。既然产品的质量决定于企业全员，要求全员参与质量管理，就必须不断地对全员进行质量教育，使他们在思想上高度重视质量，在管理上能掌握与自己工作相适应的质量管理方法，并具有较高的技术操作水平。

（3）强调行为意识。在许多情况下，细节决定了全面质量管理的成败。先进的技术解决不了所有的细节问题，必须在工作中养成良好的习惯，注意培养全员的敬业精神和遵纪守法的作风。

（4）注意结合数字化时代大数据环境因素。数字化时代对于全面质量管理要求全员参与，要充分结合时代的特征，利用时代背景之下的新兴技术，做到与时俱进，争取走在时代的前沿，要重视社会环境的作用，环境的游戏规则和文化对于企业全员素质有很大影响。要加强质量意识建设，树立全民质量意识，为全面质量管理的成功实施营造良好的环境。

2.4.4 数字化时代的全面质量管理多样化方法

随着新一代信息技术的发展，智能化互联设备在急剧增加。据预测，到 2025 年，其数量将达到 400 亿。各种应用程序为我们提供了许多新的解决方案和前所未有的机遇，拥有改变各主要行业经营方式的力量。目前，新一代信息技术在提升企业的全面质量管理方面进行了有效的实践。

1. 物联网技术的应用

物联网指的是将无处不在的末端设备和设施，包括具备"内在智能"的（如传感器、移动终端、工业系统、楼控系统、家庭智能设施、视频监控系统等）和"外在使能"的（贴上 RFID 的各种资产、携带无线终端的个人与车辆等）"智能化物件"或"智能尘埃"，通过各种无线和/或有线的长距离和/或短距离通信网络连接物联网域名实现互联互通（M2M）、应用大集成、基于云计算的 SaaS 营运等模式，在内网、专网和/或数字化环境下，采用适当的信息安全保障机制，提供安全可控乃至个性化的实时在线监测、定位追溯、报警联动、调度指挥、预案管理、远程控制、安全防范、远程维保、在线升级、统计报表、决策支持、领导桌面等管理和服务功能，实现对"万物"的"高效、节能、安全、环保"的"管、控、营"一体化。

物联网技术使得消费者的需求和企业的管理决策环境发生了重大变化，管理对象也由传统的人和物拓展为"人、物、组织、信息和环境"五大要素的整体，这需要企业在管理要素和管理方法上进行相应的变革。例如数据采集，处理和利用的方式由传统的离散、离线的方式向实时、连续和动态方式转变，管理方法和手段由基于专家经验、历史数据和概率分布向数据驱动、事件驱动和场景驱动转变。物联网和质量管理之间的关系相互影响、相互交融，推动了企业管理模式、制造模式、服务模式、商业模式等模式的变革。

2. 大数据与云计算的应用

大数据是通过对所有数据进行采集、存储、管理、分析，从而形成更强的决策力、洞察发现力和流程优化能力，帮助企业进行经营决策的数据集合（信息资产）。大数据并非大量数据的集合，数据量大只是大数据特征的一个方面，其他特征还包括数据类型多样、处理速度快以及价值密度低。这些特征使得从大数据中发现有用的知识成为极大的挑战。值得一提的是，海量数据的处理离不开云计算（cloud computing）强大计算能力的支持。

云计算是指由位于网络中央的一组服务器把其计算、存储、数据等资源以服务的形式提供给请求者，以完成信息处理任务的方法和过程。它为大数据挑战提供了可扩展且经济高效的解决方案。云计算的服务类型主要包含三种。第一，基础设施即服务（IaaS）。云计算提供商投入大量资本以建立和维护高性能计算（HPC）基础架构或者数据中心，然后按照"按需支付"为基础向顾客提供这些基础架构或者数据中心，并提供相关的细粒度计算。此举意味着用户不会承担构建HPC环境的任何成本，特别是考虑到这种环境的使用通常是"突发性"的，而基础设施往往未充分利用。第二，软件即服务（SaaS），指的是通过互联网在远程云基础架构上运行应用程序的过程。第三，平台即服务（PaaS），指的是允许用户通过已经由云提供商开发的软件库或者开发平台来构建软件应用程序。

现代大数据技术已经设计出解决方案来提供使用可扩展且经济有效的技术处理和分析大规模并行化数据集。对比发现，大数据集中于数据的采集、挖掘、分析和知识学习，而云计算强调的是计算能力，即处理数据的能力。如果没有大数据，再强大的云计算也无用武之地；相应地，如果没有云计算，那么也很难挖掘数据的价值并利用数据。

质量风险管理因素是形成质量管理大数据的核心，而此数据依赖云计算的强大算力来挖掘其中的数据价值。大数据与云计算视角下的企业全面质量管理内容主要包括对数据源的特征挖掘以及对质量管理框架的设计。建立基于大数据挖掘的数据共享平台，使质量相关数据能够在相关各方之间有效传输与使用是提高企业质量管理水平及政府监管效率的有效途径。

3. 移动宽带技术的应用

纵观移动宽带技术发展历史，诺基亚凭借2G技术优势趁势崛起，仅10年时间就成长为全球最大的移动通信商。通信标准决定了技术话语权和产业链主导权，在通信标准方面，我国经历了 2G 空白、3G 跟随、4G 同步的发展路径，未来 5G 技术我国将力争主导。4G 技术的普遍应用推动了我国移动数字化的飞速成长，成为美团、滴滴、今日头条等新一代中国高科技数字化企业发展的关键性基础设施之一。为了能够充分享受移动宽带技术发展带来的"时代红利"，以及加快全面质量管理与数字化时代的深度融合，移动宽带技术在企业全面质量管理方面的应用值得进一步深入拓展。

目前大部分的企业质量管理仍是通过质量管理人员在现场实时巡视、旁站监督指导实现的，质量管理的成效取决于现场管理人员专业素质的高低。在现场管理人员巡视过程中，大量的纸质资料存在携带不方便、查阅耗时长等缺点。虽然目前有的项目管理通过建立质量管理人员 QQ 群、微信群使项目管理更加方便、快捷，QQ、微信是一般的社交软件，质量管理 QQ 群、微信群虽然具有一定特征的管理功能，但是属于粗放型管理，实际工作指导意义不大。

信息化技术管理是企业进行质量管理中的精细化、规范化管理必须采用的科技手段，将移动宽带技术质量管理系统开发应用与全面质量管理有机结合起来，质量可视化管理与手机移动终端结合起来，将成为全面质量管理水平升级换代的必然选择。因此，开发一种基于 app 的质量管理系统十分必要。手机的便携性使管理人员在现场可以随时随地通过 app 录入管理信息，让主要管理人员进行决策处置，使得管理更及时、便捷，使软件与现场结合更密切。人为因素的失误或错误得以及时纠正和正确处置，安全质量隐患及时消除，进度质量成本得到控制。实行现场由点到面的精细化管理，提高了管理效率，节省了人力。

手机 app 质量管理系统已然成为质量管理人员平常工作中随身携带的集通话、上网、游戏、娱乐于一体的工具，是管理人员非常便捷、实用、高效的管理工具。手机 app 成为他们实时了解现场安全质量、工作进度状况的一个非常重要的窗口，便于他们通过 app 进行远程管理。

4. 区块链技术的应用

区块链这一概念最早可以追溯到 2008 年，实际上是将存储数据的区块按照区块生成的时间顺次相连，从而形成一条链式数据结构，并通过多种密码函数确保数据安全存储、无法被篡改和伪造的分布式共享账本。

按照区块链的去中心化程度，可以将区块链分为公有链、私有链和联盟链。公有链是指区块链完全去中心化，对外开放，所有人均可自由加入或退出区块链网络，网络中任何人都可下载完整的交易记录或向其他任何节点发起交易，并且可以参与共识，比特币就是公有链的最典型代表。私有链的去中心化程度较弱，其数据记录、共识的权限仅仅掌握在某个人或某个特定组织手中，其他人想要进入网络需要区块链的拥有者同意，且读写权限会受到严格的限制。联盟链的去中心化程度介于私有链和公有链之间，由几个组织组成一个联盟搭建区块链，而交易记录、参与共识等权限则掌握在联盟预先选择的特定节点手中。

区块链技术在制造业中应用广泛，可以对研发、制造、销售诸环节实现全记录，弥补了传统业务流程防伪技术不足，平衡了参与公司治理的各方权力。区块链的嵌入促进了服务和资源的共享，与物联网的组合将会引起多个行业重大转变。区块链技术的基本原理与 ISO 9000 质量管理原则高度契合，为促进组织质量管理体系运行有效性提供了新的有力的技术支撑。

其一，区块链具有"公开透明"特性，能够让顾客与组织之间的关系更加紧密，顾客可以主动参与到组织的研发与生产过程中，在技术上便捷地取得了顾客的信任，因此增强了顾客满意，增进了顾客忠诚度，从而更有效地满足了"以顾客为关注焦点"的质量管理原则。

其二，区块链的"不可伪造""去中心化"特性，从技术上真正实现了对公司组织质量管理架构的扁平化改进，实现了敏捷制造、全员共治质量，提升了沟通效率，培育了诚信和正直的文化，降低了质量协调成本，增进了相互信任与协同，促进了质量改进与知识的共享，从而更有效地满足了"领导作用""全员参与"的质量管理原则。

其三，区块链的分布式分类账技术能使组织追踪产品的周期性，节点大量真实性实时数据信息，从技术上实现了将过程及其相互关系作为一个体系进行管理，从而高效地实现组织的质量目标，提高了组织过程管控的安全性、透明度和工作效率，从而更有效地满足了"过程方法"的质量管理原则。

其四，区块链的分布式分类账技术还使得组织有关相关方（如供方、合作伙伴、顾客、投资者、雇员或整个社会）实现更轻松地访问有关材料和产品的状态和完整性的所有信息，支持与有关相关方共同收集和共享信息、专业知识和资源，并存储在区块链中，增强渐进性和突破性创新能力，提高对内外部风险和机遇的预测和反应能力。重要的是理解因果关系和潜在的非预期后果，因此实现基于事实、证据和数据的分析可使决策更加客观、可信，从而更有效地满足了"改进""循证决策""关系管理"的质量管理原则。

5. 人工智能与机器学习的应用

人工智能是一类非常广泛的问题，机器学习是解决这类问题的一个重要手段，深度学习则是机器学习的一个分支。在很多人工智能问题上，深度学习的方法突破了传统机器学习方法的瓶颈，推动了人工智能领域的快速发展。人工智能是计算机科学的一个分支，目的是开发一种拥有智能行为的机器，目前很多大公司都在努力开发这种机器学习技术。它们都在努力让计算机学会人类的行为模式，以便推动很多人眼中的下一场技术革命——让机器像人类一样"思考"。过去10年，机器学习已经为我们带来了无人驾驶汽车、实用的语音识别、有效的网络搜索等，为产品和服务的质量提升做出了探索。接下来，在确保安全的情况下，人工智能将如何促进高质量发展，在哪些质量提升领域最先发力，将是数字化时代的全面质量管理领域的关注点。

❖ 案例分析

精益求精：上汽通用汽车的全方位质量管理之道

2014年，上汽通用汽车（以下简称"上汽通用"）设立"上汽通用汽车开放日"，公众得以走进上汽通用位于浦东金桥、烟台东岳、沈阳北盛的先进制造工厂，亲眼目睹一块钢板"变身"为汽车的神奇过程，上汽通用领先的精益生产和质量管理给他们留下了深刻印象。

在上汽通用，制造过程中的精益管理仅仅是上汽通用"大质量"理念的"冰山一角"。

上汽通用不仅关注生产质量，更在设计图纸到整车交付的每一个环节都实施全链条的严密管理，确保产品具备世界级品质。

上汽通用的"大质量"理念强调每个细节都必须做到极致。比如在研发环节，泛亚汽车技术中心（以下简称"泛亚"）作为产品品质的第一关，从产品规划阶段就坚持"把事情一次做对"泛亚不仅遵循通用汽车的全球开发流程，同时还结合中国的实际路况和消费者的使用习惯，进行调校和创新，确保零件和整车的质量在出厂前都被得到可靠的验证。正是这种对细节的关注，才使得上汽通用的产品拥有卓越的质量。

供应链管理同样是上汽通用把控质量的关键。每一辆汽车至少有 3 万个零部件，涉及的零部件供应商可达 400 多家。上汽通用通过全球"16 步"供应商开发流程，对供应商进行严格筛选和管理。从新供应商评审到全生命周期监督，所有环节都受到严密控制，确保每个供应商都能达到上汽通用的高标准。这种管理不仅确保了质量，还将上汽通用的质量文化传递到了整个供应链。

在生产过程中，上汽通用通过 GMS 全球制造系统，打造了世界一流的精益化生产线。每一个生产步骤都遵循严格的 FMEA 质量控制措施，任何错误都能被设备及时发现和纠正。生产线上的操作员工被赋予了"拉灯停线"的权力，发现质量问题时，生产线会立即停工，直至问题解决。这些措施确保了生产的每个环节都精确无误。

每一辆车出厂前都会经过 1 000 余项质量检测，尤其是关键部件（如安全气囊）的装配环节，如果出现差错，系统会自动拒绝继续操作。此外，车辆在发运到客户手中前，还会在分销中心和销售商处接受两次全面检查，确保客户提到的车毫无瑕疵。

每一个细节的精心打磨铸就了上汽通用的成功，也让它在全球汽车市场中占据了重要的一席之地。

讨论问题

1. 你认为上汽通用成功的原因是什么？
2. 从上汽通用质量管理的"大"与"小"中，你得到什么样的管理启示？

思考与练习

1. 简述全面质量管理的含义和内涵。
2. 全面质量管理有哪些特点？
3. 全员质量管理的含义是什么？如何才能做到全员质量管理？
4. 全过程质量管理的含义是什么？如何才能做到全过程质量管理？
5. 全方位质量管理的含义是什么？如何才能做到全方位质量管理？
6. 简述全过程质量管理与全方位质量管理的区别与联系。
7. 简述检查表的使用方法。
8. 简述排列图所体现的质量管理思想。
9. 简述排列图的使用方法。
10. 试说明直方图的绘制程序。
11. 试说明如何观察直方图。
12. 就某一工作或学习中所遇到的质量管理问题，利用因果图分析造成这一问题的原因，找到关键原因，并给出解决方案。
13. 简述如何利用散布图实施质量管理。
14. 就某个困惑你很久的质量问题，综合运用质量管理工具描述这一质量问题，分析造成质量问题的原因，提出改进措施。

15. 简述下列质量管理七种新工具的概念、用途和操作步骤：关联图法、亲和图法、系统图法、PDPC法、矩阵图法、箭条图法、矩阵数据分析法。
16. 简述QC小组活动的含义、特点和执行步骤。
17. 简述实施头脑风暴法要注意的事项。
18. 简述执行头脑风暴法的步骤。
19. 简述标杆法的概念和执行步骤。
20. 表2-4是从一个印刷电路板生产线收集到的数据。
    （1）绘制排列图。
    （2）从中你可以得出什么结论？

表2-4 印刷电路板生产线缺陷统计表

缺陷	缺陷发生数
部件有问题	217
部件未插牢	146
黏结剂过量	64
装错半导体	600
尺寸不当	143
标错固定孔	14
电路有问题	92

21. 表2-5是一种泰诺林片剂的重量数据。
    （1）绘制直方图。
    （2）从中你能得出什么结论？

表2-5 泰诺林片剂重量数据表 （单位：g）

0.661	0.640	0.652	0.646	0.662	0.648	0.642	0.632	0.657	0.659
0.656	0.648	0.642	0.649	0.661	0.654	0.639	0.634	0.634	0.660
0.642	0.635	0.651	0.639	0.641	0.658	0.647	0.667	0.664	0.649
0.664	0.628	0.641	0.648	0.647	0.648	0.650	0.632	0.643	0.633
0.652	0.643	0.656	0.633	0.660	0.671	0.652	0.641	0.647	0.647
0.647	0.667	0.658	0.641	0.638	0.641	0.663	0.629	0.656	0.634
0.652	0.647	0.646	0.665	0.657	0.655	0.654	0.652	0.651	0.639
0.655	0.663	0.653	0.668	0.628	0.654	0.671	0.638	0.652	0.670
0.646	0.666	0.655	0.638	0.661	0.648	0.648	0.647	0.656	0.649
0.630	0.642	0.643	0.626	0.665	0.659	0.655	0.650	0.645	0.640

22. 简述纵向的数字化时代全面质量管理的内容。
23. 简述建立HACCP体系的主要步骤。
24. 简述数字化时代信息技术对全面质量管理的意义。
25. 试说明培养高素质人才开展全面质量管理的具体方法。
26. 简述数字化时代全面质量管理的多样化方法。
27. 简述大数据的主要特征。
28. 简述区块链技术的基本原理是如何与ISO 9000质量管理原则相契合的。

第 3 章　顾客需求管理

学习目标

- √ 了解顾客驱动质量管理的管理思想
- √ 掌握顾客需求的调查方法
- √ 掌握顾客信息的获取方法
- √ 掌握顾客分析方法
- √ 了解顾客关系管理系统

"从满足顾客需求出发，一切为了顾客满意"，这是质量管理的一个永恒话题。顾客满意是动因，是归宿。满足顾客需求是前提，而要想达到甚至超过顾客需求，必须致力于质量水平的持续改进。

那么，顾客在哪里？如何识别顾客的真正需求？顾客关系管理包含哪些内容？这些问题有时是那样的显而易见，有时又令人百思不得其解。

3.1　顾客驱动质量管理

3.1.1　顾客驱动

1. 顾客驱动的概念

顾客驱动（customer-driven）：顾客为项目的发展和建设提供动力，即顾客的期望、需求和满意度推动了项目的发展和建设。顾客驱动有 4 个特征：焦点是顾客和顾客的意见；项目工作由顾客引导；顾客满意是项目努力的中心；提供项目的恒定目标。

顾客驱动质量管理的思想是集全面质量管理和项目管理优势于一体的项目质量管理思想。没有顾客，一个组织就不能生存发展和兴旺发达。许多项目管理组织没有努力提升对顾客不断变化的需求和期望做出快速响应的能力；许多组织完全具备严格按照规范在进度计划和预算要求内生产产品的能力，但是他们却不具备听取顾客意见和建议的能力，这样通常会脱离顾客最终生产出不可交付的成果；还有一些组织经常鼓励项目团队过快地执行工作，并根据产量来进行奖励，这样便不能激发他们倾听顾客的期望。顾客驱动的质量管理以生产可交付成果为中心来实现全面顾客满意。

顾客驱动的质量管理提供了能够对当今经济生活中所有力量做出灵活响应的管理方法，它通过组织的调整来改进质量、提高生产率并降低成本，提升顾客满意度。它通过以最低的生命周期成本提供最佳质量的可交付成果（不管是产品还是服务）参与竞争，使所有的顾客都满意。顾客驱动的质量管理强调持续培训和教育，组织规模（内部顾客）适中并以团队为基础，使员工想尽可能地增加顾客价值，最大限度地利用人力资源和技术来获得竞争优势。

2. 顾客驱动的要素

顾客驱动的要素包括顾客需求、顾客期望和顾客偏好。

（1）顾客需求是指顾客的目标和需求。美国心理学家马斯洛认为：人的需求从低到高分为 5 个层次，即生理需求、安全需求、情感需求、自尊需求和自我实现的需求。顾客需求的产生主要来源于自然驱动力、功能驱动力、人的自身经验总结、人际交往活动、经营活动等。

（2）顾客期望是指顾客获取某企业（组织）、产品或服务的信息后，内心对其行为产生的一种"主观标准"。顾客期望是一种主观行为，其形成或改变取决于顾客所能得到的有关企业及产品或服务的信息，它还受多种因素的影响，包括顾客的心理、生理、文化知识、社会和自然环境等。顾客期望通常分为 4 个层次：①基本需求；②想要；③愿望；④出乎意料。

（3）顾客偏好是指消费者对特定的商品、商店或商标产生特殊的信任，重复、习惯地前往一定的商店，或反复、习惯地购买同一商标或品牌的商品。这种类型的消费者常在潜意识的支配下采取行动。常见的偏好主要有：①习惯，指的是由于消费者行为方式的定型化，消费某种商品或采取某种消费方式就会使消费者心理产生一种定向的结果，几乎每个消费者都有，只是习惯的方面及稳定程度不同；②方便，指的是成员把方便与否作为选择消费品和劳务以及消费方式的第一标准，以求在消费活动中尽可能地节约时间。

3.1.2　顾客驱动与质量的关系

如果存在产品或服务交易行为，就有顾客的存在。顾客是产品或项目成果的消费者，我们可以据此来确定产品或项目成果是否成功，或者说是否能够让交易行为完成，因为这一切是由顾客来决定的。要生产出令顾客满意的高质量的产品或项目成果，必须以顾客全面满意为中心，因而我们认为顾客驱动了质量管理。顾客驱动质量管理主要由顾客期望、顾客需求和顾客满意度 3 个维度构成。

顾客期望是市场的声音。顾客通过多种渠道获得企业或产品的信息后，肯定会对企业及其产品或服务产生一种"标准"，进而会对企业的行为产生期望，即顾客期望。而企业对这种期望的管理不应被动地顺应顾客的要求，而应该主动地采取一系列措施和行动影响顾客的期望。

顾客需求是导致产品或市场成功的关键。产品的生产者或开发者对市场把握的准确度是非常关键的，顾客期望还不是顾客的真正需求，因而应当对顾客期望加以鉴别才能生产出令顾客满意的产品，只有把握了顾客需求才能真正地开发出令顾客满意的产品。

顾客满意度是指顾客对其需求得到满足程度的度量，具体表现在顾客体验与顾客预期的对比上。顾客体验比顾客预期好，顾客就会满意，否则就不满意。

在评价质量的标准当中，对顾客和市场的关注这一类标准主要检验怎样确定顾客和市场的要求与期望。这类标准中最重要的是对顾客和市场的了解，为组织怎样确定目标顾客以及潜在顾客和市场的长远要求、期望与偏好提供了标准。关于组织怎样从现有的和潜在的顾客和市场中学习从而创造机会的探讨包括：①怎样选择和确定顾客群体和细分市场，包括对竞争对手的顾客及其他潜在顾客和市场的考虑，以及从不同的顾客群体处倾听和学习不同的技巧；②关键的产品和服务的特点，以及怎样去定义和突出这些特点对顾客的相对重要性和价值；③怎样在确定的过程中使用一些关键信息，比如顾客保有和顾客投诉的信息；④怎样评估和改进公司了解顾客和市场的方法，以及向顾客和市场学习的方法，这些方法又是怎样与不断变化的商业需求保持同步。

顾客驱动的质量有一个前提，即质量是由顾客决定的，并且应该考虑所有能够给顾客带来价值、提高顾客满意度、顾客满意偏好和留住顾客的产品和服务的特点。这意味着提高质量远远不只是减少缺陷和错误的数量、达到规格要求和减少投诉这么简单。无论如何，消除导致不满的原因有利于提高产品和服务在顾客心目中的质量，也是建立良好的顾客关系与产品在顾客心目中的形象的关键。因此，顾客驱动的质量是以保有顾客、赢得与扩大市场份额为方向的一个战略概念。顾客驱动的质量既要求公司对不断变化和演进中的顾客和市场保持敏感，又要求公司时刻关注可以提高顾客满意度和留住顾客的各种因素。

3.1.3 顾客驱动质量管理的内容

顾客驱动的质量管理主要包括下列内容。

（1）通过结构化的过程由顾客和供应商共同确定项目。

（2）通过顾客驱动的项目团队由顾客推动项目。

（3）通过顾客驱动的项目团队将顾客、过程负责人和供应商联系在一起，并由顾客或其代言人领导。

（4）完全授权由顾客驱动的项目团队实施并改进项目。

（5）采用专业的顾客驱动的项目管理方法体系。

顾客驱动的质量管理理念要求完全信任顾客，组织中的所有努力都以顾客为中心。它要求信任对顾客需求和期望以及供应商组织内部过程的理解。这种管理理念强调一种系统、集成、统一和专业的方法，在所有的阶段都应包含顾客、过程负责人和供应商。

3.2 顾客需求调查

3.2.1 顾客需求

1. 顾客需求的含义

顾客需求，即顾客对产品或服务所提出的"明示的、通常隐含的或必须履行的需求或期望"。

毫无疑问，顾客是表达其需求最直接的主体。因此，在设计和生产产品时，应一切从顾客出发，充分倾听顾客的声音。但是，顾客对其需求的表述往往比较含糊。例如，杯子的色调要鲜艳、容易把持等。生产杯子的企业要认真理解这些含糊的需求，把它们转化为对材料、形状的要求。有这样一个典型的例子，顾客对打磨金属的砂布只是提出了"好用"的需求，有的厂家对这一含糊的需求把握不准，用了最好的砂粒和基底，但是顾客并不买账。最后，经过调查才明白，顾客是根据打磨100件标准金属件所用掉的砂布数量来评价砂布是否"好用"的。数量越少，越好用。为了满足顾客的这一需求，仅仅用最好的砂粒和基底还不够，还必须在两者的结合上下更多的功夫。如果砂粒与基底的黏合度好，甚至可以在一定程度上弥补砂粒与基底的品质上的差异。

2.3 类顾客需求及其意义

1984年，日本东京理科大学的狩野纪昭教授提出了顾客需求管理的一种模式，即卡诺模型，如图3-1所示。卡诺模型把顾客需求分为3类，即基本型需求、期望型需求和兴奋型需求。

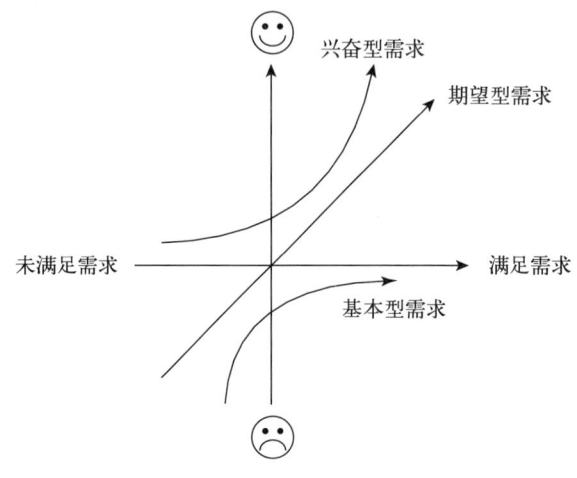

图3-1 卡诺模型

基本型需求是指使顾客达到基本满意而又不会使满意程度超过一定水平。过度满足这类需求未必使顾客很满意；可一旦不能满足基本型需求，顾客会极其不满意。例如，使面粉更白或生产的口香糖在咀嚼时可以保持数天的香味，顾客未必就领情；反过来，试想如果咖啡店提供的咖啡过于烫嘴或冰凉，顾客就会极度不满。

相比之下，满足期望型需求可以持续地提高顾客的满意度。例如，提高轮胎或车顶的使用寿命将会使顾客的满意度增加。又如，某种烤肉机易于清洗、操作简便、效率高，那么顾客会很满意。

满足兴奋型需求可以最显著地增加顾客的满意度。虽然不能满足兴奋型需求顾客不会很不满意，但是，一旦某种兴奋型需求得到了满足，就会引起顾客极大的购买欲望。例如，如果烤肉机不但易于清洗、操作简便，而且具有人工智能，不会把肉烤煳，顾客就会争相购买。

企业只有把有限的资源用于满足期望型需求和兴奋型需求才能使顾客得到更大的满意度，为企业赢得订单，极大地提高产品的营业收入和利润，获得竞争优势。

值得注意的是，今天的兴奋型需求将成为明天的期望型需求或基本型需求。例如，20世纪90年代，诺基亚因其经久耐用的手机赢得了雪片般的订单。可今天，人们对手机期望更多的是功能要齐备，"手机就是手机"的年代已一去不复返了。

3.2.2 顾客需求调查方法

（1）询问法。询问法就是由调查人员拟定好调查提纲，请顾客提出对某一产品或服务的需求。顾客需求调查问卷是一种规范的询问法。

表 3-1 是一家装饰公司的顾客需求调查问卷。在实际应用中，装饰公司可根据其目标顾客群或调查重点进行修改。

表 3-1 某装饰公司顾客需求调查问卷

尊敬的顾客：

您好！

本公司是一家装饰公司，为了更好地服务顾客，特进行本次问卷调查。为保证调查结果的客观性，请独立完成本次调查问卷。此外，在填写时，请仔细阅读所给出的问题，以便给出确切的答案。

1. 请问您的年龄是多少？
   □25 岁或以下　□26～30 岁　□31～35 岁　□36～40 岁　□41～45 岁　□46～50 岁
   □51～60 岁　□61 岁或以上
2. 请问您的职业是什么？
   □公司高管　□公司中层管理人员　□公司一般管理人员　□公司服务人员　□个体老板　□专业人士（医生/律师/工程师等）　□公务员　□教师　□自由职业者
3. 请问您家有多少人常住（一周至少住 5 天的家庭成员）？
   □1～2 人　□3～4 人　□5～6 人　□7 人或以上
4. 您的住房面积是多少？
   □70m² 以下　□70～100m²　□100～150m²　□150～200m²　□200m² 以上
5. 您的装修预算是多少？
   □8 万元以下　□8 万～10 万元　□11 万～15 万元　□16 万～25 万元　□26 万～35 万元
   □36 万～50 万元　□50 万元以上
6. 对于住房装饰，您最担心的问题是什么？
   □不能看到施工过程　□对施工质量不放心　□主体材料质量不能保证　□后续维修服务不能保证
7. 请问您家客厅的空调是哪种机型？
   □柜机　□挂机　□集中式
8. 您希望客厅地面用什么材料？
   □实木地板　□实木复合地板　□强化复合地板　□瓷砖　□石材
9. 您希望房间（卧室或书房）的地面用什么材料？
   □实木地板　□实木复合地板　□强化复合地板　□瓷砖　□石材
10. 您希望客厅的墙面用什么材料？
    □涂料　□墙纸　□涂料+墙纸　□瓷砖
11. 您希望卧室或书房的墙面用什么材料？
    □涂料　□墙纸　□涂料+墙纸　□瓷砖
12. 您希望客厅和卧室地面的主色调是什么？
    □淡黄色　□淡粉色　□其他
13. 您希望客厅和卧室墙面的主色调是什么？
    □淡黄色　□淡粉色　□其他

（续）

14. 您准备在主卧放多宽的床？
    □1.8m □2m □2m 以上
15. 您通常在哪些房间上网（多选）？
    □客厅 □卧室 □书房
16. 您认为哪些是卫生间的必备设施（多选）？
    □洗面盆 □洗手台 □镜前灯 □浴缸 □淋浴屏 □花洒 □毛巾挂杆 □马桶 □厕纸架 □浴霸
    □冷热水龙头
17. 在泡浴和淋浴中，您更喜欢哪一种？
    □泡浴 □淋浴
18. 您更喜欢哪种类型的花洒？
    □手持花洒 □头顶花洒 □侧喷花洒
19. 您一般在哪里手洗衣服？
    □卫生间洗衣盆 □洗面盆 □浴缸 □其他
20. 您的洗手台上需要摆放多少件物品？
    □5件以内 □6～10件 □11～15件 □16～20件 □20件以上
21. 您通常需要在手巾架上挂多少块毛巾？
    □1～2块 □3～4块 □5～6块 □7块及以上
22. 请问您更喜欢用燃气热水器还是电热水器？
    □燃气热水器 □电热水器
23. 您准备装修哪种类型的厨房？
    □开放式 □封闭式 □其他
24. 下列厨房电器哪些是您经常使用的（多选）？
    □电饭煲 □电磁炉 □微波炉 □烤面包机 □豆浆机 □咖啡机 □搅拌机 □消毒柜 □洗碗机
    □抽油烟机 □电动米桶 □干手机
25. 您是右手为主还是左手为主？
    □右手 □左手
26. 您在厨房或洗手间时觉得最不方便的事是什么（多选）？
    □住宅电话响了 □门铃响了 □错过想看的电视节目
27. 请问您从什么途径收集或了解房屋装修的相关信息（多选）？
    □电视 □报纸 □杂志 □互联网 □熟人／友人 □户外广告 □售楼处 □其他
28. 请在以下空白处填写你认为重要的其他需求信息：
    _____
    _____
    _____
    _____。

衷心感谢您在百忙之中完成本次调查问卷！

其他类型的公司或组织可以设计有针对性的调查问题。为尽可能地减少顾客填写问卷的时间，所设计的调查问卷应以选择题为主，辅以开放式的问题。

调查问卷的送达和收回方式有纸质邮寄、电子版邮箱发送和回复、调查人员送达和回收。无论采用何种方式，为保证调查质量，均需做适当的培训，必要时支付一定的报酬。

（2）观察法。观察法就是跟踪相同产品或类似产品的生产、包装、运输、消费或使用以及最终处置的全过程，从而记录、收集有关产品需求的信息和资料。

（3）实验法。实验法就是采用理化实验方法获得产品的可靠性、安全性、可维护性等性能，可拆卸性、可装配性、可降解性、能源消耗、噪声、废弃物排放、振动等环境属性，以及全生命周期成本。

3.3 顾客关系管理

顾客需求调查是顾客关系管理（customer relationship management，CRM）的一个方面，而 CRM 的目的是更好地满足或超越顾客需求，从而达到顾客满意。

在日趋激烈的市场竞争推动下，在日新月异的信息技术支持下，CRM 得到了长足发展。归纳起来，CRM 就是管理理念与管理方法的集成。满足顾客需求的管理理念是 CRM 的出发点，以信息技术为平台的管理方法构成了 CRM 的基础——顾客关系管理系统，满足甚至超越顾客需求进而达到顾客满意是 CRM 的归宿。

3.3.1 顾客信息获取

顾客信息获取的途径有企业顾客档案、零售商、数据公司、行业协会、相关服务机构、媒体、政府机构。

（1）企业顾客档案。企业顾客档案记录顾客的姓名、类型、采购记录、信用、支付方式等。企业顾客档案的一部分信息来自企业所组织的顾客信息调查活动。企业通过会员证、有奖登记卡、折扣券等活动来采集顾客信息。对自愿登记的顾客进行适当奖励，以此在短时间内收集大量的顾客信息。具体实现方式可以是现场收集，也可以是电子邮件或网站收集。

（2）零售商。大型零售公司有丰富的顾客数据，随着供需双方关系的改善及第三方物流的盛行，大多数零售商愿意与供货商分享这些数据。

（3）数据公司。数据公司专门收集、整合和分析各类顾客的数据。数据公司往往与政府及拥有大量数据的相关行业和机构有着良好而密切的合作关系。因此，数据公司所拥有的数据比较全面、系统，便于分类比较。

（4）行业协会。行业协会掌握有本行业 80% 的公司动态。对于相关企业，行业协会的信息无疑是一笔巨大的财富。

（5）相关服务机构。金融机构、信用卡公司、通信公司、航空公司、旅行社等相关服务机构保存有大量的顾客交易历史记录。这些数据的质量非常高，公司应该通过合作、交换、购买等有偿方式最大限度地获取这些机构的数据。

（6）媒体。一些全国性或区域性的杂志、报纸、广播、电视等媒体也保有大量的顾客信息。

（7）政府机构。政府机关、研究中心通过加强基础信息数据库的建设，数据基础越来越完善，数据的管理和应用越来越规范。

获取数据的方式通常有第一手数据、购买数据、租用数据和数据合作。其中，数据合作日渐盛行，而且特别适合那些本身就拥有大量顾客信息的公司。例如，在商业活动中经常看到信用卡公司与航空公司联名发卡、会员信息共享等商业合作行为。

数据质量永远是第一位的，无论采取何种途径、以何种方式获取数据，都应注意数据的真实性。为此，应尽可能地收集第一手数据，为保证购买数据和租用数据的真实性，应在合同中明确数据保真责任。此外，还应注意随时更新顾客数据。

3.3.2 顾客分析

1. 顾客的概念及分类

顾客,即接受产品的组织或个人。消费者、委托人、最终使用者、零售商、受益者和采购方都是顾客。顾客可以是组织内部的或外部的。

从上述定义可以看出,顾客不再单指个人,一个组织也可以是顾客。购车者个人是汽车经销商的顾客,出租汽车公司也是汽车经销商的顾客。

此外,顾客的范围超出了直接购买产品或服务的人,扩大到产品或服务的受益者,甚至在产品全生命周期内受到其影响的组织或个人。可以认为,工资员是绩效考核员的顾客,下道工序是上道工序的顾客。

以组织为界限,可把顾客划分为外部顾客和内部顾客。这种划分有其实际管理含义,组织一般通过让内部顾客满意,进而由内部顾客来带动外部顾客满意。对大学来说,用人单位是顾客(外部顾客),但学生是内部顾客,学校要以学生为本,通过让学生成长成才来让用人单位满意。营利性组织更是如此,通过让内部顾客满意来带动外部顾客满意。

2. 关键顾客识别

一个生产或服务系统的顾客众多,既有外部的又有内部的,既有直接的又有间接的,有的以个人身份出现,有的则以组织形式出现。

这些顾客对组织的影响不同,对组织的业绩贡献不同。通常企业80%的利润是由20%的顾客带来的,此即"少数关键,多数次要"原理。组织的一个重要任务是识别关键顾客,把有限的资源用于为这些少数的关键顾客提供服务。例如,航空公司通过设计不同的常飞计划、专用订票电话、优先升舱等方式为"铂金"或"黄金"顾客提供优质服务。

排列图是识别关键顾客的一种有效方法。在绘制排列图时,首先要确定判别准则,以下是一些常用的指标,组织可根据需要选择。

(1) 顾客的采购量。
(2) 顾客的采购金额。
(3) 顾客接触组织的次数。
(4) 顾客接触组织的时间。
(5) 顾客对公众的影响力。

值得注意的是,一个顾客在当前是一般顾客,在将来可能会转变为关键顾客;一个顾客在某一场合是一般顾客,在另一场合则可能是关键顾客。

组织不能因为需要更多地照顾关键顾客而怠慢了一般顾客。某些金融机构在其股票上市和系统升级之后,一般散户在服务大厅中等待的时间没有变短,反而更长了,造成这种情况的原因可能就是在主观上忽视了散户。在客观上,同样的资源因更多地被关键顾客所占用,从而降低了对散户的服务水平。那么在资源一定的情况下,如何在服务好关键顾客的同时,又不怠慢一般顾客呢?一个有效的解决方案就是充分利用信息技术,细化管理,通过积分奖励,把一般顾客从服务大厅分流到网络或电话服务系统。

事实上,考虑到一般顾客和关键顾客在不同的时间和地点会转化,也要求组织不能降低对一般顾客的服务水平。

3.3.3 顾客关系管理系统

1. 概述

顾客关系管理（CRM）又称客户关系管理，是企业利用先进的信息技术与管理方法对顾客进行系统化分析，通过满足甚至超越顾客需求，增加顾客满意度，进而实现更多的利润。

CRM 这一概念最早由 Gartner 公司于 1999 年提出。它的提出克服了 ERP（entreprise resource planning，企业资源计划）的局限性，实现了对供应链下游（顾客端）的管理，提供了以顾客为中心的解决方案。今天，移动互联网应用越来越普及，大数据与云计算、商业智能与知识发现等顾客信息处理技术不断得到长足发展，CRM 被赋予新功能与内涵：既是一种以先进信息技术与管理方法为手段，有效提高顾客满意度、提高企业收益的集成系统，更是一种崭新的、以顾客为中心的商业伦理、企业管理技术与运营模式。

2. CRM 系统功能与体系结构

（1）CRM 系统功能。CRM 是一种先进的顾客管理模式。要想成功地实施 CRM，必须有强大的技术和工具支持，构建一个集成系统。CRM 系统基于网络、通信、计算机等信息技术，能实现内外部及内部各职能部门之间的无缝连接，协助管理者更好地完成 CRM 的基本任务。

CRM 系统主要可以完成以下 9 个方面的功能。

1）顾客与联系人管理。其主要功能有顾客与联系人创建、顾客与联系人相关信息记载与管理。

2）潜在顾客管理。其主要功能有业务线索的记载、升级与分配，销售机会的升级与分配；潜在顾客跟踪。

3）时间管理。其主要功能有日历、约会、会议、电话、电邮、传真、备忘录、任务表等的记录与管理，活动与事件计划及安排。

4）销售管理。其主要功能有业务描述、顾客与联系人、销售时段、业务额等在内的销售信息的录入、维护与查询，包括销售业务完成情况评估、地域设置或重新划分、销售策略等在内的销售业务报告的生成。

5）营销管理。其主要功能有产品和价格配置，包括广告、展览会、研讨会等在内的营销活动的信息支持，营销任务管理，营销活动与业务、顾客、联系人关联的建立。

6）客服管理。其主要功能有服务事件的快速录入，服务项目的安排与调度，事件级别管理，解决方案数据库管理。

7）呼叫中心管理。其主要功能有呼入呼出电话调度管理，互联网回应，通过传真、电话、电邮、打印机等进行资料的收发，呼入呼出信息统计分析，呼叫中心日常运营管理。

8）合作伙伴关系管理。其主要功能是设置数据库信息的存取权限，对合作伙伴通过互联网来存取和更新顾客信息以及销售渠道信息、调用销售管理工具、配置产品和价格做出相应的权限设定。

9）知识管理。其主要功能有交易数据及消费行为在内的顾客知识获取，知识数据库的建立，顾客忠诚度分析，知识共享。

（2）CRM 系统体系结构。CRM 系统体系结构如图 3-2 所示。

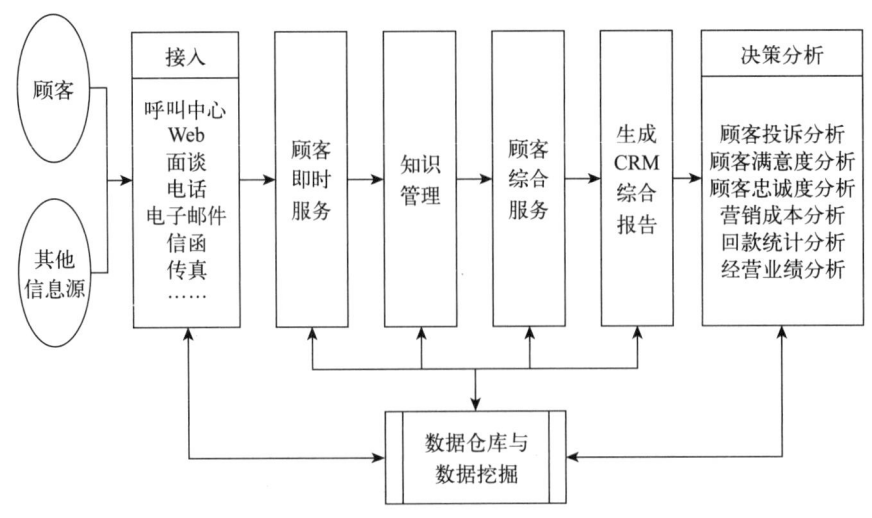

图 3-2 CRM 系统体系结构

3. 大数据时代的 CRM

某顾客在一家比萨店通过电话订餐，比萨店的客服通过 CRM 平台系统，根据顾客的会员卡号，把顾客的家庭住址、公司电话、医疗记录、图书馆借书记录、信用卡记录、家庭成员情况等了解得一清二楚。这个在网络上甚为流行的关于大数据的故事传递了三个主要信息：①大数据可以让顾客享受个性化服务；②大数据已经渗透到每个行业和领域，"大数据时代"已经到来；③顾客信息安全管理已经刻不容缓。

（1）大数据的特征。大数据是指大小超出传统数据库软件的抓取、存储、管理和分析能力的数据群。IBM 公司概括了大数据的"4V"特征，即大量化（volume）、多样性（variety）、快速化（velocity）、价值性（value）。

大数据的首要特征是大量化，即数据量巨大，大量自动或人工产生的数据通过互联网聚集到特定地点，包括互联网运营商、电信运营商、银行、商场、交通、物流、政府、事业单位等机构，形成了大数据之海。与数量巨大相伴而来的是大数据的多样性。数据类型多种多样，像图片、声音、视频等非结构性数据所占比重越来越大，增长率也更快。数据来源多种多样，比如交易数据、交互数据、处理数据等。大数据的快速化体现在两个方面：一方面，数据产生的速度快，比如点击流、日志、RFID、GPS 信息，瞬间就可以产生巨大的数据量；另一方面，数据处理速度快，数据的价值随着时间快速衰减，这对快速采集、处理数据提出更高的要求。大数据的价值性并不体现在单个数据上。事实上，大数据的价值密度低，整体价值却弥足珍贵。

（2）大数据与 CRM 结合的必然性与可能性。CRM 需要在充分掌握与顾客有关信息的基础上，对顾客进行深层次分析，挖掘其现实的与潜在的需求，在满足甚至超越顾客需求的前提下，增加顾客满意度。

为了充分掌握与顾客有关的信息，就需要从大数据视角建立相关的数据库。此外，顾客行为预测、精细化运营与客服以及营销决策都离不开大数据的支持。最后，要想了解同行业竞争对手的绩效，以发现自身的改进之处，也需要以大数据为基础。

事实上，互联网技术使得数据采集更便利，数据挖掘技术、云计算、app 使得数据处理更便捷、更专业。特别地，在大数据与云计算的支持下，随着移动互联网的普及与广泛应用，Wi-Fi 基础设施的日趋完善，移动 CRM 时代已经悄然到来。

在移动 CRM 平台系统上，除了可以快捷地制订并下达营销计划外，还可实现销售资料移动查询、销售数据的实时录入、内部数据的实时传递、销售信息即时分析、资源实时配置与调度。

4. 顾客信息安全管理

在顾客订购比萨的故事中，我们注意到，在大数据与移动 CRM 时代，顾客信息的安全管理越来越紧迫。为此，在挖掘数据商业价值的同时，应该建立数据交易的规则、法律法规，以保护顾客信息，特别是个人隐私的安全。事实上，真正好用的大数据技术，应该是对数据进行采集、分析、处理，以挖掘其中的商业价值，并以此来指导决策，而非顾客个性化原始数据的滥用。

❖ 案例分析

平安驾校退还学费

陈先生读大四的儿子晓华于 2019 年年底，在平安驾校招生处报名学车，支付了 3 700 元学费。报名后他在课余之间学了几次车，后因学校放寒假暂时停止了课程学习。2020 年新冠疫情暴发，学生暂停返校，晓华被迫中断了学车计划。之后，晓华大学毕业，无法继续参加驾校的培训课程，遂要求驾校退还学费。平安驾校同意退还 1 000 元，陈先生不认可，拨打了平安驾校招生处的电话。

"报名的时候驾校承诺，如果学生在规定期间无法拿到驾照，驾校会全额退款。为什么现在只退还部分费用？"陈先生有些生气地问道。

"在和您的孩子签订协议的时候，确实有这方面的条款。同时，我们也明确地和他说明了，全额退款的前提条件是因我方产生的过失，导致学员无法按时拿到驾照。现在据我们了解，在您的孩子学习期间，教练确实尽到了全程辅导的义务和责任，相关人员也确实没有失职之处，并且我们也欢迎您的孩子继续过来学习。所以您提到的全额退款条件，很抱歉我们没有办法满足。"工作人员向陈先生解释。

"我们交的费用是科目一到科目四的全程学费，在这期间，孩子只是学了几次车，还是和其他两位学员轮流用一辆车进行练习的，为什么不能退还学费？"陈先生不认可该方案。

"与其他学员一起练习是我们驾校的一种培养方式。因为学生在刚进入驾校练习时，难免会有一些紧张心理，和其他的同龄人一起练习，会在一定程度上缓解学生的紧张情绪。我们也会根据学生的年龄阶段，对同组的练习人员进行分配，这样彼此沟通起来，可以快速拉近距离。同时，如果您的孩子认为没有必要和其他的学生一起练习，我们可以后续安排他单独练习，但是全额退款，确实是没有办法做到的。"工作人员继续解释道。

"现在由于新冠疫情，我们没有办法继续回去学习啊。而且孩子已经大学毕业，打算回家乡参加工作，这些都是我们无法预料到的。除非你们可以派教练过来教，我们就不申请退款了。"陈先生懊恼地说道。

"按照驾校规定，因学员单方面原因无法完成后续学习的，我方是无法退还学费的。但是新冠疫情确实无法避免，所以从消费者角度考虑，我们退还部分学费。在此期间，教练人员工资以及培训车辆、训练场地等费用和考试主管部门收取的考试、建档等费用已经实际发生，只能退还 1 000 元。这是我们退款的最大限度了。"工作人员以无可商量的语气说。

"我们也没有学习多少天，那双方各退一步，你们收 700 元，把剩下的 3 000 元退给我们就好了。毕竟出现这样的情况，是我们都不希望的。"陈先生略有缓和地说。

"很抱歉先生，我们只能退给您 1 000 元，这是最大的诚意了。"工作人员无奈地说。

"为什么？学这几天哪能花这么多钱？"陈先生生气地说。

"因为这确实不是我们的原因导致您的孩子无法继续学习的。按照签订的协议，我方完全是可以不退款的。考虑到一些客观原因，您的孩子暂时没办法继续学习，我们在表示理解的基础上，才退给您这 1 000 元。不然所有的学员都申请退款，我们驾校还怎么维持？"工作人员生气地说。

"你这是什么态度？把你们经理找来。告诉你，这钱我是退定了。"

"以后您的孩子可以继续过来学习。是您自己来不了，又不是我们的问题。您找谁都没用！"

"你就等着被投诉吧！"

● 讨论问题

1. 陈先生的退款需求应该得到满足吗？
2. 你认为工作人员的服务质量如何？
3. 如果你是驾校经理，会如何妥善处理这件事情呢？

● 思考与练习

1. 何为顾客需求？
2. Kano 模型把顾客需求分为 3 类，其管理含义何在？
3. 就某一行业，设计一个顾客需求调查表。
4. 简述 CRM 的出发点和归宿。
5. 顾客信息的获取有哪些途径？
6. 如何建立和完善企业顾客档案？
7. 识别关键顾客的意义何在？
8. 下面的说法是否正确，阐述你的理由："因为企业 80% 的利润是由 20% 的少数顾客带来的，所以我们要把绝大部分精力放在少数的关键顾客上，而对那些只为企业带来麻烦的极少数顾客可以采取任其流失的办法分流。"
9. 通常，从哪些角度来评判一个顾客是不是关键顾客？
10. 简述 CRM 系统的功能。
11. 简述 CRM 系统的体系架构。
12. 说明大数据与 CRM 结合的必然性与可能性。
13. 谈谈你对顾客信息安全管理的认识。

第 4 章　设计过程质量管理

学习目标

√ 了解产品设计 DfX 的内容
√ 熟悉设计过程质量管理的内容
√ 掌握质量功能展开的具体方法
√ 掌握可靠性的概念及其度量

√ 掌握系统可靠性的计算方法
√ 掌握服务设计方法与服务质量控制方法
√ 掌握 SERVQUAL 模型

"质量是设计和制造出来的，不是检验出来的""质量管理在源头"，说明了同一个道理：设计过程质量管理至关重要。

设计过程就是把顾客需求转化为对产品或服务的技术要求的活动。设计过程质量管理的重要性体现到哪里？如何才能在产品或服务的性能或特性中反映顾客需求？有什么样的技术或方法来实现这一目标？本章将回答这些问题。

4.1　面向质量的产品设计

统计资料表明，产品质量的好坏，约 70% 是由产品设计的质量所决定的。这一点从用户对质量的反馈中得到了证明。日本一家公司对用户索赔和意见的统计分析表明：质量问题投诉中，有 70% 属于设计问题，剩下的 30% 才属于制造、装运等问题。值得注意的是，设计问题所占的比例还有上升趋势。因此，世界级公司已经把质量管理的重点从制造过程转移到设计过程，在产品设计中投入了越来越多的人力、物力和财力。

4.1.1　产品设计的 DfX 方法

所谓 DfX (design for X)，就是面向产品生命周期的产品或服务设计方法，即为产品生命周期内某一环节或某一因素而设计。DfX 综合了计算机技术、制造技术、系统集成技术和管理技术，充分体现了系统化的思想。其中，X 可以代表产品生命周期内的某一环节，比如制造、测试、使用、维修、回收、报废等，也可以代表决定产品竞争力的某一因素，比如质量、成本等。最常见的 DfX 方法有 DfP（design for procurement，可采购性设计）、DfM（design for manufacture，可制造性设计）、DfT（design for test，可测试性设计）、DfD（design for diagnosability，可诊断分析性设计）、DfA（design for assembly，可装配性设计）、DfD（design for disassembly，可拆卸性设计）、DfS（design for serviceability，可服务性设计）、DfR（design for reliability，可靠性设计）、DfC（design for cost，面向成本的设计）、DfE（design for environment，绿色设计）。下面主要介绍 DfM、DfC 和 DfE。

1. DfM

William H. Cubberly 和 Raman Bakerjian 在《加工与制造工程师手册》一书中对 DfM 做了如下解释："DfM 主要研究产品本身的物理设计与制造系统各部分之间的相互关系，并把它用于产品设计中，以便将整个制造系统融合在一起进行总体优化。DfM 可以降低产品的开发周期和成本，使之能更顺利地投入生产。"从上述解释可以看出，采用 DfM 技术，在产品设计阶段就要考虑与制造有关的约束，指导设计师选择原辅材料和工艺方案，并估计制造周期和制造成本。

在产品设计阶段进行可制造性分析，填补了产品开发与制造环节之间的"间隙"，对于提高产品的可靠性、稳定性，减少产品开发和制造成本，增强产品在市场上的竞争力具有重要意义。

2. DfC

采用 DfC 就是在满足用户需求的前提下，分析和研究产品制造过程及销售、使用、维修、回收、报废等产品全生命周期中的各个部分的成本组成情况，对原设计方案中造成产品成本过高的项目进行修改，从而降低设计与制造成本。在 DfC 中，成本是指全生命周期成本（life cycle cost，LCC）。

与产品全生命周期成本相关的因素有产品材质、重量、尺寸、形状、装配操作数、接触面数、紧固件数、装配路径、检测方法和工具、所用公用工程介质、使用环境、操作方法、可回收利用情况等。

惠普公司对产品设计与成本之间关系的调查表明：产品总成本的 60% 取决于最初的设计，75% 的制造成本取决于设计说明和设计规范。从这些数据可以看出 DfC 技术在企业产品开发中所起到的重要作用。

3. DfE

DfE 也称作面向环境的设计或环境友好的设计。绿色设计就是在设计产品时，在保证产品的性能、质量的前提下，考虑产品在其整个生命周期中对资源和环境的影响，使产品对环境的总体影响减到最小。绿色设计体现了循环经济中企业内部小循环的 3R 原则，即减量化（reduce）、再利用（reuse）、再循环（recycle）。所谓减量化就是通过消耗最少的物料和能源来生产产品，所谓再利用就是使废旧产品的某些配件或成分能够得到最大限度的利用，所谓再循环是指把本企业的废弃物资源化。

（1）绿色设计的基本要求。绿色设计的基本要求体现在以下 4 个方面。

1）优良的环境友好性。要求产品在生产、使用、废弃、回收、处置的各个环节都是对环境无害的或危害最小化。

2）最大限度地减少资源消耗。尽量减少材料使用量和种类，产品在其生命周期的各个阶段所消耗的能源最少。

3）排放量最小。通过各种技术或方法减少制造、使用过程中废弃物的排放量。

4）最大化可回收利用。在材料的选择、产品结构、零件的可共用性等方面提高产品回收利用率。

（2）绿色设计的主要内容。绿色设计包括以下主要内容。

1）绿色设计材料的选择与管理。

2）产品的可拆卸性与可回收性设计。

3）绿色产品成本分析。

4）绿色产品设计数据库与知识库管理。

惠普公司可称得上 DfE 的典范，它与利益相关者合作，致力于降低产品在设计、制造、配送、使用和回收等整个生命周期内对环境所造成的影响。

- 设计。早在 1992 年，惠普公司就提出了为环境而设计的概念，即缩小产品尺寸，降低产品在生产和使用过程中的能源消耗，减少原辅材料使用量，开发环保材料并设计更易回收的产品。
- 制造。要求供应商遵守供应商行为准则，简化产品结构。
- 配送。通过设计体积小、重量轻的产品来减少运输量，进而减少运输成本和二氧化碳的排放量。
- 使用。采用寿命更长的电池并加强电源管理，降低能源消耗；设计多功能产品，降低能源和材料的使用；设计可升级的产品，延长其生命周期，节省开发和运营成本。
- 回收。提供回收、捐献、租赁、旧设备处置或翻新等服务。在设计时就考虑拆卸、回收和重复利用的方便性。

4.1.2 设计过程质量管理的内容

产品设计过程质量管理就是保证设计工作质量、组织协调各阶段质量职能、以最短时间最少消耗完成设计任务，其内容包括以下几点。

（1）产品设计的总体构思。根据市场调研结果，掌握顾客的质量要求，进行产品创意，形成产品总体构思。产品创意不是天马行空，原有功能的杂交则屡建奇功，比如沙发+床＝沙发床、电话+传真+复印机＝一体机、手机+血糖计＝能随时测血糖的手机、手机+网络技术+高分辨率显示屏＝手机电视等。

（2）确定产品设计的具体质量目标。利用各种经济指标和核算方法，对产品的经济价值、质量成本等进行分析，寻求最有利的方案，即最佳工艺方案，从而实现质量和经济的统一。常用方法有价值工程、试验设计、容差设计、方案比较法、投资与成本对比法、成本效益分析法、最优化设计等定量计算方法。

（3）明确产品设计的工作程序。将设计部门中各层次、各环节的技术人员在产品设计及设计质量管理活动中的责、权、利进行合理划分，并以制度形式固定下来。同时规定设计部门的各个组成部分之间、各技术人员之间的关系和设计活动过程中的联系方式与程序。

（4）组织设计质量评审。安排好"早期报警"，包括设计评审、故障分析、搞好产品实验验证，消除先天性缺陷。

（5）质量特性的重要性分级。做好质量特性重要程度的分级和传递，使其他环节的质量职能按设计要求进行重点控制，确保符合性质量。

4.2 质量功能展开

4.2.1 质量功能展开的产生及内涵

质量功能展开（quality function deployment，QFD）首创于日本。1972年，日本三菱重工有限公司神户造船厂首次使用了"质量表"。1978年6月，水野滋和赤尾洋二在其著作《质量功能展开》中从全面质量管理的角度介绍了这种方法的主要内容。经过10多年的推广、发展，逐步完善了质量功能展开的理论和方法体系，其应用也从实物产品扩展到服务项目。

质量功能展开的内涵是在产品设计与开发中充分倾听顾客的声音。为此，首先利用各种技术了解顾客真正的需求是什么，然后把顾客需求转换为技术要求。

质量功能展开是一种集成的产品开发技术。这里的"集成"有两种含义。

（1）各种技术的集成，包括顾客需求调查、价值工程和价值分析、FMEA（failure modes and effects analysis，故障模式与影响分析）、矩阵图法、层次分析法等。

（2）各种职能的集成，包括市场调查、产品研发、工程管理、制造、客服等。

4.2.2 质量屋

1. 质量屋的构成

质量屋（house of quality）是实施质量功能展开的一种非常有用的工具。质量屋是一种形状如房屋的图形，故称质量屋。质量屋由以下主要部分构成。

（1）左墙：顾客需求。

（2）右墙：市场评价表。

（3）天花板：技术要求。

（4）房间：关系矩阵。

（5）地板：质量规格。

（6）地下室：技术评价表。

（7）屋顶：技术要求之间的相关矩阵。

此外，还有其他一些必不可少的部分，比如各项需求对顾客的重要度、技术要求的满意度方向、技术重要度等。

图 4-1 是一种带橡皮擦的木杆铅笔的质量屋。

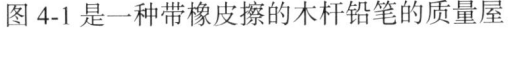

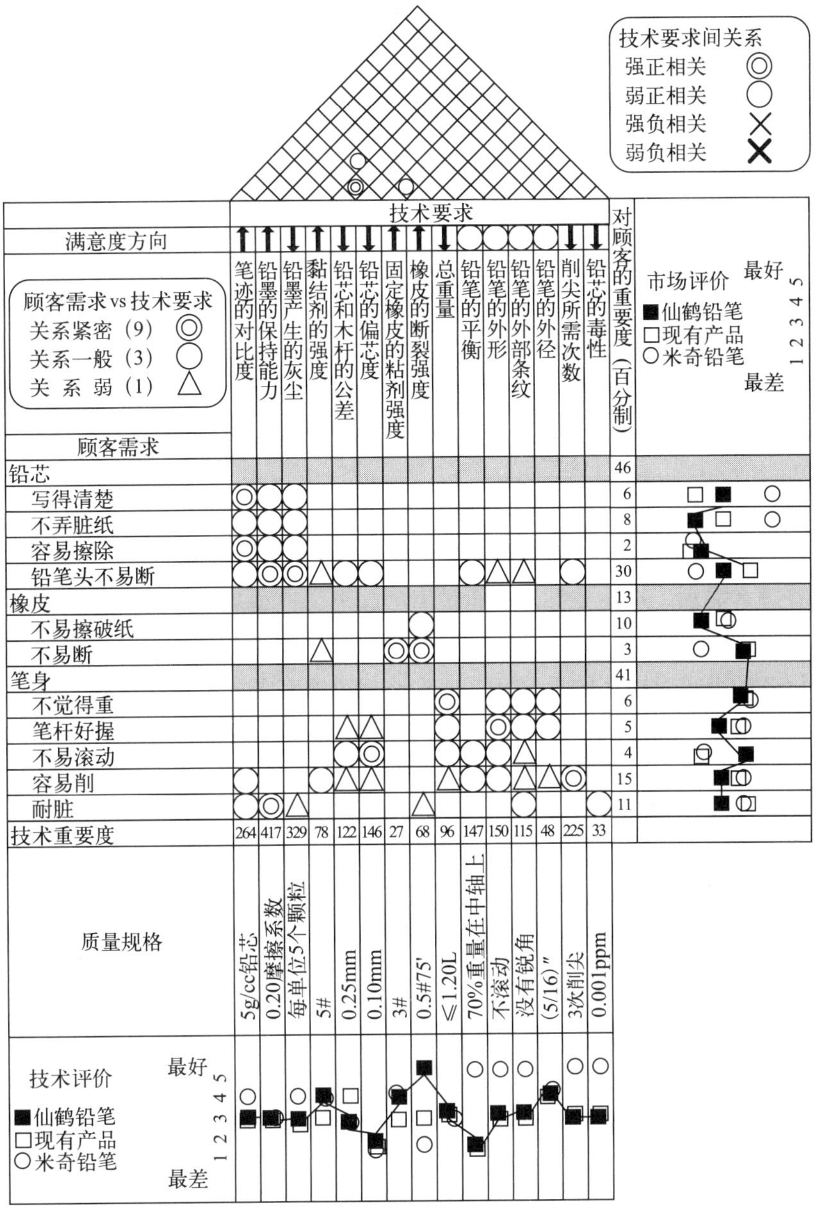

图 4-1 带橡皮擦的木杆铅笔的质量屋

2. 建造质量屋的技术路线

为建造质量屋，可采取以下技术路线：调查顾客需求→测评各项需求对顾客的重要度→把顾客需求转换为技术要求→确定技术要求的满意度方向→填写关系矩阵表→计算技术重要度→设计质量规格→技术评价→确定相关矩阵→市场评价。建造质量屋的技术路线如图 4-2 所示。

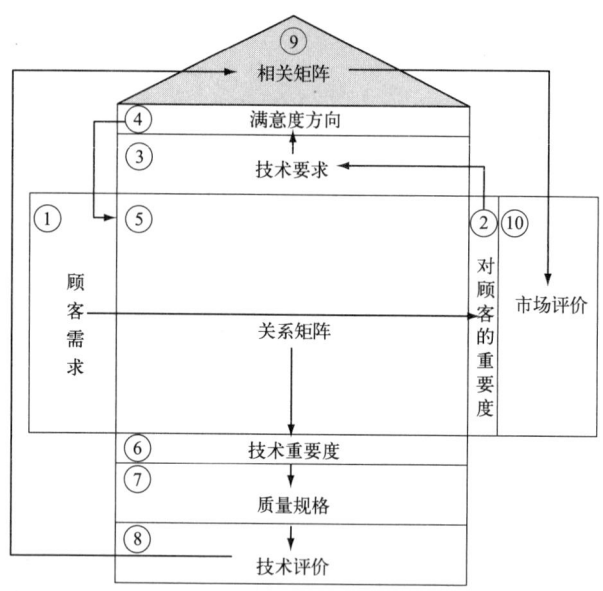

图 4-2 建造质量屋的技术路线

（1）调查顾客需求。这一步是建造质量屋的起点，也是基础。为调查顾客需求，可采用询问法、观察法或实验法。

（2）测评各项需求对顾客的重要度。达到或超过顾客需求是产品设计的首要原则。顾客满意是"对其要求已被满足的程度的感受"。满意度是实际效果与事前期望差异的函数：实际效果与事前期望相符合，则感到满意；超过事前期望，则很满意；未能达到事前期望，则不满意或很不满意。

顾客满意是需求集成的结果，而各种需求对顾客的重要度不同，即对顾客满意的贡献不同。测评各项需求对顾客的重要度的唯一方法是对顾客进行广泛的调查，并且每隔一定时期重新进行一次这样的调查。

（3）把顾客需求转换为技术要求。这一步由市场调查人员和工程技术人员共同把顾客需求转换为对产品提出的技术要求，即把顾客的语言转换成工程技术人员能够把握的语言，如把图 4-1 中的"写得清楚"转换成"笔迹的对比度""铅墨的保持能力"等。如果把在第一步所确定的顾客需求看作"是什么"（what），那么把顾客需求转换为技术要求就解决了"如何办"（how）的问题。

（4）确定技术要求的满意度方向。具体到某一产品，只有通过满足产品的技术要求来满足顾客需求。有的技术要求的指标值越大，顾客越满意，而有的技术要求的指标值越大，顾客越不满意。在开发产品时应确定这种方向性，以便为后来调整质量规格提供参考。

（5）填写关系矩阵表。技术要求是由顾客需求转换来的，所以每项技术要求或多或少与顾客需求有关系，根据关系的紧密程度可分为三个等级：关系紧密、关系一般、关系微弱，并分别赋予 9、3、1 三个分值。所填写的关系矩阵表为确定技术重要度提供了依据。

（6）计算技术重要度。通过矩阵表与各项需求对顾客的重要度的加权平均可得各项技术要求的重要度。很有意思的是，经过这一步之后，顾客所提出的"模棱两可""含糊不清"的需求，转变成了一个个量值。毫无疑问，开发人员应把精力集中在技术重要度指标值大的那些技术要求上。

（7）设计质量规格。这一步由工程技术人员和质量管理人员共同完成。设计质量规格就是在技术经济分析的基础上确定各项技术要求的理化指标，即解决"多少"（how many/much）的问题。

（8）技术评价。产品技术评价的对象是各项技术要求满足顾客需求的能力。为评价产品技术能力，可把已开发出来的样品同市场上知名度较高的几个品牌的产品放在一起进行比较。技术要求之间会有冲突，所以，即使不计成本，也不可能使各项技术能力都达到最高。因此，经常要做些调整。在调整时，应力保技术重要度指标值高的那些技术要求。如图 4-1 所示，"铅墨产生的灰尘"和"铅墨的保持能力"两项技术要求的技术重要度分别占第一位和第二位，但根据技术评价的结果，这两项技术要求只达到中等。因此，仅从技术评价就可判定这种铅笔的开发不成功。为此，要调整质量规格，使这两类技术要求在同类产品中达到最优。

（9）确定相关矩阵。根据正反强弱关系，把各项技术要求之间的关系确定为 4 类，即强正相关、弱正相关、强负相关、弱负相关。确定相关矩阵的目的是把顾客满意度方向做量化处理，结果用于调整质量规格，提高技术评价等级。

（10）市场评价。市场评价的结果是产品满足各项顾客需求的能力。市场评价的方法与技术评价的方法相似，只是这里的评价对象是各项顾客需求。同样，顾客需求之间往往会有冲突，所以，即使不计成本，也不可能使各项顾客需求都得到最大的满足。在做调整时，应以各项需求对顾客的重要度为依据，最大限度地满足重要度指标值高的那些顾客需求。

从 QFD 的技术路线可以看出，上述 10 个步骤的每一步都考虑了顾客需求，体现了"充分倾听顾客的声音"的核心理念。因此，只要严格按照 QFD 各个开发阶段的要求去做，所开发的产品就是顾客真正需要的产品。

如前所述，质量功能展开是一种集成的产品开发技术，所涉及的问题很多，用到的定量方法更多，如模糊聚类分析、层次分析法等的理论与知识。本节给出了 QFD 的全貌，以便读者掌握 QFD 的起源与发展、内涵及实施步骤。

4.3 可靠性工程

4.3.1 可靠性基本概念

1. 可靠性

可靠性是产品在规定条件下和规定时间内，完成规定功能的能力。可靠性高，意味着寿命长、故障少、维修费用低；可靠性低，意味着寿命短、故障多、维修费用高。可靠性差，轻则影响工作，重则造成起火爆炸、机毁人亡等灾难性事故。对于许多产品，人们不但关心其技术性能，更关心其可靠性。在某些情况下，顾客宁可产品的功能有适当的减少，也要保证较高的可靠性。

为正确理解可靠性概念，应把握以下 3 个关系。

（1）产品的可靠性与规定条件的关系。可靠性概念中所说的规定条件包括使用或储存时的环境条件，比如温度、湿度、气压、振动、冲击、辐射、应力等。例如，同一个半导体器件，在不同的负载下，其可靠性不同，负载越大，可靠性越低。又如，同一台设备，在陆地和海洋中工作时的可靠性不同，在室内和室外使用时的可靠性也会有差异。通常条件越恶劣，可靠性越低。

（2）产品的可靠性与规定时间的关系。同一元器件或设备在同样的条件下，随着使用时间的增加，可靠性逐渐下降。这里时间概念具有广泛的含义，可以用次数、周期、强度等表示。一般随着工作时间延长，可靠性会降低。

（3）产品的可靠性与规定功能的关系。规定功能就是根据使用要求与生产可能性所规定的技术经济指标，比如待机时间、容量、速度、亮度、承载能力、工作精度、经济指标等。可靠性是对规定功能的定量描述。

2. 维修性

使产品保持规定状态或当产品发生故障后，使其恢复到规定状态的一系列活动称为维修。维修性是指产品在规定的条件下和规定的时间内，按规定的程序和方法进行维修时，保持或恢复到规定状态的能力。

规定的条件是指维修的机构和场所及相应的人员与设备、工具、技术资料等条件。规定的时间是指从寻找、识别故障开始，直至检修、调试、验收，最后达到完全恢复正常功能为止的全部时间。规定的程序和方法是指按技术文件规定采用的维修工作类型、步骤和方法。

产品维修通常分为恢复性维修和预防性维修两种类型。恢复性维修是当产品发生故障后，使它恢复到规定状态所进行的全部活动。这些活动包括故障定位、故障隔离、故障排除、调准验证等。预防性维修是通过对产品进行系统的检测，发现故障征兆以防止故障发生，使它保持在规定状态所进行的全部活动。这些活动包括调整、润滑、定期检查和必要的修理等。

提高维修性的主要途径有：定期更换零部件或早期发现故障，进行维护保养；从设计和制造时就考虑使其结构易于早期发现故障，易于进行维修。

3. 保障性

保障性是指产品的设计特性和计划的保障资源能满足使用要求的能力。保障性在我国国防科技系统称为"综合保障工程"，国外称为"综合后勤保障"或"后勤工程"。综合保障工程最初是针对武器装备的，是研究在获得装备的同时如何得到与它匹配的保障资源，建立保障系统，形成战斗力。现在，保障性的应用已从军事装备的保障扩展到一般产品，并从维修性工程中独立出来成为保障性工程。

综合保障工程的主要任务包括以下几方面。

（1）策划并制定保障规划。

（2）接口协调。

（3）人员保障。

（4）包括设备、备件等在内的硬件保障。

（5）包括规程、信息等在内的软件保障。

（6）包装、运输、储存、防护、环境等其他保障。

4. 测试性

测试是一个广义的概念，笼统地说，凡是对产品进行的各种检查、测量、试验都可以称为测试。在产品研制、生产、使用（含储存）、维修乃至退役过程都有测试。例如，在产品的研制和生产过程中，需要经常对零部件、组件乃至成品的性能或几何、物理参数等进行检查、测量和评定，从而确定它们是否符合规定要求。在使用过程中，需要对产品进行故障检测，以便确定其状态，判断它是否可完成规定的功能，如有工作不正常迹象，就要进一步找出发生故障的部位隔离故障，以便排除故障，把产品恢复到完好状态。

测试性是指能够及时并准确地确定产品的状态（可工作、不可工作或性能下降），并隔离其故障的一种设计特性。测试性主要表现在以下 3 个方面。

（1）自检功能强。产品本身具有专用或兼用的自检硬件和软件，能自己监测工作状况，检测与隔离故障，而且检测隔离比例高，可指示故障，虚假报警少。

（2）测试方便。测试设备或装置便于维修人员使用，方便检查和测试，可自动记录存储故障信息，可查询故障，故障显示清晰明确、便于理解，可按需要检查系统各部分并隔离故障等。

（3）便于使用外部测试设备进行检查测试。产品上有足够的测试点和检查通路，与自动测试设备或通用仪器接口简单、兼容性好，专用测试设备少等。

5. 可用性

可用性是指产品在所要求的外部资源得到保证的前提下，产品在规定的条件下和规定的时刻与时间区间内处于可执行功能状态的能力。可用性是产品可靠性、维修性和保障性 3 种固有属性的综合反映。

外部资源不同于维修资源，它对产品的可用性没有影响。当涉及可用性的测量时，优选术语是"瞬间可用性"。

6. 可信性

可信性是随着科学技术的发展而发展起来的。可信性仅用于非定量的一般性描述，是一个用于描述可用性及其影响因素的集合性术语。

可信性工作的目标是提高产品的可用性和任务成功性，减少人力和保障费用，达到最佳的费用——效能比。

影响可信性的主要因素有可靠性、维修性和保障性。对可信性的要求，就是对这些影响因素的要求。为了使人们确信产品满足规定的可信性要求所进行的有计划、有组织的活动称为可信性保证，为此而制定的一套文件称为"可信性保证大纲"，简称"可信性大纲"。可信性大纲包括必要的可信性组织机构及其职责、要求实施的工作项目、工作程序和需要配备的资源等。

4.3.2 可靠性度量

上述可靠性的概念只是对可靠性进行的定性描述。为了准确地度量和评价可靠性，需要对其相应能力进行定量描述。这些定量指标称为可靠性特征量。具体有可靠度、故障率（或失效率）、平均故障间隔时间（或失效前平均时间）、平均故障修复时间、维修度和可用度等。

1. 可靠度

可靠度 $R(t)$ 是指产品在规定的条件下和规定的时间内，无故障地完成规定功能的概率。规定的条件是指产品所处的环境条件以及维护、使用条件，规定的时间是指以时、日、月等表示的时间间隔。为了准确地度量和评价产品的可靠度，必须明确哪些技术指标在达不到要求时才算失效或故障。

可靠度的数学表达式为

$$R(t) = \frac{N_s(t)}{N} \tag{4-1}$$

其中，N 为产品总数；$N_s(t)$ 为工作到时刻 t 仍能完成规定功能的产品数。

与可靠度相对应的另一个指标是不可靠度 $Q(t)$，它是指在规定的条件下和规定的时间内，发生故障或失效的概率，其数学表达式为

$$Q(t) = \frac{N_f(t)}{N} \tag{4-2}$$

其中，$N_f(t)$ 为工作到时刻 t 已发生故障的产品数。

显然，可靠度与不可靠度之间具有下面的关系：

$$R(t) + Q(t) = 1 \tag{4-3}$$

不可靠度分布函数的导数就是故障密度 $f(t)$，即

$$f(t) = \frac{dQ}{dt} \tag{4-4}$$

或者：

$$f(t) = -\frac{dR}{dt} \tag{4-5}$$

对式（4-4）求积分，得到

$$Q(t) = \int_0^t f(t) dt \tag{4-6}$$

于是

$$R(t) = 1 - \int_0^t f(t) dt \tag{4-7}$$

$R(t)$、$Q(t)$ 与 $f(t)$ 随时间变化的关系如图 4-3 所示。

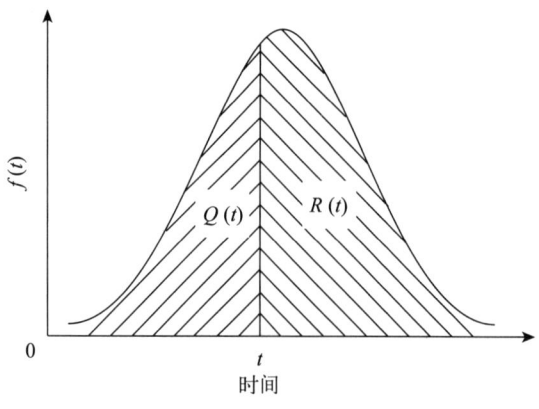

图 4-3 $R(t)$、$Q(t)$、$f(t)$ 之间的关系

从图 4-3 中可看到，从 0 时刻开始，随着时间 t 的增加，$Q(t)$ 在 0 ～ 1 是逐渐增大的；$R(t)$ 在 0 ～ 1 是逐渐减小的。

例 4-1　对某电子产品做寿命测试，随机抽取了 100 个，统计出现故障的产品数量。测试结果如表 4-1 所示，试绘制这种电子产品的可靠度分布曲线。

表 4-1　某电子产品可靠度分布

截至时刻值（h）	出现故障的数量（个）	累计出现故障的数量（个）	不出现故障的数量（个）	可靠度
0	0	0	100	1.00
500	2	2	98	0.98
1 000	21	23	77	0.77
1 500	32	55	45	0.45
2 000	20	75	25	0.25
2 500	12	87	13	0.13
3 000	7	94	6	0.06
3 500	4	98	2	0.02
4 000	1	99	1	0.01
4 500	1	100	0	0.00

解：

根据式（4-1），可估计出这种电子产品截至每一时刻值的可靠度，详见表 4-1 最后一列。把各个时点的可靠度描绘在直角坐标系中，并用光滑的曲线把这些点连接起来，就得到这种电子产品的可靠度分布曲线，如图 4-4 所示。

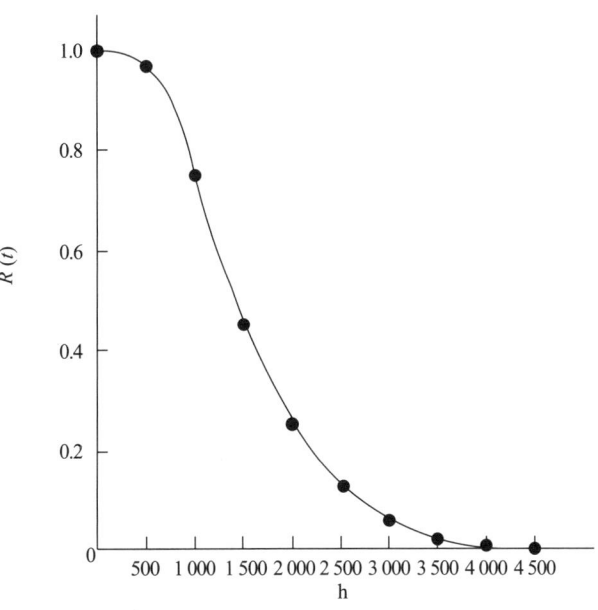

图 4-4　某电子产品可靠度分布曲线

2. 故障率

（1）故障率及其数学表示。故障率 $\lambda(t)$ 是指产品工作到时刻 t，在以后的单位时间内发生故障的概率，也称瞬时故障率。对于不可修复的产品，称为失效率。故障率（或失效率）是可靠性理论中的一个重要概念，在实践中，许多产品就是用故障率（或失效率）的大小来确定其等级的。

根据故障率的定义，可知：

$$\begin{aligned}\lambda(t) &= \lim_{\Delta t \to 0} \frac{P(t < T \leqslant t+\Delta t \mid T > t)}{\Delta t} \\ &= \lim_{\Delta t \to 0} \frac{P(t < T \leqslant t+\Delta t)}{\Delta t} \bigg/ P(T > t) \\ &= \frac{\mathrm{d}Q(t)}{\mathrm{d}t} \cdot \frac{1}{R(t)} \\ &= \frac{f(t)}{R(t)} \end{aligned} \quad (4\text{-}8)$$

根据式（4-8），得：

$$\begin{aligned}\lambda(t) &= \frac{f(t)}{R(t)} \\ &= -\frac{\mathrm{d}R(t)}{\mathrm{d}t} \cdot \frac{1}{R(t)} \\ &= -\frac{\mathrm{d}[\ln R(t)]}{\mathrm{d}t}\end{aligned}$$

于是：

$$R(t) = \mathrm{e}^{-\int_0^t \lambda(t)\mathrm{d}t} \quad (4\text{-}9)$$

从式（4-9）中可知，如果故障率 $\lambda(t)$ 为常数，不妨设为 λ，那么，可靠度服从负指数分布：

$$R(t) = \mathrm{e}^{-\lambda t} \quad (4\text{-}10)$$

（2）故障率曲线。大量统计结果表明，多数产品的故障率服从一种典型的故障率曲线。这种曲线两头高、中间低，形似浴盆，所以常被称为浴盆曲线。产品的典型故障率曲线如图 4-5 所示。

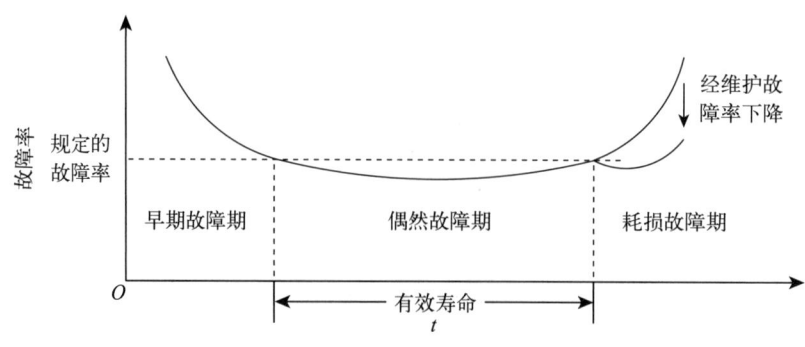

图 4-5　产品的典型故障率曲线

浴盆曲线大致分为三个部分，第一部分为早期故障期，第二部分为偶然故障期，第三部分为耗损故障期。

在早期故障期，故障率随时间而减少，故障是由于产品中寿命短的零件及设计上的疏忽和生产工艺的质量欠佳而引起的。这个时期的主要任务是找出不可靠的原因，使故障率稳定下来。常用的方法是进行排除早期故障或潜在故障的试验。

在偶然故障期，故障率最低而且稳定，近似为常数，故障的发生是随机的。在这个时期，产品质量最佳。这个时期的长度称为有效寿命。

在耗损故障期，构成产品的零件已经老化耗损，寿命衰竭，因而故障率上升。如果能够事先知道耗损开始的时间，在此稍早一点时间更换故障零件，就可以把故障率降下来，延长可维护产品的有效寿命。

3. 平均故障间隔时间

平均故障间隔时间（mean time between failure，MTBF）是指产品两次故障间隔内正常工作的时间。对于不可修复的产品是指开始工作至失效的平均时间，即失效前平均时间（mean time to failure，MTTF）。根据定义，MTBF 或 MTTF 即产品的平均寿命 θ。θ 与故障率 λ 成倒数关系，即

$$\theta = \frac{1}{\lambda} \tag{4-11}$$

在实际工程计算中，采用平均值去估算，即

$$\theta = \frac{\sum_{i=1}^{n} t_i}{n} \tag{4-12}$$

其中，t_i 为第 i 个故障间隔内产品发挥正常功能的时间。

4. 平均故障修复时间

平均故障修复时间（mean time to repair，MTTR）是指产品出现故障到恢复正常工作时所需要的时间。

在实际工程计算中，采用平均值去估算，即

$$\text{MTTR} = \frac{\sum_{i=1}^{n} \Delta t_i}{n} \tag{4-13}$$

其中，Δt_i 为第 i 个故障的修复时间。

平均故障修复时间的倒数为修理率 μ，是指单位时间内完成修理的概率，即

$$\mu = \frac{1}{\text{MTTR}} \tag{4-14}$$

5. 维修度

维修度 $M(t)$ 是指可修复产品在规定的条件下进行维修，并在规定的时间内完成维修的概率。维修度的分布和不可靠度分布相似，如果修理率是常数，那么维修度服从下面的指数分布：

$$M(t)=1-e^{-\mu t} \tag{4-15}$$

6. 可用度

可用度 A 是指产品的平均故障间隔时间与总时间（平均故障间隔时间与平均故障修复时间之和）的比值，即

$$A = \frac{\text{MTBF}}{\text{MTBF}+\text{MTTR}} \tag{4-16}$$

依式（4-11）和式（4-14）可得可用度的另一个表达形式：

$$A = \frac{\mu}{\mu+\lambda} \tag{4-17}$$

可用度是一个综合指标，全面反映了产品的可靠性与维修性。如果产品在可靠度之外，发生故障后经修理恢复到正常状态的概率大，那么该产品处于可用的概率就大。

4.3.3 系统可靠性的计算

所谓系统，就是由相互作用和相互依赖的若干单元（元件或子系统）组成的具有特定功能的有机整体。在系统设计过程中，除了选择能够完成选定功能的单元外，还应设计这些单元的组成系统的结构形式，从而保证在满足质量要求的前提下，成本最低。系统设计完成后，要根据系统的结构形式计算其可靠度，如果达不到预定水平，就要进行设计变更，直至达到预定的水平。

系统的结构通常分为串联、并联和混联三种。

1. 串联系统的可靠度

在构成系统的单元中，任何一个单元（子系统或元件）出现故障，就会导致系统故障，这样的系统就是串联系统。对于串联系统总是假定各单元只有正常和故障（或失效）两种状态，没有中间状态。此外，任何单元工作与否不会影响其他单元的工作状态。图 4-6 表示的是由 n 个单元组成的串联系统。图 4-6 所示的图形表示了系统中各个单元之间的逻辑关系，称为系统可靠度框图。

图 4-6 串联系统可靠度框图

设各个单元的可靠度分别为 $R_1(t)$，$R_2(t)$，…，$R_n(t)$，根据概率的乘法原理，系统的可靠度为

$$R_S(t) = \prod_{i=1}^{n} R_i(t) \tag{4-18}$$

设各个单元的故障率为常数，分别为 λ_1，λ_2，…，λ_n，根据式（4-10）可得：

$$R_S(t) = \exp\left(-t\sum_{i=1}^{n}\lambda_i\right) \tag{4-19}$$

因此，系统的故障率就是各个单元故障率之和。如果各个单元的故障率均为常数，则系统的故障率仍为常数。

2. 并联系统的可靠度

在构成系统的单元中，只有所有单元（子系统或元件）都出现故障，才会导致系统故障，这样的系统就是并联系统。对并联系统的假定与串联系统相同。图 4-7 表示的是由 n 个单元组成的并联系统。

设各个单元的可靠度分别为 $R_1(t)$，$R_2(t)$，…，$R_n(t)$，则并联系统的可靠度为

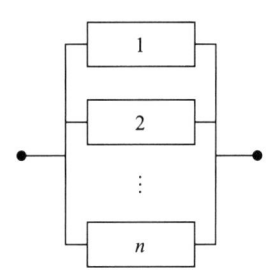

图 4-7 并联系统可靠度框图

$$R_S(t) = 1 - \prod_{i=1}^{n}[1 - R_i(t)] \tag{4-20}$$

现假定只有 2 个单元，且其可靠度相同，均为

$$R(t) = e^{-\lambda t}$$

那么，系统的可靠度为

$$R_S(t) = 2e^{-\lambda t} - e^{-2\lambda t}$$

因而，系统的故障率为

$$\lambda_S(t) = \frac{-R'_S(t)}{R_S(t)}$$

$$= 2\lambda \frac{1 - e^{-\lambda t}}{2 - e^{-\lambda t}}$$

此时，系统的故障率不再是常数。

3. 混联系统的可靠度

混联系统是串联系统和并联系统的组合，如图 4-8a 所示。首先，按照串联系统的特性分别对串联单元 1 和 2 求可靠度，对串联单元 3 和 4 求可靠度，然后按照并联系统的特性对并联单元 5 和 6 求可靠度，得到图 4-8b 所示的系统可靠度框图。最后，按照并联系统的特性对 S_1 和 S_2 求可靠度，得到图 4-8c 所示的系统可靠度框图。这时，已经化为最简单的串联系统。经过这样的转换，图 4-8 中 3 个系统框图是等效的。

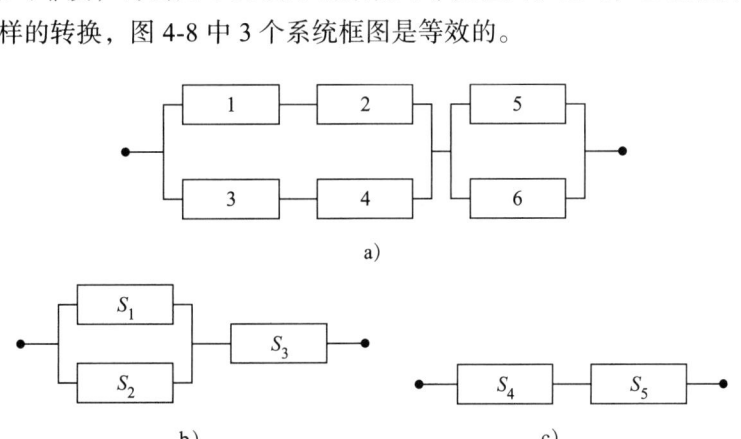

图 4-8 混联系统可靠度框图

4.3.4 可靠性管理

1. 提高产品设计的可靠性

从设计方法上,应按照可测试性设计 DfT、可诊断分析性设计 DfD、可装配性设计 DfA、可拆卸性设计 DfD 等方法提高产品的可靠性。

在元器件和标准件的选择上,应尽可能采用已标准化的元器件和零部件。在满足要求的前提下,尽可能把元器件、零部件数量降到最低,以使结构简单。

对可靠度要求非常高的产品,比如航空航天用产品,应通过工作冗余或备份冗余来提高产品的冗余度。并联系统是典型的工作冗余,所有冗余同时处于工作状态;备份冗余只有当原来工作的冗余发生故障后,替代冗余才开始工作。

2. 可靠性分析

在可靠性分析的方法中,用得最多的是 FMEA 和故障树分析(fault tree analysis,FTA)。

(1) FMEA。FMEA 是指通过对产品的系统研究,鉴别故障模式,判断故障影响,确定故障原因和机理的过程。故障模式即故障的表现形式,比如短路、开路、断裂、过度耗损等。故障影响是故障对产品的使用、功能或状态所导致的结果,一般分为局部的、高一层次的和最终影响三级。故障原因是直接导致故障或引起功能降低并进一步发展成故障的那些因素。故障机理是引起故障的物理、化学、生物等方面的内在原因。

FMEA 是一种重要的可靠性定性分析方法。除用于确定故障的各种原因和所造成的影响外,还可用来检查系统设计的正确性,评价系统的可信性、安全性,为系统的维修性分析、保障性分析及测试性分析提供信息,为确定纠正措施的优先顺序提供依据。

(2) FTA。FTA 是通过对可能造成产品故障的硬件、软件、环境、人为因素进行分析,画出故障树,从而确定产品故障原因的各种可能组合方式和(或)其发生概率的一种分析技术。故障树是一种倒立树状的逻辑图。它用一系列符号描述各种事件之间的因果关系。

FTA 是一种系统安全性和可靠性分析的工具,主要用于评估设计方案的安全性,判明潜在的系统故障模式和灾难性危险因素,为制定使用、试验及维护程序提供依据,辅助事故调查。

3. 可靠性过程管理

可靠性管理应贯穿于规划、设计、试制、生产、使用全过程,它是产品整个生命周期的一项连贯性活动,不仅与设计者有关,而且与生产者和使用者密切相关。只有设计、生产、使用方面密切配合,不断提高产品可靠性指标,才能满足顾客需求,取得良好的经济效益。

在规划设计阶段,可靠性管理就是在全面分析顾客需求的基础上,提出产品的基本性能和主要特点,并提出可靠性指标,实施可靠性论证,进而提出对产品的技术要求,确定质量规格。

在生产过程中,可靠性管理就是最大限度地排除和控制各种不可靠因素,借助专业质量管理工具,找出造成质量问题的人、机、料、法、测、环(5M1E)6 个方面的必然性因素,并消除它们,使生产过程处于受控状态。

在售后服务过程中，可靠性管理就是为顾客提供一套完整的使用维护资料，组织对顾客的培训，并及时将使用过程中所遇到的问题反馈给生产和工程设计部门，以便在以后的设计和制造过程中改进产品的性能和指标。

4.4 服务设计与质量控制

4.4.1 服务设计概述

1. 服务及其特点

（1）服务与服务包。服务是指为顾客提供的一种便利。服务可看作特殊的产品。服务由服务系统提供，该系统包括提供服务所需要的设施、人员、技术和流程等。现实中，很少有纯粹的服务，更多的是服务包。

所谓服务包，是指包括用于提供服务的硬件、辅助物品、显性服务和隐性服务在内的统一体。硬件是指提供服务所必需的场所、设施、设备等，比如候机室、客机、商品部、手推车、行李转盘等；辅助物品即实物产品，比如宣传材料、快餐等；显性服务即可以用感官感觉到的服务的本质或核心特征，比如航班准时、办理登机手续快捷有效、引导清晰明了等；隐性服务即服务的附属或非本质特征，比如适时的问候、得体的服饰、服务人员彬彬有礼等。

（2）服务的特点。与产品相比，服务有以下4个特点。

1）服务是无形的。产品可以触摸，服务无法触摸，只可感受，比如气氛、态度等。

2）服务需求更具不确定性。例如，你很难预计明天会有多少人光顾大中电器在北京的旗舰店。

3）服务无法储存。一般地，接受服务与提供服务是同时进行的。这是服务与产品的最大不同之处。产品可以单独生产，单独销售，却很少能单独生产出服务，然后在另外的时间出售。这一特点决定了接受服务与提供服务的同时性，比如教学、就诊、美容美发等。

4）服务过程具有可视性。一般地，服务过程是可见的。即使某些可以在后台进行的服务过程，为了博得顾客的满意，也倾向于展示给顾客。例如，拉面馆把拉面的制作过程展示给顾客，拉面还没下锅，顾客已急不可待了。

2. 服务设计的基本要求

服务的上述特点，决定了服务设计比产品设计更复杂、更困难。服务设计要满足以下4个基本要求。

（1）与组织的使命和目标相一致。设计的服务或服务系统要有利于实现组织的使命和目标。

（2）有统一的服务宗旨。联邦快递的"使命必达"使顾客心里格外踏实。社区便民店应从各个方面达到便民效果，比如为不方便行动的老人送货上门。

（3）设计的服务对顾客来说是有价值的。设计的服务是否有价值要以顾客的评判为准。豪华的装饰对到高档饭店就餐的顾客来说是身份的体现，而对到快餐店就餐的顾客来说并没有什么价值。

（4）设计的服务是稳健的。无论是超市、医院，还是书店、高尔夫球场，至少要有与平均服务能力相匹配的设施、人员或其他资源。例如，某药房半年来每天售出的某品牌儿童感冒药都在 100 盒以下，但为了保证患者需要，配货量还是保持在了 150 盒以上。

3. 服务设计的有效性

为保证和提高所设计服务的有效性，应注意以下 5 个方面的问题。
（1）一旦开始进行服务设计，领导应立即介入并支持服务设计活动。
（2）确定服务标准，尤其是那些感受、气氛等难以量化的指标。
（3）确保服务人员的招聘、培训和薪酬制度与服务设计的目标相一致。
（4）建立可预测事件的处理流程和不可预测事件的紧急预案。
（5）建立监控、维持和改进服务的管理体系。

4.4.2 服务设计的一般方法

1. 服务流水线

制造系统因采用流水生产方式而使制造成本大为降低，在服务业，也可以采用分工并使工具和设备专业化来建立类似的流水线，这里不妨称为"服务流水线"。

为使服务流水线方法获得成功，必须坚持以下 4 个原则。
（1）充分授权。服务一线的员工有紧急情况处置权。
（2）劳动分工。把整个过程分为若干简单而具有重复性的工作。
（3）用技术代替人力。在与顾客接触程度低的环节采取机器代替原来的手工作业，不但可以提高效率，而且可以减少差错。
（4）服务标准化。尽可能把服务设计成事先设定好的常规工作，从而稳定服务质量。

2. 把顾客作为服务主体

在服务过程中，不应把顾客当作被动的服务对象，当需要的时候，应把顾客当作服务主体，即尽可能地提高顾客参与服务系统的程度。自助餐的盛行证明了这种方式的优越性。技术进步也促进了顾客的参与，如银行系统的 24 小时自动柜员机早已普及。电子机票取代纸质机票实际上在某种程度上提高了顾客的参与度。事实上，员工薪酬的逐年提高也促使服务公司积极采取这种策略。今天，宾馆的门童越来越少，航空公司也鼓励旅客使用便携的行李箱。

3. 预约与预订

顾客到达服务系统的随机性导致服务能力难以与顾客需求完全匹配。为此，常采用预约或预订的方法减少顾客的等待时间。此外，也可在需求处于淡季时，通过价格刺激来吸引顾客消费，这实际上也是一种预约，即把顾客"预约"到淡季，从而平衡服务能力。

4.4.3 服务场景设计

服务场景就是为顾客带来印象的环境。例如，麦当劳标志性的金色双拱门，餐厅内部标准化的布置、菜单、包装、员工制服等。麦当劳服务场景和服务过程的标准化强化了其运营绩效；快捷和食品的高品质塑造了其品牌形象。

一般地，服务场景包括以下 3 个方面的要素。

（1）环境氛围。环境氛围可以通过视觉、听觉、触觉、嗅觉、味觉等来体现，例如，在银行营业大厅里配置舒适的沙发，摆放时令鲜花，播放舒缓的音乐，都可以营造环境氛围。

（2）空间布置。合理划分办公室、会客厅、会议室、活动室等，同时还包括接待室、停车场、内部餐厅等的布局。

（3）符号、标志。它包括悬挂在墙上的使命书、喷涂在车辆上的公司标志、摆放在走廊里的荣誉证书、印有公司名称的信笺、统一的公司制服等。

4.4.4 服务流程设计

1. 业务流程图与服务蓝图

服务业应规范提供服务的流程，可以根据办理各项手续的先后顺序绘制业务流程图。图 4-9 是某大学新生报到业务流程简图。从图中可以看到，在业务流程的某些环节需要做出选择。

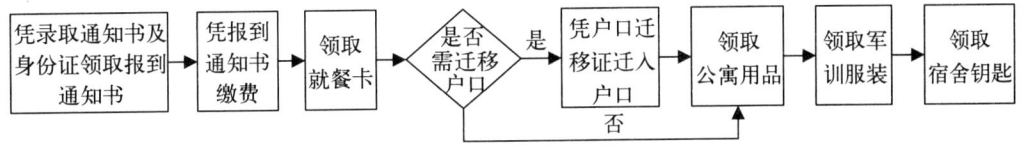

图 4-9 某大学新生报到业务流程简图

根据服务的特点，顾客或多或少地会参与到服务过程中。因此，只是简单地绘制这种业务流程图是不够的。经过理论研究和实践活动，人们提出了一种描述服务过程的有效工具，即服务蓝图。

服务蓝图就是用箭线把服务过程中的各项作业（用矩阵框或菱形框表示）按其先后顺序连接起来的作业顺序图。服务蓝图是对业务流程图的细化和扩展。从横向上可把服务蓝图分为 4 个层次，即顾客层、前台、后台和支持层。第一个层次描述顾客的活动，第二个层次描述前台服务人员的活动，第三个层次描述后台服务人员的活动，第四个层次描述支持单位或其他部门的活动。在纵向上根据特定的服务项目划分为若干阶段。

图 4-10 是典型的饭店聚餐服务蓝图，从 4 个层次描述了聚餐过程，同时把整个聚餐过程分为界限比较清晰的 4 个阶段，即顾客到达、顾客候餐、顾客就餐和顾客离开。

下面结合饭店聚餐说明绘制服务蓝图的基本要求。

（1）站在顾客的角度，把从顾客接触服务系统到完全离开服务系统的整个过程分为若干步骤。例如，饭店聚餐就可分为 15 个步骤。

（2）根据每个步骤的先后顺序，用箭头把每个步骤连接起来。

（3）判断每一步骤的主导者，是顾客层、前台、后台还是支持层。例如，顾客订餐、顾客到达和配餐要求等的主导者是顾客，预订包间、迎接顾客和菜品配送等的主导者是前台服务员，厨房配餐的主导者是后台厨师，而食材供应和后勤保障的主导者是技术支撑层的员工。然后，把相应的步骤放在对应的层次。

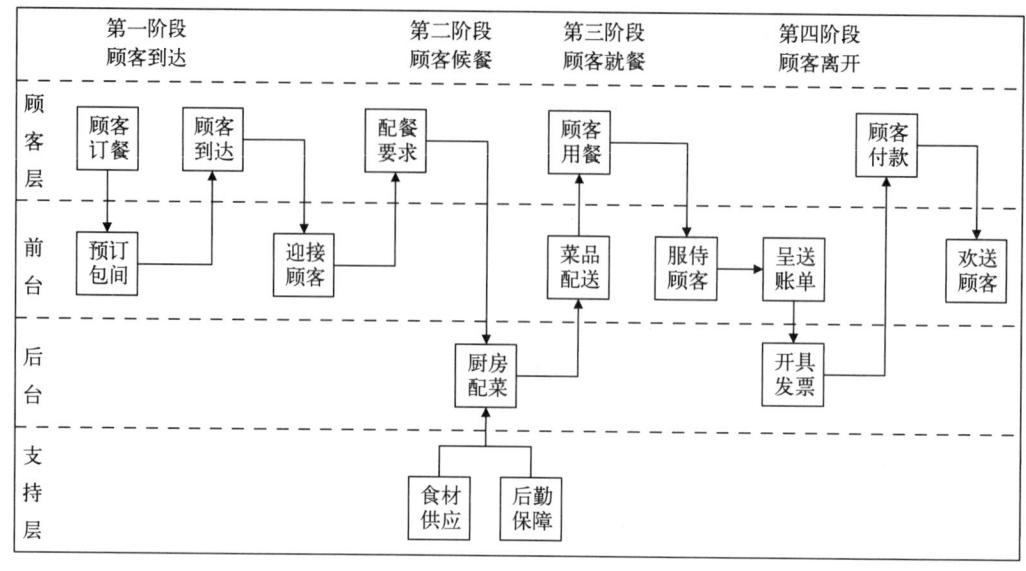

图 4-10　饭店聚餐服务蓝图

2. 服务质量控制

为确保向顾客提供更好的服务，需要对整体服务质量进行控制。为此，可在绘制服务蓝图的基础上，用图表形式标明整个服务过程中容易出现的差错并给出预防措施。必要时，就出现的差错给顾客以相应的承诺。通常地，把容易出现差错的地方叫作质量控制点。为最大限度地提高顾客的满意度，可采用防差错技术来避免这些差错的发生。防差错设计（poka-yoke）是一种用途非常广泛的技术，比如防止接入错误的特殊 USB 接口、自动柜员机提醒顾客取卡的声光信号装置、确保"微笑服务"而安装在电话机上的镜子、机场登记处自助式测量行李尺寸的设施等。

表 4-2 说明了在饭店聚餐过程中，最容易出现的差错、预防措施以及出现差错时对顾客的承诺。

表 4-2　饭店聚餐过程中最容易出现的差错、预防措施以及出现差错时对顾客的承诺

最容易出现的差错	预防措施	出现差错时对顾客的承诺
房间不满足基本要求	电话回访，并保留电话录音	由顾客任意选择房间或免除包间费
没注意到顾客的到达	增加门童，确保每个入口有一位候客门童	由顾客拿走门童手中预备的 10 元人民币
菜单错误	点菜后复述菜单，送厨房时复述	错误菜品以及补上的正确菜品均免费
配菜错误	复验菜品，交服务员时核对菜单	错误菜品以及补上的正确菜品均免费
菜品配送错误	给餐桌和菜品编号，关联餐桌和菜品编号	错误菜品以及补上的正确菜品均免费

4.4.5　SERVQUAL 模型

1. SERVQUAL 模型概述

SERVQUAL 模型是美国市场营销学家帕拉休拉曼（A. Parasuraman）、莱特汉莫尔（Zeithaml）

和贝里（Berry）于 20 世纪 80 年代末，在全面质量管理理论的基础上，根据服务业的特征所提出的服务质量管理理论。SERVQUAL 模型主要用来测评用户所感知到的服务质量与用户所期望的服务质量之间的差别程度。SERVQUAL 将服务质量分为 5 个要素，即可靠性、响应性、保证性、移情性、有形性。SERVQUAL 模型如图 4-11 所示。

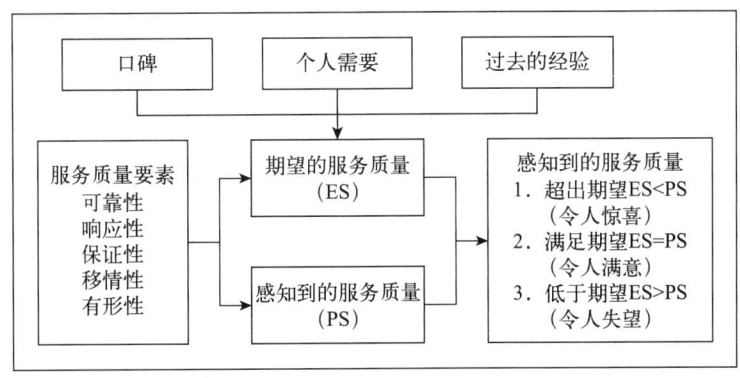

图 4-11　SERVQUAL 模型

2. 服务质量测评方法

为了测评服务质量，针对 5 个要素，设计两部分共 44 个调查问题（项目）。第一部分是有关顾客对特定服务行业优秀公司的期望，包括 22 个项目；第二部分是有关顾客对这一行业中特定公司（被评价公司）的感受，也包括 22 个项目。

SERVQUAL 调查问卷采取 7 分制，7 分为非常同意，1 分为非常不同意。中间为过渡状态。顾客根据自己的独立判断进行打分，把两部分得到的结果进行比较就得到 5 个要素中每个的"差距分值"。差距越小，顾客对服务质量的评价就越高；相反，差距越大，顾客对服务质量的评价就越低。

3. 服务质量差距管理

根据顾客需求（期望）来设计服务，提供服务，了解顾客的感受，并由顾客对服务质量做出判断，整个过程都会存在或多或少的偏差（差距）。一般把差距分为以下 5 个方面，此即 5GAP 模型。

（1）对顾客真正期望的了解上存在的差距。
（2）设计服务时未能达到所了解顾客期望的差距。
（3）提供服务时未能达到所设计服务标准的差距。
（4）顾客的真正感知与服务提供者认为的结果存在的差距。
（5）顾客期望与顾客感知之间存在的差距。

利用 SERVQUAL 方法得到的服务质量评价结果反映的是顾客实际感知的服务与期望的服务之间的最终差距。为缩小这一最终差距，就需要对前 4 个方面的差距进行管理，并且这一过程是不断循环上升的，体现了持续改进的质量管理思想。

服务质量 5GAP 模型如图 4-12 所示。

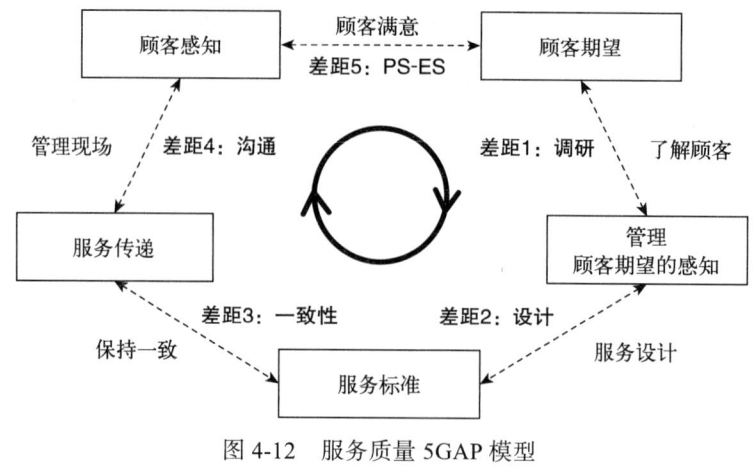

图 4-12　服务质量 5GAP 模型

❖ **案例分析**

长城鞋店与顾客的纠纷

王先生在长城鞋店买了一双鞋，穿了还不到一年时间，就在前几天，鞋子出现了鞋面开裂的情况，于是王先生找到店里要求退款。

"花了 2 000 多元，穿了还不到一年时间就坏成这样，质量实在是太差了，今天必须给我退款。"王先生有些不满。

"先生您别着急。我从系统上查了下，您这双鞋确实是在我们店买的，但是已经超过规定的退款期，所以很抱歉不能给您退款。"店员耐心地解释道。

"我当时买的时候你们就和我承诺，一年之内出现质量问题，都可以来店里退。虽然这双鞋比较贵，但想想这是专卖店，售后服务应该比较到位。现在还不到一年，鞋面就出现开裂，怎么，你们想不认账？"王先生生气地问。

"我们店里的商品严格遵守国家的三包政策，当初店员不可能给您承诺一年的质保期，这太长了。您是否记错了呢？"

"你们把那个店员找来，当面对质一下不就行了？"

"很抱歉先生，之前接待您的那位员工，两个月之前已经离职了，无法找到。"

"你们这是在推脱责任。再说，就算是普通的鞋子，也不可能不到一年就坏成这样。你这样解释的话，我严重怀疑你们店里卖的是伪劣产品。"陈先生愤愤地说。

"我们店里卖的产品绝对不是假货，您都可以在网上进行防伪鉴定，绝不可能出现假冒伪劣问题。按照规定，我们在三个月内是可以提供保修服务的，一个月内出现非人为损坏等质量问题是可以退换的，但是您的鞋子购买时间比较久，已经超过三包期限，所以没办法给您退款。"

"我的鞋子购买时间还不到一年，这时间很久吗？再说我也是看重你们这里是专卖店，售后服务比较到位才买的。要是稍微出现点问题，我也就不来找你们了。可是你看这双鞋，这么明显的质量问题，一句超过三包期限就可以解决吗？换成是你，你同意吗？"王先生动之以情、晓之以理地问道。

"出现这样的情况,我们也表示很遗憾。您看这样吧,我们店也非常注重顾客的利益,虽然过了三包期限,但是这次帮您免费维修怎么样?"

"补丁太难看了,我只退不修。"王先生肯定地回答。

"先生,那抱歉了,我们无法退款。"店员冷冷地表示。

讨论问题

1. 你认为商店应该为王先生退款吗?
2. 长城鞋店的服务质量是否存在问题?如有,存在哪些问题?
3. 以表格形式确定鞋子维修服务质量控制点,针对质量控制点提出质量控制措施以及出现质量问题后需要采取的补救措施。

思考与练习

1. 简述 DfM 的内涵。
2. 简述产品全生命周期的成本影响因素。
3. 简述 DfE 的基本要求。
4. 结合实例说明如何实现绿色设计。
5. 设计过程质量管理的主要内容有哪些?
6. QFD 的内涵是什么?
7. "QFD 是一种集成技术",你如何理解这一说法。
8. 简述质量屋的主要组成部分。
9. 简述构建质量屋的 10 个步骤。
10. "技术重要度的确定是构建质量最引人入胜的一步",谈谈你对这一说法的理解。
11. 选择一种结构简单的产品,在一定的范围内进行市场调查,开发这种新产品。
12. 何为可靠性?
13. 如何理解可靠性概念?
14. 何为维修性?
15. 简述两种维修类型的区别。
16. 何为保障性?
17. 简述保障性工程的主要任务。
18. 何为测试性?
19. 测试性主要表现在哪些方面?
20. 何为可用性?
21. 何为可信性?
22. 例 4-1 对某光学元器件进行寿命测试,随机抽取了 1 000 只,统计出现故障的数量。测试结果如表 4-3 所示,试绘制这种光学元器件的可靠度分布曲线。

表 4-3 某光学元器件可靠度分布

截至时刻值(h)	出现故障的数量(只)
0	0
1 000	18
2 000	93
3 000	379
4 000	302
5 000	148
6 000	47
7 000	9
8 000	3
9 000	1

23. 试根据浴盆曲线分析产品维护管理的策略。
24. 系统结构如下图所示。已知 $R_1=R_2=0.99$,$R_3=0.98$,$R_4=R_5=R_6=0.95$,试计算该混联系统的可靠度 R_S。

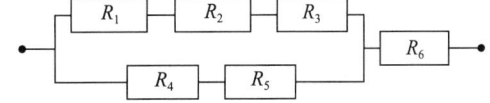

25. 简述如何提高产品设计的可靠性。
26. 何为故障模式及影响分析?
27. 简述故障模式及影响分析的用途。
28. 何为故障树?
29. 何为故障树分析?

30. 简述故障树分析的主要用途。
31. 简述可靠性过程管理的主要任务。
32. 何为服务包?
33. 简述服务的特点。
34. 简述服务设计的基本要求。
35. 如何才能有效地设计服务系统?
36. 结合实例,谈谈你对服务流水线的理解。
37. 简述服务场景的要素。
38. 就某常见的业务,绘制其简易流程图。
39. 选择一个常见的服务过程,利用服务蓝图描述这一服务过程,识别质量控制点,给出控制措施。
40. 简要说明利用 SERVQUAL 测评服务质量的基本思路。
41. 为了从顾客那里得到更高的服务质量评价结果,可考虑引导顾客降低服务期望。这种说法是否正确?为什么?
42. 简述 5GAP 中的 5 个方面差距的含义。
43. 如何缩小顾客期望与顾客感知之间存在的差距?

第 5 章　统计过程控制

○ 学习目标

√ 掌握统计过程控制的基本原理
√ 认识产生质量变异的原因
√ 掌握质量数据的采集方法
√ 掌握质量控制图的基本原理
√ 掌握质量控制图的绘制方法
√ 掌握质量控制图的观察与分析方法
√ 掌握过程能力的基本概念
√ 掌握过程能力指数的计算方法
√ 了解过程等级及过程能力评价标准

"流水线上无法生产出完全相同的两件产品。"造成质量变异的原因何在？如何才能找到其中的主要原因？

统计过程控制回答了这些关键问题。正是统计过程控制实现了质量管理的三个根本性转变：从定性描述为主转变为定量分析为主，从事后检验为主转变为事前控制为主，从产品检验为主转变为过程控制为主。

5.1　统计过程控制的基本原理

1924 年，美国质量管理专家、数理统计专家休哈特提出统计质量控制理论，并首创了质量控制图。大约 1930 年，道奇和罗米格提出抽样检验理论，并编制了抽样数表。不过，直到第二次世界大战，统计质量控制方法才得到广泛应用。

随后，统计质量控制又发展成为统计过程控制，从而实现了质量管理的三个根本性转变。

5.1.1　产生质量变异的原因

产品质量水平取决于 6 个方面的原因：人、机、料、法、测、环，即 5M1E。

不同操作人员的熟练程度不同，操作方法各异，同一个操作人员，在不同的时间，其生理和精神状态会有差异，即使在正常的生理和精神状态下，同一个操作人员完成的作业也不可能完全一样。机器设备的加工精度会随加工时间的增加而降低，即使经过维修也不可能与原来完全一致。不同批次的原辅材料必然有差异，即使同一批次的原辅材料，任意取出其中的一部分也会与其他部分有差异。同一种产品可能会采用不同的作业方法或工艺技术来加工，同一种作业方法的某些动作也会不同。包括温度、湿度、气压、振动等在内的作业环境随时在发生变化。测量器具本身也有精度上的变化。

正是因为这6个方面中的每一个都存在差异，所以产品质量必然会有变异，流水线上不可能生产出完全相同的两件产品。为了把质量变异控制在可接受的范围以内，这6个方面的原因可以分为偶然性原因和必然性原因两大类。

偶然性原因又称随机原因或不可避免的原因。偶然性原因经常存在，造成产品质量的变异比较小，比如操作人员技术上的微小变化、机器设备的微小振动、原辅材料性质的微小差异、环境温度的微小变化等。这类原因的出现带有随机性，一般不易识别，且难以消除，即使能够消除，往往在经济上也是不合算的。

必然性原因又称系统性原因或异常原因。必然性原因往往突然发生，造成产品质量的变异较大。例如，操作人员未按操作规程作业、机器设备严重损坏、原辅材料混有其他杂质、作业环境突变等。这类原因的出现有一定的规律性，容易识别和查找，且易于采取措施予以消除。

值得指出的是，随着人们质量意识的提高和科技水平的提高，一些原来被视为偶然性的原因会被当作必然性原因来对待。

把造成质量变异的原因划分为偶然性原因和必然性原因两大类具有重要的管理意义。在质量管理实践中，应把有限的人力、物力和财力放在必然性原因上。如果生产过程中造成质量变异的原因全部属于偶然性原因，那么生产过程就处于统计控制的稳定状态。在这种情况下，已经生产出来的和正在生产的产品质量变异在可接受的范围内；反之，如果生产过程中有必然性原因在起作用，那么生产过程就脱离了统计控制状态，应及时识别和查找原因，采取有效措施消除这些必然性原因，使生产过程重新回到统计控制的稳定状态。

5.1.2 质量数据及其采集

数据是开展质量管理活动的基础资料，没有数据，质量管理就成了无源之水、无本之木。质量水平通过数据来体现，质量变异需要用数据来描述。

根据质量数据特性的不同，可将它分为两大类：计量特征数据和计数特征数据。计量特征数据可以连续取值，比如重量、长度、体积、温度、湿度、密度、压力等。计数特征数据不能连续取值，比如不合格产品数、缺陷数等。

1. 总体与样本

（1）总体。所研究质量对象的全体称为总体。一个工序或某段时间内生产的同类产品的全部构成总体。组成总体的基本单位，称为个体。总体中每个产品是一个个体。

总体可以是有限的，也可以是无限的。一个批次奶粉某种有害成分的含量是有限的，而某一汽车车身任意部位涂漆的厚度则是无限的。在一个有限总体所包含的个体相当多的情况下，可以把它作为无限总体来处理。例如，可以把一条饮料灌装线上生产的饮料作为无限总体来处理。

（2）样本。样本又称子样，是从总体中抽取出来的一部分个体所组成的集合。样本中每个个体称为样品，样本中所包含样品数目称为样本容量或样本大小，常用 n 表示。

2. 数据抽样方法

无论总体所包含的个体是无限的还是有限的，测量全体数据在很多情况下是不可能的或不现实的，比如使用化学药剂进行测试或破坏性实验就不可能进行百分之百的检验。为此常采用随机抽样方法采集数据，得到样本质量特性值，以此来推断总体质量水平。下面介绍数据抽样的3种方法，即随机抽样、分层抽样和系统抽样。

（1）随机抽样。随机抽样也称为简单随机抽样或完全随机抽样，就是从总体中不加任何分组、分类、排队等，完全随机抽取，使总体中每个个体都有被抽取的同等机会。随机抽样不是"随意抽样"。为保证所抽取样本的随机性，可采用抽签法、随机数骰子法、查随机数表法或计算机生成随机数法。

随机抽样适用于对总体信息掌握较少，总体中各个个体之间差异较小，总体、样本容量较小等场合。

（2）分层抽样。分层抽样是指从一个可以分成不同层次的总体中，按规定的比例从不同层次中抽取个体的方法。例如，在测量分析患者体温时，应按照早上和晚上两个层次进行抽样，因为早上的体温是就餐和服药之前的结果，晚上的体温则是就餐和服药之后的结果。

在比较不同操作人员、机器设备、原辅材料、工艺方法、作业环境等对质量所造成的影响时，经常采用分层抽样方法。

（3）系统抽样。系统抽样就是按照一定时间间隔（如每隔15min）或一定的次序（如每隔10个产品）抽取一个样本。

系统抽样适用于流水生产线工序质量控制。如果对生产过程有很好的把握，时间间隔和次序确定得当，可以通过系统抽样来确定生产系统中是否存在周期性波动。

5.1.3 质量变异的数字特征及其度量

质量变异并非无规律可循，质量数据总是在一定范围内变化，数据的集中性和离散性是表征数据变异最典型的两个数字特征。

1. 数据的集中性

数据围绕某一中心值而上下波动的趋势称为数据的集中性。通常可用平均数、中位数和众数来度量数据的集中性。

（1）平均数。设有 n 个数据 $x_1, x_2, \cdots, x_n$，则：

$$\bar{x} = \frac{x_1 + x_2 + \cdots + x_n}{n} = \frac{1}{n}\sum_{i=1}^{n} x_i \tag{5-1}$$

称为这 n 个数据的平均数。

如果 n 为总体所含个体数，那么称 $\bar{x}$ 为总体平均数；如果 n 为样本所含样品数，那么称 $\bar{x}$ 为样本平均数。在质量管理中，一般用 μ 表示总体平均数，用 $\bar{x}$ 表示样本平均数。

平均数是一种综合指标，表示这批数据所代表的产品所能达到的平均水平。

（2）中位数。设有 n 个数据 $x_1, x_2, \cdots, x_n$，把这些数据按升序或降序排列，就形成了一个

新的数据序列 $x_{(1)}, x_{(2)}, \cdots, x_{(n)}$。如果 n 为奇数，中间的数即为中位数，用 $\tilde{x}$ 表示；如果 n 为偶数，中间两个数的平均值即为中位数，仍用 $\tilde{x}$ 表示。

用中位数表示数据的集中性比较粗略，但计算比较简单。当对数据的集中性进行粗略性估计时，常用到中位数。

（3）众数。在一批数据中，出现频次最高的数值即为这批数据的众数。

2. 数据的离散性

设有一组数据：4，6，10，15，20，其平均数为 11，中位数为 10，最小值为 4，最大值为 20，变异范围为 16。

另有一组数据：2，5，10，16，22，其平均数仍为 11，中位数仍为 10，但最小值为 2，最大值为 22，变异范围为 20。

因此，只用平均数或其他集中性指标并不能完整地表达数据的特征，还应有表征数据离散性的特征量。在质量管理中，离散性是另外一种综合指标，表示了这批数据所代表产品的相对分散程度。表征数据离散程度最常用的特征量有标准差和极差。

（1）标准差。标准差是方差的正平方根，用 σ 表示。方差也称均方差，反映一组数据的平均离散水平，用 σ^2 表示。其计算公式为

$$\sigma^2 = \frac{\sum_{i=1}^{n}(x_i - \bar{x})^2}{n} \tag{5-2}$$

一般情况下，总体均值 μ 未知，通常用样本均值 $\bar{x}$ 估计。根据统计推断的参数估计原理，用样本容量 n 来计算标准差，对 σ^2 的估计偏小，为满足对无偏估计的要求，需用 $n-1$ 来代替 n。标准差的计算公式为

$$\sigma = \sqrt{\frac{(x_1-\bar{x})^2+(x_2-\bar{x})^2+\cdots+(x_n-\bar{x})^2}{n-1}} = \sqrt{\frac{\sum_{i=1}^{n}(x_i-\bar{x})^2}{n-1}} \tag{5-3}$$

从式（5-2）和式（5-3）可以看出，方差和标准差是以平均数为基准，每个数据与平均数相比的偏差程度，这两个指标比较全面地反映了一批数据的离散程度。

（2）极差。极差是指一批数据中最大值与最小值之差，通常用 R 表示。极差反映了一批数据的变动范围。由于极差只考虑了一组数据中的最大者与最小者，所以它反映数据离散程度的能力有限。一般当数据个数较少时，用 R 来表示数据的离散程度。

除标准差和极差外，有时还会用到移动极差的概念，即一个测量值与紧临其后的测量值之差的绝对值，通常用 R_s 表示。

5.2 质量控制图

5.2.1 正态分布及其统计特性

1. 正态分布及其性质

（1）正态分布及其数学描述。正态分布是最常见的一种连续型分布。如零件的尺寸（长

度、宽度或厚度等）、计量器具的测量误差、人的身高或体重、学生的考试分数等均服从正态分布。

正态分布的概率密度函数为

$$f(x) = \frac{1}{\sqrt{2\pi}\sigma} e^{-\frac{(x-\mu)^2}{2\sigma^2}}, \quad -\infty < x < +\infty \tag{5-4}$$

其中，μ、$\sigma(\sigma > 0)$ 为常数，称随机变量 x 服从参数为 μ、σ 的正态分布，记为 $x \sim N(\mu, \sigma^2)$。μ 是正态分布的位置参数，反映了总体的平均水平，σ 是正态分布的形状参数，反映了总体的离散程度。μ 相同而 σ 不同，则正态分布位置相同而形状不同，σ 越大，曲线越低矮，σ 越小，曲线越瘦长；σ 相同而 μ 不同，则正态分布的形状完全相同，只是位置不同。

正态分布 $N(\mu, \sigma^2)$ 的概率密度曲线如图 5-1 所示。图 5-2 描述了 μ 相同而 σ 不同的正态分布。图 5-3 则描述了 σ 相同而 μ 不同的正态分布。

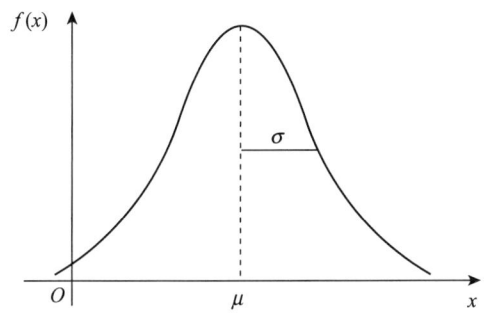

图 5-1　正态分布 $N(\mu, \sigma^2)$ 概率密度曲线

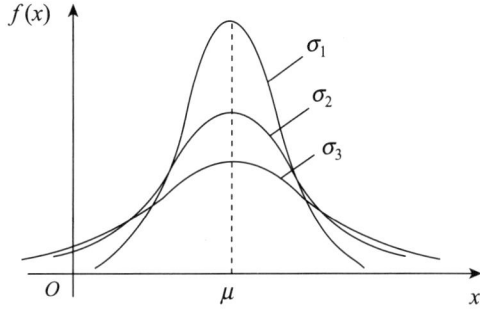

图 5-2　μ 相同而 σ 不同的正态分布

特别地，当 $\mu=0$、$\sigma=1$ 时，称 x 服从标准正态分布，记为 $x \sim N(0, 1)$。此时，式（5-4）有更简单的形式：

$$f(x) = \frac{1}{\sqrt{2\pi}} e^{-\frac{x^2}{2}}, \quad -\infty < x < +\infty \tag{5-5}$$

标准正态分布如图 5-4 所示。

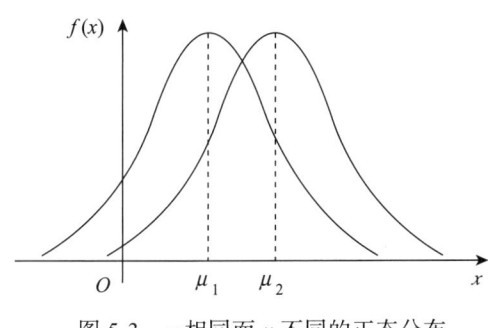

图 5-3　σ 相同而 μ 不同的正态分布

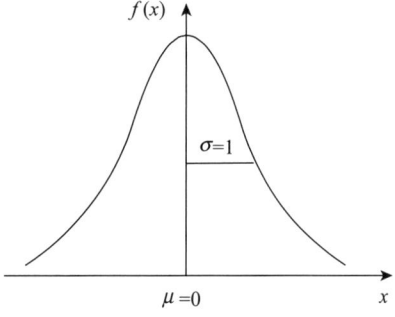

图 5-4　标准正态分布

（2）正态分布函数。根据式（5-4），可得到正态分布的分布函数：

$$f(x) = \frac{1}{\sqrt{2\pi}\sigma} \int_{-\infty}^{x} e^{-\frac{(t-\mu)^2}{2\sigma^2}} dt \tag{5-6}$$

表 5-1 标准正态分布累积概率 $\left(\Phi(z)=\int_{-\infty}^{z}\frac{1}{\sqrt{2\pi}}\mathrm{e}^{-\frac{u^2}{2}}\mathrm{d}u\right)$

z	0.00	0.01	0.02	0.03	0.04	0.05	0.06	0.07	0.08	0.09
+0.0	0.500 00	0.504 00	0.508 00	0.512 00	0.516 00	0.519 90	0.523 90	0.527 90	0.531 90	0.535 90
+0.1	0.539 80	0.543 80	0.547 80	0.551 70	0.555 70	0.559 60	0.563 60	0.567 50	0.571 40	0.575 30
+0.2	0.579 30	0.583 20	0.587 10	0.591 00	0.594 80	0.598 70	0.602 60	0.606 40	0.610 30	0.614 10
+0.3	0.617 90	0.621 70	0.625 50	0.629 30	0.633 10	0.636 80	0.640 60	0.644 30	0.648 00	0.651 70
+0.4	0.655 40	0.659 10	0.662 80	0.666 40	0.670 00	0.673 60	0.677 20	0.680 80	0.684 40	0.687 90
+0.5	0.691 50	0.695 00	0.698 50	0.701 90	0.705 40	0.708 80	0.712 30	0.715 70	0.719 00	0.722 40
+0.6	0.725 70	0.729 10	0.732 40	0.735 70	0.738 90	0.742 20	0.745 40	0.748 60	0.751 70	0.754 90
+0.7	0.758 00	0.761 10	0.764 20	0.767 30	0.770 40	0.773 40	0.776 40	0.779 40	0.782 30	0.785 20
+0.8	0.788 10	0.791 00	0.793 90	0.796 70	0.799 50	0.802 30	0.805 10	0.807 70	0.810 60	0.813 30
+0.9	0.815 90	0.818 60	0.821 20	0.823 80	0.826 40	0.828 90	0.831 50	0.834 00	0.836 50	0.838 90
+1.0	0.841 30	0.843 80	0.846 10	0.848 50	0.850 80	0.853 10	0.855 40	0.857 70	0.859 90	0.862 10
+1.1	0.864 30	0.866 50	0.868 60	0.870 80	0.872 90	0.874 90	0.877 00	0.879 00	0.881 00	0.883 00
+1.2	0.884 90	0.886 90	0.888 80	0.890 70	0.892 50	0.894 40	0.896 20	0.898 00	0.899 70	0.901 50
+1.3	0.903 20	0.904 90	0.906 60	0.908 20	0.909 90	0.911 50	0.913 10	0.914 70	0.916 20	0.917 70
+1.4	0.919 20	0.920 70	0.922 20	0.923 60	0.925 10	0.926 50	0.927 90	0.929 20	0.930 60	0.931 90
+1.5	0.933 20	0.934 50	0.935 70	0.937 00	0.938 20	0.939 40	0.940 60	0.941 80	0.942 90	0.944 10
+1.6	0.945 20	0.946 30	0.947 40	0.948 40	0.949 50	0.950 50	0.951 50	0.952 50	0.953 50	0.954 50
+1.7	0.955 40	0.956 40	0.957 30	0.958 20	0.959 10	0.959 90	0.960 80	0.961 60	0.962 50	0.963 30
+1.8	0.964 10	0.964 90	0.965 60	0.966 40	0.967 10	0.967 80	0.968 60	0.969 30	0.969 90	0.970 60
+1.9	0.971 30	0.971 90	0.972 60	0.973 20	0.973 80	0.974 40	0.975 00	0.975 60	0.976 10	0.976 70
+2.0	0.977 30	0.977 80	0.978 30	0.978 80	0.979 30	0.979 80	0.980 30	0.980 80	0.981 20	0.981 70
+2.1	0.982 10	0.982 60	0.983 00	0.983 40	0.983 80	0.984 20	0.984 60	0.985 00	0.985 40	0.985 70
+2.2	0.986 10	0.986 60	0.986 80	0.987 10	0.987 50	0.987 80	0.988 10	0.988 40	0.988 70	0.989 00
+2.3	0.989 30	0.989 60	0.989 80	0.990 10	0.990 40	0.990 60	0.990 90	0.991 10	0.991 30	0.991 60
+2.4	0.991 80	0.992 00	0.992 20	0.992 50	0.992 70	0.992 90	0.993 10	0.993 20	0.993 40	0.993 60
+2.5	0.993 80	0.994 00	0.994 10	0.994 30	0.994 50	0.994 60	0.994 80	0.994 90	0.995 10	0.995 20
+2.6	0.995 30	0.995 50	0.995 60	0.995 70	0.995 90	0.996 00	0.996 10	0.996 20	0.996 30	0.996 40
+2.7	0.996 50	0.996 60	0.996 70	0.996 80	0.996 90	0.997 00	0.997 10	0.997 20	0.997 30	0.997 40
+2.8	0.997 40	0.997 50	0.997 60	0.997 70	0.997 70	0.997 80	0.997 90	0.997 90	0.998 00	0.998 10
+2.9	0.998 10	0.998 20	0.998 30	0.998 30	0.998 40	0.998 40	0.998 50	0.998 50	0.998 60	0.998 60
+3.0	0.998 65	0.998 69	0.998 74	0.998 78	0.998 82	0.998 86	0.998 89	0.998 93	0.998 96	0.999 00
+3.1	0.999 03	0.999 06	0.999 09	0.999 13	0.999 15	0.999 18	0.999 21	0.999 24	0.999 26	0.999 29
+3.2	0.999 31	0.999 34	0.999 36	0.999 38	0.999 40	0.999 42	0.999 44	0.999 46	0.999 48	0.999 50
+3.3	0.999 52	0.999 53	0.999 55	0.999 57	0.999 58	0.999 60	0.999 61	0.999 62	0.999 64	0.999 65
+3.4	0.999 66	0.999 67	0.999 69	0.999 70	0.999 71	0.999 72	0.999 73	0.999 74	0.999 75	0.999 76
+3.5	0.999 77	0.999 78	0.999 78	0.999 79	0.999 80	0.999 81	0.999 81	0.999 82	0.999 83	0.999 83

z	0.09	0.08	0.07	0.06	0.05	0.04	0.03	0.02	0.01	0.00
−3.5	0.000 17	0.000 17	0.000 18	0.000 19	0.000 19	0.000 20	0.000 21	0.000 22	0.000 22	0.000 23
−3.4	0.000 24	0.000 25	0.000 26	0.000 27	0.000 28	0.000 29	0.000 30	0.000 31	0.000 33	0.000 34
−3.3	0.000 35	0.000 36	0.000 38	0.000 39	0.000 40	0.000 42	0.000 43	0.000 45	0.000 47	0.000 48
−3.2	0.000 50	0.000 52	0.000 54	0.000 56	0.000 58	0.000 60	0.000 62	0.000 64	0.000 66	0.000 69
−3.1	0.000 71	0.000 74	0.000 76	0.000 79	0.000 82	0.000 85	0.000 87	0.000 90	0.000 94	0.000 97
−3.0	0.001 00	0.001 04	0.001 07	0.001 11	0.001 14	0.001 18	0.001 22	0.001 26	0.001 31	0.001 35
−2.9	0.001 40	0.001 44	0.001 50	0.001 50	0.001 60	0.001 60	0.001 70	0.001 80	0.001 80	0.001 90
−2.8	0.001 90	0.002 00	0.002 10	0.002 20	0.002 20	0.002 30	0.002 30	0.002 40	0.002 50	0.002 60
−2.7	0.002 60	0.002 70	0.002 80	0.002 90	0.003 00	0.003 10	0.003 20	0.003 30	0.003 40	0.003 50
−2.6	0.003 60	0.003 70	0.003 80	0.003 90	0.004 00	0.004 10	0.004 30	0.004 40	0.004 50	0.004 70
−2.5	0.004 80	0.004 90	0.005 10	0.005 20	0.005 40	0.005 50	0.005 70	0.005 90	0.006 00	0.006 20
−2.4	0.006 40	0.006 60	0.006 80	0.006 90	0.007 10	0.007 30	0.007 50	0.007 80	0.008 00	0.008 20
−2.3	0.008 40	0.008 70	0.008 90	0.009 10	0.009 40	0.009 60	0.009 90	0.010 20	0.010 40	0.010 70
−2.2	0.011 00	0.011 30	0.011 60	0.011 90	0.012 20	0.012 50	0.012 90	0.013 20	0.013 60	0.013 90
−2.1	0.014 30	0.014 60	0.015 00	0.015 40	0.015 80	0.016 20	0.016 60	0.017 00	0.017 40	0.017 90
−2.0	0.018 30	0.018 80	0.019 20	0.019 70	0.020 20	0.020 70	0.021 20	0.021 70	0.022 20	0.022 80
−1.9	0.023 30	0.023 90	0.024 40	0.025 00	0.025 60	0.026 20	0.026 80	0.027 40	0.028 10	0.028 70
−1.8	0.029 40	0.030 10	0.030 70	0.031 40	0.032 20	0.032 90	0.033 60	0.034 40	0.035 10	0.035 90
−1.7	0.036 70	0.037 50	0.038 40	0.039 20	0.040 10	0.040 90	0.041 80	0.042 70	0.043 60	0.044 60
−1.6	0.045 50	0.046 50	0.047 50	0.048 50	0.049 50	0.050 50	0.051 60	0.052 60	0.053 70	0.054 80
−1.5	0.055 90	0.057 10	0.058 20	0.059 40	0.060 60	0.061 80	0.063 00	0.064 30	0.065 50	0.066 80
−1.4	0.068 10	0.069 40	0.070 80	0.072 10	0.073 50	0.074 90	0.076 40	0.077 80	0.079 30	0.080 80
−1.3	0.082 30	0.083 80	0.085 30	0.086 90	0.088 50	0.090 10	0.091 80	0.093 40	0.095 10	0.096 80
−1.2	0.098 50	0.100 30	0.102 00	0.103 80	0.105 70	0.107 50	0.109 30	0.111 20	0.113 10	0.115 10
−1.1	0.117 00	0.119 00	0.121 00	0.123 00	0.125 10	0.127 10	0.129 20	0.131 40	0.133 50	0.135 70
−1.0	0.137 90	0.140 10	0.142 30	0.144 60	0.146 90	0.149 20	0.151 50	0.153 90	0.156 20	0.158 70
−0.9	0.161 10	0.163 50	0.166 00	0.168 50	0.171 10	0.173 60	0.176 20	0.178 80	0.181 40	0.184 10
−0.8	0.186 70	0.189 40	0.192 20	0.194 90	0.197 70	0.200 50	0.203 30	0.206 10	0.209 00	0.211 90
−0.7	0.214 80	0.217 70	0.220 70	0.223 60	0.226 60	0.229 60	0.232 70	0.235 80	0.238 90	0.242 00
−0.6	0.245 10	0.248 30	0.251 40	0.254 60	0.257 80	0.261 10	0.264 30	0.267 60	0.270 90	0.274 30
−0.5	0.277 60	0.281 00	0.284 30	0.287 70	0.291 20	0.294 60	0.298 10	0.301 50	0.305 00	0.308 50
−0.4	0.312 10	0.315 60	0.319 20	0.322 70	0.326 40	0.330 00	0.333 60	0.337 20	0.340 90	0.344 60
−0.3	0.348 30	0.352 00	0.355 70	0.359 40	0.363 20	0.366 90	0.370 70	0.374 50	0.378 30	0.382 10
−0.2	0.385 90	0.389 70	0.393 60	0.397 40	0.401 30	0.405 20	0.409 00	0.412 90	0.416 80	0.420 70
−0.1	0.424 70	0.428 60	0.432 50	0.436 40	0.440 40	0.444 30	0.448 30	0.452 20	0.456 20	0.460 20
−0.0	0.464 10	0.468 10	0.472 10	0.476 10	0.480 10	0.484 00	0.488 00	0.492 00	0.496 00	0.500 00

正态分布函数的曲线如图 5-5 所示。根据积分的含义，分布函数与图 5-6 中阴影部分面积相对应。

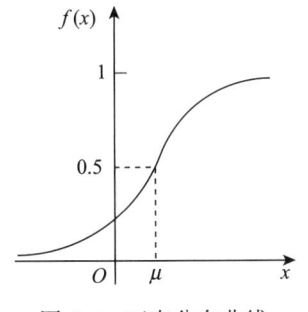

图 5-5　正态分布曲线　　　　　　图 5-6　正态分布阴影部分面积

对于标准正态分布，人们已经编制了分布函数表，可供查用，参见表 5-1 标准正态分布累积概率。对任意 $x \geq 0$，对应的分布函数值为

$$\Phi(x) = P(X \leq x) \tag{5-7}$$

$$P(a \leq x \leq b) = \Phi(b) - \Phi(a) \tag{5-8}$$

特别地，有：

$$P(-1 < x < 1) = \Phi(1) - \Phi(-1) = 2\Phi(1) - 1 = 0.6827$$
$$P(-2 < x < 2) = \Phi(2) - \Phi(-2) = 2\Phi(2) - 1 = 0.9545$$
$$P(-3 < x < 3) = \Phi(3) - \Phi(-3) = 2\Phi(3) - 1 = 0.9973$$
$$P(-4 < x < 4) = \Phi(4) - \Phi(-4) = 2\Phi(4) - 1 = 0.99994$$

对于一般的正态分布 $N(\mu, \sigma^2)$，令 $Z = \dfrac{x-\mu}{\sigma}$，并将 Z 代入正态分布概率密度函数中，就可转换为标准正态分布。

表 5-2 给出的是 5 个典型界限的正态分布概率。

表 5-2　5 个典型界限的正态分布概率

界限	界限内的概率	界限	界限内的概率
$\mu \pm 1.00\sigma$	0.6827	$\mu \pm 3.00\sigma$	0.9973
$\mu \pm 1.96\sigma$	0.9500	$\mu \pm 4.00\sigma$	0.9999
$\mu \pm 2.00\sigma$	0.9545		

表 5-2 说明了当质量特征值服从正态分布 $N(\mu, \sigma^2)$ 时，其特性值落在不同界限之内的概率。据此，可计算质量特性值落在不同界限之外的概率。例如，当生产过程中仅有偶然性原因存在时，质量特性值有 5% 落在 $\mu \pm 1.96\sigma$ 界限之外，有 0.27% 落在 $\mu \pm 3.00\sigma$ 界限之外，只有 0.01% 落在 $\mu \pm 4.00\sigma$ 界限之外。

（3）正态分布的性质。正态分布不仅是最常见的一种连续型分布，而且具有以下几个良好的性质。

1）正态分布概率密度函数在 $x = \mu$ 时取得最大值。最大值为

$$f(\mu) = \frac{1}{\sqrt{2\pi}\sigma}$$

2）正态分布概率密度函数在 $x=\mu\pm\sigma$ 处有拐点。

3）正态分布概率密度曲线以横轴为渐近线。

4）正态分布曲线与横坐标所围总面积为1。其质量管理含义是：所生产的产品要么是合格产品，要么是不合格产品，出现合格产品的概率越大，出现不合格产品的概率越小。

5）正态分布曲线关于 $x=\mu$ 对称。因此，对任意的 $h>0$，有：

$$f(\mu-h)=1-f(\mu+h) \tag{5-9}$$

其质量管理含义是：对有对称的双向质量要求的指标，产品质量指标超出两个界限的概率是相等的。

2. 总体分布与样本分布

在实际质量控制过程中，经常采用抽样方法分析过程质量水平。根据统计推断的参数估计原理，样本平均值 $\bar{x}$ 和极差 R 具有以下性质。

1）样本平均值 $\bar{x}$ 的数学期望就是总体的均值 μ，即

$$\bar{x}=\mu \tag{5-10}$$

2）样本平均值 $\bar{x}$ 的标准差 $\sigma_{\bar{x}}$ 随样本容量 n 而变化，n 越大，$\sigma_{\bar{x}}$ 越小，即

$$\sigma_{\bar{x}}=\frac{\sigma}{\sqrt{n}} \tag{5-11}$$

3）样本极差的均值与总体标准差存在如下的比例关系

$$\bar{R}=d_2\sigma \tag{5-12}$$

4）样本极差的标准差与总体标准差存在如下的比例关系

$$\sigma_R=d_3\sigma \tag{5-13}$$

5）样本中位数与总体标准差存在如下的比例关系

$$\bar{R}_s=\frac{m_3}{\sqrt{n}}\sigma \tag{5-14}$$

式（5-12）～式（5-14）中的 d_2，d_3，m_3 是只与样本容量 n 有关的系数，如表5-3所示。表中还列出了其他系数，这些系数可用于计算质量控制图的控制界限。

表5-3 参数估计系数表

n	系数								
	A_2	A_3	d_2	d_3	D_2	D_3	D_4	m_3	E_2
2	1.880	2.659	1.128	0.853	3.686	0.000	3.267	1.000	2.660
3	1.023	1.954	1.693	0.888	4.358	0.000	2.574	1.160	1.772
4	0.729	1.628	2.059	0.880	4.698	0.000	2.282	1.092	1.457
5	0.577	1.427	2.326	0.864	4.918	0.000	2.114	1.198	1.290
6	0.483	1.287	2.534	0.848	5.078	0.000	2.004	1.135	1.184
7	0.419	1.182	2.704	0.833	5.204	0.076	1.924	1.214	1.109
8	0.373	1.099	2.847	0.820	5.306	0.136	1.864	1.160	1.054
9	0.337	1.032	2.970	0.808	5.393	0.184	1.816	1.223	1.010
10	0.308	0.975	3.078	0.797	5.469	0.223	1.777	1.176	0.975

5.2.2 质量控制图与 3σ 控制界限

1. 质量控制图的概念

早在 1924 年,美国的休哈特首先提出用控制图进行生产过程控制,以达到稳定工序能力、实现质量的预测性控制。质量控制图是按时间顺序描点做出的有关产品质量的样本统计量图形。在图上有中心线及上下两条控制界限,分别记为 CL、UCL 和 LCL。中心线是产品质量特性的分布中心,即均值,上下控制界限是允许产品的质量特性值在此间变动的范围,如果要求产品的合格率为 99.7%,那么就可以选择平均数加减 3σ 作为上下控制界限。图 5-7 是质量控制图的一个示例。

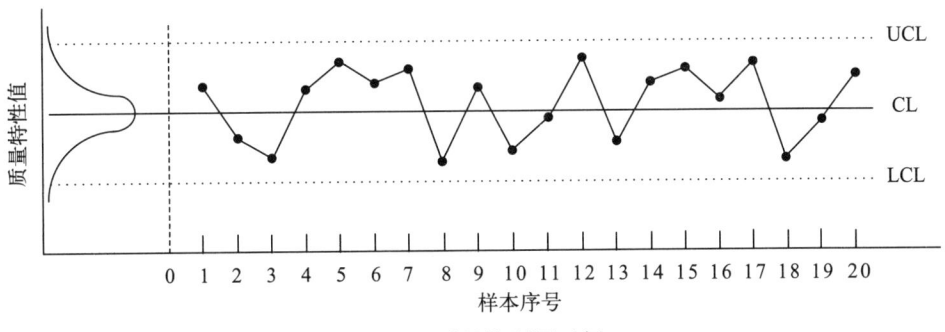

图 5-7 质量控制图示例

质量控制图是统计过程控制的有力工具。如果生产过程处于受控状态,即引起质量变异的原因只有偶然性原因,那么质量控制图中的样本点就呈现完全随机性分布;相反,如果引起质量变异的原因除了偶然性原因,还有必然性原因,那么质量控制图中样本点的分布就破坏了随机性,即分布存在缺陷。因此,可用控制图对生产过程进行动态监控,当出现必然性原因时及时发出报警,从而对生产过程进行有效控制。

2. 质量控制图的分类

(1)按控制对象的数据特性。按所控制的质量数据特性可把质量控制图分为计量特性值控制图和计数特性值控制图两大类。

计量特性值控制图的管理和控制对象为长度、重量、时间、强度、成分及收缩率等连续量。计量特性值控制图又分为均值-极差($\bar{x}-R$)控制图、中位数-极差($\tilde{x}-R$)控制图和单值-移动极差($x-R_s$)控制图等。因为计量特性值控制图基于正态分布,而正态分布取决于 μ 和 σ 两个参数,所以在应用计量特性值控制图时,要同时制作一对控制图。其中一张用于控制平均值,另一张用于控制离散程度。

计数特性值控制图主要以不合格产品数、不合格产品率、缺陷数等质量特性来控制产品质量。计数特性值控制图分为计件值和计点值两类控制图,而计件特性值控制图又分为不合格产品率(p)控制图和不合格产品数(np)控制图。计点值控制图又分为缺陷数(c)控制图和单位缺陷数(u)控制图。与计量特性值控制图不同,计数特性值控制图基于只有一个独立参数的分布,这个参数为平均值。p 控制图和 np 控制图基于二项分布,c 控制图和 u 控制图基于泊松分布。因此，在应用计数特性值控制图时，只需要一张控制图就足够了。

表 5-4 汇总了常用的控制图。

表 5-4　常用控制图

数据特性		分布	控制图	简记
计量特性值		正态分布	均值 - 极差控制图	$\bar{x} - R$ 控制图
			中位数 - 极差控制图	$\tilde{x} - R$ 控制图
			单值 - 移动极差控制图	$x - R_s$ 控制图
计数特性值	计件值	二项分布	不合格产品率控制图	p 控制图
			不合格产品数控制图	np 控制图
	计点值	泊松分布	缺陷数控制图	c 控制图
			单位缺陷数控制图	u 控制图

（2）按用途。按照控制图的用途，可将控制图分为分析用控制图与控制用控制图两大类。分析用控制图主要用于对形成质量的过程进行分析，判断它是否达到受控状态或者测评改进的效果。当过程失控时，需要结合其他质量管理工具找到产生质量问题的原因，并确认主要原因，针对主要原因采取措施实现过程改进，并对改进效果进行测评，直至确认过程受控且能力达到预期要求。根据过程受控且能力达到预期要求的过程所绘制的控制图即为控制用控制图。这时，把控制图作为一个理解状态所呈现的样本分布，以此为参考，对后续过程实施日常监控。

3. 两类错误与 3σ 控制界限

应用控制图判断生产过程是否处于受控状态，实际上是进行统计推断。既然是统计推断，就可能出现错误。其中，一类是将正常误判为异常，另一类是将异常误判为正常。

（1）第一类错误。第一类错误就是生产过程处于统计控制状态却虚发警报，而将生产过程误判为出现了异常。以 $\mu \pm 3\sigma$ 控制界限为例，因为有 0.27% 的质量特性值落在 $\mu \pm 3\sigma$ 界限之外，所以，即使生产过程处于受控状态，仍然有 0.27% 的可能性把这一生产过程误判为异常。通常犯第一类错误的概率被称为生产者风险或第Ⅰ类风险，记为 α，如图 5-8 所示。

（2）第二类错误。第二类错误就是生产过程处于异常状态却没有发出警报，而将生产过程误判为处于统计过程控制状态。通常犯第二类错误的概率被称为消费者风险或第Ⅱ类风险，记为 β。在图 5-8 中，假设分布中心由 μ 变化到 μ_1，生产过程确实处于异常情况，但是仍有一定比例的质量特性值落在控制界限之内，由此做出生产过程处于正常的判断，就犯了第二类错误，此时，β 为图中阴影部分的面积。

为了减少第一类错误，就应把控制界限变大，比如从 $\mu \pm 3\sigma$ 扩大到 $\mu \pm 4\sigma$。因为：

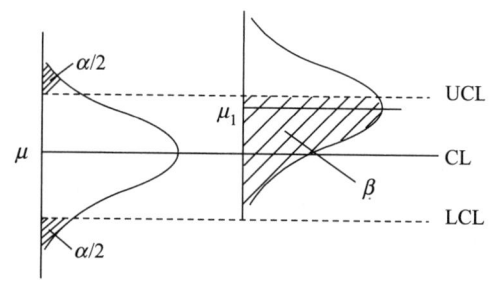

图 5-8　控制图的两类错误

$$P(|x-\mu|>3\sigma)=0.002\,7$$
$$P(|x-\mu|>4\sigma)=0.000\,1$$

所以，α 从 0.002 7 降低到 0.000 1。

当控制界限扩大后，犯第二类错误的可能性却增大了。

一般地，当样本容量确定后，α 越大，β 越小，反之亦然。因此，控制图控制界限的确定应以两类错误所造成的总损失最小为原则。实践证明，当控制界限为 $\mu \pm 3\sigma$ 时，两类错误总损失最小。此即控制界限的 3σ 原理。

5.2.3 计量特性值控制图

1. $\bar{x}$-R 控制图

（1）$\bar{x}$ 控制图。$\bar{x}$ 控制图用于监控生产过程中心的变动趋势。下面给出其中心线和控制界限的计算公式。

1）中心线。

$$\mathrm{CL}_{\bar{x}} = \bar{\bar{x}} = \frac{\sum_{i=1}^{k} \bar{x}_i}{k} \tag{5-15}$$

其中，$\bar{x}_i$ 为各样本的平均值（$i=1,2,\cdots,k$）；k 为样本个数。

2）控制上限。

$$\mathrm{UCL}_{\bar{x}} = \bar{\bar{x}} + 3\sigma_{\bar{x}} = \bar{\bar{x}} + 3\frac{\sigma}{\sqrt{n}} = \bar{\bar{x}} + 3\frac{\frac{\bar{R}}{d_2}}{\sqrt{n}} = \bar{\bar{x}} + \frac{3}{d_2\sqrt{n}}\bar{R}$$
$$= \bar{\bar{x}} + A_2\bar{R} \tag{5-16}$$

其中，A_2 为控制界限参数，可根据样本容量 n 查表 5-3 得到；$\bar{R}$ 为样本极差的平均值。

3）控制下限。

$$\mathrm{LCL}_{\bar{x}} = \bar{\bar{x}} - 3\sigma_{\bar{x}} = \bar{\bar{x}} - A_2\bar{R} \tag{5-17}$$

式中各种符号的含义同式（5-16）中相应符号的含义。

（2）R 控制图。R 控制图用于检查生产过程的离散程度。下面给出其控制界限的计算公式。

1）中心线。

$$\mathrm{CL}_R = \bar{R} = \frac{\sum_{i=1}^{k} R_i}{k} \tag{5-18}$$

其中，R_i 为样本极差（$i=1,2,\cdots,k$）；k 为样本个数。

2）控制上限。

$$\mathrm{UCL}_R = \bar{R} + 3\sigma_R = \bar{R} + 3d_3\sigma = \bar{R} + 3d_3\frac{\bar{R}}{d_2} = \left(1 + 3\frac{d_3}{d_2}\right)\bar{R} = D_4\bar{R} \tag{5-19}$$

其中，D_4 为控制界限参数，可根据样本容量 n 查表 5-3 得到；$\bar{R}$ 为样本极差的平均值。

3）控制下限。

$$\text{LCL}_R = \overline{R} - 3\sigma_R = \left(1 - 3\frac{d_3}{d_2}\right)\overline{R} = D_3\overline{R} \tag{5-20}$$

其中，D_3 为控制界限参数，可根据样本容量 n 查表 5-3 得到。

2. $\tilde{x}$-R 控制图

（1）$\tilde{x}$ 控制图。$\tilde{x}$ 控制图用于监控生产过程中心的变动趋势。下面给出其中心线和控制界限的计算公式。

1）中心线。

$$\text{CL}_{\tilde{x}} = \bar{\tilde{x}} = \frac{\sum_{i=1}^{k}\tilde{x}_i}{k} \tag{5-21}$$

2）控制上限。

$$\text{UCL}_{\tilde{x}} = \bar{\tilde{x}} + 3\sigma_{\tilde{x}} = \bar{\tilde{x}} + 3\frac{m_3}{\sqrt{n}}\sigma = \bar{\tilde{x}} + 3\frac{m_3}{\sqrt{n}}\frac{\overline{R}}{d_2} = \bar{\tilde{x}} + m_3\frac{3}{d_2\sqrt{n}}\overline{R} = \bar{\tilde{x}} + m_3 A_2 \overline{R} \tag{5-22}$$

3）控制下限。

$$\text{LCL}_{\tilde{x}} = \bar{\tilde{x}} - 3\sigma_{\tilde{x}} = \bar{\tilde{x}} - 3\frac{m_3}{\sqrt{n}}\sigma = \bar{\tilde{x}} - m_3 A_2 \overline{R} \tag{5-23}$$

其中，m_3，A_2 为控制界限参数，可根据样本容量 n 查表 5-3 得到。

（2）R 控制图。R 控制图的中心线、控制上限和控制下限与 $\bar{x}$-R 控制图中的 R 控制图的 3 个控制界限相同。

例 5-1 已知某零件内径要求为 $80\text{mm} \pm 0.5\text{mm}$，每隔 1h 抽取 4 件，共 20 个样本，测得数据列于表 5-5 中。

表 5-5 某零件内径观测数据

样本序号	测定值				平均值 $\bar{x}$	中位数 $\tilde{x}$	极差 R
	x_1	x_2	x_3	x_4			
1	79.9	80.1	79.2	79.9	79.78	79.90	0.9
2	80.4	80.1	79.9	80.6	80.25	80.25	0.7
3	80.4	80.2	80.0	80.4	80.25	80.30	0.4
4	80.0	80.5	80.1	80.0	80.15	80.05	0.5
5	79.8	80.1	79.7	79.8	79.85	79.80	0.4
6	80.1	79.9	79.5	80.1	79.90	80.00	0.6
7	79.6	80.5	79.9	79.6	79.90	79.75	0.9
8	79.5	80.2	79.9	79.5	79.78	79.70	0.7
9	80.0	79.9	80.1	80.0	80.00	80.00	0.2
10	80.2	80.4	80.8	80.2	80.40	80.30	0.6
11	80.2	80.0	80.5	80.2	80.23	80.20	0.5
12	79.6	80.4	80.3	79.6	79.98	79.95	0.8
13	80.0	80.1	80.1	80.0	80.05	80.05	0.1
14	80.4	79.9	80.2	80.4	80.23	80.30	0.5

（续）

样本序号	测定值				平均值 $\bar{x}$	中位数 $\tilde{x}$	极差 R
	x_1	x_2	x_3	x_4			
15	80.3	80.0	80.0	80.3	80.15	80.15	0.3
16	80.0	79.6	80.3	80.0	79.98	80.00	0.7
17	80.6	80.4	80.5	80.7	80.55	80.55	0.3
18	80.1	80.4	80.0	80.1	80.15	80.10	0.4
19	79.9	80.0	80.3	79.9	80.03	79.95	0.4
20	79.7	80.1	80.2	79.6	79.90	79.90	0.6
总计					1 601.51	1 601.20	10.5

试计算 $\bar{x}$ 控制图、$\tilde{x}$ 控制图和 R 控制图的控制界限，并绘制 $\bar{x}$-R 控制图和 $\tilde{x}$-R 控制图。

解：

根据观测数据，计算样本的平均值、中位数与极差，列于表 5-5 中后面三列。因 $n=4$，查表 5-3 可知，$A_2=0.729$，$m_3=1.092$，$D_3=0.000$，$D_4=2.282$。

（1）计算 $\bar{x}$ 控制图的控制界限。把统计数据代入式（5-15）得：

$$\mathrm{CL}_{\bar{x}} = \bar{\bar{x}} = \frac{\sum_{i=1}^{k} \bar{x}_i}{k} = 80.08$$

此即 $\bar{x}$ 控制图的中心线。

把中心线的值和相应参数分别代入式（5-16）和式（5-17）可得 $\bar{x}$ 控制图的控制上限和控制下限，即

$$\mathrm{UCL}_{\bar{x}} = \bar{\bar{x}} + A_2 \bar{R} = 80.08 + 0.729 \times \frac{10.5}{20} = 80.46$$

$$\mathrm{LCL}_{\bar{x}} = \bar{\bar{x}} - A_2 \bar{R} = 80.08 - 0.729 \times \frac{10.5}{20} = 79.70$$

（2）计算 $\tilde{x}$ 控制图的控制界限。把统计数据代入式（5-21）得：

$$\mathrm{CL}_{\tilde{x}} = \bar{\tilde{x}} = \frac{\sum_{i=1}^{k} \tilde{x}_i}{k} = 80.06$$

此即 $\tilde{x}$ 控制图的中心线。

把中心线的值和相应参数分别代入式（5-22）和式（5-23）可得 $\tilde{x}$ 控制图的控制上限和控制下限，即

$$\mathrm{UCL}_{\tilde{x}} = \bar{\tilde{x}} + m_3 A_2 \bar{R} = 80.06 + 1.092 \times 0.729 \times \frac{10.5}{20} = 80.48$$

$$\mathrm{LCL}_{\tilde{x}} = \bar{\tilde{x}} - m_3 A_2 \bar{R} = 80.06 - 1.092 \times 0.729 \times \frac{10.5}{20} = 79.64$$

（3）计算 R 控制图的控制界限。把统计数据代入式（5-18）得：

$$\mathrm{CL}_R = \frac{\sum_{i=1}^{k} R_i}{k} = 0.53$$

此即 R 控制图的中心线。

把中心线的值和相应参数分别代入式（5-19）和式（5-20）可得 R 控制图的控制上限和控制下限，即

$$\text{UCL}_R = D_4 \overline{R} = 2.282 \times 0.53 = 1.21$$
$$\text{LCL}_R = D_3 \overline{R} = 0$$

（4）绘制 $\overline{x}$-R 控制图和 $\tilde{x}$-R 控制图。根据计算出来的控制界限及样本数据绘制 $\overline{x}$-R 控制图，如图 5-9 所示。其中，上面为 $\overline{x}$ 控制图，下面为 R 控制图。

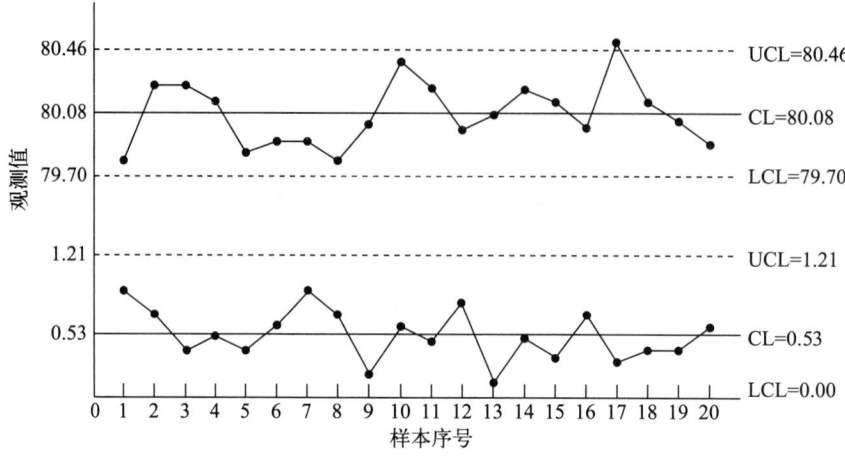

图 5-9　某零件内径 $\overline{x}$-R 控制图

同理，可绘制 $\tilde{x}$-R 控制图，如图 5-10 所示。其中，上面为 $\tilde{x}$ 控制图，下面为 R 控制图。

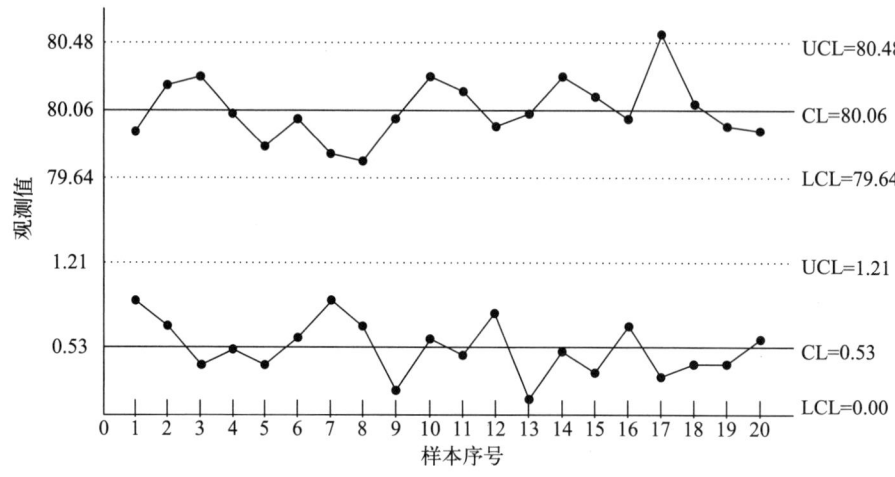

图 5-10　某零件内径 $\tilde{x}$-R 控制图

3. x-R_s 控制图

（1）x 控制图。x 控制图用一个测定值来监控生产过程。x 控制图主要用于下列场合：希望尽快地发现并消除异常原因；从生产过程中只能获得一个测定值；生产过程比较稳定，数据比较均等。由于所利用的数据不是平均值，所以当总体不是正态分布时，统计误差就比较大。

1)中心线。中心线即为各个单值的平均值：

$$CL_x = \bar{x} = \frac{\sum_{i=1}^{k} x_i}{k} \tag{5-24}$$

2）控制上限。由于只有单值，所以不能求组内的极差，只能求移动极差 R_s：

$$R_s = |x_i - x_{i+1}| \tag{5-25}$$

由于是两个数之差，所以可把样本容量看作 2。查表 5-3 可知，$d_2 = 1.128$，而：

$$\sigma = \frac{\overline{R}_s}{d_2}$$

所以：

$$UCL_x = \bar{x} + 3\sigma = \bar{x} + 3\frac{\overline{R}_s}{1.128} = \bar{x} + 2.66\overline{R}_s \tag{5-26}$$

3）控制下限。

$$UCL_x = \bar{x} - 3\sigma = \bar{x} - 3\frac{\overline{R}_s}{1.128} = \bar{x} - 2.66\overline{R}_s \tag{5-27}$$

（2）R_s 控制图。

1）中心线。

$$CL_{R_s} = \overline{R}_s = \frac{\sum_{i=1}^{n} R_{s_i}}{n} = \frac{\sum_{i=1}^{n} |x_i - x_{i+1}|}{n} \tag{5-28}$$

2）控制上限。因为 $n=2$，查表 5-3 可知，$D_4 = 3.267$，所以：

$$UCL_{R_s} = 3.267\overline{R}_s \tag{5-29}$$

3）控制下限。此时，$D_3 = 0$，所以，控制下限为 0。

5.2.4 计数特性值控制图

1. 计件值控制图

有些产品无法直接测定其质量特性值，只能以合格与不合格来区分。此时，可用 p 控制图或 np 控制图对质量进行监控。

在生产过程处于受控状态时，产品的不合格产品数或不合格产品率的数值变化不大。绘制计件控制图的目的就是监控生产过程，如果样本点超出事先确定的控制界限，就表示生产过程处于异常状态，应查明原因，采取纠正措施。计件值控制图的控制界限与计量特性值控制图一样，也是采用 3 个标准差作为计算依据。

（1）p 控制图。p 控制图用于控制产品的不合格产品率。下面给出其中心线与控制界限的计算公式。

1）中心线。假设有 k 个样本，每个样本的样本容量均相等，第 i 个（$i=1, 2, \cdots, k$）样本的不合格产品率为 p_i，于是，p 控制图中心线的计算公式为

$$CL_p = \bar{p} = \frac{\sum_{i=1}^{k} p_i}{k} \tag{5-30}$$

2）控制上限。由概率分布理论可知，样本容量为 n 的样本中的实际不合格产品数是一个服从二项分布的随机变量。$n \geq 5$ 时，不合格产品数近似地服从正态分布 $N[(np, np(1-p)]$。其中，np 通常用平均不合格产品数 $n\bar{p}$ 来估计，p 通常用平均不合格产品率 $\bar{p}$ 来估计。

由于不合格产品数与不合格产品率之间有以下关系：

$$\bar{p} = \frac{\bar{d}}{n} \tag{5-31}$$

其中，$\bar{d}$ 为不合格产品数的平均值。

所以，不合格产品率的标准差为

$$\sigma_{\bar{p}} = \frac{1}{n}\sqrt{n\bar{p}(1-\bar{p})} = \sqrt{\frac{\bar{p}(1-\bar{p})}{n}} \tag{5-32}$$

根据控制界限的 3σ 原理，可得到 p 控制图的控制上限：

$$\mathrm{UCL}_p = \bar{p} + 3\sqrt{\frac{\bar{p}(1-\bar{p})}{n}} \tag{5-33}$$

3）控制下限。同理，可求出 p 控制图的控制下限：

$$\mathrm{LCL}_p = \bar{p} - 3\sqrt{\frac{\bar{p}(1-\bar{p})}{n}} \tag{5-34}$$

如果 k 个样本的样本容量不相等，不妨设 n_i 为第 i 个（$i=1, 2, \cdots, k$）样本的样本容量，p_i 为第 i 个样本的不合格产品率，那么中心线的计算公式为

$$\bar{p} = \frac{\sum_{i=1}^{k}(n_i p_i)}{\sum_{i=1}^{k} n_i} \tag{5-35}$$

理论上，会有 k 对控制界限（上下限）：

$$\mathrm{UCL}_p = \bar{p} + 3\sqrt{\frac{\bar{p}(1-\bar{p})}{n_i}} \tag{5-36}$$

$$\mathrm{LCL}_p = \bar{p} - 3\sqrt{\frac{\bar{p}(1-\bar{p})}{n_i}} \tag{5-37}$$

这为绘制 p 控制图带来很大不便。如果 n_i 的变化幅度较小，例如在样本容量平均值的 0.5～2 倍时，就可采用平均值方法：

$$\bar{n} = \frac{\sum_{i=1}^{k} n_i}{k} \tag{5-38}$$

此时，只需要一对控制界限即可：

$$\mathrm{UCL}_p = \bar{p} + 3\sqrt{\frac{\bar{p}(1-\bar{p})}{\bar{n}}} \tag{5-39}$$

$$\mathrm{LCL}_p = \bar{p} - 3\sqrt{\frac{\bar{p}(1-\bar{p})}{\bar{n}}} \tag{5-40}$$

（2）np 控制图。在样本容量固定，而且在 50～100 时，通常可以采用不合格产品数控制图，即 np 控制图。此外，当应用 np 控制图时，至少要有 20 个样本。

1）中心线。中心线即平均不合格产品数，如果平均不合格产品率为 $\bar{p}$，那么：
$$CL_{np} = n\bar{p} \tag{5-41}$$

2）控制上限。当 $n \geq 5$ 时，不合格产品数近似地服从正态分布 $N[(np, np(1-p)]$。其中，np 通常用平均不合格产品数 $n\bar{p}$ 来估计，p 通常用平均不合格产品率 $\bar{p}$ 来估计。

根据控制界限的 3σ 原理，可计算 np 控制图的控制上限，即
$$UCL_{np} = n\bar{p} + 3\sqrt{n\bar{p}(1-\bar{p})} \tag{5-42}$$

3）控制下限。同理，可计算 np 控制图的控制下限，即
$$LCL_{np} = n\bar{p} - 3\sqrt{n\bar{p}(1-\bar{p})} \tag{5-43}$$

如果式（5-43）的结果为负值，则取 0。

例 5-2　对某一流水生产线加工的电子产品进行电压负载试验，要求这种电子产品要在一定的电压范围内连续正常工作 100h，否则被判定为不合格。为此，每隔 4h 从生产线上抽取 1 000 件产品进行测试，共抽取 20 个样本，测试结果如表 5-6 所示。

试计算 p 控制图和 np 控制图的控制界限，并绘制 p 控制图和 np 控制图。

表 5-6　某电子产品观测数据表

样本序号	测试的产品数 n	不合格产品数 np	不合格产品率 p
1	1 000	13	0.013
2	1 000	14	0.014
3	1 000	7	0.007
4	1 000	6	0.006
5	1 000	12	0.012
6	1 000	9	0.009
7	1 000	6	0.006
8	1 000	10	0.010
9	1 000	14	0.014
10	1 000	12	0.012
11	1 000	8	0.008
12	1 000	13	0.013
13	1 000	11	0.011
14	1 000	7	0.007
15	1 000	14	0.014
16	1 000	13	0.013
17	1 000	8	0.008
18	1 000	11	0.011
19	1 000	5	0.005
20	1 000	11	0.011
合计	20 000	204	0.204

解：

1）计算 p 控制图的控制界限。把统计数据代入式（5-30）得：

$$CL_p = \bar{p} = \frac{\sum_{i=1}^{k} p_i}{k} = 0.0102$$

此即 p 控制图的中心线。

把中心线的值分别代入式（5-33）和式（5-34）可得 p 控制图的控制上限和控制下限，即

$$UCL_p = \bar{p} + 3\sqrt{\frac{\bar{p}(1-\bar{p})}{n}} = 0.0102 + 3 \times \sqrt{\frac{0.0102 \times (1-0.0102)}{1000}} = 0.0197$$

$$LCL_p = \bar{p} - 3\sqrt{\frac{\bar{p}(1-\bar{p})}{n}} = 0.0102 - 3 \times \sqrt{\frac{0.0102 \times (1-0.0102)}{1000}} = 0.0007$$

2）计算 np 控制图的控制界限。根据式（5-41）：

$$CL_{np} = n\bar{p} = 1000 \times 0.0102 = 10.200$$

此即 np 控制图的中心线。

把中心线的值分别代入式（5-42）和式（5-43）可得 np 控制图的控制上限和控制下限，即

$$UCL_{np} = n\bar{p} + 3\sqrt{n\bar{p}(1-\bar{p})} = 10.200 + 3 \times \sqrt{10.200 \times (1-0.0102)} = 19.732$$

$$LCL_{np} = n\bar{p} - 3\sqrt{n\bar{p}(1-\bar{p})} = 10.200 - 3 \times \sqrt{10.200 \times (1-0.0102)} = 0.668$$

3）绘制 p 控制图和 np 控制图。根据计算出来的控制界限及样本数据绘制 p 控制图（见图 5-11）和 np 控制图（见图 5-12）。可以看出，对同一组观测数据，不合格产品率和不合格产品数控制图的分布形态相同，但考查的重点不同，前者是不合格产品率，后者是不合格产品数。

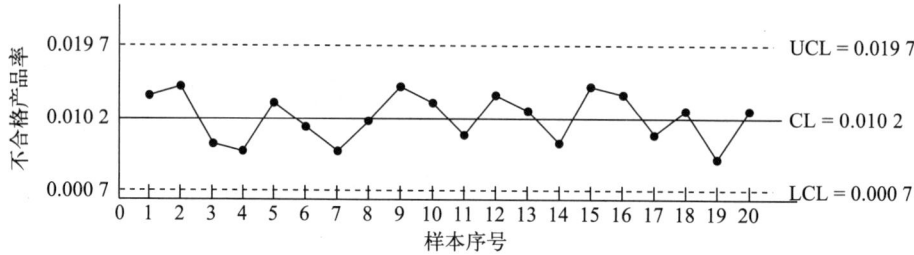

图 5-11　某电子产品 p 控制图

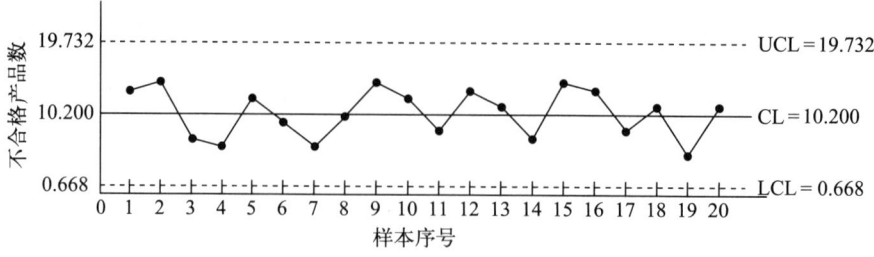

图 5-12　某电子产品 np 控制图

2. 计点值控制图

（1）c 控制图。c 控制图的控制对象是一部机器、一定的长度、一定的面积或任何一定

的单位中所出现的缺陷数，比如机器设备的故障次数、电子设备的焊接不良数、一定长度铸件上的砂眼数、一定面积布匹上的疵点数，每页印刷错误数等。缺陷数通常服从泊松分布，即

$$P(x) = e^{-\mu} \frac{\mu^x}{x!} \tag{5-44}$$

其中，μ 为分布平均值，当 μ 足够大时，泊松分布趋于正态分布。

1）中心线。从一批稳定状态的生产过程中随机抽取样本，$c_i(i=1, 2, \cdots, k)$ 是样本的缺陷数，则 c 控制图的中心线为

$$CL_c = \bar{c} = \frac{\sum_{i=1}^{k} c_i}{k} \tag{5-45}$$

2）控制上限。

$$UCL_c = \bar{c} + 3\sqrt{\bar{c}} \tag{5-46}$$

3）控制下限。

$$LCL_c = \bar{c} - 3\sqrt{\bar{c}} \tag{5-47}$$

例 5-3 对某种铸件同一位置附近 $36cm^2$ 面积所出现的砂眼进行统计分析，结果如表 5-7 所示。

试计算 c 控制图的控制界限，并绘制 c 控制图。

表 5-7 某铸件一定位置砂眼数统计数据表

样本序号	样本容量 n/cm^2	缺陷数 c_i
1	36	4
2	36	8
3	36	5
4	36	4
5	36	5
6	36	9
7	36	6
8	36	2
9	36	5
10	36	4
11	36	6
12	36	5
13	36	10
14	36	2
15	36	4
16	36	4
17	36	5
18	36	8
19	36	4
20	36	2
合计	720	102

解：

1）计算 c 控制图的控制界限。根据式（5-45）、式（5-46）和式（5-47）得：

$$CL_c = \bar{c} = \frac{\sum_{i=1}^{k} c_i}{k} = \frac{102}{20} = 5.10$$

$$UCL_c = \bar{c} + 3\sqrt{\bar{c}} = 5.1 + 3 \times \sqrt{5.1} = 11.87$$

$$LCL_c = \bar{c} - 3\sqrt{\bar{c}} = 5.1 - 3 \times \sqrt{5.1} = -1.68（取0）$$

2）绘制 c 控制图。根据所计算的控制界限，就可绘制铸件砂眼 c 控制图，如图 5-13 所示。

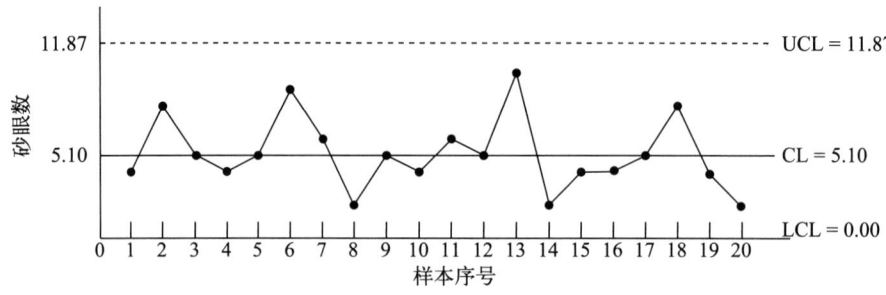

图 5-13　铸件砂眼数 c 控制图

（2）u 控制图。当样本大小固定时，使用 c 控制图较为方便，但有时控制对象（如长度、面积、体积等）并不相等，需要换算成单位数量的缺陷数实施控制。例如，在检测木材的裂纹时，一批样品的长度为 4m，另一批样品的长度为 6m。这时，应换算为平均每米的裂纹数，然后再对它进行控制。此时所用的控制图称为单位缺陷数控制图，即 u 控制图。

设 n 为样本大小，c 为缺陷数，则单位缺陷数为

$$u = \frac{c}{n} \tag{5-48}$$

单位平均缺陷数为

$$\bar{u} = \frac{\bar{c}}{n} \tag{5-49}$$

于是：

$$\bar{c} = n\bar{u} \tag{5-50}$$

把式（5-50）分别代入式（5-45）、式（5-46）和式（5-47）得：

$$CL_c = n\bar{u} \tag{5-51}$$

$$UCL_c = n\bar{u} + 3\sqrt{n\bar{u}} \tag{5-52}$$

$$LCL_c = n\bar{u} - 3\sqrt{n\bar{u}} \tag{5-53}$$

于是，u 控制图的中心线、控制上限和控制下限分别为

$$CL_u = \bar{u} = \frac{\sum_{i=1}^{k} u_i}{k} \tag{5-54}$$

$$UCL_u = \bar{u} + 3\sqrt{\frac{\bar{u}}{n}} \tag{5-55}$$

$$\text{LCL}_u = \bar{u} - 3\sqrt{\frac{\bar{u}}{n}} \tag{5-56}$$

当样本容量不同，中心线的值为

$$\text{CL}_u = \bar{u} = \frac{\sum_{i=1}^{k} c_i}{\sum_{i=1}^{k} n_i} \tag{5-57}$$

此时，每个样本有一个控制上限和控制下限，为绘制控制图带来很大不便。为了简化，当样本容量变化范围变化不大时，例如在样本容量平均值的 0.5～2 倍时，可用样本容量的平均值：

$$\bar{n} = \frac{\sum_{i=1}^{k} n_i}{k}$$

来代替各个 n_i。此时：

$$\text{UCL}_u = \bar{u} + 3\sqrt{\frac{\bar{u}}{\bar{n}}} \tag{5-58}$$

$$\text{LCL}_u = \bar{u} - 3\sqrt{\frac{\bar{u}}{\bar{n}}} \tag{5-59}$$

例 5-4 某纺织厂生产一种幅宽为 150cm 的四面弹染色成品布，表 5-8 是这种成品布布面产生钩毛的统计数据。

试计算 u 控制图的控制界限，并绘制 u 控制图。

表 5-8 四面弹染色成品布钩毛统计数据表

样本序号	样本容量 n/m	缺陷数 c_i	单位缺陷数 u_i
1	10	25	2.50
2	10	21	2.10
3	10	34	3.40
4	10	22	2.20
5	10	20	2.00
6	10	24	2.40
7	10	25	2.50
8	10	23	2.30
9	10	24	2.40
10	10	25	2.50
11	20	60	3.00
12	20	48	2.40
13	20	30	1.50
14	20	49	2.45
15	20	50	2.50
16	30	76	2.53

(续)

样本序号	样本容量 n/m	缺陷数 c_i	单位缺陷数 u_i
17	30	68	2.27
18	30	58	1.93
19	30	70	2.33
20	30	69	2.30
合计	350	821	47.51

解：

1) 计算 u 控制图的控制界限。根据式（5-57）、式（5-58）和式（5-59）得：

$$\text{CL}_u = \bar{u} = \frac{\sum_{i=1}^{k} c_i}{\sum_{i=1}^{k} n_i} = \frac{821}{350} = 2.35$$

在本例中，样本容量的变化范围在样本容量平均值的 $0.5 \sim 2$ 倍，可用样本容量的平均值（$350/20 = 17.5$）来代替各个 n_i。于是：

$$\text{UCL}_u = \bar{u} + 3\sqrt{\frac{\bar{u}}{n}} = 2.35 + 3 \times \sqrt{\frac{2.35}{17.5}} = 3.45$$

$$\text{LCL}_u = \bar{u} - 3\sqrt{\frac{\bar{u}}{n}} = 2.35 - 3 \times \sqrt{\frac{2.35}{17.5}} = 1.25$$

2) 绘制 u 控制图。根据所计算的控制界限及统计数据，可绘制 u 控制图，如图5-14所示。

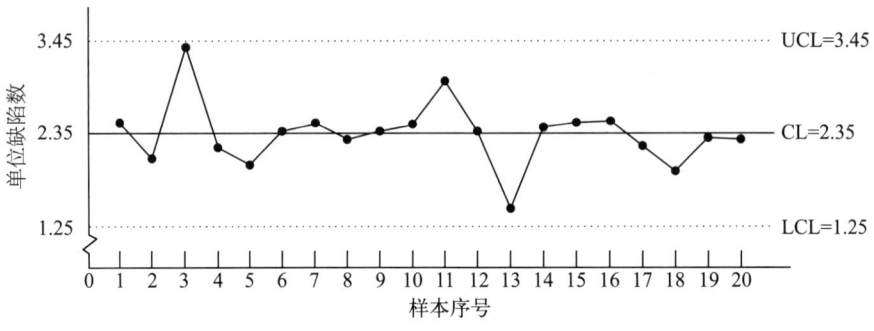

图5-14 四面弹染色成品布钩毛 u 控制图

5.2.5 质量控制图的观察与分析

绘制控制图的目的就是根据控制图中样本点的分布形态推断生产过程是否处于受控状态。如果生产过程中只有偶然性原因在起作用，那么样本点就呈现出随机性分布。否则，生产过程就处于失控状态。

人们根据经验总结出一些典型失控状态的表现形式，大致分为10类。要特别说明的是，不属于这10类，并不表示生产过程处于受控状态，一个总的原则就是：只要样本点的分布破坏了随机性，生产过程中就有必然性原因在起作用，因而生产过程就处于失控状态。

下面介绍 6 种典型的失控状态的具体表现。

1. 样本点出界

只要在连续 25 个样本点中有样本点出界，就应视为生产过程失控。样本点出界是生产过程失控最直接的反映。超出控制界限样本点越多、偏离越远，生产过程中的必然性原因的影响越严重。此时，应立即采用纠正措施，乃至停产整顿。

如图 5-15 所示，第 3 号样本点超出控制上限，第 18 号样本点超出控制下限。生产过程处于严重失控状态，它生产的产品将存在大量不合格产品。

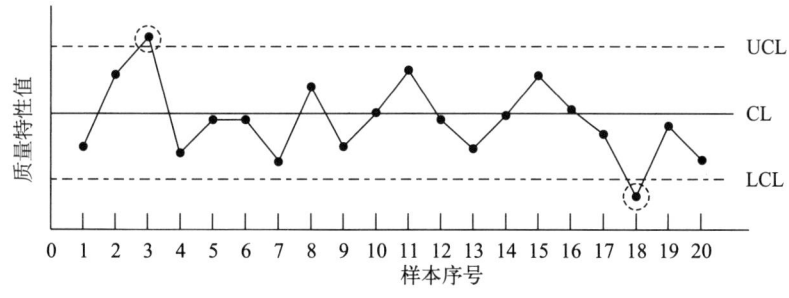

图 5-15　样本点出界

2. 多个样本点接近边界

如果没有样本点出界，但却有多个样本点接近控制上限或控制下限，也说明生产过程有失控的趋势。特别地，当以下几种情况发生时，可以认为生产过程已经处于失控状态，应予以纠正。

（1）连续 3 个样本点中有 2 个及以上接近边界。

（2）连续 7 个样本点中有 3 个及以上接近边界。

（3）连续 10 个样本点中有 4 个及以上接近边界。

如图 5-16 所示，第 8~14 号连续 7 个样本点中第 8、11 和 14 号样本点接近控制上限，生产过程已经处于失控状态。

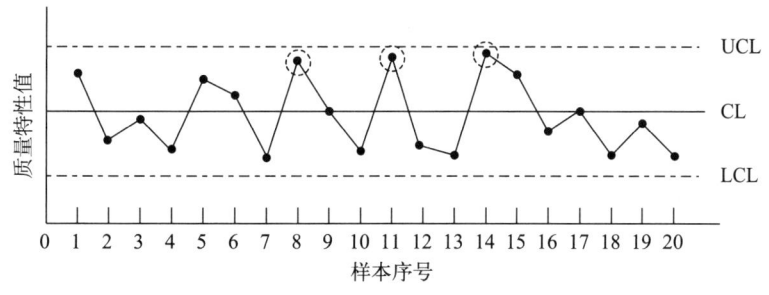

图 5-16　多个样本点接近边界

3. 样本点明显单侧分布

较多的样本点出现在中心线的一侧时，生产过程处于失控状态，或有失控的趋势。特别地，当出现以下情况时，就应立即查明原因，采用措施解决。

（1）连续出现 7 个样本点在中心线一侧。
（2）连续 11 个样本点中有 10 个及以上出现在中心线一侧。
（3）连续 14 个样本点中有 12 个及以上出现在中心线一侧。
（4）连续 17 个样本点中有 14 个及以上出现在中心线一侧。
（5）连续 20 个样本点中有 16 个及以上出现在中心线一侧。

如图 5-17 所示，在第 5～18 号连续 14 个样本点中有 13 个出现在中心线的下侧，应立即分析造成这种现象的原因，采取纠正措施使生产过程回到受控状态。

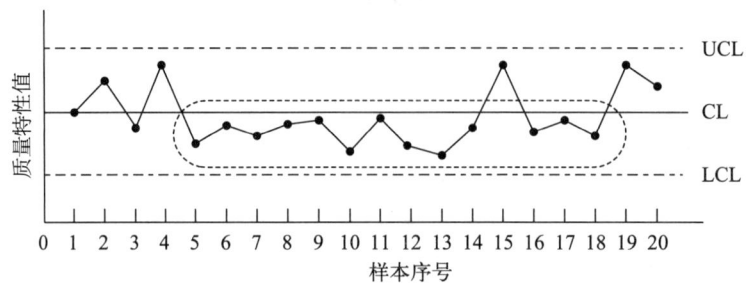

图 5-17　样本点明显单侧分布

4. 样本点连续上升或下降

样本点连续上升或下降表明生产过程正在或已经脱离正常状态。特别地，当出现 7 个或以上样本点连续上升或下降时，可判定生产过程已处于失控状态。

如图 5-18 所示，第 6～12 号 7 个样本点连续呈现上升趋势，应立即采取纠正措施。

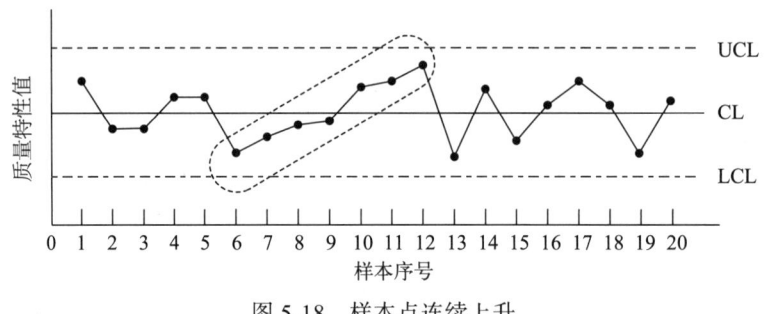

图 5-18　样本点连续上升

5. 连续 5 个样本点中有 3 个在同一侧的 C 区之外

把 CL 与 UCL 之间的区域和 CL 与 LCL 之间的区域分别等分为三等份，分别叫作 A、B、C 区。如果出现了连续 5 个样本点中有 3 个在同一侧的 C 区之外，可判定生产过程处于失控状态。

如图 5-19 所示，第 11～15 号 5 个样本点是连续的，其中第 11、13、15 号 3 个样本点在同一侧的 C 区之外。

6. 样本点呈现周期性波动

周期性波动是指样本点每隔一定时间所呈现出的规律性变化。造成这种情况的原因可以是不同批次原料依次投入生产过程所造成的。

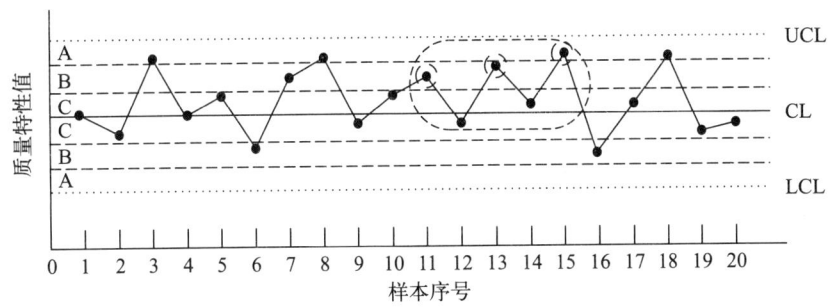

图 5-19　连续 5 个样本点中有 3 个在同一侧的 C 区之外

如图 5-20 所示，样本点的分布呈现出波状周期。第 1～5 号样本点的分布形态在 20 个样本点的分布中重复出现了 4 次。此时，应借助其他质量管理工具分析判断并消除造成这种情况的原因，使生产过程回到受控状态。

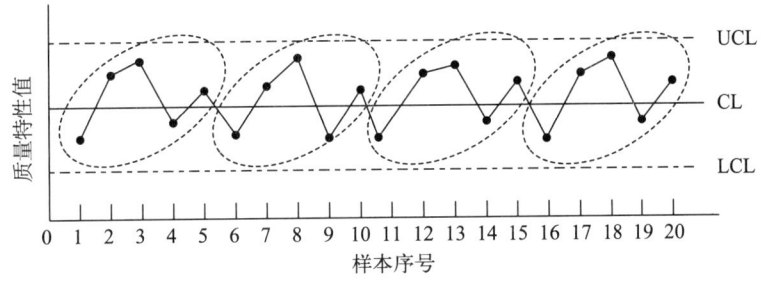

图 5-20　样本点呈现周期性波动

5.3　过程能力分析

5.3.1　过程能力

过程能力是指过程的加工质量满足预期质量标准的能力，它是衡量过程加工内在一致性的标准。过程的加工质量取决于影响质量的 6 个方面的因素——人、机、料、法、测、环，即 5M1E。

过程能力测定与分析是企业质量管理的一项基础性工作。无论是对质量管理本身，还是对产品设计、工艺制定、计划安排、生产调度和经济核算等都具有重要的意义。企业只有在设计、工艺及计划等工作中，一方面考虑用户要求，另一方面考虑加工过程的能力，改善工艺水平，合理组织生产，才能提高企业的生产经营效果。

5.3.2　过程能力指数

1. 质量标准

质量标准是指生产过程所加工的产品必须达到的质量要求，由质量目标值与公差幅度来描述。质量目标值一般用 M 来表示,公差幅度一般用 T 来表示。质量标准可分为 3 类:望大、望小和望目。对望大类质量标准,希望实际达到的质量指标越大越好;对望小类质量标准,希望实际达到的质量指标越小越好;对望目类质量标准,希望实际达到的质量指标限定在一定的范围内,这时,会有一个规格上限和一个规格下限。规格上限通常用 USL(upper specification limit)或 T_U 来表示,规格下限通常用 LSL(lower specification limit)或 T_L 来表示。可以看出,质量标准是根据产品实现的功能而事先确定的产品标准。

2. 加工质量

过程的加工质量是指处于稳定状态下的过程所具备的实际加工能力,通常用 B 来表示。

当过程处于稳定状态时,产品的质量特性值有 99.73% 落在 $\mu \pm 3\sigma$ 范围内,即稳定的生产过程所加工的产品至少有 99.73% 落在 6σ 范围内,这几乎包括了全部产品。因此,通常用 6σ 表示加工质量,即 $B=6\sigma$。质量标准除了所要求的目标值,最重要的指标就是公差幅度,对于望目类质量标准,其公差幅度即为 $T=\mathrm{USL}-\mathrm{LS}=T_U-T_L$。可以看出,加工质量反映了企业实际达到的产品质量水平。

以望目类质量标准为例,质量标准与加工质量的关系如图 5-21 所示。

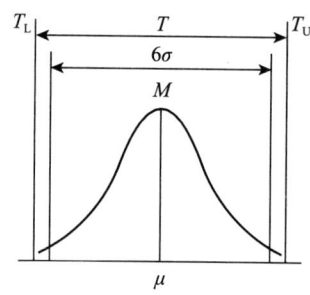

图 5-21 质量标准与加工质量的关系

3. 过程能力指数及其计算

为了量化地描述加工质量满足质量标准的过程能力,需要引入一个指标,即过程能力指数,通常以 C_p 表示。著名质量管理专家朱兰把质量标准与加工质量的比值定义为过程能力指数,此即第一代过程能力指数。以望目类质量标准为例,C_p 定义为

$$C_p = \frac{T}{6\sigma} \frac{T_U - T_L}{6\sigma} \tag{5-60}$$

其中,σ 为实际质量水平的标准差,用极差或合并标准差来估计。

当用极差来估计时:

$$\sigma = \frac{\overline{R}}{d_2} \tag{5-61}$$

其中,d_2 为只与样本容量 n 有关的参数,可查表 5-3 得到。

从图 5-21 中可以看出,当反映加工质量的 6σ 正好与公差幅度相等时,认为加工质量达到了质量标准所规定的最低要求,此时,$C_p=1$。加工质量水平越高,σ 越小,过程能力指数越大,反之亦然。

注意到,在图 5-21 中,实际质量特性的平均值 μ 与目标值 M 是完全重合的。从精度上考虑,这两个指标永远不可能完全重合。精确到小数点后 5 位时,这两个数是相等的,但不代表精确到小数点后 6 位后这两个数也是相等的。实际上,也没必要达到完全重合。当然,实际质量特性的平均值 μ 与目标值 M 越接近越好。在比值 C_p 一定的情况下,偏差越小,加工质量水平越高,反之亦然。

图 5-22 直观地描述了实际质量特性的平均值 μ 与目标值 M 的偏差情况。

为了量化地描述偏差，引入偏差度指标 k：

$$k = \frac{|\mu - M|}{T/2} = \frac{E}{T/2} \quad (5\text{-}62)$$

其中，E 代表偏差量，T 代表公差幅度。

可以看出，偏差度 k 描述了偏差量占公差幅度一半的比值。同样的偏差量 E 在某一场合下可能是很大的，在另外一个场合下可能就是微不足道。偏差度 k 这一比值则直观地体现出偏差量到底是大是小。

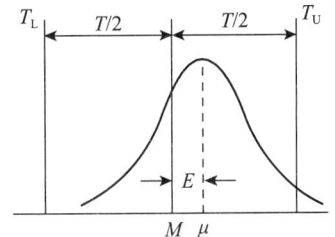

图 5-22 实际质量特性的平均值 μ 与目标值 M 的偏差

考虑了偏差度 k，对过程能力进行测评就更为客观，为此引入新的过程能力指数 C_{pk}：

$$C_{pk} = C_p(1 - k) \quad (5\text{-}63)$$

事实上，C_{pk} 才真实地反映了过程能力。

注意到，$k > 1$ 的情况是不存在的，$k > 1$ 要么是实际质量特性的平均值大于规格上限 T_U，要么是实际质量特性的平均值小于规格下限 T_L。这时，生产的产品几乎都达不到质量标准。

在规格上限 T_U 与规格下限 T_L 对称的情况下，目标值 M 为两者的平均值。在规格上限 T_U 与规格下限 T_L 不对称的情况下，目标值 M 可以取两者的平均值，也可以指定特别目标值 M。只要不指定特别目标值 M，就可以用另一种方法来计算过程能力指数 C_{pk}

$$C_{pk} = \min\left\{\frac{T_U - \mu}{3\sigma}, \frac{\mu - T_L}{3\sigma}\right\} \quad (5\text{-}64)$$

可以分别就 $\mu > M$ 和 $\mu < M$ 两种情形来证明式（5-63）与式（5-64）的等价性。事实上：

$$C_{pk} = C_p(1 - k) = \frac{T}{6\sigma}\left(1 - \frac{|M - \mu|}{T/2}\right) = \frac{T}{6\sigma}\left(1 - \frac{\left|\frac{T_U + T_L}{2} - \mu\right|}{T/2}\right)$$

$$= \min\left\{\frac{T_U - \mu}{3\sigma}, \frac{\mu - T_L}{3\sigma}\right\}$$

C_{pk} 的管理含义是：即使加工精度保持不变，实际质量特性的平均值 μ 与目标值 M 的偏差越大，过程能力则越小。因此，在实际质量管理中，不但要减少实际质量特性值的波动，还要尽可能地把实际质量特性的平均值维持在目标值附近。更多的时候，减少实际质量特性的平均值与目标值的偏差比降低波动更容易、更经济。

以上是针对望目类质量标准来讨论过程能力指数的。对望大类质量标准，对产品质量只有下限要求，比如机械工业产品的表面光洁度、机电产品的机械强度、耐电压强度、寿命、可靠性等，要求不低于某个下限值 T_L。对望小类质量标准，对产品质量则只有上限要求，比如噪声、形位公差（同心度、平行度、垂直度、径向跳动等）、原材料所含杂质等，要求不高于某个上限值 T_U。

对望大类质量标准，只需要计算上过程能力指数 C_{pU}：

$$C_{pU} = \frac{T}{6\sigma} = \frac{T_U - T_L}{6\sigma} = \frac{T_U - \mu}{6\sigma} + \frac{\mu - T_L}{6\sigma} = 2\frac{T_U - \mu}{6\sigma} = \frac{T_U - \mu}{3\sigma} \quad (5\text{-}65)$$

对望小类质量标准，只需要计算下过程能力指数 C_{pL}：

$$C_{pL} = \frac{\mu - T_L}{3\sigma} \tag{5-66}$$

例 5-5 一种零件，其公差要求为 $\Phi 5 \pm 0.03$ mm，现从生产线上随机抽取一批产品进行检测，结果为：$\bar{x} = 5.012$ mm，$S = 0.0067$。试计算过程能力指数。

解：
$T_U = 5.03$，$T_L = 4.97$，$T = (T_U - T_L) = 0.06$，因此：

$$C_p = \frac{T}{6\sigma} = \frac{T_U - T_L}{6S} = \frac{0.06}{6 \times 0.0067} \approx 1.49$$

$$k = \frac{|M - \mu|}{T/2} = \frac{|5.000 - 5.012|}{0.06/2} = 0.4$$

$$1 - k = 0.6$$

$$C_{pk} = C_p \times (1 - k) = 1.49 \times 0.6 \approx 0.89$$

5.3.3 指定特别目标值的过程能力指数 C_{pm}

引入过程能力指数 C_{pk} 是为了反映实际质量特性值的平均值 μ 与目标值 M 的偏差，如式（5-63）或式（5-64）所示。定义这一过程能力指数的前提是假设目标值 M 为规格上限与规格下限的平均值，即 $M = (T_U + T_L)/2$。但当指定特别目标值 M 时，这一定义就无法反映实际质量特性值与所指定目标值的偏差。根据田口质量损失函数，偏差就意味着损失。因此，需要评估这种偏差。为此，在指定特别目标值 M 时，就需要引入另一种过程能力指数 C_{pm}：

$$C_{pm} = \frac{T}{6D} = \frac{T_U - T_L}{6D} \tag{5-67}$$

其中，$D = \sqrt{\sigma^2 + (\mu - M)^2}$。

5.3.4 过程绩效指数 P_p 与 P_{pk}

在计算过程能力指数 C_p 与 C_{pk} 时，是用极差或合并标准差来估计 σ 的。这种估计可以描述过程所呈现出来的固有波动，但无法描述过程总的波动。而过程因为机器设备性能的降低、不同操作人员的技术差异、原辅材料批次的更换、环境因素的变化所导致的总的波动体现了过程输出满足顾客需求的总体或长期能力，反映了过程的绩效。这时，过程能力指数通常称为过程绩效指数，有时也称其为长期过程能力指数，用 P_p 与 P_{pk} 来表示：

$$P_p = \frac{T}{6S} = \frac{T_U - T_L}{6S} \tag{5-68}$$

$$P_{pk} = P_p(1 - k) \tag{5-69}$$

其中，$S = \sqrt{\dfrac{\sum_{i=1}^{n}(x_i - \bar{x})^2}{n - 1}}$ 是整体标准差。

k 的含义与 C_{pk} 中的相同。

5.3.5 过程能力指数与不合格产品率

当质量特性值的分布服从正态分布时，一定的过程能力指数对应着一定的不合格产品率。例如，当 $C_p = 1$ 时，$\pm 3\sigma$ 与公差上下限重合，此时，有 99.73% 的质量特性值落在公差界限以内，因此不合格产品率为 0.27%。根据这个原理，可以计算任意 C_p 所对应的不合格产品率。

1. 双向公差要求，μ 与 M 重合

根据正态分布函数，参见式（5-7），进行变量替换，在 T_U 和 T_L 之间的分布函数值为

$$P(T_L \leq x \leq T_U) = \Phi\left(\frac{T_U - \mu}{\sigma}\right) - \Phi\left(\frac{T_L - \mu}{\sigma}\right) \tag{5-70}$$

而：

$$T_U - \mu = \mu - T_L = \frac{T}{2}$$

所以：

$$\begin{aligned} P(T_L \leq x \leq T_U) &= \Phi\left(\frac{T}{2\sigma}\right) - \Phi\left(-\frac{T}{2\sigma}\right) = \Phi(3C_p) - \Phi(-3C_p) \\ &= 1 - 2\Phi(-3C_p) \end{aligned} \tag{5-71}$$

因此，不合格产品率为

$$P(x \leq T_L \text{ 或 } x \geq T_U) = 1 - P(T_L \leq x \leq T_U) = 2\Phi(-3C_p) \tag{5-72}$$

当给定 C_p 值时，通过查正态分布表（见表 5-1）即可得到相应的不合格产品率。

2. 双向公差要求，μ 与 M 不重合

根据式（5-71）：

$$\begin{aligned} P(T_L \leq x \leq T_U) &= \Phi\left(\frac{T_U - \mu}{\sigma}\right) - \Phi\left(\frac{T_L - \mu}{\sigma}\right) \\ &= \Phi\left(\frac{T_U - M}{\sigma} - \frac{\mu - M}{\sigma}\right) - \Phi\left(\frac{T_L - M}{\sigma} - \frac{\mu - M}{\sigma}\right) \\ &= \Phi\left(\frac{T}{2\sigma} - \frac{E}{\sigma}\right) - \Phi\left(-\frac{T}{2\sigma} - \frac{E}{\sigma}\right) \end{aligned} \tag{5-73}$$

根据式（5-60）和式（5-62），得：

$$\frac{E}{\sigma} = \frac{\frac{T}{2} \times k}{\sigma} = \frac{T}{2\sigma} \times k = 3kC_p$$

于是：

$$\begin{aligned} P(T_L \leq x \leq T_U) &= \Phi\left(\frac{T}{2\sigma} - \frac{E}{\sigma}\right) - \Phi\left(-\frac{T}{2\sigma} - \frac{E}{\sigma}\right) \\ &= \Phi[3C_p(1-k)] - \Phi[-3C_p(1+k)] \\ &= \Phi(3C_{pk}) - \Phi[-3C_p(1+k)] \end{aligned} \tag{5-74}$$

因此，不合格产品率为

$$\begin{aligned} P(x \leq T_L \text{ 或 } x \geq T_U) &= 1 - P(T_L \leq x \leq T_U) \\ &= 1 - \Phi(3C_{pk}) + \Phi[-3C_p(1+k)] \end{aligned} \tag{5-75}$$

这样，给定一个 C_p 值和相对偏移系数 k，通过查正态分布表（见表 5-1）就可得到相应的不合格产品率 p。

事实上，根据 C_p、k 及 p 这种确定的关系，人们制定了 C_p-k-p 数值表，以方便使用，如表 5-9 所示。

表 5-9 根据过程能力指数 C_p 和相对偏移系数 k 求总体不合格产品率 p 的数据表 （%）

C_p	k													
	0.00	0.04	0.08	0.12	0.16	0.20	0.24	0.28	0.32	0.36	0.40	0.44	0.48	0.52
0.5	13.36	13.43	13.64	13.99	14.48	15.10	15.86	16.75	17.77	18.92	20.19	21.58	23.09	24.71
0.6	7.19	7.26	7.48	7.85	8.37	9.03	9.85	10.81	11.92	13.18	14.59	16.81	17.85	19.69
0.7	3.57	3.64	3.83	4.16	4.63	5.24	5.99	6.89	7.94	9.16	10.55	12.10	13.84	15.74
0.8	1.64	1.67	1.89	2.09	2.46	2.94	3.55	4.31	5.21	6.28	7.53	8.98	10.62	12.48
0.9	0.69	0.73	0.83	1.00	1.25	1.60	2.05	2.62	3.34	4.21	5.27	6.53	8.02	9.75
1.0	0.27	0.29	0.35	0.45	0.61	0.84	1.14	1.55	2.07	2.75	3.59	4.65	5.94	7.49
1.1	0.10	0.11	0.14	0.20	0.29	0.42	0.61	0.88	1.24	1.74	2.39	3.23	4.31	5.66
1.2	0.03	0.04	0.05	0.08	0.13	0.20	0.31	0.48	0.72	1.06	1.54	2.19	3.06	4.20
1.3	0.01	0.01	0.02	0.03	0.05	0.09	0.15	0.25	0.40	0.63	0.96	1.45	2.13	3.06
1.4	0.00	0.00	0.01	0.01	0.02	0.04	0.07	0.13	0.22	0.36	0.59	0.93	1.45	2.10
1.5			0.00	0.00	0.01	0.02	0.03	0.06	0.11	0.20	0.35	0.59	0.96	1.54
1.6					0.00	0.01	0.01	0.03	0.06	0.11	0.20	0.36	0.63	1.07
1.7						0.00	0.01	0.01	0.03	0.06	0.11	0.22	0.40	0.72
1.8							0.00	0.01	0.01	0.03	0.06	0.13	0.25	0.48
1.9								0.00	0.01	0.01	0.03	0.07	0.15	0.31
2.0									0.00	0.01	0.02	0.04	0.09	0.20
2.1										0.00	0.01	0.02	0.05	0.18
2.2											0.00	0.01	0.03	0.08
2.3												0.01	0.02	0.05
2.4												0.00	0.01	0.03
2.5													0.01	0.02
2.6													0.00	0.01
2.7														0.01
2.8														0.00

例 5-6 一种零件，其公差要求为 $\Phi 16 \pm 0.03$ mm，现从生产线上随机抽取一批产品进行检测，结果为：$\bar{x} = 5.012$ mm，$S = 0.006\,7$。试计算其总体不合格产品率。

解：

根据例 5-5 的计算结果 $C_p = 1.49$，$k = 0.4$。

把 C_p 及 k 值代入式（5-75），得：

$$P(x \leqslant T_L \text{ 或 } x \geqslant T_U) = 1 - \Phi(3 \times 0.89) + \Phi[-3 \times 1.49 \times (1 + 0.4)]$$
$$= 1 - \Phi(2.67) + \Phi(-6.258)$$
$$\approx 1 - 0.996\,1 + 0 = 0.003\,9$$

所以，总体不合格产品率为 0.39%。事实上，查表 5-9 也可以得到近似结果，本例中，$C_p=1.49$，$k=0.4$，根据表 5-9，1.49 介于 1.4 和 1.5 之间，更靠近 1.5。所以总体不合格产品率应比表中结果 0.35% 略大一些，与计算结果 0.39% 非常吻合。

从本例中可以看出，虽然生产这种零件的过程加工精度达到了一定的程度，即 $C_p=1.49$，但由于加工中心偏离了公差中心，导致实际过程能力 C_{pk} 仅为 0.89，而总体不合格产品率高达 0.39%。

5.3.6 过程等级及过程能力评价

利用过程能力指数可把每个过程质量划分为 5 个等级，如表 5-10 所示。根据过程等级，可以对现在和将来生产的产品有所了解，进而有重点地采取措施加以管理。

表 5-10 过程等级表

过程能力指数范围	过程等级	过程能力评价
$C_{pk} > 1.67$	特级	过程能力很充分，但应防止粗活细做
$1.67 \geq C_{pk} > 1.33$	一级	过程能力充分
$1.33 \geq C_{pk} > 1.00$	二级	过程能力尚可，但接近 1.00 时要注意
$1.00 \geq C_{pk} > 0.67$	三级	过程能力不足，需要采取措施
$0.67 \geq C_{pk}$	四级	过程能力严重不足

当过程等级为一级或特级，即 $C_{pk} > 1.33$ 时，表示过程能力充分，这时应保持过程的稳定性，从而保持过程能力不发生显著变化。如果对照质量标准要求和工艺条件，认为过程能力过大，意味着粗活细做，此时，应该考虑改用精度较低但效率高、成本低又能达到技术要求的设备、工艺来加工。

当过程能力为二级，即 $1.33 \geq C_{pk} > 1.00$ 时，表明过程能力基本满足要求，但不充分。特别地，当 C_{pk} 接近 1.00 时，应采取措施提高过程能力。

当过程能力为三级甚至四级，即 $C_{pk} \leq 1.00$ 时，表明过程能力不足，意味着所采用的设备、工艺精度不够，产品质量无保证。这时要制订计划、采取措施、努力提高设备精度，并使工艺更为合理有效，使过程能力得到提高。特别地，当 $C_{pk} \leq 0.67$ 时，应停产整顿，对已出产的产品进行全数检验。

应当指出，表 5-10 中给出的过程能力指数及相应的评价不是一个统一的标准。通常，所谓过程能力不足或过高，都是针对特定产品的特定过程而言的。例如，化工、电子、机械等工业生产过程都具有自身的特点。同时需要说明的是，随着时代发展及科技进步，摩托罗拉公司率先采用了高质量、高可靠性的 6σ 质量标准。事实上，从不断满足用户的需求及持续不断地改善质量水平这一出发点，组织也应当不断地提高生产过程的能力。

例 5-7 一种特殊板材的质量标准为：$\Phi 16 \pm 3$mm，为了判定过程状态，QC 小组随机抽取了 125 个样品，组成 25 个样本，如表 5-11 所示。试对其进行过程能力分析。

表 5-11 特殊板材数据表

样本序号	观测值 /mm					$\bar{x}$	R
	x_1	x_2	x_3	x_4	x_5		
1	15.4	17.4	16.4	16.6	16.2	16.40	2.0
2	16.6	17.0	16.2	16.6	16.4	16.56	0.8
3	16.8	16.6	16.0	16.2	16.0	16.32	0.8
4	16.8	16.4	17.0	16.4	16.6	16.64	0.6
5	15.3	16.5	16.2	16.5	16.7	16.24	1.4
6	16.4	15.8	16.2	17.2	16.8	16.48	1.4
7	16.7	16.9	15.9	17.5	16.5	16.70	1.6
8	15.8	16.0	16.2	16.4	16.6	16.20	0.8
9	15.6	16.2	16.4	15.2	16.4	15.96	1.2
10	17.4	16.2	16.2	15.6	17.4	16.56	1.8
11	16.8	17.4	16.6	16.0	16.6	16.68	1.4
12	14.8	16.0	16.2	16.4	17.0	16.08	2.2
13	16.5	15.9	14.7	15.3	15.1	15.50	1.8
14	16.4	16.6	16.4	17.0	16.4	16.56	0.6
15	16.2	15.8	15.4	16.8	17.2	16.28	1.8
16	15.8	16.2	15.6	16.4	15.2	15.84	1.2
17	15.1	15.8	15.4	18.1	16.8	16.24	3.0
18	16.6	16.6	17.2	16.4	16.2	16.60	1.0
19	17.0	17.0	16.6	16.0	16.0	16.52	1.0
20	16.8	16.0	16.2	15.4	16.0	16.08	1.4
21	16.2	16.4	16.5	16.9	15.3	16.26	1.6
22	16.6	16.0	17.0	17.2	15.8	16.52	1.4
23	17.2	16.4	15.9	16.5	16.0	16.40	1.3
24	17.4	16.4	16.6	15.7	16.2	16.46	1.7
25	15.1	16.0	16.4	15.8	17.0	16.06	1.9
						16.326	1.428

解:

(1) 计算过程能力指数 C_p 与 C_{pk}。

本例中，公差幅度 $T=T_U-T_L=19-13=6$（mm），目标值 $M=(T_U+T_L)/2=16$（mm）。根据表中数据，可以求出 25 个样本均值的均值及极差的均值，分别为 16.326mm 与 1.428mm，如表中最后两列所示。另外，还可以求出整体标准差 $S=0.610\,249$。

用极差估计标准差，因为样本容量为 5，查表 5-3 得 $d_2=2.326$。

所以:

$$\sigma = \frac{\bar{R}}{d_2} = \frac{1.428}{2.326} \approx 0.613\,9$$

$$C_p = \frac{T}{6\sigma} = \frac{6}{6 \times 0.613\,9} \approx 1.63$$

$$k = \frac{16.326 - 16}{3} \approx 0.11$$

$$C_{pk} = C_p(1-k) = 1.63 \times (1-0.11) \approx 1.45$$

从 $C_{pk}=1.45$ 看,工序能力达到一级。

(2) 计算 C_{pm}。

本例的质量标准中,规格上限与规格下限是对称的,M 即为对称中心 16mm。

$$P_p = \frac{T}{6\sqrt{\sigma^2+(\mu-M)^2}} = \frac{6}{6\times\sqrt{0.610\ 249^2+(16.326-16)^2}} \approx 1.45$$

(3) 计算 P_p 与 P_{pk}。

$$P_p = \frac{T}{6S} = \frac{6}{6\times 0.610\ 249} \approx 1.64$$

$$P_{pk} = P_p(1-k) = 1.64\times\left(1-\frac{16.326-16}{3}\right) \approx 1.46$$

本例中,所计算的 P_p 与 C_p 比较接近,P_{pk} 与 C_{pk} 比较接近,说明从长期看,过程受到系统性因素的影响较小。

(4) 计算不合格产品率。

把 C_p 及 k 值代入式(5-75),得:

$$P(x\leq T_L \text{ 或 } x\geq T_U) = 1-\Phi(3\times 1.45)+\Phi[-3\times 1.63\times(1+0.11)]$$
$$= 1-\Phi(4.35)+\Phi(-5.43)$$
$$\approx 0$$

(5) 计算 PPM。

以下只计算整体 PPM(parts per million,百万分率)。本例中,整体标准差 $S=0.610\ 249$,取 $S=0.610\ 2$。因此有:

$$\text{PPM}_{T_U} = [1-\Phi Z_{T_U}]\times 10^6 = \{1-\Phi((T_U-\mu)/S)\}\times 10^6 \approx 5.88$$

$$\text{PPM}_{T_L} = \Phi Z_{T_L}\times 10^6 = \Phi[(T_L-\mu)/S]\times 10^6 \approx 0.03$$

$\text{PPM}_{\text{合计}} = \text{PPM}_{T_U}+\text{PPM}_{T_L}=5.91$。可以看到,即使在百万分率这个尺度下,不合格产品率也是很低的。

根据上述计算结果,可以看出,该公司具有较高的质量水平,过程能力充足,应予以保持。

❖ 案例分析

润通公司走上质量管理的快车道

润通公司生产一种房屋装饰用高档管件。润通公司作为供应商同东方家园签署了一项合同。东方家园是一家大型建材批发零售商,服务定位于北京地区写字楼和高档住宅区。

近来,在润通公司向东方家园配送这种管件不久后,收到了一些关于内丝公差太大的投诉。这让润通公司有点震惊,因为正是由于作为优质管件生产商的良好信誉,它才被选为东方家园的 A 级供应商。由于拥有训练有素、尽职尽责的优秀员工,润通公司对其制造能力一向很有自信。在查看了近期的投诉之后,公司总裁王林怀疑是因为产量激增和轮班增加导致质量下降。

在总经理的建议下,王林聘请了一名质量顾问来帮助查找引起这类质量问题的根本原因。质量顾问以内切螺纹加工为突破口进行调查分析。切割操作的理想指标是 30.000mm，公差是 0.125mm。因此，规范上限是 T_U=30.125mm，规范下限是 T_L=29.875mm。顾问建议在近期随机抽取每班生产的 5 个产品，并记录实际尺寸。表 5-12 汇总了采集到的数据。

讨论问题

1. 根据表 5-12 中的数据，绘制质量控制图，生产过程是否受控？如果工序失控，可能的原因是什么？
2. 润通公司螺纹加工的工序能力如何？该公司如何从根本上解决这类质量问题？

表 5-12　润通公司某管件统计数据

轮班	样本	观测值 /mm				
		1	2	3	4	5
1	1	29.970	30.017	29.898	29.937	29.992
2	2	29.947	30.013	29.993	29.997	30.079
3	3	30.050	30.031	29.999	29.963	30.045
1	4	30.064	30.061	30.016	30.041	30.006
2	5	29.948	30.009	29.962	29.990	29.979
3	6	29.995	29.989	29.939	29.981	30.017
1	7	29.946	30.057	29.992	29.973	29.955
2	8	29.981	30.023	29.992	29.992	29.941
3	9	30.043	29.985	30.014	29.986	30.000
1	10	30.013	30.046	30.096	29.975	30.019
2	11	30.043	30.003	30.062	30.025	30.023
3	12	29.994	30.056	30.033	30.011	29.948
1	13	29.995	30.014	30.018	29.966	30.000
2	14	30.018	29.982	30.028	30.029	30.044
3	15	30.018	29.994	29.995	30.029	30.034
1	16	30.025	29.951	30.038	30.009	30.019
2	17	30.048	30.046	29.995	30.053	30.043
3	18	30.030	30.054	29.997	29.993	30.010
1	19	29.991	30.001	30.041	30.036	29.992
2	20	30.022	30.021	30.022	30.008	30.019
3	21	29.978	30.022	30.019	30.031	29.973
1	22	30.001	30.030	29.991	29.991	30.031
2	23	30.018	30.026	29.980	30.037	30.069
3	24	29.993	30.027	29.991	30.020	29.999
1	25	29.978	30.023	30.024	30.023	29.936
2	26	30.010	30.014	30.054	29.975	29.980
3	27	29.995	30.033	29.978	29.985	30.005
1	28	30.006	30.031	30.043	30.033	29.984
2	29	29.997	29.991	30.027	30.007	30.029
3	30	30.013	30.017	29.978	29.996	29.993
1	31	30.014	29.951	29.976	29.990	30.006
2	32	29.956	30.020	30.015	30.000	30.019

（续）

轮班	样本	观测值 /mm				
		1	2	3	4	5
3	33	30.028	30.041	29.972	30.033	30.025
1	34	30.041	29.998	29.974	30.004	30.006
2	35	30.042	29.995	30.035	30.020	30.038
3	36	29.954	30.015	30.006	30.025	30.074
1	37	29.992	30.018	29.965	30.057	30.045
2	38	30.004	30.016	29.973	29.990	29.966
3	39	30.013	29.970	30.009	30.009	30.019
1	40	29.997	29.995	29.976	29.971	29.998
2	41	30.001	30.009	29.990	30.022	29.968
3	42	30.011	30.015	29.964	30.001	29.996
1	43	30.009	30.000	29.983	30.029	29.996
2	44	30.017	29.997	30.065	29.977	29.984
3	45	29.992	29.980	29.996	29.966	29.977
1	46	30.027	30.018	29.942	30.021	29.996
2	47	30.041	29.976	30.007	30.020	30.025
3	48	30.025	30.024	30.013	29.985	30.015
1	49	29.972	30.014	29.936	29.976	29.996
2	50	29.981	29.986	30.020	30.020	29.980
3	51	30.004	29.995	29.987	30.000	29.995
1	52	30.000	29.993	30.011	30.013	29.959
2	53	30.005	30.011	30.010	30.012	30.066
3	54	30.011	30.007	30.044	30.036	29.982
1	55	29.988	29.970	30.018	30.006	30.031
2	56	30.014	30.047	29.970	29.962	30.023
3	57	29.959	30.009	30.015	30.025	29.985
1	58	29.981	29.994	30.012	29.994	30.031
2	59	30.000	30.029	30.061	30.071	29.956
3	60	30.008	30.011	30.011	30.054	29.998

思考与练习

1. 简述产生质量变异的原因。
2. 举例说明偶然性原因与必然性原因的区别。
3. 区分偶然性原因和必然性原因在质量管理上有何意义。
4. 试分析说明随机抽样、分层抽样和系统抽样所适用的场合。
5. 简述表征数据变异最典型的两个数字特征。
6. 简述正态分布的性质。
7. 何为质量控制图？简述质量控制图的控制界限。
8. 简述质量控制图的基本原理。
9. 质量控制图分为几种类型？分别说明各种质量控制图的适用对象。
10. 根据正态分布曲线的性质分别说明发生第一类错误和第二类错误的原因。
11. 简述控制界限的 3σ 原理。

12. 表 5-13 是一批轴承轴径的测量数据，共 25 个样本。试计算 $\tilde{x}$ 控制图、$\bar{x}$ 控制图和 R 控制图的控制界限，绘制 $\bar{x}-R$ 控制图和 $\tilde{x}-R$ 控制图，并根据样本点的分布判断生产过程是否处于受控状态。

13. 益民体温计厂生产一种体温计，表 5-14 为不合格产品统计数据。试采用平均样本法，计算 p 图的控制界限，绘制 p 图，并分析该体温计厂的质量状况。

14. 某精密铸造车间应用质量控制图对铸件的气孔进行统计控制。每隔 1h 抽取一个样本，样本容量为 200。每个样本中，有气孔的铸件数目如表 5-15 所示。计算 c 控制图的控制界限，并绘制 c 控制图。

表 5-13　轴承轴径测量数据表　　　　　　　（单位：mm）

样本序号	x_1	x_2	x_3	x_4	样本序号	x_1	x_2	x_3	x_4
1	23	26	24	21	14	35	23	27	25
2	26	27	28	27	15	22	33	35	24
3	29	42	35	32	16	28	39	26	27
4	32	33	30	26	17	36	27	35	32
5	20	30	22	24	18	39	24	28	35
6	32	22	28	27	19	32	30	30	42
7	33	35	23	30	20	40	33	27	26
8	36	43	38	32	21	33	36	37	30
9	32	42	26	30	22	25	20	36	30
10	21	20	30	27	23	32	40	30	30
11	24	29	32	23	24	23	27	22	34
12	24	39	28	27	25	17	27	27	31
13	32	31	32	29					

表 5-14　益民体温计厂不合格产品统计数据

样本序号	样本容量	不合格产品数	样本序号	样本容量	不合格产品数
1	1 000	12	16	900	3
2	1 000	7	17	900	8
3	1 000	9	18	900	7
4	1 000	10	19	900	6
5	1 000	6	20	900	5
6	1 000	8	21	850	16
7	1 000	8	22	850	6
8	1 000	19	23	850	3
9	1 000	4	24	850	8
10	1 000	5	25	850	10
11	900	7	26	850	15
12	900	8	27	850	8
13	900	6	28	850	9
14	900	7	29	850	4
15	900	17	30	850	8

表 5-15　铸件气孔统计表

样本序号	1	2	3	4	5	6	7	8	9	10	11	12	13	14	15	16	17	18	29	20	21	22	23	24
气孔数	3	1	6	4	6	3	6	2	3	5	3	5	7	6	4	9	5	6	8	6	10	5	7	2	11

15. 过程失控的典型表现形式有哪些?
16. 一般出现什么情况的边界点时，可以判定过程失控?
17. 一般出现何种单侧分布时，可以判定过程失控?
18. 为什么出现多个样本点连续上升或下降时，可以判定过程失控?
19. 为什么样本点表现为周期性波动时，可以判定过程失控?
20. 何为过程能力?
21. 何为过程能力指数?
22. 华乐联公司为杰普特公司生产一种高档乐器上用的螺钉。杰普特公司对华乐联公司近来的交验批进行了检验。统计结果表明，螺钉的平均外径为 1.251mm，标准差为 0.001 1mm。杰普特公司要求螺钉的外径规格为：$1.25 \pm 0.005\ 5$mm。试分析华乐联公司的生产工序满足杰普特公司需求的能力。
23. 一项企业内部质量标准，要求尺寸标准为：$\Phi 6.00 \pm 0.02$mm，QC 小组随机抽取了 72 个样品，组成 24 个样本，如表 5-16 所示。试对其进行过程能力分析。

表 5-16 产品抽样结果表

样本序号	观测值 /mm		
	x_1	x_2	x_3
1	6.028	6.003	6.011
2	6.014	5.994	6.008
3	6.002	6.014	5.983
4	6.012	5.982	6.036
5	6.024	6.002	6.008
6	6.022	5.998	6.008
7	6.014	6.000	5.991
8	5.994	5.978	5.980
9	6.012	5.999	5.983
10	6.007	6.003	5.984
11	5.968	5.987	5.999
12	6.013	6.002	6.006
13	6.034	6.008	6.025
14	6.002	5.988	6.009
15	6.012	5.983	6.035
16	5.990	5.978	5.981
17	6.015	5.992	6.003
18	6.014	5.994	5.998
19	6.031	6.006	6.018
20	6.014	5.994	6.008
21	5.996	6.005	5.979
22	6.000	6.013	6.009
23	6.035	6.007	6.026
24	6.010	5.998	6.000

第 6 章　抽样检验

学习目标

- ✓ 掌握抽样检验的基本原理
- ✓ 掌握有关抽样检验的名词术语
- ✓ 领会接收概率的含义
- ✓ 了解 N、n、c 对 OC 曲线的影响
- ✓ 了解百分比抽样方案的不合理性
- ✓ 掌握计数标准型抽样方案设计原理
- ✓ 掌握计数标准型一次抽样方案的设计方法
- ✓ 掌握计数调整型转移规则
- ✓ 掌握计量抽样方案的设计方法

毫无疑问，任何用户都希望收到的产品百分之百合格。但是，现实中存在各种各样的影响因素，因此，让所有批次的产品都达到完全合格只是人们不懈追求的目标。

在很多情况下，从技术和经济角度考虑，无法对产品进行全数检验，这时就只能采取抽样检验的方式。抽样检验的关键是确定一个接受水平，根据接受水平来判断一批产品是否达到要求。因此，抽样检验真正的管理含义是：在质量水平既定的前提下，找到一个能为供需双方接受的验收方案。

6.1　抽样检验的基本原理

检验就是通过检测，对产品进行的符合性评价。广义地讲，检验包括对产成品的最终检验和一个工序对上一个工序完成的产品或半成品的检验，也包括对购入原材料的检验。在以前的章节中我们强调了过程控制的重要性，但这并不是说不要对最终结果进行检验。更何况对原材料的检验就是对引起质量变异的投入物料的控制，就这个意义上说，其本身也属于过程的范畴。

归纳起来，检验有两个基本问题，即质量检验点和检验数量。

6.1.1　质量检验点

一个加工过程的检验点可能很多。因为每一项检验都会增加运营成本，所以需要确定合

理的检验点，不妨称为质量检验点。典型的质量检验点有以下几种。

（1）原材料和外购件入库之前。没有哪个公司愿意花费时间和精力去加工低劣的原材料。无论供货商如何强调其产品质量好，在原材料和外购件入库之前一定要做抽样检验。

（2）成品投放市场之前。公司在用户心目中的形象如何、用户是否最终满意，都要在其购买的产品中得以体现。无论是从对用户负责的角度还是从对自己负责的角度，都要最大限度地保证不让缺陷产品甚至不合格产品流向市场。事实上，一旦用户发现质量问题，公司在解决这些质量问题时所花费的费用会比在投放市场前处理这些质量问题要高得多。

（3）在高附加值操作之前。当半成品即将投入一项高附加值的加工作业之前，一定要做重点检验。

（4）在一个不可逆的作业之前。大多数情况下，在某一工艺加工点之前，产品能够被重新加工。一旦经过这一点，就不能再对其进行修复了。例如，陶器在烧制之前是可以返工修复的，一旦烧结，不合格产品只能被弃掉或降等处理。

（5）在一道覆盖性作业之前。油漆、电镀和加盖等往往会掩盖产品的缺陷。

服务业与制造业有很大的不同。因服务业顾客参与服务过程的程度较高，应在与顾客接触的地方设置质量检验点。

下面是一些常见的服务行业质量检验点与检验项目或控制标准，如表6-1所示。

表6-1 常见服务业质量检验点与检验项目或控制标准

服务行业	质量检验点	检验项目或控制标准
餐饮	前台	整洁、明亮
	收银	准确、快捷
	就餐区	整齐、清洁
	建筑和地面	美观、安全
	厨房	清洁、营养、食品安全
	停车场	安全、秩序、干净、整洁
宾馆	预订	方便、快捷
	建筑、地面和大堂	美观、安全、气势恢宏
	门童	衣冠整洁、彬彬有礼
	前台	准确、快捷、彬彬有礼
	房间服务	及时应答、干净整洁
	收银	准确快捷
	餐厅	清洁、营养、食品安全
零售	导购员	业务熟练、彬彬有礼
	展示橱窗	及时更新、明亮
	商品	新鲜、充足
	滚动扶梯	安全、清洁
	购物小车	状态良好、数量充足、安全
	货架	整齐划一、生动活泼（通过灯光和饰物装扮）
	款台	准确、快捷、礼貌

(续)

服务行业	质量检验点	检验项目或控制标准
医院	挂号	快捷
	候诊室	清洁、秩序
	医生	热情、业务精湛
	检查室	整洁、秩序
	病历	准确、详细
	账单	准确、详细

6.1.2 检验数量与检验频度

1. 检验数量

检验数量可分为全数检验和抽样检验。

全数检验是对产品逐个进行检测的一种检验方式，即百分之百检验。这种检验方式可以确保所接收的产品全部合格。

全数检验适合下面的场合。

（1）检验对象为影响产品质量的重要特性项目。

（2）批量很小，检验项目较少，失去抽样的意义。

（3）相对于漏检不合格产品所造成的损失，检验费用较少。

（4）生产过程出现了严重失控状态，需要对已生产出来的产品进行全数检验。

全数检验的主要缺点或局限性是检验工作量大、周期长、成本高、占用的检验人员和设备多。

抽样检验是从一批产品中随机抽取一部分产品进行检查，通过检查少量产品来对这批产品的质量进行估计，并对这批产品是否达到规定的质量水平做出判定。

抽样检验适合下面的场合。

（1）破坏性检验，比如对产品的可靠性、寿命、疲劳等质量特性的检验。

（2）允许有某种程度不合格产品存在的场合，比如对普通圆钉、垫圈、火柴等价值低、数量大的产品所进行的检验。

（3）大批量、连续性生产的产品，由于产量大，不可能实施全数检验。

（4）生产过程长期处于受控状态，通过抽样检验绝大多数被判定为合格批，为节省检验费用可以采用抽样检验。

抽样检验的主要缺点或局限性是被判定为合格的批次仍可能包含不合格产品。同时，由于抽样的随机性，存在把优质批判为不合格产品批或把劣质批判为合格批的可能性。

2. 检验频度

检验频度主要根据生产过程的状态或拟检验批量的大小来确定。对一个稳定的生产过程，就不需要重复地进行检查，而对一个处于失控状态或近期有质量问题的生产过程，就要加大检验频度。与一些大批量生产过程相比，对小批量的生产过程需要抽取更多的样本，甚至从每批中都能获取样本数据。

6.1.3 常用名词术语

（1）单位产品。单位产品是指实行检验的基本产品单位。单位产品应根据检验目的来划分，比如为检验饮料外包装的抗冲击性，可把一箱产品作为单位产品；对同样的饮料，为检验产品是否含有有害成分，可以把每 100mL 作为单位产品。

（2）交验批和批量。交验批是提供检验的一批产品。交验批中所包含的单位产品数量称为批量，通常记作 N。

（3）合格判定数与不合格判定数。合格判定数就是在抽样方案中预先规定的判定批产品合格的样本中最大不合格产品数，通常记为 A_c 或 c。与合格判定数相对应，不合格判定数就是在抽样方案中预先规定的判定批不合格的样本中最小不合格产品数，通常记为 R_e 或 e。

（4）批不合格产品率与过程平均不合格产品率。批不合格产品率是指交验批中不合格产品数（D）占批量的百分比，通常记为 p，即

$$p = \frac{D}{N} \tag{6-1}$$

过程不合格产品率是指数批产品经检验得到的平均不合格产品率，假设有 k 批产品，其批量分别为 $N_1, N_2, \cdots, N_k$，经检验其不合格产品数分别 $D_1, D_2, \cdots, D_k$，则过程平均不合格产品率为

$$\bar{p} = \frac{\sum\limits_{i=1}^{k} D_i}{\sum\limits_{i=1}^{k} N_i} \tag{6-2}$$

在实际操作中，通过抽样检验的结果来估计过程平均不合格产品率。

（5）合格质量水平与批允许不合格产品率。合格质量水平也称作可接受质量水平，是指供需双方能够共同接受的可接收的连续交验批的过程平均不合格产品率的上限值，记为 AQL（acceptable quality level）。

批允许不合格产品率是指供需双方能够共同接受的不可接收的连续交验批的过程平均不合格产品率的下限值，记为 LTPD（lot tolerance percent defective）。

（6）生产者风险与消费者风险。生产者风险是指由生产者承担的把合格批判为不合格批的风险，记为 α。消费者风险是指由消费者所承担的把不合格批判为合格批的风险，记为 β。容易理解，α 为当批质量水平高到 AQL 时，被判为不合格批的概率；β 为当批质量水平低到 LTPD 时，被判为合格批的概率。

6.1.4 抽样方案的分类

根据所检验质量特性值的性质，可把抽样方案分为计数抽样方案和计量抽样方案两种。计数抽样方案通过产品与质量标准的比较，把交验批分为合格和不合格。计量抽样方案通过比较产品与质量标准的计量值把批分为合格和不合格。

根据抽取样本的次数，可以把抽样方案分为一次抽样方案、二次抽样方案和多次抽样方案。下面介绍这 3 种抽样方案。

1. 一次抽样方案

一次抽样方案就是仅根据一个样本的检验结果就判定批合格与否的检验方式。一次抽样方案通常用 (N, n, c) 或 (n, c) 表示。从批量为 N 的交验批中随机抽取 n 件产品进行检验，对照预先规定的合格判定数 c，当 $d \leq c$ 时，则判定该批合格；否则，当 $d > c$ 时，则判定该批不合格，予以拒收或按事先商定的办法解决。

图 6-1 是一次抽样方案的示意图。

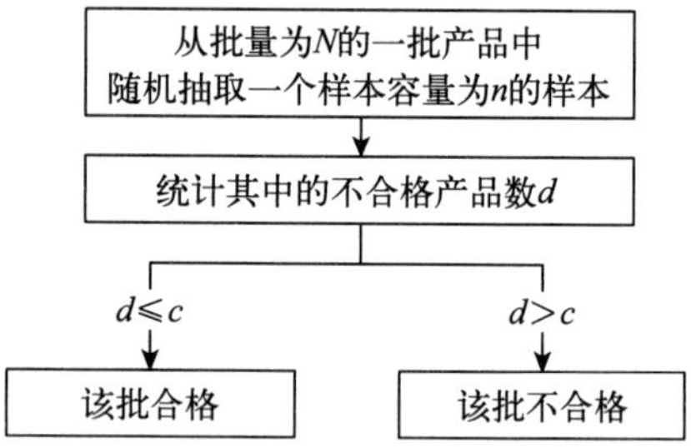

2. 二次抽样方案

二次抽样方案就是在批量为 N 的交验批中，随机抽取一个样本容量为 n_1 的样本进行检验，把在 n_1 件产品中发现的不合格产品数记为 d_1，预先规定合格判定数 c 和不合格判定数 e。

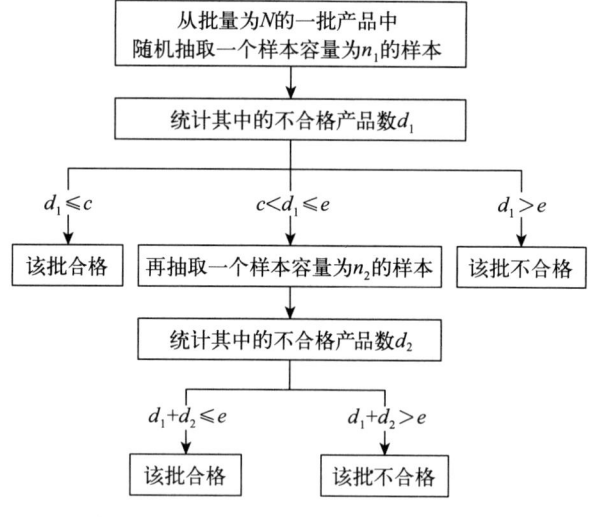

图 6-1　一次抽样方案示意图

当 $d_1 \leq c$ 时，判定该批合格。

当 $d_1 > e$ 时，判定该批不合格，予以拒收或按事先规定的办法处理。

当 $c < d_1 \leq e$ 时，进行二次抽样，即再从批量为 N 的一批产品中随机抽取一个样本容量为 n_2 的样本进行检验，记在 n_2 件产品中发现的不合格产品数为 d_2，则：

当 $d_1 + d_2 \leq e$ 时，判定该批合格；

当 $d_1 + d_2 > e$ 时，判定该批不合格，予以拒收或按事先规定的办法处理。

图 6-2 是二次抽样方案示意图。

图 6-2　二次抽样方案示意图

3. 多次抽样方案

多次抽样方案就是按每次规定的样本容量 n_i 进行检验，用每次抽检的结果与事先规定的判定准则进行比较，判定合格与否，当无法做出合格判定时，继续抽检，直至检验进行到规定的次数，再判定批是否合格。

6.1.5 接收概率与操作特性曲线

1. 接收概率

接收概率是指根据规定的抽样方案，把具有给定质量水平的交验批判为合格的概率，即用给定的抽样方案 (n, c) 去验收不合格产品率为 p 的一批产品时，判定其为合格的概率。接收概率通常记为 $L(p)$，即

$$L(p) = P(d \leqslant c) \tag{6-3}$$

当 p 一定时，根据不同情况，可用超几何分布、二项分布、泊松分布求得 $L(p)$ 的值。

（1）超几何分布。超几何分布的研究对象是有限总体无放回抽样，即考虑样本抽取后对总体特性的影响。对超几何分布情况，式（6-3）的具体形式为

$$L(p) = \sum_{d=0}^{c} \frac{C_{Np}^{d} C_{N-Np}^{n-d}}{C_{N}^{n}} \tag{6-4}$$

（2）二项分布。当 $n \leqslant 0.1N$ 时，可以用二项分布逼近超几何分布。二项分布的研究对象是总体无限有放回抽样，当总体数量很大时，可以不考虑样本抽取后对总体特性的影响。对二项分布，式（6-3）的具体形式为

$$L(p) = \sum_{d=0}^{c} C_{n}^{d} p^{d} (1-p)^{n-d} \tag{6-5}$$

（3）泊松分布。当 $n \leqslant 0.1N$ 且 $p \leqslant 0.1$ 时，可用泊松分布逼近二项分布。泊松分布的研究对象是具有计点值特征的质量特性值。对泊松分布，式（6-3）的具体形式为

$$L(p) = \sum_{d=0}^{c} \frac{(np)^d}{d!} e^{-np} \tag{6-6}$$

2. 操作特性曲线

抽样方案对产品质量高低的辨别能力称为该方案的操作特性。接收概率 $L(p)$ 实质上是批不合格产品率的函数。显然，当 $p=0$ 时，$L(p)=1$，即肯定接收；当 $p=1$ 时，$L(p)=0$，即肯定拒收；当 $0<p<1$ 时，$L(p)$ 随着 p 的增大而减小。这个函数称为抽样方案的操作特性函数，把这个函数用曲线表示出来，就称为操作特性曲线，简称 OC 曲线。

（1）理想抽样方案的 OC 曲线。如果规定一个不合格产品率 p_0，当批不合格产品率 p 超过 p_0 时，判定该批不合格，那么，一个理想的抽样方案应当满足：当 $p \leqslant p_0$ 时，接收概率为 $L(p)=1$；当 $p > p_0$ 时，接收概率 $L(p)=0$。其 OC 曲线如图 6-3 所示。

这样的 OC 曲线并不存在，在许多场合是无法进行全数检验的，此时必然存在误判。事实上，即使在全数检验的情况下，出于人员操作、设备仪器等方面的原因同样会发生错检或漏检。

（2）(1, 0) 抽样方案的 OC 曲线。所谓 (1, 0) 抽样方案，就是从交验批中随机抽取一件产品，这件产品合格就判定该批合格，否则判定该批不合格。(1, 0) 抽样方案的 OC 曲线如图 6-4 所示。

(1, 0) 抽样方案的 OC 曲线的检出能力又太弱。从图中可清楚地看出，当批不合格产品率为 50% 时，仍有 50% 的批被判为合格。

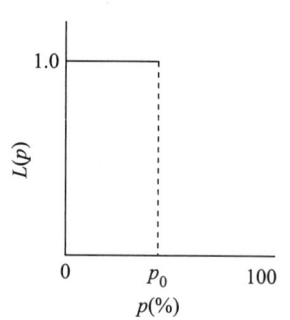
图 6-3 理想抽样方案的 OC 曲线

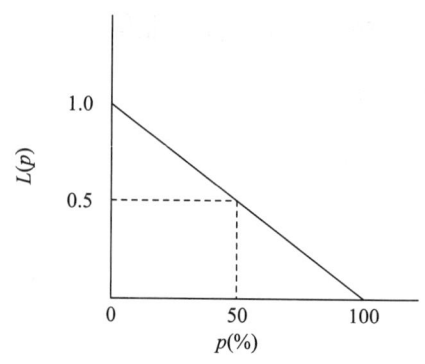
图 6-4 （1,0）抽样方案的 OC 曲线

（3）可行抽样方案的 OC 曲线。理想的抽样方案不存在，（1,0）抽样方案又太不理想，因此就需要寻找一个比较接近理想又可行的抽样方案。其基本思想是设定一个质量水平 p_0（可取为合格质量水平 AQL），当批质量从差的方向改善到这一水平时，以高概率接收该批产品，这一概率与生产者风险 α 有关，因为 α 的含义是合格批被判为不合格批的概率，所以接收概率为 $1-\alpha$，其管理含义是：在 p_0 一定时，所商定的由生产者承担的风险越大，被接收的概率越小；设定另一个质量水平 p_1（可取为批允许不合格产品率 LTPD），当批质量从好的方向下降到这一水平时，以低概率接收，这一概率即消费者风险 β，其管理含义是：在 p_1 一定时，所商定的由消费者承担的风险越大，被接收的概率越大。

可以看出，可行的抽样方案是在综合考虑供需双方利益的基础上确定的：取决于 p_0、p_1、α 和 β 4 个参数值。供需双方所商定的 p_0 越大，α 值越小（$1-\alpha$ 越大），批产品被判为合格的可能性越大，即抽样方案越宽松；p_1 越小，β 值越小，批产品被判为合格的可能性越小，即抽样方案越严格。可行抽样方案的 OC 曲线如图 6-5 所示。

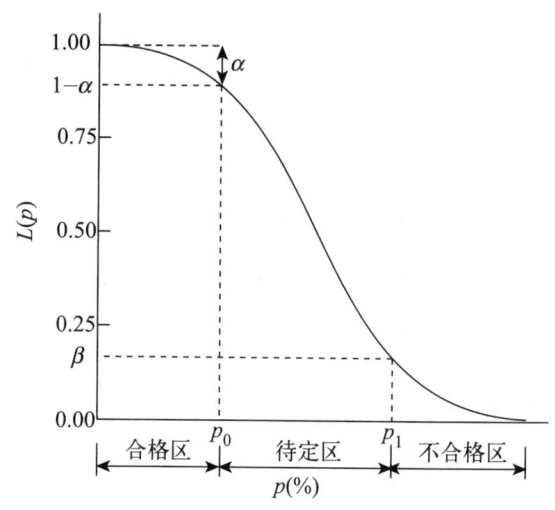
图 6-5 可行抽样方案的 OC 曲线

6.1.6 N、n、c 对 OC 曲线的影响

OC 曲线是由批量 N、样本容量 n 和合格判定数 c 决定的。批量越大，对相同的样本容量，就有可能抽到更多的不合格产品数；批量相同，样本容量越大，就有可能抽到更多的不合格产品数；批量与样本容量相同，合格判定数越大，批被判为不合格的可能性就越小。但是，这几个参数对 OC 曲线的影响程度并不相同，下面分别进行讨论。

1. n、c 一定时，N 对 OC 曲线的影响

图 6-6 从左至右分别是抽样方案（50,20,0）、（100,20,0）和（1 000,20,0）所对应的

OC 曲线。从中可以看出，批量大小对 OC 曲线的影响不大。特别地，当 $n \leqslant 0.1N$ 时，就可以忽略 N 对抽样方案的影响。所以，通常把抽样方案 (N, n, c) 简单地表示为 (n, c)。其管理含义是，送检产品的批量大小不会对抽样方案的检出能力产生太大的影响。

2. c 一定时，n 对 OC 曲线的影响

图 6-7 从左至右分别是抽样方案（200, 2）、（100, 2）和（50, 2）所对应的 OC 曲线。从中可以看出，当 c 一定时，n 对 OC 曲线的影响较大，而且样本容量 n 越大，OC 曲线的倾斜度越大，表示抽样方案越严格。事实上，对同一批产品，n 越大，越有可能抽到更多的不合格产品，越有可能被判为不合格。

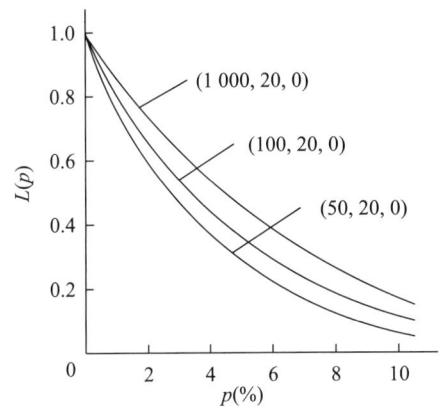

图 6-6　n、c 一定时，N 对 OC 曲线的影响

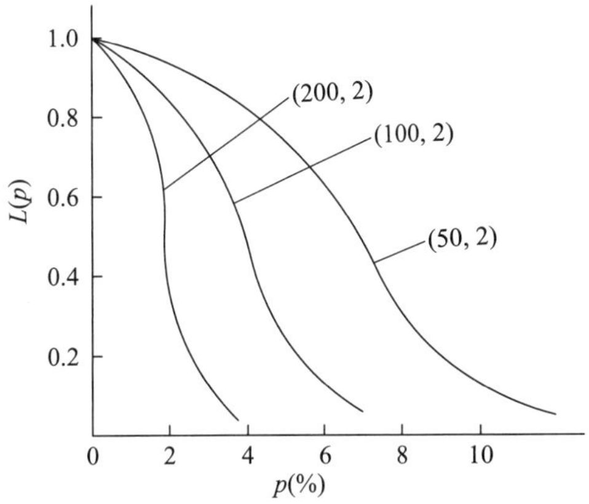

3. n 一定时，c 对 OC 曲线的影响

在图 6-8 中，假设 n 固定，从左至右五条曲线分别对应着 $c=1$、2、3、4、5。从中可以看出，当 n 一定时，c 对 OC 曲线的影响也较大，合格判定数 c 越小，OC 曲线的倾斜度越大，表示抽样方案越严格。

6.1.7　百分比抽样方案的不合理性

根据 N 对 OC 曲线的影响可以看出百分比抽样方案的不合理性。所谓百分比抽样方案，就是不管产品的批量大小，均按批量的一定比例抽取样本进行检验，

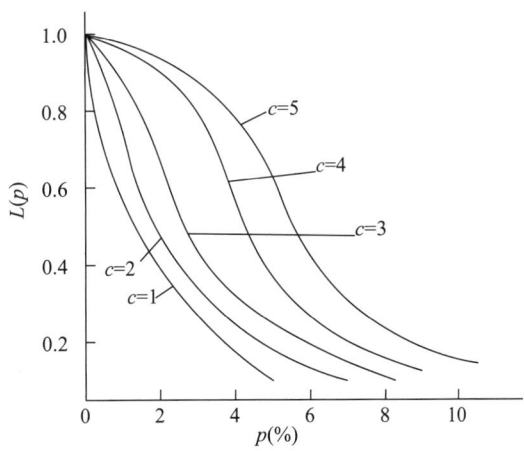

图 6-8　n 一定时，c 对 OC 曲线的影响

并按统一的合格判定数进行验收。N 不同，样本容量也不同，批量越大，n 越大。但是 N 对 OC 曲线的影响很小，而 n 对 OC 曲线的影响却很大。因此导致大批严格、小批宽松的不合理结果。

还有一种抽样方案，即规定两个百分比 k_1 和 k_2，分别乘以批量，作为样本容量和合格判定数。由于 N 对抽样方案的影响不大，而 n 和 c 对抽样方案的影响很大且不成比例关系，所以，这种双百分比方案同样不合理。

6.2 计数抽样方案

6.2.1 计数标准型抽样方案设计原理

如图 6-5 所示，实际可行的抽样方案 (n, c) 是通过 p_0、p_1、α 和 β 这 4 个参数来确定的：当 $p \leq p_0$ 时，$L(p) = 1 - \alpha$；当 $p \geq p_1$ 时，$L(p) = \beta$。计数特性值服从超几何分布、二项分布或泊松分布，后者又是对前者的近似表示。当采用二项分布时，就得到下面的关系：

$$\begin{cases} \sum_{d=0}^{c} C_n^d p_0^d (1-p_0)^{n-d} = 1-\alpha \\ \sum_{d=0}^{c} C_n^d p_1^d (1-p_1)^{n-d} = \beta \end{cases} \quad (6\text{-}7)$$

解这个联立方程组可得到样本容量 n 和合格判定数 c。实际检验时不必重复进行复杂的计算，人们已经制作了相应的表格，通过查表即可检索到相应的抽样方案。表 6-2 即是录自日本工业标准 JISZ 9002 的 $\alpha = 0.05$、$\beta = 0.10$ 的抽样方案检查表。

6.2.2 计数标准型一次抽样的步骤

（1）确定单位产品的质量标准。在验收条款中规定需抽检的质量特性以及该质量特性合格与否的判定准则。

（2）确定 p_0 与 p_1 的值。由供需双方确定 p_0 与 p_1 的值。p_1 一般取作 p_0 的 $4 \sim 10$ 倍。而 p_0 的确定应根据致命缺陷、严重缺陷及轻微缺陷的差别，在考虑质量要求、生产能力、制造成本及检验费用的基础上进行。在实际操作中，可把产品检验费用与该产品不合格所造成的损失之比 p_b 作为一个重要的参考指标：

$$p_b = \frac{\text{检验费用}}{\text{缺陷损失}}$$

当 $p_b < 1$ 时，p_0 可在 $0.1\% \sim 0.5\%$ 取值。对于轻微缺陷，p_b 值往往较大，此时，p_0 可在 $3\% \sim 10\%$ 取值。

与供需双方利益相关的另外两个参数 α 和 β 通常取为 0.05 和 0.10。

（3）形成检验批。通常把相同条件下制造出来的产品组成一个检验批。如果生产批量太大，可将其划分为几个检验批。送检批量 N 虽然对检验结果影响不大，但也不宜随意增大送检批量。把批量很大的不合格批误判为合格批会给用户造成较大的损失；同理，把批量很大的合格批误判为不合格批会给供方造成较大的损失。

（4）检索抽样方案 (n, c)。根据所确定的参数通过表 6-2 中检索抽样方案 (n, c)，以下为具体步骤：

1）找到 p_0 所在的行和 p_1 所在的列。

表 6-2 计数标准型一次抽样检验表（$\alpha=0.05$、$\beta=0.10$）

$p_0(\%)$	$p_1(\%)$ 0.71~0.90	0.91~1.12	1.13~1.40	1.41~1.80	1.81~2.24	2.25~2.80	2.81~3.55	3.56~4.50	4.51~5.60	5.61~7.10	7.11~9.00	9.01~11.20	11.30~14.00	14.10~18.00	18.10~22.40	22.50~28.00	28.10~35.50
0.090~0.112	*	400 1	↓	↓	↑	→	→	50 0	→	→	→	→	→	→	→	→	→
0.113~0.140	*	↑	300 1	↓	↓	↑	→	←	40 0	→	→	→	→	→	→	→	→
0.141~0.180	*	500 2	↑	250 1	↓	↓	↑	→	←	30 0	→	→	→	→	→	→	→
0.181~0.224	*	*	400 2	200 1	↓	↓	↓	↑	→	←	25 0	→	→	→	→	→	→
0.225~0.280	*	*	500 3	300 2	150 1	↓	↓	↓	↑	→	←	20 0	→	→	→	↓	→
0.281~0.355	*	*	*	400 3	250 2	120 1	↓	↓	↓	↑	→	↑	15 0	→	→	→	→
0.356~0.450	*	*	*	500 4	300 3	200 2	100 1	↓	↓	↓	↑	→	↑	15 0	→	→	↓
0.451~0.560	*	*	*	*	400 4	250 3	150 2	80 1	↓	↓	↓	↑	→	↑	10 0	→	→
0.561~0.710	*	*	*	*	500 6	300 4	200 3	120 2	60 1	↓	↓	↓	↑	→	↑	7 0	5 0
0.711~0.900	*	*	*	*	*	400 6	250 4	150 3	100 2	60 1	↓	↓	↓	↑	→	↑	←
0.901~1.120		*	*	*	*	*	300 6	200 4	120 3	80 2	50 1	↓	↓	↓	↑	→	→
1.130~1.400		*	*	*	*	*	500 10	250 6	150 4	100 3	60 2	40 1	↓	↓	↓	↑	↓
1.410~1.800			*	*	*	*	*	400 10	200 6	120 4	80 3	50 2	30 1	25 1	↓	↓	←
1.810~2.240			*	*	*	*	*	*	300 10	150 6	100 4	60 3	40 2	↑	20 1	↓	→
2.250~2.800				*	*	*	*	*	*	250 10	120 6	70 4	50 3	30 2	↑	15 1	↓
2.810~3.550					*	*	*	*	*	*	200 10	100 6	60 4	40 3	25 2	↑	10 1
3.560~4.500						*	*	*	*	*	*	150 10	80 6	50 4	30 3	20 2	↑
4.510~5.600							*	*	*	*	*	*	120 10	60 6	40 4	25 3	15 2
5.610~7.100								*	*	*	*	*	*	100 10	50 5	30 4	20 3
7.110~9.000									*	*	*	*	*	*	70 10	40 6	25 4
9.010~11.20										*	*	*	*	*	*	60 10	30 6

注：栏内数字左边为 n，右边为 c；有箭头应沿其指向寻下去直至见到 n、c 值；遇到 * 号采用辅助用表确定 n、c 值；空栏没有检验方式。

2）p_0 所在的行与 p_1 所在的列相交的栏目所显示的数字，即为抽样方案，其中左边的数字为样本容量 n，右边的数字为合格判定数 c。

3）如果相交的栏目处显示为箭头，就按箭头指向寻下去。

4）如果遇到 * 号，则通过抽检设计辅助表求 n、c 的值，如表 6-3 所示。

表 6-3 抽检设计辅助表

p_1/p_0	c	n	p_1/p_0	c	n
17 以上	0	$2.56/p_0 + 115/p_1$	3.5～2.8	6	$164/p_0 + 527/p_1$
16～7.9	1	$17.8/p_0 + 194/p_1$	2.7～2.3	10	$308/p_0 + 770/p_1$
7.8～5.6	2	$40.9/p_0 + 266/p_1$	2.2～2.0	15	$502/p_0 + 1065/p_1$
5.5～4.4	3	$68.3/p_0 + 334/p_1$	1.99～1.86	20	$704/p_0 + 1350/p_1$
4.3～3.6	4	$98.5/p_0 + 400/p_1$			

例 6-1 经供需双方商定，$p_0 = 2.0\%$，$p_1 = 13.0\%$，$\alpha = 0.05$，$\beta = 0.10$，检索抽样方案。

解：

查表 6-2，p_0 所在的行为 [1.810～2.240]，p_1 所在的列为 [11.30～14.00]，其相交的栏目中，左边的数字为 40，右边的数字为 2。所以，抽检方案为（40，2）。

例 6-2 经供需双方商定，$p_0 = 3.0\%$，$p_1 = 7.0\%$，$\alpha = 0.05$，$\beta = 0.10$，检索抽样方案。

解：

查表 6-2，p_0 所在的行为 [2.810～3.550]，p_1 所在的列为 [5.61～7.10]，其相交的栏目处为 * 号，需借助表 6-3 计算抽样方案。本例中，$p_1/p_0 = 7/3 = 2.3$。在表 6-3 中，p_1/p_0 的值在 [2.7～2.3] 所在的行，$c = 10$，$n = 308/3 + 770/7 \approx 213$，所以，抽检方案为（213，10）。

（5）抽取样本。按所检索的抽样方案从交验批中随机抽取样本容量为 n 的样本。

（6）检验样本质量特性值。对照规定的质量标准，对样本中的每一个产品进行检验，并统计不合格产品数 d。

（7）判定交验批。如果 $d \leq c$，则判定交验批合格；否则，判定交验批不合格。

（8）处理检验批。根据供货合同处理检验批。被判定为合格的批，用户应整批接收，通常把样本中发现的不合格产品置换为合格产品；被判定为不合格的批，通常整批退回供方，且未经有效处理不得再次提交检验。

6.2.3 计数调整型抽样方案

1. 计数调整型抽样方案的基本思想与采用的标准

产品的验收是动态的，应根据生产过程的稳定性来调整检验的宽严程度。当供方提供的产品批质量较好时，可以放宽检验。反之，则加严检验。正是基于这种思想，计数调整型抽样方案根据产品质量变化情况，事先规定调整规则，随时调整抽样方案。当批的质量处于正常情况时，采用一个正常的抽样方案；当批的质量变差时，改用一个加严的抽样方案；当批的质量变好时，可采用一个放宽的抽样方案。这种动态的抽样方案特别适用于连续多批的产品检验，通过对供方的激励或约束，促成其提高产品质量的稳定性。这是计数调整型抽样方案的基本思想。

1974 年，国际标准化组织（ISO）在美国军用标准 MIL-STD-105D 的基础上，制定、颁布了计数调整型抽样检验的国际标准，代号为 ISO 2859。1989 年和 1999 年，ISO 先后对 ISO 2859 进行了修订。2003 年，我国颁布了等同采用国际标准 ISO 2589-1：1999 的 GB/T 2828.1—2003《计数抽样检验程序第 1 部分：按接收质量限（AQL）检索的逐批检验抽样计划》，并于 2012 年修订了该标准。

ISO 2859-1：1999 是国际上应用最广泛的一套计数抽样方案。该方案编制原理科学、技术内容先进、可操作性强。这套方案包括正常抽样方案、加严抽样方案和放宽抽样方案，通过一组转换规则将 3 个方案联系起来，构成完整的计数调整型抽样方案系统。

2. AQL 的确定

GB/T 2828.1—2003 提出了接收质量限（AQL）的概念，取代原来的合格质量水平（AQL），GB/T 2828.1—2012 延续了这一概念，这里统称为 AQL。AQL 是指供需双方能够共同接受的可接收的连续交验批的过程平均不合格产品率的上限值。

针对产品的复杂程度、产品质量不合格类别、检验项目的数量和经济性等因素，在确定 AQL 时，应考虑用户的质量要求，比如性能、功能、寿命、互换性等，同时还要考虑供方的生产能力，比如过程平均质量水平、质量信誉等。具体可从以下 4 个方面确定 AQL。

（1）按用户要求确定 AQL。当用户根据使用的技术、经济条件提出必须保证的质量水平时，应将该质量要求定为 AQL。

（2）根据过程平均确定 AQL。过程平均不合格产品率代表了供方能够达到的平均质量水平。如果过程平均不合格产品率能够满足用户的要求，就可以把这一水平确定为 AQL。这种方法常用于品种少、批量大且质量信息充分的场合。在实际操作中，供方为了自觉提高产品质量、增强竞争力，通常主动把低于过程平均不合格产品率的某一水平作为 AQL，使不合格产品批增加，增加危机感。从用户角度出发，为了提高接收产品的质量，可通过 AQL 的确定使多个供方之间展开竞争。

（3）根据缺陷类别确定 AQL。质量特性的重要性不同，因其缺陷所造成的影响也不同，据此可把缺陷分为 3 类：致命缺陷（也称 A 类缺陷）、严重缺陷（也称 B 类缺陷）和轻微缺陷（也称 C 类缺陷）。致命缺陷是因关键质量特性未满足要求而导致的缺陷，这类缺陷将对使用、维护等相关人员造成损害，或者使产品的基本功能丧失。严重缺陷是因重要质量特性未满足要求而导致的缺陷，这类缺陷将造成产品故障或显著降低产品预期使用性能。轻微缺陷是因一般质量特性未满足要求而导致的缺陷，这类缺陷只是轻微地影响产品的使用效果。

显然，缺陷程度越严重，AQL 越严格，严重缺陷的 AQL 小于轻微缺陷的 AQL，而大于致命缺陷的 AQL。例如，美国海军部门规定，致命缺陷的 AQL=0.25%，严重缺陷的 AQL=1.00%，轻微缺陷的 AQL=2.50%。

（4）根据检验项目数量确定 AQL。检验项目越多，AQL 值越大。表 6-4 是美国陆军对严重缺陷按检验项目数量规定的 AQL 值。

表 6-4　美国陆军对严重缺陷按检验项目数量规定的 AQL 值

检验项目数量	AQL（%）
1～2	0.25
3～4	0.40
5～7	0.65
8～11	1.00
12～19	1.50
20～48	2.50
≥49	4.00

3. 检验水平

批量 N 对抽样方案的影响不大，但是对于批量较大的交验批，一旦错判，将造成较大的经济损失。此外，N 较大时，抽样的随机性波动也较大。因此，为了提高抽样方案的鉴别能力，N 增加时，n 也必须增加，但不是成比例增加。设定检验水平就是为了明确批量 N 与样本大小 n 之间的这种关系。

ISO 2859 规定了两类 7 个检查水平。两类检查水平是特殊检验和一般检验。其中，特殊检验水平有 4 个，即 S-1、S-2、S-3 和 S-4；一般检验水平有 3 个，即 Ⅰ、Ⅱ 和 Ⅲ。与一般检验水平相比，特殊检验水平通常用于破坏性检验或费用较高的检验。因为特殊检验所抽取的样本大小较小，所以又称小样本检验。

检验水平是以字码的形式给出的，如表 6-5 所示。表 6-5 只是提供了查询抽样方案的索引字码表，然后利用字码表及 AQL 值查询抽样方案检查主表，便可得到所需抽样方案的 3 个参数，即样本大小 N、合格判定数 A_c 和不合格判定数 R_e。

表 6-5　样本大小字码表

批量 N	特殊检验水平				一般检验水平		
	S-1	S-2	S-3	S-4	Ⅰ	Ⅱ	Ⅲ
2～8	A	A	A	A	A	A	B
9～15	A	A	A	A	A	B	C
16～25	A	A	B	B	B	C	D
26～50	A	B	B	C	C	D	E
51～90	B	B	C	C	C	E	F
91～150	B	B	C	D	D	F	G
151～280	B	C	D	E	E	G	H
281～500	B	C	D	E	F	H	J
501～1 200	C	C	E	F	G	J	K
1 201～3 200	C	D	E	G	H	K	L
3 201～10 000	C	D	F	G	J	L	M
10 001～35 000	C	D	F	H	K	M	N
35 001～150 000	D	E	G	J	L	N	P
150 001～500 000	D	E	G	J	M	P	Q
500 001 以上	D	E	H	K	N	Q	R

4. 抽样方案的转移规则

开始检验时，一般先从"正常检验"开始。根据最初正常检验结果，再按一定的规则选择转移方向。转移规则如图 6-9 所示。特别地，如果连续 10 批停留在加严检验上，就暂停检验。暂停检验发生后，允许供方采取改进措施。当用户或主管部门认为产品质量确实得到改善，才可以恢复检验，但一般先从加严检验开始。

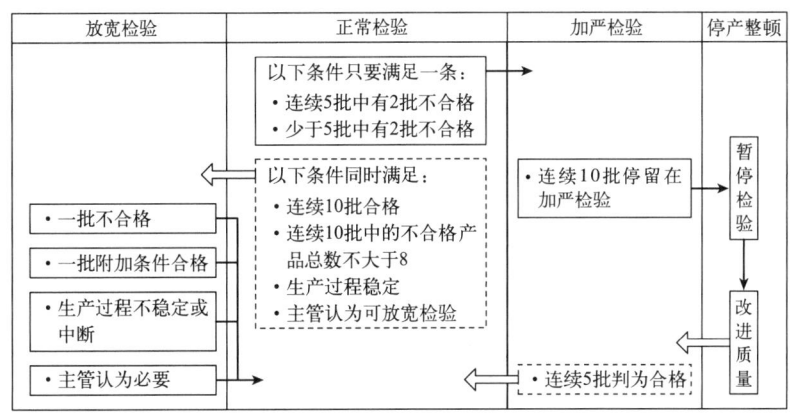

图 6-9　抽样方案转移规则

5. 抽检程序

（1）确定质量标准。在供需合同中规定产品合格与否的标准。

（2）确定 AQL。由供需双方共同商定 AQL。

（3）确定抽样方案的类型。一般只考虑一次抽样方案或二次抽样方案。

（4）决定检验水平。首先确定检验类别，然后确定检验水平。

（5）决定宽严程度。根据验收的历史记录或主管的意见决定是采用正常检验、加严检验还是放宽检验。

（6）形成检验批。把相同条件下生产的产品组成检验批。

（7）检索抽样方案。根据宽严程度、检验水平所对应的字码检索抽样方案。表 6-6、表 6-7 和表 6-8 分别是一次抽样方案正常检验、加严检验和放宽检验的检索表。表 6-9、表 6-10 和表 6-11 分别是二次抽样方案正常检验、加严检验和放宽检验的检索表。

（8）抽取样本。采用随机抽样方法，从交验批中按抽样方案规定抽取样本。

（9）检验样本质量特性值。对照产品质量标准检验样本，并对样品合格与否做出判定。

（10）判定交验批合格与否。统计样本中出现的不合格产品数，与抽样方案中规定的合格判定数和不合格判定数进行比较，判定交验批合格与否。

（11）处理检验批。合格批接收，对不合格批，原则上整批退回。对不合格批，在征得用户同意的前提下，供方可以再次提交检验，但前提是供方对该批产品进行了百分之百的检验，并剔除或修复了所发现的全部缺陷产品。

表 6-6 一次抽样方案正常检验主表（MIL-STD-105E 之表 II-A）

字码	样本容量	AQL(正常检验)
		0.010 / 0.015 / 0.025 / 0.040 / 0.065 / 0.100 / 0.150 / 0.250 / 0.400 / 0.650 / 1.000 / 1.500 / 2.500 / 4.000 / 6.500 / 10.00 / 15.00 / 25.00 / 40.00 / 65.00 / 100.0 / 150.0 / 250.0 / 400.0 / 650.0 / 1 000 （AcRe）
A	2	↓ (最右侧) ... 30 31
B	3	0 1 ... 21 22 / 30 31 / 44 45
C	5	↑ / 0 1 ... 14 15 / 21 22 / 30 31 / 44 45
D	8	0 1 ... 10 11 / 14 15 / 21 22 / 30 31 / 44 45
E	13	0 1 ... 7 8 / 10 11 / 14 15 / 21 22 / 30 31 / 44 45
F	20	0 1 ... 5 6 / 7 8 / 10 11 / 14 15 / 21 22
G	32	0 1 ... 3 4 / 5 6 / 7 8 / 10 11 / 14 15 / 21 22
H	50	0 1 ... 2 3 / 3 4 / 5 6 / 7 8 / 10 11 / 14 15 / 21 22
J	80	0 1 ... 1 2 / 2 3 / 3 4 / 5 6 / 7 8 / 10 11 / 14 15 / 21 22
K	125	0 1 / 1 2 / 2 3 / 3 4 / 5 6 / 7 8 / 10 11 / 14 15 / 21 22
L	200	0 1 / 1 2 / 2 3 / 3 4 / 5 6 / 7 8 / 10 11 / 14 15 / 21 22
M	315	0 1 / 1 2 / 2 3 / 3 4 / 5 6 / 7 8 / 10 11 / 14 15 / 21 22
N	500	0 1 / 1 2 / 2 3 / 3 4 / 5 6 / 7 8 / 10 11 / 14 15 / 21 22
P	800	0 1 / 1 2 / 2 3 / 3 4 / 5 6 / 7 8 / 10 11 / 14 15 / 21 22
Q	1 250	0 1 / 1 2 / 2 3 / 3 4 / 5 6 / 7 8 / 10 11 / 14 15 / 21 22
R	2 000	↑ / 1 2 / 2 3 / 3 4 / 5 6 / 7 8 / 10 11 / 14 15 / 21 22

注：↓ = 用箭头下面的第一个抽样方案，如果样本大小等于或超过批量，进行百分之百的检验。
↑ = 用箭头上面的第一个抽样方案。

表 6-7 一次抽样方案加严检验主表（MIL-STD-105E 之表 II-B）

字码	样本容量	AQL（加严检验）																									
		0.010	0.015	0.025	0.040	0.065	0.100	0.150	0.250	0.400	0.650	1.000	1.500	2.500	4.000	6.500	10.00	15.00	25.00	40.00	65.00	100.0	150.0	250.0	400.0	650.0	1 000
		AcRe	AcRe	AcRe	AcRe	AcRe	AcRe	AcRe	AcRe	AcRe	AcRe	AcRe	AcRe	AcRe	AcRe	AcRe	AcRe	AcRe	AcRe	AcRe	AcRe	AcRe	AcRe	AcRe	AcRe	AcRe	AcRe
A	2	↓																		1 2	2 3	3 4	5 6	8 9	12 13	18 19	27 28
B	3		↓																1 2	2 3	3 4	5 6	8 9	12 13	18 19	27 28	41 42
C	5			↓													1 2	2 3	3 4	5 6	8 9	12 13	18 19	27 28	41 42	←	
D	8															0 1	2 3	3 4	5 6	8 9	12 13	18 19	27 28	41 42	←		
E	13													0 1	→	1 2	2 3	3 4	5 6	8 9	12 13	18 19	27 28	41 42	←		
F	20										0 1	→		1 2	2 3	3 4	5 6	8 9	12 13	18 19	←						
G	32								0 1	→		1 2	2 3	3 4	5 6	8 9	12 13	18 19	←								
H	50						0 1	→		1 2	2 3	3 4	5 6	8 9	12 13	18 19	←										
J	80				0 1	→		1 2	2 3	3 4	5 6	8 9	12 13	18 19	←												
K	125			0 1	→		1 2	2 3	3 4	5 6	8 9	12 13	18 19	←													
L	200		0 1	→		1 2	2 3	3 4	5 6	8 9	12 13	18 19	←														
M	315	0 1	↑		1 2	2 3	3 4	5 6	8 9	12 13	18 19	↑															
N	500	↑		1 2	2 3	3 4	5 6	8 9	12 13	18 19	↑																
P	800																										
Q	1 250																										
R	2 000																										
S	3 150																										

注：↓ = 用箭头下面的第一个抽样方案，如果样本大小等于或超过批量，进行百分之百的检验。
↑ = 用箭头上面的第一个抽样方案。

表 6-8 一次抽样方案放宽检验主表（MIL-STD-105E 之表 II-C）

字码	样本容量	AQL(放宽检验) 0.010 AcRe	0.015 AcRe	0.025 AcRe	0.040 AcRe	0.065 AcRe	0.100 AcRe	0.150 AcRe	0.250 AcRe	0.400 AcRe	0.650 AcRe	1.000 AcRe	1.500 AcRe	2.500 AcRe	4.000 AcRe	6.500 AcRe	10.00 AcRe	15.00 AcRe	25.00 AcRe	40.00 AcRe	65.00 AcRe	100.0 AcRe	150.0 AcRe	250.0 AcRe	400.0 AcRe	650.0 AcRe	1 000 AcRe
A	2	↓														↓	→	0 1	←	→	1 2	2 3	3 4	5 6	7 8	10 11	14 15	21 22	30 31
B	2											↓	→	0 1	←	→	1 3	2 4	3 5	5 6	7 8	10 11	14 15	21 22	30 31
C	2									↓	→	0 1	←	→	1 4	2 5	3 6	5 8	7 10	10 13	14 17	21 24			
D	3								↓	→	0 2	1 3	1 4	2 5	3 6	5 8	7 10	10 13	14 17	21 24	←				
E	5							↓	→	0 2	1 3	1 4	2 5	3 6	5 8	7 10	10 13	14 17	21 24	←					
F	8						↓	→	0 2	1 3	1 4	2 5	3 6	5 8	7 10	10 13	←								
G	13					↓	→	0 1	←	0 2	1 3	1 4	2 5	3 6	5 8	7 10	10 13	←							
H	20				↓	→	0 1	←	0 2	1 3	1 4	2 5	3 6	5 8	7 10	10 13	←								
J	32			↓	→	0 1	←	0 2	1 3	1 4	2 5	3 6	5 8	7 10	10 13	←									
K	50		↓	→	0 1	←	0 2	1 3	1 4	2 5	3 6	5 8	7 10	10 13	←										
L	80	↓	→	0 1	←	0 2	1 3	1 4	2 5	3 6	5 8	7 10	10 13	←											
M	125	→	0 1	←	0 2	1 3	1 4	2 5	3 6	5 8	7 10	10 13	←												
N	200	0 1	←	0 2	1 3	1 4	2 5	3 6	5 8	7 10	10 13	←													
P	315	0 1	0 2	1 3	1 4	2 5	3 6	5 8	7 10	10 13	←														
Q	500	0 2	1 3	1 4	2 5	3 6	5 8	7 10	10 13	←															
R	800	↑																								

注：↓＝用前头下面的第一个抽样方案，如果样本大小等于或超过批量，进行百分之百的检验。
↑＝用前头上面的第一个抽样方案。

表 6-9 二次抽样方案正常检验主表（MIL-STD-105E 之表 III-A）

字码	抽样次数	样本容量	累计样本容量	\multicolumn{26}{c}{AQL（正常检验）}

字码	抽样次数	样本容量	累计样本容量	0.010 AcRe	0.015 AcRe	0.025 AcRe	0.040 AcRe	0.065 AcRe	0.100 AcRe	0.150 AcRe	0.250 AcRe	0.400 AcRe	0.650 AcRe	1.000 AcRe	1.500 AcRe	2.500 AcRe	4.000 AcRe	6.500 AcRe	10.00 AcRe	15.00 AcRe	25.00 AcRe	40.00 AcRe	65.00 AcRe	100.0 AcRe	150.0 AcRe	250.0 AcRe	400.0 AcRe	650.0 AcRe	1 000 AcRe
A																													*
B	第一 第二	2 2	2 4																								*	*	25 31 56 57
C	第一 第二	3 3	3 6																						*	*	11 16 26 27	17 22 37 38	25 31 56 57
D	第一 第二	5 5	5 10																					*	*	7 11 18 19	11 16 26 27	17 22 37 38	25 31 56 57
E	第一 第二	8 8	8 16																				*	*	5 9 12 13	7 11 18 19	11 16 26 27	17 22 37 38	←
F	第一 第二	13 13	13 26																			*	*	3 7 8 9	5 9 12 13	7 11 18 19	11 16 26 27	←	
G	第一 第二	20 20	20 40																		*	*	2 5 6 7	3 7 8 9	5 9 12 13	7 11 18 19	11 16 26 27	←		
H	第一 第二	32 32	32 64																	*	*	1 4 4 5	2 5 6 7	3 7 8 9	5 9 12 13	7 11 18 19	11 16 26 27	←		
J	第一 第二	50 50	50 100																*	*	0 3 3 4	1 4 4 5	2 5 6 7	3 7 8 9	5 9 12 13	7 11 18 19	11 16 26 27	←			
K	第一 第二	80 80	80 160															*	*	0 2 1 2	0 3 3 4	1 4 4 5	2 5 6 7	3 7 8 9	5 9 12 13	7 11 18 19	11 16 26 27	←				
L	第一 第二	125 125	125 250													*	*		0 2 1 2	0 3 3 4	1 4 4 5	2 5 6 7	3 7 8 9	5 9 12 13	7 11 18 19	11 16 26 27	←					
M	第一 第二	200 200	200 400												*	*		0 2 1 2	0 3 3 4	1 4 4 5	2 5 6 7	3 7 8 9	5 9 12 13	7 11 18 19	11 16 26 27	←						
N	第一 第二	315 315	315 630											*	*		0 2 1 2	0 3 3 4	1 4 4 5	2 5 6 7	3 7 8 9	5 9 12 13	7 11 18 19	11 16 26 27	←							
P	第一 第二	500 500	500 1 000									*	*		0 2 1 2	0 3 3 4	1 4 4 5	2 5 6 7	3 7 8 9	5 9 12 13	7 11 18 19	11 16 26 27	←								
Q	第一 第二	500 500	500 1 000								*	*		0 2 1 2	0 3 3 4	1 4 4 5	2 5 6 7	3 7 8 9	5 9 12 13	7 11 18 19	11 16 26 27	←									
R	第一 第二	1 250 1 250	1 250 2 500							*	←		0 2 1 2	0 3 3 4	1 4 4 5	2 5 6 7	3 7 8 9	5 9 12 13	7 11 18 19	11 16 26 27	←										

注：* = 用对应的一次抽样方案或用其下面的二次抽样方案，如果样本大小等于或超过批量，进行百分之百的检验。
↓ = 用箭头下面的一次抽样方案。
↑ = 用箭头上面的一次抽样方案。

表 6-10 二次抽样方案加严检验主表（MIL-STD-105E 之表 Ⅲ-B）

字码	抽样次数	累计样本容量	AQL（加严检验）																								
			0.010	0.015	0.025	0.040	0.065	0.100	0.150	0.250	0.400	0.650	1.000	1.500	2.500	4.000	6.500	10.00	15.00	25.00	40.00	65.00	100.0	150.0	250.0	400.0	650.0	1 000
			Ac Re	Ac Re	Ac Re	Ac Re	Ac Re	Ac Re	Ac Re	Ac Re	Ac Re	Ac Re	Ac Re	Ac Re	Ac Re	Ac Re	Ac Re	Ac Re	Ac Re	Ac Re	Ac Re	Ac Re	Ac Re	Ac Re	Ac Re	Ac Re	Ac Re	Ac Re
A																												
B	第一 第二	2 2 4																									*	
C	第一 第二	3 3 6																								*		
D	第一 第二	5 5 10																							*			
E	第一 第二	8 8 16																						*				
F	第一 第二	13 13 26																					*					
G	第一 第二	20 20 40																				*						
H	第一 第二	32 32 64																			*							
J	第一 第二	50 50 100																		*								
K	第一 第二	80 80 160																	*									
L	第一 第二	125 125 250																*										
M	第一 第二	200 200 400															*											
N	第一 第二	315 315 630														*												
P	第一 第二	500 500 1 000													*													
Q	第一 第二	800 800 1 600												*														
R	第一 第二	1 250 1 250 2 500											*															
S	第一 第二	2 000 2 000 4 000										*																

注：* = 用对应的一次抽样方案或用下面的一次抽样方案。
↓ = 用箭头下面的第一个抽样方案，如果样本大小等于或超过批量，进行百分之百的检验。
↑ = 用箭头上面的第一个抽样方案。

表6-11 二次抽样方案放宽检验主表（MIL-STD-105E之表Ⅲ-C）

字码	抽样次数	样本容量	累计样本容量	0.010 Ac Re	0.015 Ac Re	0.025 Ac Re	0.040 Ac Re	0.065 Ac Re	0.100 Ac Re	0.150 Ac Re	0.250 Ac Re	0.400 Ac Re	0.650 Ac Re	1.000 Ac Re	1.500 Ac Re	2.500 Ac Re	4.000 Ac Re	6.500 Ac Re	10.00 Ac Re	15.00 Ac Re	25.00 Ac Re	40.00 Ac Re	65.00 Ac Re	100.0 Ac Re	150.0 Ac Re	250.0 Ac Re	400.0 Ac Re	650.0 Ac Re	1000 Ac Re
A				↓																									
B																													
C																													
D	第一 第二	2 2	2 4															* *												
E	第一 第二	3 3	3 6														* *	→ →												
F	第一 第二	5 5	5 10													* *	→ →	↔ ↔	0 2 0 2											
G	第一 第二	8 8	8 16												* *	→ →	↔ ↔	0 2 0 2	0 3 0 4											
H	第一 第二	13 13	13 26											* *	→ →	↔ ↔	0 2 0 2	0 3 0 4	0 4 1 5											
J	第一 第二	20 20	20 40										* *	→ →	↔ ↔	0 2 0 2	0 3 0 4	0 4 1 5	0 4 3 6	1 5 4 7										
K	第一 第二	32 32	32 64									* *	→ →	↔ ↔	0 2 0 2	0 3 0 4	0 4 1 5	0 4 3 6	1 5 4 7	2 7 6 9										
L	第一 第二	50 50	50 100								* *	→ →	↔ ↔	0 2 0 2	0 3 0 4	0 4 1 5	0 4 3 6	1 5 4 7	2 7 6 9	3 8 8 12									
M	第一 第二	80 80	80 160							* *	→ →	↔ ↔	0 2 0 2	0 3 0 4	0 4 1 5	0 4 3 6	1 5 4 7	2 7 6 9	3 8 8 12	5 10 12 16									
N	第一 第二	125 125	125 250						* *	→ →	↔ ↔	0 2 0 2	0 3 0 4	0 4 1 5	0 4 3 6	1 5 4 7	2 7 6 9	3 8 8 12	5 10 12 16	↑									
P	第一 第二	200 200	200 400					* *	→ →	↔ ↔	0 2 0 2	0 3 0 4	0 4 1 5	0 4 3 6	1 5 4 7	2 7 6 9	3 8 8 12	5 10 12 16	↑										
Q	第一 第二	315 315	315 630				*	←	→ →	0 2 0 2	0 3 0 4	0 4 1 5	0 4 3 6	1 5 4 7	2 7 6 9	3 8 8 12	5 10 12 16	↑					7 12 18 22	11 17 26 30					
R	第一 第二	500 500	500 1000	↑	←	0 2 0 2	0 3 0 4	0 4 1 5	0 4 3 6	1 5 4 7	2 7 6 9	3 8 8 12	5 10 12 16	↑								5 10 12 16	7 12 18 22	11 17 26 30				

注：*=用对应的一次抽样方案或用其下面的二次抽样方案。
↓=用箭头下面的第一个抽样方案，如果样本大小等于或超过批量，进行百分之百的检验。
↑=用箭头上面的第一个抽样方案。

例 6-3 已知交验批 $N=3\,000$ 件，$AQL=0.40\%$，选用检验水平Ⅲ。试求一次正常、加严和放宽检验抽样方案。

解：

（1）一次正常检验抽样方案。依所提供数据及检验水平Ⅲ，查表 6-5 可知样本大小字码为 L。查表 6-6 找到字码 L 对应的一次正常检验抽样方案为：$n=200$，$A_c=2$，$R_e=3$。

（2）一次加严检验抽样方案。查表 6-7 找到字码 L 对应的一次加严检验抽样方案为：$n=200$，$A_c=1$，$R_e=2$。

（3）一次放宽检验抽样方案。查表 6-8 找到字码 L 对应的一次放宽检验抽样方案为：$n=80$，$A_c=1$，$R_e=3$。

根据转移规则，3 种检验抽样方案的转移关系如图 6-10 所示。

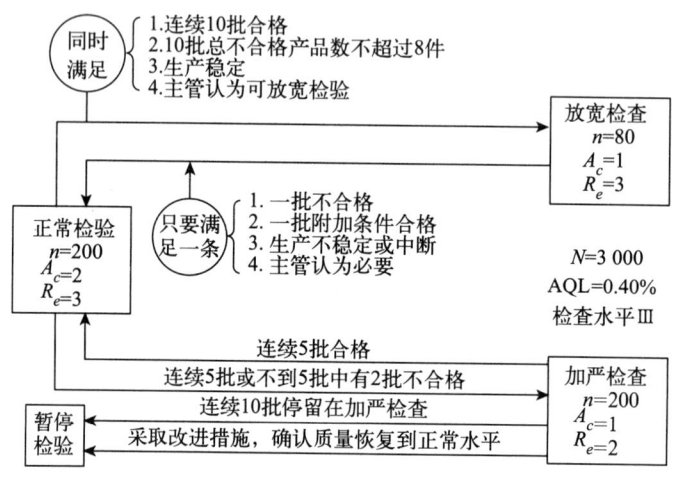

图 6-10 例 6-3 中 3 种检验抽样方案的转移关系

例 6-4 已知交验批 $N=20\,000$ 件，$AQL=0.65\%$，选用检验水平Ⅰ。试求二次正常、加严和放宽检验抽样方案，并绘制二次正常检验抽样方案的示意图。

解：

（1）二次正常检验抽样方案。依所提供数据及检验水平Ⅰ，查表 6-5 可知样本大小字码为 K。查表 6-9 可找到字码 K 对应的二次正常检验抽样方案，结果如表 6-12 所示。

表 6-12

n	A_c	R_e
80	0	3
80	3	4

（2）二次加严检验抽样方案。查表 6-10 可找到字码 K 对应的二次加严检验抽样方案，结果如表 6-13 所示。

（3）二次放宽检验抽样方案。查表 6-11 可找到字码 K 对应的二次放宽检验抽样方案，结果如表 6-14 所示。

表 6-13

n	A_c	R_e
80	0	2
80	1	2

表 6-14

n	A_c	R_e
32	0	3
32	0	4

（4）二次正常检验抽样方案，如图 6-11 所示。

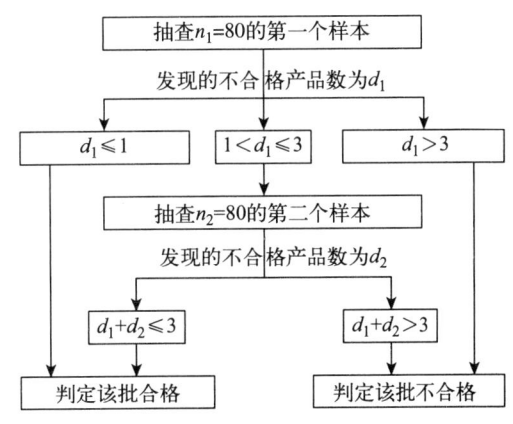

图 6-11　例 6-4 二次正常检验抽样方案示意图

6.3　计量抽样方案

6.3.1　计量抽样的特点与分类

计量抽样方案是从批中随机抽取的样本，统计计算样本质量数据的平均值和标准差，与判定标准进行比较，来判断一批产品是否合格。在实际操作中，常把计量抽样方案和计数抽样方案结合起来使用。对于主要质量指标的检验、破坏性检验和费用高的检验，通常采用计量抽样方案；对于一般质量指标的检验，采用计数抽样方案。两者相互配合，可以收到较好的经济效果。在计量抽样检验中，通常假定质量特性值服从正态分布。

计量抽样检验具有以下特点。

（1）需要事先知道质量特性值的分布。

（2）与计数抽样相比，计量抽样给出的质量信息更多，是根据不同质量指标的样本均值或样本标准差来判断一批产品是否合格，而不是根据样本中的缺陷数来判断一批产品是否合格。

（3）在保证同样质量要求的前提下，计量抽样所需的样本量比计数抽样要少，可以节省时间、减少费用，特别适用于具有破坏性的检验项目或检验费用较大的检验项目。

（4）一个抽样方案只能用于一个质量指标的检验。

根据对质量目标值的期望，可把计量抽样方案分为要求下公差界限、要求上公差界限和要求双公差界限 3 类抽样方案。

（1）要求下公差界限的抽样方案。对某些质量特性，希望其测定值越大越好。为保证接收产品的质量设定一个下限值，当批平均水平小于这一下限值时，即为劣质批，以低概率接收。这类抽样方案用于检测产品寿命、营养成分的含量等质量指标。

（2）要求上公差界限的抽样方案。对某些质量特性，希望其测定值越小越好。为保证接收产品的质量设定一个上限值，当批平均水平大于这一上限值时，即为劣质批，以低概率接收。这类抽样方案用于检测辐射、有害成分的含量等质量指标。

（3）要求双向公差界限的抽样方案。对某些质量特性，希望其测定值落在一定的范围之内。为保证接收产品的质量，同时设定一个下限值和一个上限值，当批平均水平超出这一限定范围时，为劣质批，以低概率接收。这类抽样方案用于检测直径、硬度等质量指标。

6.3.2 计量抽样方案的设计

计量抽样方案的特点决定了不同前提条件下所设计的抽样方案不同。σ 是否已知、是保证平均值还是保证不合格产品率，不同的要求会有不同的抽样方案相对应。例如，日本 JISZ 9003 与 JISZ 9004 标准所确定的抽样方案分别与 σ 已知和 σ 未知相对应。现假定以下条件。

（1）保证不合格产品率。
（2）希望合格批的平均值界限 μ_0 已知。
（3）希望不合格批的平均值界限 μ_1 已知。
（4）批 σ 已知或已被估计出来。
（5）α 和 β 已确定。

以下仅说明如何设计要求下公差界限的抽样方案，此时，$\mu_0 > \mu_1$。同样的道理，可设计要求上公差界限的抽样方案。对于要求双向公差界限的情况，可通过上下公差之差转化为单公差要求的情况，还可借助查表方法设计抽样方案。

如图 6-12 所示，希望平均值比 μ_0 高的批作为"优质"批，以高概率（$1-\alpha$）接收；而平均值比 μ_1 低的批作为"劣质"批，以低概率 β 接收。下面说明如何求出样本大小 n 和合格判定数下限值 $\bar{x}_L$。

从图 6-12 中可看出，$\bar{x}_L$ 是优质批的控制下限，同时，又是劣质批的控制上限，因此：

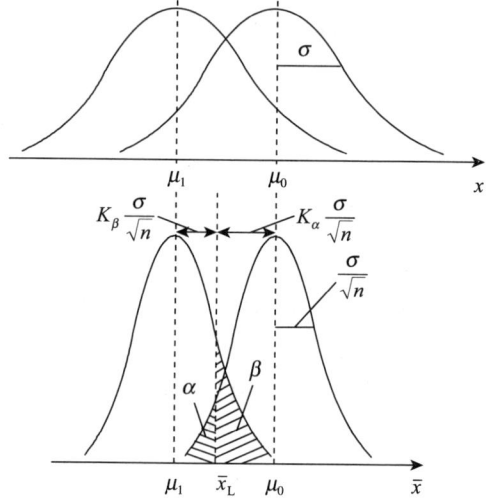

图 6-12 σ 已知，要求下公差界限

$$\bar{x}_L = \mu_0 - K_\alpha \frac{\sigma}{\sqrt{n}} \quad (6\text{-}8)$$

$$\bar{x}_L = \mu_1 + K_\beta \frac{\sigma}{\sqrt{n}} \quad (6\text{-}9)$$

解式（6-8）和式（6-9）组成的联立方程得：

$$n = \left(\frac{K_\alpha + K_\beta}{\mu_0 - \mu_1}\right)^2 \sigma^2 \quad (6\text{-}10)$$

$$\bar{x}_L = \frac{K_\alpha \mu_1 + K_\beta \mu_0}{K_\alpha + K_\beta} \quad (6\text{-}11)$$

其中，K_α 和 K_β 分别为累积概率 α 和 $1-\beta$ 对应的样本均值的标准差的水平，可根据关系式：

$$\Phi(-K_\alpha) = 1 - \Phi(K_\alpha)$$

然后通过查标准正态分布累积概率表得到。

例6-5 已知某产品批的目标值 $\mu_0 = 10.00$ mm，其均值小于 $\mu_1 = 9.68$ mm 时，以小概率接收。令 $\sigma = 0.25$，规定两种错判概率 $\alpha = 0.05$，$\beta = 0.10$，通过计算确定计量抽样方案。

解：

查标准正态分布累积概率表（见表5-1）可知：

$\alpha = 0.05$ 时，$K_\alpha = 1.64$；$\beta = 0.10$ 时，$K_\beta = 1.28$。于是：

$$n = \left(\frac{K_\alpha + K_\beta}{\mu_0 - \mu_1}\right)^2 \sigma^2 = \left(\frac{1.64 + 1.28}{10.00 - 9.68}\right)^2 \times 0.25^2 \approx 5$$

$$\bar{x}_L = \frac{K_\alpha \mu_1 + K_\beta \mu_0}{K_\alpha + K_\beta} = \frac{1.64 \times 9.68 + 1.28 \times 10.00}{1.64 + 1.28} \approx 9.82 \text{（mm）}$$

此即所确定的计量抽样方案。其含义为：从交验批中随机抽取样本大小为5的样本，当样本平均值小于9.82mm时，判定该批合格，否则判定该批不合格。这里需注意的是，9.68mm可认为是极限值，9.82mm是平衡供需双方的利益后的判定值，而供需双方利益体现在 α 和 β 的确定上，不同的 α 和 β 值会有不同的抽样方案。

❖ **案例分析**

这个抽样方案的合理性值得怀疑

供应商来自深圳，生产微型计算机上用的电池单元。客户是来自北京的一家计算机制造商，本次计划采购2 000组电池单元。为了制订合理的抽样方案，供需双方商定生产者风险与消费者风险分别为5%与10%。对应于生产者风险的可接受质量水平为2%，对应于消费者风险的批允许不良率为7%。来自客户方面的QC人员沿用了先前的抽样方案，即不管交验批大小，从交送的电池组中随机抽取120组对照质量标准进行检测，如果检测中发现的不合格产品数不超过3件，就认为交验批合格。这时，除把发现的不合格电池组替换为合格的电池组外，余下的全部接收。否则，判定交验批不合格，按事先约定的办法进行处置。

● **讨论问题**

1. QC人员执行的抽样方案并未考虑交验批的大小。这种做法在什么时候是合理的？
2. 该QC人员所执行的抽样方案是否正确？如果不正确，是对供方不利，还是对客户不利？请给出你的理由。

思考与练习

1. 就某一简单的机械加工和装配过程，确定其质量检验点。
2. 就某一服务行业，确定其质量检验点与检验项目或标准。
3. 简述全数检验和抽样检验分别适用的场合。
4. 简述确定检验频度的依据。
5. 试解释下述名词：
   （1）单位产品；
   （2）交验批与批量；
   （3）合格判定数与不合格判定数；
   （4）批不合格产品率；
   （5）合格质量水平与批允许不合格产品率；

（6）生产者风险与消费者风险。
6. 简述一次抽样方案和二次抽样方案的操作步骤。
7. 何为接收概率？
8. 何为操作特性曲线？
9. 为什么说理想的抽样方案并不存在？
10. 为什么说（1,0）抽样方案的检出能力差？
11. 试述可行抽样方案的基本思想。
12. 为什么说可行抽样方案是在平衡供需双方利益基础上确定的？
13. 可行抽样方案取决于哪些参数？这些参数的含义何在？
14. N、n、c 分别对 OC 曲线产生什么影响？
15. 为什么说百分比方案和双百分比方案均不合理？
16. 简述计数标准型抽样方案的设计原理。
17. 试述计数标准型一次抽样的步骤。
18. 经供需双方商定，$p_0=2.0\%$，$p_1=4.0\%$，$\alpha=0.05$，$\beta=0.10$，试检索抽样方案。
19. 简述计数调整型抽样方案的基本思想。
20. 简述如何按用户的要求确定 AQL。
21. 简述如何根据过程平均确定 AQL。
22. 简述如何根据缺陷类别确定 AQL。
23. 简述设置检验水平的出发点。
24. 简述制定转移规则的基本思想。
25. 试述抽样方案的转移规则。
26. 简述计数调整型抽样方案的抽检程序。
27. 已知交验批 $N=2\,000$ 件，AQL$=0.65\%$，选用检验水平Ⅲ。试检索二次正常、加严和放宽检验抽样方案。绘制正常、加严、放宽 3 种抽样方案转换的关系图。
28. 已知交验批 $N=30\,000$ 件，AQL$=0.65\%$，选用检验水平Ⅱ。试检索二次正常、加严和放宽检验抽样方案，并绘制二次正常检验抽样方案的示意图。
29. 试述计量抽样检验的特点。
30. 为什么说计数检验与计量检验要配合起来使用？
31. 按对质量目标值的期望，计量抽样方案可分为几类？
32. 分别说明要求下公差界限、要求上公差界限和要求双向公差界限抽样方案的含义。
33. 一种奶制品，每 100g 蛋白质含量的目标值 $\mu_0=2.8$g，当蛋白质含量小于 $\mu_1=2.3$g 时，以小概率接收。令 $\sigma=0.42$，规定两种错判概率 $\alpha=0.05$，$\beta=0.10$，通过计算确定计量抽样方案。

第 7 章 顾客满意度及其测评

◐ 学习目标

√ 理解顾客满意度的概念　　　　　　√ 了解顾客满意度测评
√ 掌握影响顾客满意度的因素　　　　√ 领会持续提升顾客满意度的思想
√ 掌握顾客满意度模型

7.1 顾客满意度理念

7.1.1 顾客满意与顾客满意度

1. 顾客满意的概念

顾客满意，即"顾客对其要求已被满足的程度的感受"。对这一概念，应从以下几个方面来理解。

（1）顾客抱怨、投诉等是一种满意度低的最常见的表达方式，但没有抱怨并不一定表明顾客很满意。

（2）即使规定的顾客需求符合顾客的愿望并得到满足，也不一定确保顾客很满意。

（3）顾客忠诚度提高则是顾客满意或很满意的表现形式。

（4）可把顾客满意的程度分为不满意、满意和很满意 3 个层次。质量管理的目标是达到顾客满意，并争取达到顾客很满意。这是"以顾客为关注焦点"原则的集中体现。

（5）顾客满意是顾客的一种主观感受，是顾客期望与实际感受之间对应程度的反映，具有相对性，随着时间、地点和其他条件的改变而变化。

（6）应当用适当的方法和指标将顾客的这种主观感受客观地、量化地体现出来，即采用科学的方法测评顾客满意度。

2. 顾客满意度的概念

顾客满意是顾客对产品或服务的感受及评价，也是企业努力的结果。如何评价其结果，衡量其感受的水平,是顾客满意度凸显的含义。顾客满意度是对顾客满意做出的定量描述,可简要地定义为"顾客使用某种产品或享受某项服务的实际感受与其期望值比较的实际程度",既体现了顾客满意的程度,也反映出企业提供的产品或服务满足顾客需求的成效。

人在生产、生活的一切活动中都存在着各种各样的需要期望值,具体地说,人在购买产品或者接受服务时会对照期望值表露出自己对于产品或服务的情感。在市场经济中,用顾客满意度作为衡量产品或服务质量优劣的标准具有客观权威,只是因产品与服务的品种多、用途不同而有所不同,顾客需求具有层次性、变化性和发展性等特点,并且顾客质量参差不齐,因此对顾客满意度进行科学、客观的评价是一项十分重要且复杂的任务。

7.1.2 顾客满意理念的发展

彼得·F. 德鲁克在《公司的概念》(1946)[一]中认为:"公司的目标是谋取经济利益,因此它必须有一个衡量效率的标准——一个客观的标准,不受任何人的感情和意愿的影响。"随着市场环境的变化,企业为了确保从激烈的竞争环境中脱颖而出,实现谋取经济利益的目标,其经营理念、质量管理理念逐渐转变。

1. 企业经营理念的发展

企业的经营理念自 20 世纪初开始,大致经历了从以产量为导向、以产品为导向到以顾客为导向的转变过程。20 世纪 60 年代中期以来,大多数西方国家的经济发展缓慢,同时市场竞争也变得极为激烈,面对这一形势,企业所推出的优质产品若得不到顾客青睐,就不能在市场上站稳脚跟。顾客满意相关研究便开始逐渐流行起来。以顾客为导向的营销是麦肯锡、皮尔奥特和科特勒等学者于 20 世纪 60 年代提出的观点,其基础是先确定目标消费群体的想法,然后用产品和服务最大限度地使该群体满意。这种观点把顾客满意放在市场营销活动最为核心的位置。20 世纪 80 年代以来,顾客满意战略在美国一些公司开始推行。顾客满意战略将顾客满意作为最高目标,强调满足顾客需求,强化企业与顾客的关系管理。顾客满意战略是全过程管理,需要将让顾客满意的思想贯穿在从设计、生产、销售到营销等所有环节。

现今,顾客满意理念已经成为世界上众多优秀公司的经营理念。例如,惠普公司对顾客的承诺:顾客的成功就是惠普的成功。该承诺体现了惠普公司以顾客为焦点,根据顾客需求提供全方位服务,帮助顾客提升在互联网时代的竞争力;海尔在"出真品、送真情"的理念下,把满意服务渗透到顾客消费的全过程,促进了海尔产品的销售。

2. 质量管理理念的转变

伴随着经营理念的变化,质量管理理念也逐步从质量检验、统计质量管理转变为全面质量管理、科学质量管理。质量检验阶段、统计质量管理阶段、全面质量管理阶段和科学质量管理阶段是 20 世纪以来质量管理的 4 个发展阶段。全面质量管理、科学质量管理与质量检验、统计质量管理最大的不同在于质量管理目标的转变,从保证产品质量转变为满足顾客需求,使顾客满意。

[一] 中文版已由机械工业出版社出版。

20 世纪 60 年代以来，质量管理理念逐步过渡到全面质量管理阶段，其管理目标是将满足顾客需求放在第一位，以顾客需求为导向，该阶段不再简单地局限于如何采用各种检验方法来保证产品质量，而是采取更先进的、高标准化的质量管理手段来提高产品质量，并强调全员参与。20 世纪 90 年代以来，科学质量管理越来越受到重视，其管理目标是以社会要求为基础，满足顾客需求。与全面质量管理相比，科学质量管理主要有两点改进：①在质量管理过程中，既强调了企业的投入，又强调了社会的参与；②更强调了企业的社会责任，产品质量的提高需要服从于社会生态环境的协调发展。

7.1.3　影响顾客满意度的因素

影响顾客满意度的因素从总体上说大致可分为两类，即顾客满意度的原因要素和顾客满意度的结果要素。顾客满意度的原因要素包括：顾客对产品或服务的期望、产品或服务的实际表现、顾客对产品或品牌的情感，以及顾客对公平的判断；顾客满意度的结果要素包括：正式抱怨和重复购买。

1. 顾客对产品或服务的期望

顾客对产品或服务的期望通常会从两个途径影响满意度。

（1）期望的对比效果。期望是衡量顾客满意与否的参考标准。顾客往往会将自己对于某一产品或服务的实际感受与自己在购买之前的期望做一个对比。若实际感受与期望的差异过大，则产生对比效果。这种实际感受超出了期望，顾客就会感到满意，而太低于期望则会感到失望。

（2）期望的同化作用。期望是指顾客在购买前对某一产品或服务将来实际性能的预期，而这一期望来源于顾客所习惯的该产品或服务的实际性能水平。当顾客使用或者消费了真实的产品或服务时，他们会把自己所感知的满意水平趋近于期望，从而避免了真实感知和期望之间的不协调。这种同化作用使得顾客在期望水平较高时，满意度也较高；期望水平较低时，满意度也就较低。

2. 产品或服务的实际表现

产品或服务的实际表现是指该产品或服务在顾客使用或者消费时所呈现的真实状态，其中包括该产品所具有的性能、功能以及可靠性，服务是否有效、及时、方便、态度是否端正，等等。产品或服务的实际效果和期望之间的对比会影响顾客满意度。在此基础上，它对于顾客满意度更直接的作用源于顾客对于价值的评判，即当产品或服务的实际表现或满足顾客需求的能力高于顾客付出的成本时，顾客的满意度就会较高；当产品或服务实际满足顾客需求的能力低于顾客付出的成本时，顾客就会产生不满。

3. 顾客对产品或品牌的情感

顾客对产品或品牌的情感可称为产品或品牌形象。顾客满意度的形成包含情感、形象等因素，它对顾客满意度的影响有两种解释。第一，顾客对产品或品牌的印象被顾客带入到顾客满意度的测评过程中。第二，顾客依据消费经验，唤起特定的情感，并带入顾客满意度测评过程中。这两种解释的本质差别在于情感产生的原因，而它们的共同点是情感影响顾客满意度。

4. 顾客对公平的判断

公平也是影响顾客满意度的因素之一。公平是指顾客在与其他人比较时的一种主观判断。公平理论认为，人们不仅关心自己所得回报的绝对量，而且关心回报的相对量。依据公平理论，当顾客将投入和回报比较后，如公平比率（综合产出与综合投入的比率）较高，满意度就较高；如公平比率较低，满意度就会较低。顾客形成了满意或不满意的心理感受之后，将会产生多种后续行为，最主要的后续行为是正式抱怨和重复购买。

5. 正式抱怨

正式抱怨是指顾客向直接责任方或执法方提出的抱怨，是顾客满意度的结果要素之一。当顾客不满意时，通过正式抱怨来发泄愤怒，减轻心理的不平衡或寻求补偿。一般情况下，顾客的不满将促使顾客提出正式抱怨，尤其是在导致不满的问题比较严重或责任方补偿的可能性较高时更为明显。此外，顾客对抱怨渠道了解的程度、抱怨的方便性、顾客的抱怨技巧、顾客的对抗意愿、顾客对抱怨成本的估计、顾客对抱怨后收益的估计、顾客对抱怨成功可能性的估计等，都会影响到顾客的正式抱怨。顾客的不满程度越高，提出正式抱怨的可能性就越大，抱怨的次数越多，抱怨的激烈程度越高。

6. 重复购买

重复购买是顾客满意度的另一种结果要素。满意度的高低直接影响到顾客再次购买该产品或服务的可能性。许多研究表明，在竞争环境下，满意的最高程度表现为顾客对该产品或服务品牌行动上的忠诚——持续的重复购买。顾客满意度越高，重复购买的可能性越大；与此相反，顾客满意度越低，重复购买的可能性越小。

7.1.4 从顾客满意到顾客忠诚

1. 顾客忠诚度的含义

顾客忠诚度可以定义为顾客对某种品牌的产品持有肯定态度的程度、承诺的程度以及愿意在未来继续购买的程度。忠诚的顾客对产品满意并且对它有持续的偏好，面对竞争者提供诱人的机会时会是个"坚定的防御者"，因此顾客忠诚是企业追求的完美目标。

忠诚度会受到长期累积的满意程度的直接影响，但顾客满意不一定会带来顾客忠诚。许多企业在将顾客满意转变成顾客忠诚的努力中宣告失败，于是产生了"顾客满意度陷阱"的概念，即顾客满意度的提高并没有使顾客忠诚度得到相应的提高。无论原因如何，有一点可以达成共识：只有满意的顾客才有可能成为忠诚的顾客，顾客满意是获得顾客忠诚的一条必由之路（垄断情况除外）。如果将顾客满意度视为一个暂时相对被动的状态，那么如何使这种短暂的状态变成长期的忠诚度至关重要。

2. 顾客满意与顾客忠诚的关系

一个忠诚的顾客会对产品、品牌乃至企业保持忠诚，从而给企业带来有形和无形的双重利益：一方面，顾客通过重复购买增加企业盈利；另一方面，顾客的口头传播又可以扩大产品知名度、提升企业形象。毫无疑问，企业实际上追求的是忠诚顾客的价值。忠诚顾客通常对产品是极为满意的，高度的满意能从感情上培养顾客对品牌的依赖感，而不仅仅是一种理性的偏好。

实际上，顾客满意是顾客需求被满足后的愉悦感，是一种心理活动；而忠诚顾客所表现出来的却是一种购买行为，并且是有目的性的、经过思考而决定的购买行为。顾客满意度和购买行为之间并不一定具有正相关关系。声称满意的顾客，其满意的水平和原因不同，有些顾客会对产品产生高度的满意并再次购买，从而表现出忠诚行为，而大部分顾客所经历的满意度不足以产生这种效果。因此，顾客满意先于顾客忠诚并且有可能直接引起忠诚，但是只有高度满意才能赢得顾客忠诚，这是二者之间最根本的关系。

美国学者托马斯·琼斯（Thomas Jones）和厄尔·萨瑟（W.Earl Sasser）的研究结果表明，顾客满意与顾客忠诚的关系会受到行业竞争状况的影响。如图 7-1 所示，虚线左上方表示低度竞争区，虚线右下方表示高度竞争区，曲线Ⅰ和曲线Ⅱ分别表示高度竞争的行业和低度竞争的行业中顾客满意度与顾客忠诚度的关系。

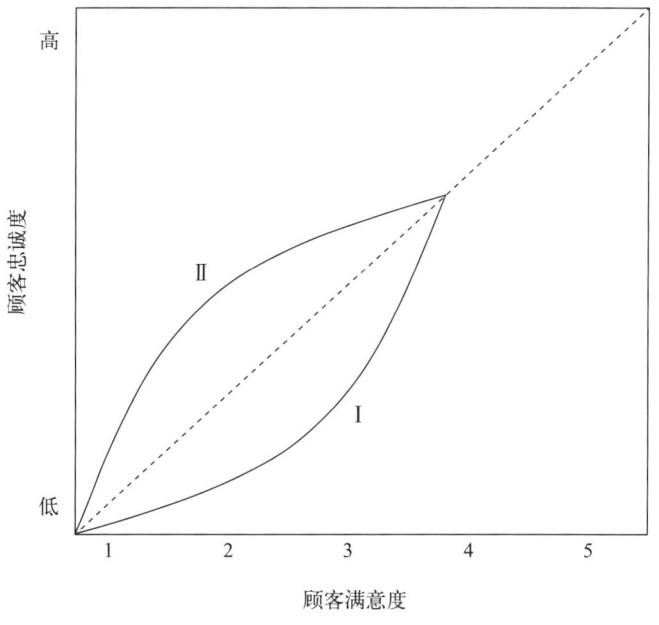

图 7-1 顾客满意度与顾客忠诚度

如曲线Ⅰ所示，在高度竞争的行业中，完全满意的顾客远比满意的顾客忠诚。在曲线右端，只要顾客满意度稍稍下降一点，顾客忠诚度就会急剧下降。这表明，要培养顾客忠诚感，企业必须尽力使顾客完全满意。在低度竞争的行业中，如曲线Ⅱ所示，顾客满意度对顾客忠诚度的影响较小，不满的顾客很难转去其他企业购买该产品或服务，故而不得不继续购买该企业的产品或服务，这是一种虚假忠诚。限制竞争的障碍消除之后，曲线Ⅱ很快就会变得与曲线Ⅰ一样。虚假忠诚包括法律约束、技术约束等带来的忠诚，比如美国微软公司的捆绑销售等。约束条件的存在使得顾客虽不愿意与企业建立关系，却无法离开企业，如果这些约束被解除了，顾客流失的概率就可能增加。因此，处于低度竞争情况下的企业应居安思危，努力提高顾客满意度，否则一旦竞争加剧，顾客大量流失，企业就会陷入困境。

3. 实现顾客满意到顾客忠诚的跨越

留住顾客最基本的方式是使他们满意，顾客的不满意会通过两种行为即"退出"和"抱怨"来反馈。"退出"是指顾客停止从该企业购买产品，本质上是一种对讨厌事物的摆脱；"抱怨"是顾客对企业不满的一种表达，是顾客的一种努力，希望以此使企业改变经营方式，提高产品或服务质量，并且寻求获得某种形式的补偿，本质上是一种希望改变的意愿。企业应关注顾客抱怨，把不满意的顾客转变为忠诚顾客。

影响顾客情绪，导致顾客抱怨甚至发展到投诉，无外乎3个方面的原因。

（1）产品功能远没有达到预期效果。

（2）服务水平低劣，比如不按规范向顾客提供服务，顾客感到自己被忽视、冷落或受到粗暴对待。

（3）因使用产品导致人身或财产受到损害。

无论何种原因，当发生顾客抱怨时，都应坚持以下原则去处理。

（1）承认顾客抱怨的事实，并表示同情和歉意。

（2）感谢顾客的批评指正。

（3）快速采取行动，补偿顾客的损失。

（4）评估补偿顾客抱怨的具体措施的实施效果。

经验证据表明，关注顾客抱怨不但可以使顾客更加忠诚、更具有价值，而且对顾客抱怨进行慷慨的补偿能使企业获得良好的口碑和无法预测的经济效益。此外，关注顾客抱怨能够成为企业进行产品设计或质量控制的有效动力。

7.2 顾客满意度模型

7.2.1 顾客满意度指数模型

为了客观地、量化地描述顾客满意度，管理学者在理性行为理论和期望确认理论的指导下，结合管理实践设计了顾客满意度指数，并在国家层面上进行了推广应用。

顾客满意度指数首先由瑞典于1989年提出并在全国范围内推行。之后，德国（1992年）、美国（1994年）、欧洲（1999年）等国家和地区也相继开展了顾客满意度指数的研究和测评工作。1999年12月，我国国务院颁布了《国务院关于进一步加强产品质量工作若干问题的决定》，该决定提出，"要研究和探索产品质量用户满意度指数评价方法，向消费者提供真实可靠的产品质量信息"。此后，在国家质量监督检验检疫总局[⊖]的领导下，清华大学中国企业研究中心提出了具有中国特色的顾客满意度指数，并于2002年正式在全国范围内推行。

⊖ 国家质量监督检验检疫总局已于2018年更名为国家市场监督管理总局。

虽然并不要求每家企业都计算出顾客满意度指数，但如果借助专业软件计算出了本企业的指数，不但会对企业的质量和服务水平有准确的了解，而且会对企业质量管理起到较大的促进作用。从经营业绩上看，通过改进不足，提高顾客满意度指数，将会为企业带来显著的经济效益。美国密歇根大学商学院国家质量研究中心对瑞典顾客满意度指数测评结果进行了跟踪，结果表明：在5年时间里顾客满意度指数每年提升一个"点"（顾客满意度指数的计量单位），投资收益率平均每年增长6.6%。

以下简要介绍美国、欧洲和中国的顾客满意度指数。

1. 美国顾客满意度指数

1989年，瑞典提出了瑞典顾客满意度晴雨表（Sweden customer satisfaction barometer，SCSB）。其后，以美国密歇根大学商学院的国家质量研究中心和美国质量协会为主导，美国开始了顾客满意度指数的研究和编制工作，并于1994年提出了美国顾客满意度指数（American customer satisfaction index，ACSI）。

ACSI包含6个结构变量，如图7-2所示。6个结构变量分别是顾客期望、质量感知、价值感知、顾客满意度、顾客抱怨和顾客忠诚。其中，顾客期望、质量感知和价值感知是顾客满意度的前提变量，顾客抱怨和顾客忠诚是顾客满意度的结果变量。

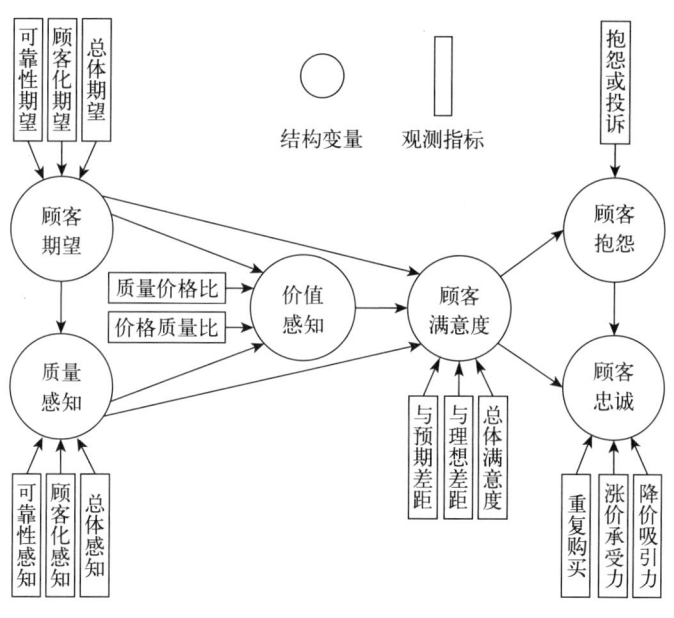

图7-2 ACSI

这6个结构变量通过观测指标来体现，观测指标通过个性化指标来体现，个性化指标被设计在顾客满意度调查问卷中，由顾客做出评定，以下是这6个结构变量的具体含义。

（1）顾客期望。顾客期望是顾客在使用产品或接受服务之前对其质量的总体预期。顾客期望来源于以前的经验、广告宣传、他人的评价等。如图7-2所示，顾客期望通过可靠性期望、顾客化期望和总体期望3个观测指标来体现。

可靠性期望是指顾客对产品或服务的可靠性质量特性的期望；顾客化期望是顾客对产品

或服务满足其特定需求的期望；总体期望是建立在可靠性期望和顾客化期望的基础上，对产品总的看法。

（2）质量感知。质量感知是顾客使用产品或接受服务后对其质量的总体感受。如图 7-2 所示，质量感知通过可靠性感知、顾客化感知和总体感知 3 个观测指标来体现。

质量感知的 3 个观测指标与顾客期望的 3 个观测指标相对应。值得注意的是，顾客的质量感知有时同产品或服务所达到的性能并不一致。虽然通过仪器或测试可以精确测定出不同产品性能指标的优劣，但顾客有时不能分辨出这种差别。此外，广告宣传往往会提高顾客的质量感知。

（3）价值感知。价值感知是顾客在综合考虑了质量和价格两个因素后对所得收益的感受，它通过质量价格比和价格质量比来体现。

质量价格比是在给定价格的前提下对质量的感知，价格质量比是在给定质量的前提下对所支付价格的感知。

质量价格比与价格质量比是两个具有不同含义的指标。以质量价格比来评价产品或服务时，顾客更看重产品或服务的质量，只要产品或服务的质量水平高，顾客就会认可；以价格质量比来评价产品或服务时，顾客更看重产品或服务的价格，只要能满足基本要求，产品的价格越低越好。通过这两个指标不仅可以测评产品或服务，还有助于细分市场，并对不同的细分市场制定相应的营销策略。

（4）顾客满意度。顾客满意度是顾客对其要求已被满足的程度的综合评定。这种评定不是定性描述，而是以一定的定量化指标体现出来。顾客满意度通过与预期差距、与理想差距和总体满意度 3 个观测指标来体现。

与预期差距是顾客感受到的实际质量水平与顾客预期的质量水平之间的差距；与理想差距是顾客感受到的实际质量水平与其心目中的某一理想产品或服务的质量水平之间的差距；总体满意度是顾客在综合了各方面因素后对产品或服务的总体感受，这种总体感受建立在实际质量水平与预期或理想质量水平之间的差距基础之上。

（5）顾客抱怨。顾客抱怨是顾客在对所使用或接受的服务不满意时所表现的行为，通过抱怨或投诉观测指标来体现。

顾客抱怨可分为一般的抱怨和严重的抱怨（投诉）。不论企业多么努力，其产品或服务都不会是完美的，顾客抱怨总是不可避免的。如果顾客抱怨没有得到有效解决，不但会影响顾客的满意度和忠诚度，还会通过口碑传播，影响其他顾客的满意度和忠诚度。因此，顾客抱怨管理越来越为企业所重视。事实上，如果企业切实站在顾客的角度解决顾客抱怨，不但会取得顾客的谅解，还能增强顾客的满意度和忠诚度。

（6）顾客忠诚。顾客忠诚是顾客使用产品或接受服务的持久性。通过重复购买、涨价承受力和降价吸引力 3 个观测指标来体现。

重复购买表现为顾客重复使用某一产品或接受某一服务，满意度越高，忠诚度也越高，重复购买的倾向也越大；相反，不满意的顾客可能会降低重复购买的可能性，甚至转而成为竞争对手的顾客。涨价承受力是顾客对产品或服务涨价所能承受的程度，超过某个程度，顾客将转而购买其他产品或接受其他服务。降价吸引力是顾客因产品或服务降价而被打动的程度，低于某个程度，顾客将转而购买本企业产品或接受本企业服务，或者原来不满意的顾客继续购买本企业产品或接受本企业服务。

　　涨价承受力与降价吸引力的含义不同。涨价承受力更多地针对满意的顾客,即对满意的顾客,能容忍的最大涨价幅度;降价吸引力则更多地针对不满意的顾客,即对不满意的顾客,能吸引他们继续购买的最小降价幅度。此外,这两个指标同样不仅可以测评产品或服务,还有助于细分市场并制定营销策略。

　　下面说明这 6 个结构变量之间的关系。

　　前提变量、结果变量与顾客满意度之间的关系是显而易见的。质量感知、价值感知与顾客满意度之间呈现正相关性,即感知越高,满意度越高;反之亦然。而顾客期望与顾客满意度之间呈现负相关性,即顾客期望越高,顾客满意度越低;反之亦然。顾客满意度与顾客抱怨之间呈现负相关性,与顾客忠诚之间呈现正相关性。

　　前提变量之间也存在着相关性。顾客期望影响着质量感知与价值感知,且呈现负相关性:期望越高,感知越低;反之亦然。此外,质量感知会影响价值感知,产品或服务的质量水平越高,顾客的价值感知就越高。

　　结果变量之间也存在着相关性。顾客抱怨如何影响顾客忠诚取决于企业对顾客抱怨处理的态度,处理得不好,会导致顾客忠诚下降;处理得好,会提升顾客忠诚。

2. 欧洲顾客满意度指数

　　1999 年,欧洲质量组织(EOQ)和欧洲质量管理基金会(EFQM)与安达信会计师事务所合作开发出了欧洲顾客满意度指数(European customer satisfaction index,ECSI),如图 7-3 所示。与 ACSI 不同的是,ECSI 去掉了"顾客抱怨"结构变量,增加了"企业形象"结构变量。企业形象是指顾客对企业的印象,企业形象对顾客期望、顾客满意度以及顾客忠诚产生影响。

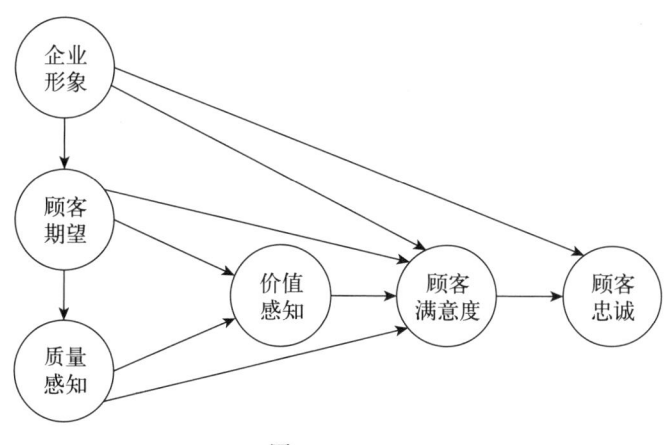

图 7-3　ECSI

3. 中国顾客满意度指数

　　2002 年,我国有关机构在参照瑞典、美国、欧洲等国家和地区顾客满意度指数的基础上,结合我国的国情,经过研究和开发,提出了中国顾客满意度指数(China customer satisfaction index,C-CSI),如图 7-4 所示。

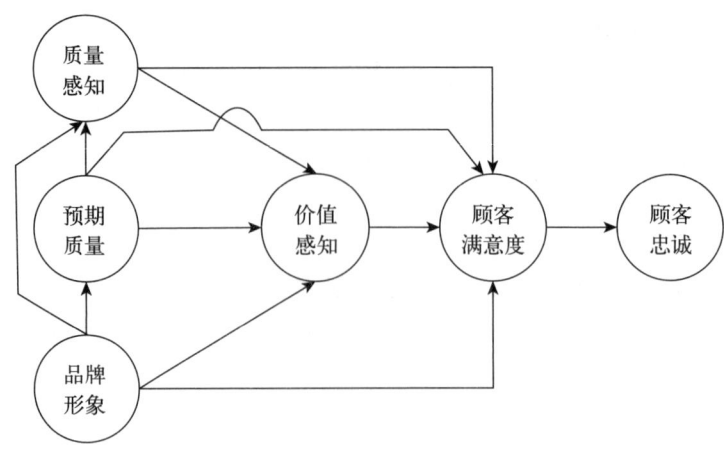

图 7-4　C-CSI

C-CSI 的结构变量与 ECSI 基本一致，但变量之间的关系有所不同。特别地，品牌形象对顾客满意度起着重要作用。品牌形象不但直接影响预期质量、价值感知和顾客满意度，还通过影响质量感知，进而间接影响价值感知。C-CSI 说明了企业塑造品牌形象的重要性。但归根结底，品牌的塑造有赖于企业产品或服务的质量水平。以下简要介绍 C-CSI 中 6 个结构变量的观测指标。

（1）品牌形象。品牌形象由品牌特征显著度和总体形象两个观测指标来体现。品牌特征显著度是顾客心目中该品牌与竞争品牌相比所具有的独特特征，总体形象是顾客对某一品牌或公司的总体印象。

（2）预期质量。预期质量由顾客化预期质量、可靠性预期质量、服务预期质量和总体预期质量 4 个观测指标来体现，顾客化预期质量是顾客在使用产品或接受服务之前对它满足自己特定需求的期望，可靠性预期质量是顾客对产品在各个基本性能或特征方面的期望，服务预期质量是顾客对服务质量水平的期望，总体预期质量是顾客对将要使用的产品或将要接受的服务的总体期望。

（3）质量感知。质量感知与预期质量相对应，由顾客化质量感知、可靠性质量感知、服务质量感知和总体质量感知 4 个观测指标来体现。

（4）价值感知。同 ACSI 相同，C-CSI 的价值感知由质量价格比和价格质量比两个观测指标来体现。

（5）顾客满意度。不同于 ACSI，在与预期差距、与理想差距和总体满意度 3 个观测指标的基础上，C-CSI 增加了与同类差距这个观测指标。

（6）顾客忠诚。同 ACSI 相同，C-CSI 的顾客忠诚由重复购买、涨价承受力和降价吸引力 3 个观测指标来体现。

7.2.2　顾客满意度指数赋权方法

1. 主观赋权法

主观赋权法是指顾客根据自身的主观态度，通过使用某种技术，对顾客满意度的各个影响因素的重要性进行直接评价。主要的技术有 3 种：直接评定法（direct rating method）、分值分配法（point allocation method）和成对比较评定法（paired comparison rating method）。

（1）直接评定法是指顾客在一个标度范围内，例如从 0 分到 100 分，直接评定满意度的影响因素的重要性。

（2）分值分配法是指顾客在给定的分值下（例如 100 分为满分），按照顾客满意度影响因素的重要性分配分值，分值大小体现了各个影响因素不同的重要性。

（3）成对比较评定法是指首先将影响因素两两配对，然后根据这两个因素的相对重要性按照 1～9 进行评价。

2. 客观赋权法

客观赋权法并不直接询问顾客对于影响因素重要性的评价，而是通过调查了解顾客对顾客满意度的各个影响因素、顾客满意度自身及其结果变量表现的评价，通过运用统计分析工具，直接从分析模型中得到顾客满意度的各个影响因素的权重。客观赋权法主要有多元线性回归分析法、主成分回归分析法、偏最小二乘回归分析法、结构方程建模和改进的主成分回归分析法。

7.3 顾客满意度测评

7.3.1 顾客满意度测评步骤

1. 制订工作计划

在实施顾客调查之前，要制定调查目标，确定调研对象，对顾客满意度测评有关的人员、时间、所需资源等做出周密安排，其中尤其重要的是对调查人员进行专业技能、调查技巧等方面的培训。

2. 确定测评指标

测评指标应根据企业将要采用的顾客满意度指数来确定，应具有全面性和可操作性。全面性要求所确定的测评指标应尽可能全面地包含顾客的基本需求和差异化需求所对应的产品特性项目，能够全面系统地评价企业的顾客满意度；可操作性要求这些测评指标可以落实在个性化指标上，在顾客满意度调查问卷中体现出来。

确定测评指标是顾客满意度测评的核心部分，将在后面专门介绍。

3. 调查顾客满意度

企业可以自行或委托专门的调查机构调查顾客满意度，收集顾客满意度的信息。企业自己调查顾客，可以直接面对顾客进行交流，掌握第一手资料，成本也较低。但由于双方的供需关系，可能会使顾客隐藏真实想法。例如，有的不满意的顾客为了避免被追问不满意的原因，而选择"满意"或"差不多"。委托专门的调查机构进行调查的优点是所获得的信息客观，但缺点是费用较高。

无论是企业自己还是委托专门的调查机构调查顾客满意度，为了掌握顾客对使用产品或服务的真正感受，并作为原始记录保存下来，一般都需要设计顾客满意度调查问卷。

设计顾客满意度调查问卷是顾客满意度测评的关键所在，将在后面专门介绍。

4. 处理数据与分析结果

对顾客满意度调查得到的数据进行预处理，去掉明显不合理的评价结果。根据有效数据，采用一定的算法计算顾客满意度。企业一般会借助专业软件计算企业的顾客满意度指数（customer satisfaction index，CSI），根据所得到的顾客满意度指数，从横向（与历史数据对比）或纵向（与标杆企业对比）角度分析测评结果就可以找出差距，发现改进的机会。

本书将在后面专门介绍顾客满意度调查数据的处理。

5. 编写测评报告

顾客满意度测评报告一般包括主题、报告摘要、基本情况介绍、正文、改进建议、附件，其中正文部分包括测评背景、测评指标设定、调查问卷的设计与检验、数据分析处理、测评结果分析。

为不断提高顾客满意度水平，企业应以本次顾客满意度测评为新的起点，进行下一轮顾客满意度测评。

7.3.2 顾客满意度测评指标体系

顾客满意度测评指标中的结构变量均为隐变量，无法直接测评，需要逐级展开，直至形成一系列可以直接测评的个性化指标，这些逐级展开的测评指标就构成了顾客满意度测评指标体系。

1. 确定测评指标的基本原则

（1）体现顾客之声。所确定的测评指标一定是顾客认为重要的。

（2）在可控范围之内。顾客满意度测评会激发顾客产生新期望，促使企业采取改进措施。如果企业限于条件或能力无法实现改进，则不宜把这方面的要求确定为测评指标。

（3）可测性。顾客满意度测评结果是一个量化的数值，所以，所设定的测评指标必须能够统计、分析和计算。

（4）考虑竞争者。在确定测评指标时，要考虑能够与竞争者进行比较。例如，在行业层面上，就需要能够与其他竞争性行业进行对比；在企业层面上，就需要能够与同行业其他竞争对手进行对比。

2. 测评指标的体系结构

测评指标一般分为4个层次，形成一种测评指标体系结构。其中，前两层由所选择的顾客满意度指数来确定，即顾客满意度指数与结构变量。第3层为形成结构变量的观测变量，观测变量需要针对测评对象予以具体化。第4层指标是个性化指标，在第3层指标的基础上展开得到，在顾客满意度调查问卷上进行体现。

下面以住宅小区物业管理为例,说明确定质量感知这一结构变量的观测指标与个性化指标。

物业管理的质量可反映在工程服务、社区安全、绿化清洁、社区生活等方面,此即物业质量感知的观测指标。每项观测指标又需要分解为个性化指标。例如,工程服务就可以由公共设施保养到位、修理渠道便捷、上门服务及时、修理人员态度好等个性化指标体现出来。

就每个结构变量,针对所调查的具体对象,确定相应的观测指标,再进一步分解为个性化指标,就形成了测评指标体系。

3. 测评指标的量化

在顾客满意度测评中,一般使用李克特量表(Likert scale)来量化个性化指标。李克特量表由美国社会心理学家李克特于 1932 年首创。该量表由一组陈述组成,每一条陈述有"非常满意""满意""不确定""不满意""非常不满意"5 种选项,量值分别 1、2、3、4、5。每个被调查者的态度总分就是他对测评指标分数的加总,这一总分可说明他的态度强弱或他在这一量表上的不同状态。

在顾客满意度测评中,会有许多定量的测评指标,为方便与定性的指标进行统一的处理,需要将这些量化的指标恰当地划分为 5 个区间,每个区间对应李克特量表的 5 个赋值。

各个指标的重要程度不同,需要给出相应的权重,因而可以采用应用广泛的层次分析法来确定测评指标的权重。

7.3.3 顾客满意度调查

1. 顾客满意度调查方法

常用的顾客满意度调查方法有面谈调查法、电话调查法、网络调查法和邮递调查法 4 种。

(1)面谈调查法。面谈调查法就是调查人员与一个或一组调查对象面对面交谈,请调查对象回答所设计的调查问题。这种方法的优点是调查比较深入;缺点是人力成本较高,调查面不够广泛,调查结果易受调查人员主观影响。

(2)电话调查法。电话调查法就是调查人员通过电话就所设计的调查问题对调查对象提出询问,听取其意见。这种方法的优点是快捷、成本低;缺点是受时间限制,调查不够深入。

目前,美国等发达国家普遍引入了计算机辅助电话采访系统,这种系统可实时录入调查对象的回答,迅速地处理数据,即时得到分析结果。

(3)网络调查法。网络调查法就是通过互联网以电子邮箱或专门设计的调查页面进行调查。随着互联网的普及,越来越多的企业采用这种调查方法。这种方法的优点是方便、快捷,成本低,不受时间和地点的限制,信息量大,可以自动完成调查信息的存储和分析;缺点是调查人员不能控制调查进度。

(4)邮递调查法。邮递调查法就是通过邮局把调查问卷投递到调查对象,请他们在规定时间内把填好的调查问卷寄回。这是一种传统的调查方法,但至今仍被使用。这种方法的优点是调查范围广泛,调查结果可靠;缺点是回收率低,无法控制调查进度。

2. 设计顾客满意度调查问卷

(1)设计调查问卷的基本要求。设计调查问卷就是把顾客满意度观测指标以顾客能够理解的方式表达出来。因此，应围绕调查目的和所确定的观测指标来展开。这就要求设计者完全站在顾客的角度去审视所设计问题的合理性。同样重要的是，为保证测评的客观，所设计的调查问题应能度量某一个或某几个观评指标。

在保证调查目的的前提下，所设计的调查问卷越简洁越好，所设计的问题应以客观选择为主，主观表述为辅。总之，应本着节约顾客回答或填写调查问卷时间的原则来设计调查问卷。

除非调查目的的需要，顾客基本信息不能涉及顾客的性别、年龄、收入、婚姻状况等敏感问题。

（2）调查问卷的结构。调查问卷一般包括开头部分、主体部分和结尾部分。开头部分说明调查目的、填写要求、礼貌话语，主体部分通常包括顾客基本信息和调查问题两部分，结尾部分指明调查问卷的返回途径。

表 7-1 给出了一个调查问卷实例——e 键联网络工程有限公司顾客满意度调查问卷。其他企业参考时在保证基本结构不变的情况下，不应局限于某种形式，应根据企业的实际情况补充或删减调查内容，也可以增加评分等级。调查问卷设计完，经过测试、改进后就可以投入使用了。

表 7-1　e 键联网络工程有限公司顾客满意度调查问卷

尊敬的顾客：						
您好！						
感谢您对我们工作一如既往的支持！您的满意就是我们的目标。						
为了解您对本公司服务的满意度，更好地为您提供服务，请您填写以下内容并反馈给我们。谢谢合作！						
用户单位			联系人			
单位地址			邮　编			
电子信箱			电　话			
对本公司各项服务（含价格）的满意度						
工程质量（系统总体性能）： 评价的原因（可另附纸）：	□非常满意	□满意	□非常不满意	□不确定	□不满意	□非常不满意
技术培训与指导： 评价的原因（可另附纸）：	□非常满意	□满意	□非常不满意	□不确定	□不满意	□非常不满意
工程进度（工期）： 评价的原因（可另附纸）：	□非常满意	□满意	□非常不满意	□不确定	□不满意	□非常不满意
员工专业服务技能： 评价的原因（可另附纸）：	□非常满意	□满意		□不确定	□不满意	□非常不满意
售后服务： 评价的原因（可另附纸）：	□非常满意	□满意		□不确定	□不满意	□非常不满意
对本公司的总体满意度： 评价的原因（可另附纸）：	□非常满意	□满意		□不确定	□不满意	□非常不满意
其他意见、要求或建议（建议一经采用，本公司将给予奖励）；						
请您填好此表并于两周内通过以下电子邮箱发送至我公司：crm@ejianlian.com						
				年	月	日

7.4 顾客满意度的持续改进

7.4.1 建立顾客满意度的长效机制

建立和完善顾客满意度测评体系是一项系统工程，应不断完善和改进。企业可以从以下5个方面入手。

（1）有明确的追求顾客完全满意的组织目标。企业内部的每个集体或部门应该都有为达到顾客完全满意而制定的明确目标，在目标的制定过程中，要考虑顾客的意见（外部与内部），与顾客的要求相关联。此外，目标应该有完善的书面记录，由管理层定期检查并纳入具体的企业经营管理目标中。

（2）建立顾客期望相关联的内部指标及过程检查制度。企业要具有严格的内部质量与服务标准，包括产品的质量水平、可靠性能、修理周期等，它们应该与外部的顾客满意度测评结果及顾客业绩期望直接相关。在建立和完善顾客满意度测评体系的过程中，要对与顾客满意因素相关的过程及结果进行检查，不断设计和改进。

（3）定期实施第三方独立进行的顾客满意度评价。第三方独立测评机构通常及时和公正，因此为使顾客满意度调查得到企业基本顾客的认可，需要独立的组织进行企业和竞争者的顾客满意度调查测评，结果应该有效地传达给所有相关员工并纳入该企业的质量改进计划中。

（4）顾客满意度的日常分析。顾客满意度的日常分析包括许多内容，其中，测量周期内的横向比较包括某一时间截面上各种相关数据的比较，而不同周期内的纵向比较包括某一历史时期中不同时间截面上各种相关数据的比较。

（5）顾客满意度专项分析。当顾客满意度日常分析发现问题时，特别是横向比较数据差异较大或纵向比较数据变化较大，且又无法直接通过用户满意度调查数据了解这种差异或变化的潜在原因时，就需要进行顾客满意度的专项分析，包括消费行为分析、产品工艺分析、服务体系分析和营销体系分析等。

7.4.2 建立顾客满意度数据库

1. 顾客满意度数据库的含义

被誉为数据库之父的英蒙将数据库定义为："数据库是支持管理决策过程的、面向主题的、集成的、随时间而变化的和持久的数据的集合。"按照此定义，用于顾客满意度持续改进的数据库应该集成企业内各种信息系统和数据库的相关信息，并从改进顾客满意度的角度连续积累和存储数据，以便为顾客满意度的持续改进提供决策支持。

2. 顾客满意度数据库的特征

具体地说，顾客满意度数据库是面向主题的、集成的、随时间不断变化的多种数据形式的集合。

（1）面向主题。顾客满意度数据库的主题虽然是一个抽象的概念，但简单地说它是企业在较高层次上对顾客满意度的数据进行综合、归类和分析，以便为管理层提供顾客满意度持续改进的决策支持。

（2）集成性。顾客满意度数据库的集成性表现在两个方面。第一，顾客满意度数据库中的数据是从深入调查的顾客数据中抽取出来的，这些数据经过汇总后被输入数据库中，然后进行数据的综合和计算。第二，顾客满意度数据库集成了企业中的其他数据库，比如顾客关系管理数据库等，并对这些数据进行综合分析，以便指导企业对顾客满意度的持续改进。

（3）随时间不断变化。顾客满意度数据库除了存储传统数据库中的数据，它还会随着时间的变化而发生变化。此外，企业在选择不同的顾客满意度改进策略时，对原始底层数据的分析可能采用不同的方法，从而导致决策数据的变化。

（4）多种数据形式。顾客满意度数据库除了存储传统数据库中的数据形式外，还存储电子文档、顾客调查语音录音和录像等多媒体信息。

3. 顾客满意度数据库的信息层次

顾客满意度数据库分为5个层次，即当前数据层、历史数据层、结构数据层、归纳数据层和专业数据层。顾客满意度数据库在信息流程上表现为：与顾客满意度有关的信息进入各种相关的底层数据库后，先被放入当前数据层，然后根据归纳分析的结果进入相应的其他信息层，最后，有助于决策的信息将从专业数据层输出供决策者之用。

4. 顾客满意度数据库应用模式

在企业实际应用顾客满意度数据库时，其模式表现为通过各种信息沟通渠道获取与顾客满意度有关的信息。根据企业管理信息系统的统一规则，将这些信息放入顾客满意度数据库，在数据处理分析后，针对企业的各个部门或系统，提出改进顾客满意度的策略和措施，最终达到提高顾客满意度的目的，具体构成包括4个部分。

（1）顾客的沟通渠道：顾客满意度数据库获取数据信息的来源。

（2）顾客满意度数据库：顾客满意度原始数据库、顾客关系管理数据库和产品管理数据库等。

（3）员工顾客满意度测评数据库：企业员工的满意是顾客完全满意的保证。

（4）企业管理信息系统：保证顾客满意度数据库中的相关信息高效地在企业内部的各个管理部门之间流动。

7.4.3 可持续的顾客满意策略：顾客资产管理

1. 顾客资产管理的概念及作用

有形资产在现代经济中已不再是最为重要的资源。对于大多数企业来说，所谓的无形资产变得越来越有意义，甚至比传统的有形资产更具有市场价值。随着数字化时代的到来和经济全球化进程的加快，顾客群体成为企业竞争力的重要组成部分，顾客资源也成为企业的重要资产。顾客资产第一次由 Blattberg 和 Deighton 于 1996 年提出，他们将它定义为企业所有顾客终身价值总和的贴现值，体现了顾客与企业之间以资产为导向的关系。

顾客资产管理包含两方面的内容：其一是企业应当对顾客进行评估、分类，充分挖掘顾客作为一种资产可以为企业带来的潜在价值；其二是企业应当创造和传递顾客所认知的产品价值，以此吸引和留住顾客。顾客资产管理依靠一系列有力度的测量方法，并将这些方法与顾客满意度的测量相结合，从而提供以下功能。

（1）实现以货币计量的形式对顾客资产进行测量。

（2）对现有状况进行诊断以增加顾客资产。

（3）成为联结企业运作、规划、员工与顾客资产价值的纽带。

（4）为企业未来现金流和资产增值进行预测。

顾客资产管理以增加股东价值为目标，采用科学的测量方法，实现了对无形资产的测量与分析。管理者除对新的商业计划或者为企业带来销售额和市场份额增长的交易进行评价外，还应对顾客资产的增长情况进行评价，因为这将为企业带来更加稳定或者潜在增加的顾客终身价值。

2. 顾客资产管理与顾客满意的关系

任何一家企业的资源都是有限的。在有限的资源条件下，如果企业为了满足所有顾客的需求，把更多的资源投放在服务一般盈利顾客上，势必会使服务高盈利顾客的资源减少，从而导致企业利润水平的下滑。正因如此，企业应追求一种可持续的发展战略，将有限的资源进行整合。顾客资产管理通过提高顾客满意度来提升顾客资产的价值，使企业获取长期稳定的效益，从而可以持续地服务顾客，保持和提升顾客满意度。因此，顾客资产管理是一种可持续的顾客满意战略。

顾客资产管理需要企业根据顾客提供的价值对顾客进行分层次管理，依据盈利能力，顾客可分为高盈利顾客、一般盈利顾客和非盈利顾客。根据"80/20"法则，企业80%的利润来自20%的顾客，少量的高盈利顾客为企业创造了大量的利润。对于高盈利顾客，顾客资产管理提出进行资源整合利用，提高企业声望，促进积极口碑宣传，进而增强竞争地位。对于一般盈利顾客，企业应充分挖掘顾客的潜在需要，实施个性化服务，并提供顾客满意的质量，发掘盈利潜力。而对于非盈利顾客，企业的最佳策略是放任自流。

顾客资产管理的目标强调顾客，关键之处在于将顾客纳入企业资产并以顾客资产为核心，优化配置企业资源，提升顾客忠诚度、满意度和顾客资产。除此之外，企业往往有很多利益相关方，包括顾客、员工、供应商、中间商和股东。只有建立一个全方位的、均衡的企业满意度系统，才能达成健康的、可持续的营销观念。

❖ 案例分析

卡特彼勒公司的成功之道

卡特彼勒公司（以下简称"卡特彼勒"）是世界上最大的基建和矿山设备制造商，同时在农用机械和重型运输机械领域也占有相当重要的地位。

卡特彼勒前一段时间推出了D9L式履带拖拉机。凭借其先进的设计和高效的性能，这款拖拉机以高于传统产品的价格成功进入市场。但是当D9L卖出几百台之后，客户开始频繁投诉，一些拖拉机在工作到2 500小时之后就开始出现故障了。

卡特彼勒的首席执行官 Donald V. Fites 意识到，公司正站在悬崖边上。全球已有数百台 D9L 售出，如果问题无法快速解决，公司的声誉将受到严重打击，竞争对手也可能趁机抢占市场份额。Fites 没有惊慌失措，而是立即行动起来，召集全球的 186 家独立经销商召开紧急会议。他知道，要化解危机就必须依靠卡特彼勒那独一无二的全球经销网络。

卡特彼勒的经销商网络遍布全球，每个经销商都是当地的强大企业，深谙当地客户的需求。于是，各地的经销商迅速行动起来。英国的一家经销商派遣技术人员赶往沙特阿拉伯，与当地的经销商合作，帮助他们处理客户的问题。美国的技术团队也立刻飞往南美，对那里的设备进行检查和维修。在短短几周内，卡特彼勒与全球经销商一起展开了一场大规模的行动，他们不分昼夜地修理故障机器，并检查那些尚未出问题的设备。每台机器的问题都得到了快速响应，客户的停工时间被压缩到最低限度。

这次行动不仅是对公司和经销商之间合作的一次考验，也是对彼此关系的进一步巩固。卡特彼勒与经销商的关系早已超越了单纯的商业合作，它更像是一种家族式的亲密关系。Fites 始终坚信，与经销商保持长期的伙伴关系比短期的利益更为重要。每当市场形势不景气时，卡特彼勒从不向经销商施压，反而提供财务、技术和管理支持，帮助他们渡过难关。

不仅如此，卡特彼勒还定期为经销商提供培训，帮助他们提升在市场预测、库存管理和客户服务等方面的能力。为了进一步提升效率，卡特彼勒建立了一个全球电子联络系统，将经销商、公司总部、供应商和仓库紧密联接在一起，确保零部件的库存可以在全球范围内共享。

与此同时，卡特彼勒还与经销商保持高度的透明度。每年，公司的高层管理人员都会与经销商的领导层举行区域会议，共同讨论销售目标和市场策略。此外，所有经销商都可以通过公司内部的系统访问实时的销售数据、客户满意度调查结果和市场趋势预测。这种信息的开放与共享，加深了公司与经销商之间的信任，使双方能够更加紧密地协作。

卡特彼勒还非常注重培养经销商的下一代。他们定期组织经销商子女参观工厂，亲自操作卡特彼勒的设备，让他们从小便对公司产生兴趣。在这些子女大学毕业后，卡特彼勒鼓励经销商让他们从事零件销售、工程部门等基层工作，逐步培养他们成为未来的企业接班人。

经过一年时间的努力，所有的 D9L 机器都得到了修复，客户的抱怨也渐渐消失，D9L 重新回到了市场，成为畅销产品。这场危机非但没有让卡特彼勒失去市场地位，反而进一步强化了公司与全球经销商之间的合作关系。Fites 总结道："我们的成功源于与经销商和客户之间的紧密联系。只有贴近顾客，我们才能在激烈的市场竞争中始终保持领先。"

讨论问题

1. 卡特彼勒是怎样赢得顾客满意的?
2. 卡特彼勒是怎样贴近顾客，拉近顾客与自身的距离的?

思考与练习

1. 简述顾客满意及顾客满意度的概念。
2. 简述顾客忠诚度的含义及它与顾客满意度之间的关系。
3. 顾客抱怨的原因有哪些? 如何解决顾客抱怨?

4. 顾客总是正确的吗？说明理由。
5. 测评顾客满意度的管理意义何在？
6. 列举顾客满意度模型有哪些。
7. 简述顾客满意度模型中结构变量、观测指标和个性化指标之间的关系。
8. 简述 ACSI 的体系结构及结构变量和观测指标。
9. 简述 C-CSI 的体系结构及结构变量和观测指标。
10. 简述 ECSI 与 ACSI 的不同点。
11. 以 ACSI 为例，简要说明结构变量之间的关系。
12. 简述顾客满意度测评的步骤。
13. 简述确定顾客满意度测评指标的基本原则。
14. 简要说明面谈调查法、电话调查法、网络调查法和邮递调查法 4 种顾客满意度调查方法分别有哪些优缺点。
15. 就你所熟悉的业务，设计一份顾客满意度调查问卷。
16. 企业应从哪几方面入手来建立顾客满意度的长效机制？
17. 简述顾客满意度数据库的含义、特征及信息层次。
18. 简述顾客资产管理的概念与作用及它与顾客满意的关系。

第 8 章　质量经济分析

◐ 学习目标

- √ 掌握质量成本的概念
- √ 掌握几项质量成本的相互关系
- √ 了解质量成本科目的设置方法及内容
- √ 掌握质量成本核算方法
- √ 掌握质量成本分析方法
- √ 了解质量成本报告的内容
- √ 了解质量特性波动及其损失
- √ 了解提高质量经济性的途径

质量管理的成效最终表现为质量管理的经济性。一方面，脱离经济性谈提高质量水平是毫无意义的；另一方面，提高经济效益的巨大潜力蕴藏在产品质量中。

质量成本可划分为因保持优良质量而发生的成本和因不良质量而发生的成本两大类。这两类成本是负相关的，前者越高，后者越低，反之亦然。这就给质量成本管理找到一个切入点，即在这两类成本之间找到平衡点。但如果因此而认为质量水平存在一个恰当的水平，只有在这个水平上才是最经济的，那就大错特错了！长期看，质量水平会越来越高。

8.1　质量经济管理概述

8.1.1　质量经济管理的发展

质量经济管理可追溯到 20 世纪 50 年代初期。1951 年，美国质量管理专家朱兰博士在《朱兰质量手册》一书中首先提出质量经济性的概念。朱兰认为"因废品而导致的成本很高，犹如一座金矿，可对它进行有利开采"，形象地将它比喻为"矿中黄金"。朱兰还指出，企业所能觉察到的质量损失只是冰山浮在水面之上的一角，大部分隐患和损失都在水面之下而未暴露出来，此即著名的"水下冰山"观点。

之后，许多质量管理专家也致力于质量成本管理方面的研究与实践。1960 年，供职于美国通用电气公司的弗里曼发表论文《如何应用质量成本》；1961 年，时任美国通用电气公司质量经理的费根鲍姆在《全面质量管理》一书中指出："全面质量管理是为了能够在最经济的水平上，在充分满足顾客需求的条件下，进行市场研究、设计、生产和服务，把企业各部门的研制质量、维持质量和提高质量的活动结合在一起，成为一个有效的体系。"正是弗里曼和费根鲍姆提出了完整的质量成本分类法，即把质量成本分为预防成本、鉴定成本、内部损失成本和外部损失成本4大类。1964 年，Morgan 和 Ireson 根据美国空军合同要求提出质量成本分析实用手册 *Quality Improvement through Cost Optimization*。1967 年，由美国质量管理协会（ASQC）编写的《质量成本——是什么和如何做》在企业质量成本管理中得到了最广泛的应用。20 世纪 80 年代，ASQC 相继发布了有关质量成本削减、供应商质量成本管理等指南。目前，在世界范围内已广泛开展质量经济管理的理论研究与实际应用工作。

8.1.2 产品质量水平与质量经济性

质量经济性强调产品不仅要满足适用性要求，还要讲求经济性，研究产品质量成本的变化。在确定质量水平时，除满足质量规格或内控标准、保证产品质量、让顾客满意外，还要尽可能地为企业带来更多的利润。企业的利润一般取决于产品的价格与产品成本的差额，而成本和价格往往又取决于产品的质量水平。因此，需要找出质量的变化与成本、价格、利润之间的关系。图 8-1 就表示了质量与成本、收入和利润之间的关系。从图中可以看出，质量水平在 M 点时利润最高，该点即为最佳质量水平。当质量水平低于 A 点或高于 B 点时，都将导致亏损。实际情况是，企业的质量水平通常在 A 与 B 两点之间的某一位置。

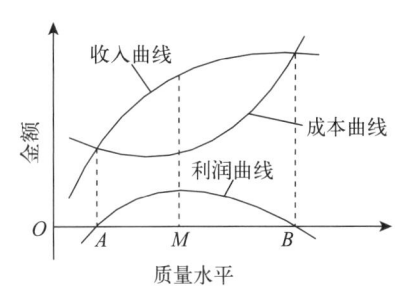

图 8-1 质量与成本、收入和利润的关系曲线

值得注意的是，质量经济管理的实质是指使产品在整个生命周期内对生产者、顾客以及社会带来的总损失最小。只有从产品全生命周期的角度分析质量经济性才能使质量与成本得到统一，因此，长远看，高质量意味着低成本。

8.2 质量成本管理

8.2.1 质量成本及其构成

20 世纪 50 年代，在企业质量管理实践的基础上，美国质量管理专家费根鲍姆等人提出了质量成本的概念，主张综合考虑预防成本和鉴定成本以及因产品不合格所造成的内部损失和外部损失。开展质量成本管理，是从经济上评价质量管理的有效性，从而正确处理质量与成本之间的关系，寻求提高质量、降低成本的有效途径。因此，质量成本不属于成本会计的范畴，而属于管理会计范畴。研究质量成本的目的并不是计算产品成本，而是分析寻找改进质量的途径，达到降低成本的目的。

质量成本的概念和理论得到欧美国家的普遍重视，随后在 IBM、通用电气等大公司相继推行并收到良好的效果。我国在 20 世纪 80 年代初期开始在企业中推行质量成本管理。目前，质量成本管理在世界范围内得到广泛推行，并且取得了明显的成效。

质量成本是企业为达到和确保质量水平以及因质量未达到规定水平而付出的代价，因此，既和优良质量有关，又和不良质量有关。同时，质量成本既发生在企业内部，又发生在企业外部；事实上，企业发生的所有费用都和质量问题存在直接或间接的关系，但这里所说的质量成本只是与优良质量和不良质量有直接关系的那部分费用。根据国际标准化组织的规定，质量成本分为两部分，即内部运行质量成本和外部质量保证成本。质量成本的构成如图 8-2 所示。

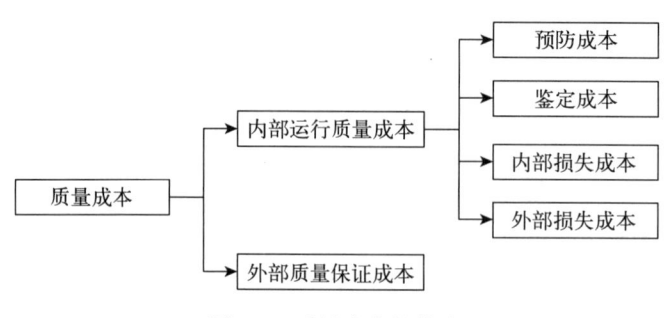

图 8-2 质量成本的构成

1. 内部运行质量成本

内部运行质量成本包括预防成本、鉴定成本、内部损失成本和外部损失成本 4 部分。

（1）预防成本。预防成本是指预防不合格产品发生所导致的费用，一般包括以下几类。

1）质量工作费用。企业质量体系中为预防发生故障、保证和控制产品质量所需的各项费用。

2）质量培训费用。质量管理理论和质量控制方法与技术的培训费用。

3）质量奖励费用。对质量管理做出突出贡献的组织或个人的奖励费用。

4）质量改进措施费用。制定和贯彻各项质量改进措施所需的各项费用。

5）质量评审费用。产品开发和服务设计的评审费用。

6）工资及附加费用。质量管理专业人员的工资及附加费用。

7）质量情报及信息费用。市场调查和顾客使用意见调查等所发生的费用。

（2）鉴定成本。鉴定成本是指为评定产品是否符合质量要求而进行的试验、检验和检查费用，一般包括以下几类。

1）检验费用。进货检验、工序检验和成品检验费用。

2）材料费用。质量测试或试验用的材料等费用。

3）制造费用。质量测试或试验设备的校准维护费用、折旧费用及相关办公费用。

4）工资及附加费用。专职检验、计量人员的工资及附加费用。

（3）内部损失成本。内部损失成本是指产品在交货前因未能满足质量要求所造成的损失。一般包括：废品损失、返工返修损失、复检费用、因质量问题而造成的停工损失、质量事故处置费用、质量降级损失。

（4）外部损失成本。外部损失成本是指产品在交货后因未能满足质量要求所造成的损失。一般包括：索赔损失、退换货损失、保修费用、诉讼费用、降价处理损失。

2. 外部质量保证成本

外部质量保证成本是指企业根据顾客要求，为提供客观证据而发生的各种费用，具体包括以下几类。

（1）按合同要求，因特殊附加质量保证措施、程序、数据等所发生的专项措施费用及提供证据费用等。

（2）按合同要求，对产品进行的附加验证试验和评定的费用等。

（3）为满足顾客要求，进行质量体系认证所发生的费用等。

8.2.2 质量成本构成的相互关系及优化

1. 质量成本各部分之间的关系

质量成本的各构成部分之间有着内在的联系，相互影响，相互制约。例如，不重视预防工作，必然增加对检验的要求，如果在预防工作薄弱的情况下，仍然置若罔闻，不加强质量检验工作，虽然在一定程度上减少了内部损失成本，但必然会生产大量不合格产品，这些被放行的不合格产品必然大幅度地增加外部损失成本；反之，强化预防工作，就可以减轻检验工作的压力，如果在做好预防工作的同时继续加强对产品的检验，虽然会在一定程度上增加内部损失成本，但是，因为不合格产品数减少了，被放行的不合格产品更少，所以，可以在很大程度上降低外部损失成本。

质量成本天平法则直观地描述了预防成本与损失成本之间此消彼长的关系，如图8-3所示。

值得注意的是，虽然增加预防投入可以减少包括外部损失和内部损失在内的损失成本的减少，但投入时机的不同导致其效果是不同的。投入时机越早，损失成本的减少量越大。此即预防成本与损失成本的杠杆法则，如图8-4所示。

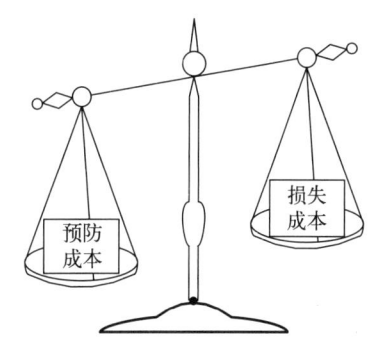

图8-3 质量成本天平法则

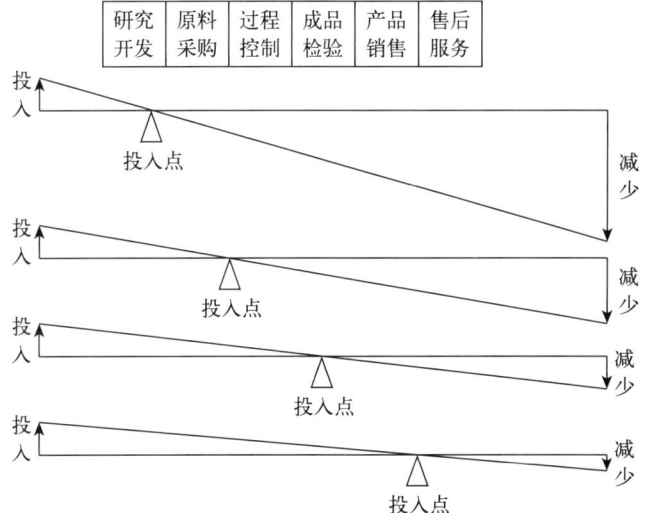

图8-4 预防成本与损失成本的杠杆法则

预防成本、鉴定成本、外部损失成本、内部损失成本之间的关系如表 8-1 所示。该表还说明了各项成本支出对产品不合格产品率所带来的影响。

表 8-1　各项成本之间的关系及对不合格产品率带来的影响

质量成本				不合格产品率
满足要求的成本		未满足要求的成本		
预防成本	鉴定成本	外部损失成本	内部损失成本	
↑	↑	↓	↓	↓
↑	—	↓	↓	↓
↑	↓	↓	不确定	↓
↓	↑	↑	不确定	↑
↓	—	↑	↑	↑
↓	↓	↑	↑	↑
—	↑	—	↓	—
—	↓	—	↑	—

20 世纪 60 年代初，美国工业企业尚未普遍推行质量成本管理，质量管理专家费根鲍姆在分析当时情况的基础上，得到这样的结论：在一般企业内，外部与内部损失成本在质量成本中的比重高达 70%，鉴定成本约 25%，而预防成本很少超过 5%。由于预防措施不力，不合格产品率很高，直接导致损失成本大量增加，为了减少内部和外部损失，企业又加强了对产品的检验，于是增加了鉴定成本。为了限制总成本，不得不减少预防成本，但结果适得其反，不合格产品数反而上升了，导致了恶性循环。费根鲍姆指出，实行预防为主的全面质量管理，预防成本增加 4% 左右，可以取得质量总成本降低大约 30% 的良好效果。从推行全面质量管理的结果来看，一个总的趋势是预防和鉴定成本越高，产品的质量水平就会越高，包括内部和外部损失在内的损失成本就会越低，导致总的质量成本减少。但是，当预防和鉴定成本过高，损失成本的降低不足以弥补这些费用时，总的质量成本可能会增加。质量成本管理的目的就是探寻质量成本 4 个构成项目的合理比例，从而使质量总成本降到最低。

2. 质量成本特性曲线

质量成本中 4 项费用大小与产品质量合格水平（以合格产品率表示）之间存在一定的关系。这种关系可以用质量成本特性曲线来反映，如图 8-5 所示。其中，曲线 1 表示预防和鉴定成本之和，随着产品质量合格水平的增加而增加；曲线 2 表示内部和外部损失成本之和，随着产品质量合格水平的增加而减少；曲线 3 为质量总成本曲线，即质量成本特性曲线。

从图 8-5 中可以看出，在曲线 3 的左端，表示预防和鉴定成本比较小，导致合格产品率低，产品质量水平低，内部和外部损失成本都比较大，质量总成本当然也大；当逐步增加预防和鉴定成本时，合格产品率增加，质量水平

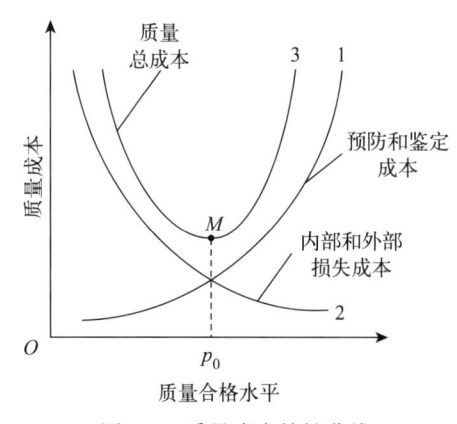

图 8-5　质量成本特性曲线

提高，内部和外部损失成本减少，质量总成本也随之降低；但如果继续增加预防和鉴定成本，试图达到100%的质量合格水平，内部和外部损失成本非常低，但预防和鉴定成本却非常高，从而导致质量总成本急剧增加。在质量总成本这一变化过程中存在一个最低点，即图8-5中的M点，这一点对应着一个质量合格水平，即图8-5中的p_0点。理论上，p_0点即为最佳质量水平。

值得注意的是，随着科技水平和顾客需求的提高、市场竞争的加剧以及企业质量观念的更新，这一点无疑会向右移动。这与"顾客满意，持续改进"的质量管理理念一脉相承。

3. 质量成本构成的优化

在实际中，质量总成本正好达到M点是不可能的，总是在一定范围内波动。这就带来了质量成本构成的优化问题，即通过确定质量成本各组成部分的比例，使质量总成本保持在一个合理的范围之内。为此，把质量成本特性曲线分为3个区域，如图8-6所示。

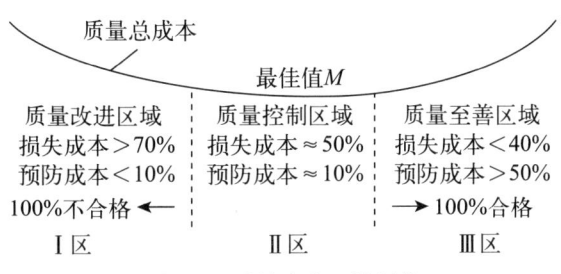

图 8-6　质量成本区域划分

Ⅰ区为质量改进区。当质量水平处于这一区域时，损失成本占质量总成本的比重很大，可达到70%以上，而预防成本比重很小，甚至不到10%。此时，质量管理的重点是加强质量管理的预防性工作，提高产品质量。这样可以用较低的预防成本增加换取较多的损失成本降低，从而降低质量总成本。

Ⅱ区为质量控制区。在这一区域内，损失成本大约占50%，预防成本在10%左右。总成本在M点附近，是理想状态。此时，质量管理的重点是控制和维持现有的质量水平。

Ⅲ区为质量至善区。在这一区域内，预防成本比重较高，超过50%，产品的质量水平较高，损失成本比重低于40%。但这种高质量水平往往超过顾客需求，成为过剩质量。此时，质量管理的重点是适当放宽质量标准，使质量水平回到质量控制区，获得较低的质量总成本和合适的质量水平。

上述质量成本优化方案的前提条件是企业已经知道自身处于质量成本曲线的某一区域。在实际中，企业可能需要经过一段时间的实践和总结，才能明确自身所处的质量成本区域。此时，可采取逐步逼近的方法来实现这一过程。例如，如果企业在原来基础上采取某些改进措施，即增加预防成本和鉴定成本，得到的结果是质量总成本有所下降，则基本上可以肯定企业处于质量改进区，此时，应继续采取改进措施，称为正向措施；反之，如果采取质量改进措施后，质量总成本反而上升了，则可以确定企业处于质量至善区，此时，应采取相反的质量措施，称为逆向措施。还有一种情况是，如果无论采取正向措施还是采取逆向措施，质量总成本的变化都很小，可以肯定企业处于质量控制区。

8.3 质量成本统计核算

8.3.1 质量成本科目设置

质量成本科目的设置必须符合财务会计及成本的规范要求，必须便于质量成本还原到相应的会计科目中，以保证与所在国家会计制度、原则的一致性。

质量成本核算项目由质量管理部门会同财务部门共同制定，要求做到：结合企业自身特点选择适宜的科目，明确费用开支范围，便于核算，便于质量成本分析；科目设置不必求全，但要求不重复，关键科目不遗漏；相对稳定，便于不同时期分析比较。

质量成本一般分为三级科目。一级科目：质量成本。二级科目：预防成本、鉴定成本、内部损失成本和外部损失成本。三级科目：质量成本细目。

从目前世界各国及国内各行业对质量成本项目的设置情况来看，世界各国对质量成本二级项目（共4个）内容的设置都基本相同。各个细目的归集和名称则略有差异。表8-2是国外质量成本项目名称对照表。

表8-3是目前我国许多企业采用的成本科目模式。该模式明确了质量成本三级科目、归集内容、费用开支范围、数据来源、核算方法及费用来源。企业可在这一模式的基础上，根据自身特点进行增补或删减。

本模式中未列出外部质量保证成本下的三级科目。外部质量保证成本的设置与否及其三级科目如何设置应根据顾客是否提出了特别要求及提出了哪些具体要求来确定。

8.3.2 质量成本原始凭证

质量成本数据是指质量成本构成项目中各细目在报告期内所发生的费用数额。合理地收集和科学地分析质量成本数据是质量成本管理的一项基础性工作。记录质量成本数据的载体称为质量成本原始凭证。

为了帮助组织正确记录质量成本数据，确保质量成本核算的有效性、准确性，必须对质量成本原始凭证进行规范化、标准化管理。例如，设计并使用预防成本统计明细表、鉴定成本统计明细表、内部损失成本统计明细表和外部损失成本统计明细表、废品通知单、返修通知单、材料领用单、工时记录单、停工损失报告单、差旅报销单、产品降价处理报告单、退货（换货）通知单、索赔（诉讼）费用记录单等统计明细表和原始凭证。

这些质量成本原始凭证由于存在的形式各不相同，费用开支范围也各不相同，因而其归集方法、核算方法也不相同。一般分为两类：显见质量成本和隐含质量成本。显见质量成本是指根据国家现行成本核算制度规定列入成本开支范围的质量费用，以及有专用基金开支的费用。显见质量成本是实际发生的质量费用，是现行成本核算中需要计算的部分，质量成本中大部分费用属于此类。隐含质量成本是指未列入国家现行成本核算制度规定的成本开支范围，也未列入专用基金开支，通常不是实际发生和支出的费用，但又确实是导致企业效益减少的费用，比如产品降级降价、停工损失等。这部分被减少的收入不直接反映在成本核算中。因此，显见质量成本原始凭证为会计原始凭证，按会计科目归集；隐含质量成本原始凭证为统计原始凭证，按统计项目进行归集。

表 8-2 国外质量成本项目名称对照表

	美国（费根鲍姆）	美国（丹尼尔·M.伦德瓦尔）	瑞典（兰纳特·桑德霍姆）	法国（让·马丽戈格）	日本（市川龙三氏）
预防成本	1. 质量计划工作费用 2. 新产品的审查评审费用 3. 培训费用 4. 收集和分析质量数据的费用 5. 质量报告费用	1. 质量计划工作费用 2. 新产品评审费用 3. 培训费用 4. 工序控制费用 5. 收集和分析质量数据的费用 6. 汇报质量改进的费用 7. 质量改进计划执行费用	1. 质量方面的行政管理费用 2. 新产品评审费用 3. 质量管理培训费用 4. 工序控制费用 5. 数据收集分析管理费用 6. 推进质量管理费用 7. 供应商评价费用	1. 审查设计 2. 计划和质量管理 3. 质量管理教育 4. 质量调查 5. 采购质量计划	1. 质量管理计划 2. 质量管理技术 3. 质量管理教育 4. 质量管理事务
鉴定成本	1. 进货检验费用 2. 零件检验与试验费用 3. 成品检验费用 4. 检测手段维护与保养费用 5. 检验材料的消耗劳务费用 6. 检测设备的保管费用	1. 来料检验 2. 检验和实验费用 3. 保证实验设备精确性的费用 4. 耗用的材料和劳务 5. 存货估计费用	1. 来料检验 2. 工序检验 3. 检测手段维护标准费用 4. 成品检验费用 5. 质量审核费用 6. 特殊检验费用	1. 进货检验 2. 制造过程中的检验和试验 3. 维护和校准 4. 确定试制产品的合格性	1. 验收检查 2. 工序检查 3. 产品检验 4. 试验 5. 再审 6. PM（维护保养）
内部损失成本	1. 废品损失 2. 返工损失 3. 复检费用 4. 停工损失 5. 降低产品损失 6. 处理费用	1. 废品损失 2. 返工损失 3. 复检费用 4. 停工损失 5. 减产损失 6. 处理费用	1. 废品损失 2. 返工费用 3. 复检费用 4. 降级损失 5. 减产损失 6. 处理费用 7. 废品分析费用	1. 废品 2. 修理 3. 保证 4. 拒收进货 5. 不合格产品的处理	亏损成本
外部损失成本	1. 处理用户申诉费用 2. 退货损失 3. 保修费用 4. 折价损失 5. 违反产品责任法造成的损失	1. 申诉管理费用 2. 退货损失 3. 保修费用 4. 折旧费用	1. 受理顾客申诉费用 2. 退货 3. 保修费用 4. 折扣损失	损失成本	1. 出厂前的不良产品（报废、修理、外协中不良设计变更） 2. 无偿服务 3. 不良产品对策

表 8-3 国内企业常用的质量成本三级科目模式

二级科目	三级科目	归集内容	费用开支范围	数据来源	核算方法	费用来源
预防成本	市场调研费用	为了解顾客对企业拟开发产品的质量要求而对市场进行调查研究所发生的费用	对市场进行调研研究中而发生的一切费用	从会计的管理费用等科目中收集数据	会计核算	企业管理费用
	顾客座谈费用	为了得到顾客对企业所提供的产品质量的反馈而与顾客座谈所发生的费用	在与客户座谈中而发生的一切费用	从会计的管理费用等科目中收集数据	会计核算	企业管理费
	合同/文件评审费用	对订货合同评审、技术协议评审和投标书评审所发生的费用	在合同评审、技术协议评审和投标书评审中而发生的一切费用	从会计的管理费用、销售费用等科目中收集数据	会计核算	研制费用
	设计质量控制费用	从设计和开发开始到设计定型为止的整个过程中,为了控制设计质量而发生的费用	编制可靠性大纲,进行可靠性预计、设计、分析和试验而发生的费用	从会计的科研费用等科目中收集数据	会计核算	研制费用
	供应商审查费用	审查和评估供应商满足企业产品质量需要的能力而发生的费用	在审查和评估供应商中而发生的一切费用	从会计的管理费用等科目中收集数据	会计核算	企业管理费用
	采购质量控制费用	对采购过程质量进行控制而发生的费用	确定采购计划和采购要求、确定合格供应商名单、实施外协外购件、外协件监制和保管、不合格品控制、发放等质量控制活动而发生的费用	从会计的制造费用、材料采购等科目中收集数据	会计核算	企业管理费用
	生产质量控制费用	为确保新生产方法、过程、设备和工具能力、性能,使它们能够在要求的范围内持续有效运转而发生的费用	进行工艺评审、验证工序能力、验证和控制辅助材料、生产环境和条件、实施工序控制、技术状态控制、不合格品控制、实施质量控制等环节发生的费用	从会计的生产成本、辅助生产成本等科目中收集数据	会计核算	基本生产成本
	成品质量控制费用	对经过检验合格的产品的质量进行控制而发生的费用	在产品成品的包装、储存、发送、安装交付等环节实施质量控制而发生的费用	从会计的生产成本、辅助生产成本、制造费用等科目中收集数据	会计核算	基本生产成本

类别	项目	含义	举例	数据来源	核算方式	会计科目
预防成本	顾客服务费用	为顾客提供服务而发生的费用	对顾客使用和维护进行培训而发生的费用；对顾客满意程度调查、分析和评价等方面的活动中发生的费用；根据合同和协议中质量保证要求，为顾客提供特殊的和附加的服务而发生的费用	从会计的管理费用、销售费用等科目中收集数据	会计核算	企业管理费用
	质量改进措施费用	为保证或改进产品质量而支付的费用	有关的购置设备、工艺研究、检测手段改进费用，包括整顿质量措施费用	从会计的管理费用等科目中收集数据	会计核算	企业管理费用 车间经费
	质量培训费用	为达到质量要求或改进产品质量的目的，提高职工的质量意识和质量管理的业务水平进行培训而支付的费用	授课人员和培训人员的有关书籍费用、文具费用、资料费用、差旅费用及授课补助费用等	从会计的管理费用等科目中收集数据	会计核算	企业管理费用 车间经费
	质量管理费用	为推行质量管理而支付的费用和为制定质量政策、计划、目标及有关文件一系列活动中支付的费用，即全部质量职能的管理成本	质量管理协会经费，质量管理咨询诊断费用，质量审核费用，质量情报费用，印刷费用等	从会计的管理费用等科目中收集数据	会计核算	企业管理费用 专用基金
	质量评审费用	对产品质量审核评审前进行质量评审而支付的费用	资料费用、会议费用及有关费用	从会计的管理费用等科目中收集数据	会计核算	企业管理费用
	质量管理部门办公费用	质量管理部门为开展日常质量管理工作而支付的办公费用	办公费用、差旅费用及有关的行政费用	从会计的管理费用等科目中收集数据	会计核算	企业管理费用
	质量奖励费用	为了对在质量保证、改进产品质量有贡献的员工进行奖励而支付的费用	质量工作先进奖、QC成果奖、质量合理化建议奖	从会计的管理费用、制造费用等科目中收集数据	会计核算	专用基金
	薪酬	支付给质量管理人员的薪酬及相关费用	所有质量管理人员的报酬以及其他相关费用	从会计的应付工资科目中收集数据	会计核算	企业管理费用 车间经费

(续)

二级科目	三级科目	归集内容	费用开支范围	数据来源	核算方法	费用来源
	其他预防成本	未被上述各项所包含的预防费用	防止出现低质产品为目的策划的预防支出	从会计的管理费用等科目中收集数据	会计核算	企业管理费用
	产品设计试验费用	对新产品及现有产品的主要变化的鉴定试验进行策划和运作而发生的费用	在常温环境和极端环境条件下对足够数量的合格产品进行检查和试验而发生的费用；鉴定检查和试验是为了验证所有产品设计均符合要求，或当问题发生时明确需要重新设计的地方而发生的费用；鉴定试验针对试制形式、小规模试验性生产或新产品第一批生产的样品而发生的费用	从会计的管理费用、科研费用等科目中收集数据	会计核算	企业管理费用
鉴定成本	试验检验费用	对外购原材料、零部件、元器件和外协件以及生产过程中的在制产品、半成品、产成品，按质量要求进行试验、检查而支付的费用	委托外部检验和鉴定支付的费用、送检人员的差旅费用、材料费用、能源费用、劳保费用、破坏性检验费用及有关费用	从会计的管理费用、制造费用等科目中收集数据	会计核算	企业管理费用、车间经费
	交付检验费用	在产品交付给顾客之前进行检验而发生的费用	在产品交付前，检验或验证试验、对产品及其附件进行检验，其附件的标识、包装、搬运的质量控制状况进行检查、验证、签署交付产品检验合格证等活动而发生的费用	从会计的生产成本、销售费用等科目中收集数据	会计核算	基本生产成本
	安装检验费用	在产品使用现场安装后进行检验而发生的费用	产品使用现场安装时，对产品及其安装质量进行检验或验证试验而发生的费用	从会计的生产成本、辅助生产成本等科目中收集数据	会计核算	基本生产成本
	专项检验费用	对产品进行所有非日常检测而发生的费用	在专项检测中而发生的一切费用	从会计的管理费用等科目中收集数据	会计核算	企业管理费用
	检测设备维护折旧费用	检测设备的维护、校准、修理和折旧费用	大修折旧费用、中小修理费用、维护校准费用	从会计的固定资产等科目中收集数据	会计核算	企业管理费用、车间经费

类别	项目	含义	内容	数据来源	核算方式	会计科目
鉴定成本	检测管理费用	对检测工作进行管理而发生的费用	对产品质量理化人员、试验人员、计量检验人员的教育培训、上岗资格评定、证书管理和印章管理费用等；对检测管理活动而发生的费用	从会计的制造费用、生产成本、辅助生产成本等科目中收集数据	会计核算	企业管理费用
	质量检验机构办公费用	质量检验机构为开展日常检验工作而支付的办公费用	办公费用、差旅费用及有关的行政管理费用支出	从会计的生产成本、辅助生产成本、制造费用等科目中收集数据	会计核算	企业管理费用
	薪酬	质量检验人员、试验验证人员、计量人员和理化人员的薪酬	所有质量检验人员、试验验证人员、计量人员和理化人员的薪酬以及其他相关支出	从会计的应付工资科目中收集数据	会计核算	企业管理费用 车间经费
内部损失成本	设计纠正措施费用	为纠正设计偏差而发生的费用	最初发生生产设计方案开始之后，为了彻底解决现有的产品问题而进行调查和重新设计（包括设计的重新鉴定）所需的全部费用	从会计的管理费用、科研费用、生产成本等科目中收集数据	会计核算	企业管理费用 研制费用
	设计变更导致的返工费用	由于设计变更导致的返工而发生的费用	为了解决设计中存在的问题而实施设计更改方案（有效性）而进行的全部返工（材料、劳动和相关负担）的费用	从会计的管理费用、科研费用、生产成本等科目中收集数据	会计核算	企业管理费用 研制费用
	设计变更导致的废弃费用	由于设计变更致废弃而发生的费用	为了解决设计中存在的问题和实施设计更改方案（有效性）而导致设计报废（材料、劳动和相关负担）的费用	从会计的管理费用、科研费用、生产成本等科目中收集数据	会计核算	企业管理费用 研制费用
	拒收的处置费用	对检验拒收的外购物品的处置和分选而发生的费用	拒收文件费用、审查和评估、处置床单处置费用	从会计的管理费用科目中收集数据	统计核算	企业管理费用

（续）

二级科目	三级科目	归集内容	费用开支范围	数据来源	核算方法	费用来源
	替换费用	替换所有拒收的外购物品而发生的费用	替换所有拒收和还给供应商的物品所发生的新增费用，包括额外的运输和加急处理的费用（供应商支付的除外）	从会计的管理费用等科目中收集数据	统计核算	企业管理费用
	拒收的返工费用	对拒收物品进行返工而发生的费用	由组织对供应商的拒收物品进行返工发生的费用	从会计的生产成本等科目中收集数据	统计核算	基本生产成本
	无法控制的损失	在生产过程中无法控制而发生的损失费用	由于损毁、盗窃或其他未知原因导致材料或零件短缺所发生的费用	从会计的有关科目中收集数据	统计核算	基本生产成本
	进货损失费用	外购物品入厂后由于存在问题而发生的费用	外购物品不符合规定的质量要求给组织所造成的损失	从会计的材料采购进货损失单中收集数据	会计核算与统计核算相符合	基本生产成本
内部损失成本	报废损失费用	因产成品、半成品、在制品、质量要求目无法修复或在经济上不值得修复造成报废而发生的费用，以及外购元器件、零部件、原材料在采购、运输、仓储、筛选等过程中因质量问题而发生的费用	在生产过程以及在采购、储、筛选等过程中报废的产成品、半成品、元器件、零部件、在制品、原材料费用及人工费用和能源动力等消耗	从会计的生产成本、废品损失统计表等中收集数据	会计核算	基本生产成本、辅助生产成本
	返修费用	为使不合格产品满足预期用途对其采取措施而发生的费用	人工费用、原材料费用、设备折旧、能源等费用	从会计的生产成本、辅助生产成本、返修和返工报告单等中收集数据	会计核算	基本生产成本
	返工费用	为使不合格产品符合要求对其采取的措施而发生的费用（不包括设计变更导致返工所发生的费用）	人工费用、原材料费用、设备折旧、能源等费用	从会计的生产成本、辅助生产成本、返修和返工报告单等中收集数据	会计核算	基本生产成本

类别	项目	含义	说明	数据收集	核算方式	账户科目
内部损失成本	降级损失费用	因产品质量达不到规定的质量等级而降级所损失的费用	合格产品价格与降级产品价格之间的差额损失	从降级报损单中收集数据	统计核算	基本生产成本
	停工损失费用	由于质量问题引起停工而发生的直接损失费用	导致设备闲置、人员闲置、减少产量和影响交付产品而发生的直接经济损失	从产品成本核算的基础上算出停工导致无效的人工费用、设备占用的维护费用，根据销售合同等计算，估算停工导致潜在利润损失及赔偿金、罚款等，停工损失报损单、质量原因停工损失统计表等统计资料中收集数据	统计核算	基本生产成本 辅助生产成本
	材料审核费用	审查和处理不合格产品以及采取必需的纠正措施而发生的费用	在审查和处理不合格产品过程中所发生的一切费用	从会计的管理费用等科目中收集数据	会计核算	企业管理费用
	处置费用	处置不合格产品而发生的费用	在审查和处理不合格产品，分析质量数据，决定采取纠正活动的重要领域，调查这些领域以获得产品发生缺陷的根本原因而发生的费用	从会计的管理费用等科目中收集数据	会计核算	基本生产成本
	运行纠正措施费用	为消除不合格产品的根源采取改正措施而发生的费用	重新制定作业指导书、重新程序、重新设计和改进设备及工具、制定和贯彻特定培训需求而发生的费用（不包括设计纠正措施用）	从会计的管理费用等科目中收集数据	会计核算	企业管理费用
外部损失成本	产品质量事故处理费用	因处理内部产品质量事故而支付的费用	重新检验费用，重新筛选费用等	从会计的管理费用等科目中收集数据	会计核算	企业管理费用 车间经费
	重新检验费用	由于重新检验而发生的费用	因为拒收（返工、返修后重新检验）而发生的检验费用	从会计的管理费用等科目中收集数据	会计核算	企业管理费用

(续)

二级科目	三级科目	归集内容	费用开支范围	数据来源	核算方法	费用来源
外部损失成本	售后服务费用	为顾客提供服务而发生的费用	调查、解决和针对具体顾客投诉或咨询的回应，包括必要的现场服务的全部费用	从会计的管理费用、销售费用等科目中收集数据	会计核算	企业管理费用
	返还产品费用	评估、修理或替换有质量问题的产品而发生的费用	由于评估、修理或替换中而发生的因为质量原因的产品过程中而发生的一切费用（不包括因维护和合同变更所要求的修理费用）	从会计的管理费用、销售费用等科目中收集数据	统计核算	企业管理费用
	翻新改进费用	将产品或现场设施变更或升级到一个新的设计水平而发生的费用	设计水平基于重新设计（仅包括由质量问题导致的那部分翻新改进）的费用	从会计的管理费用、销售费用等科目中收集数据	统计核算	企业管理费用
	索赔费用	因产品质量未达到标准要求，对用户提出的申诉进行索赔、处理而支付的费用	支付用户的赔偿金（包括罚金），索赔处理费用及差旅费用	从会计的管理费用、销售费用等科目中收集数据	统计核算	企业管理费用
	退货损失费用	因产品质量未达到标准要求造成用户退货、换货而损失的费用	产品包装损失费用，运输费用和退回产品的净损失	从会计的营业外支出科目中收集数据	统计核算	企业管理费用
	折价损失费用	因产品质量未达到标准要求折价销售而损失的费用	销售价格与折价后的差价损失	从折价损失单中收集数据	会计核算与统计核算相符合	企业管理费用
	保修费用	根据保修规定，为用户提供修复服务而支付的费用和保修服务人员的薪酬及相关费用	差旅费用，办公费用，更换零部件成本，所需器材、工具、运输费用，以及保修人员的薪酬及相关费用	从会计的销售费用科目中收集数据	会计核算	企业管理费用
	销售及商誉损失	因质量问题导致的销售和商誉损失	因产品质量问题和售后服务质量问题而导致的销售量降低和商誉损失	从会计的销售费用科目中收集数据	评估	无形

8.3.3 质量成本数据收集方法

不同企业实施的质量成本管理的程度各不相同，质量成本数据的收集方法也各不一样，若处于实施质量成本管理的初级阶段，组织尚未建立起质量成本的台账，取得质量成本中全部项目的信息较为困难，因此，质量成本数据主要以质量管理人员的估算为主，辅之以会计、统计资料；若处于实施质量成本管理较完善阶段，已建立起较为完善的质量成本台账，则质量成本数据的来源应以会计、统计资料为主，辅之以质量管理人员的估计；若处于实施质量成本管理的完善阶段，已建立起完备的质量成本台账和正式的会计核算制度，则完全利用会计、统计资料收集质量成本数据。

不同质量成本项目，其收集的主体和途径有所不同。预防成本由质量管理部门及检验、产品开发、工艺等有关部门根据费用支出原始凭证按相应质量成本细目进行统计；鉴定成本由检验和开发设计部门根据检验试验费用凭证按相应质量成本细目进行统计；内部损失成本由检验部门和各车间统计员根据废品报告单、返修品通知书等有关原始凭证按所设置的三级科目进行统计；外部损失成本由销售服务部门根据售出产品后的反馈信息的原始凭证按相应质量成本细目进行统计。

8.3.4 质量成本核算方法

质量成本核算方法以会计核算为主，统计核算和业务核算为辅。具体方法主要通过会计专门方法来获取质量成本资料，但在具体运用这些专门方法时，可根据具体情况灵活处理，比如对有些数据的收集不必设置原始凭证，也不必进行复式记账，账簿记录也可大大简化，质量成本的归集和分配应灵活多样。对那些用会计方法获得的信息，力求完整、准确；而对通过统计手段、业务手段获取的资料，原则上只要求基本准确，也不要求以原始凭证作为获取信息的必备依据。

在计量单位上，以货币计量为主，适当辅以实物计量、工时计量及其他指标，比如不合格产品率、社会贡献率等。

质量成本核算有一级核算和两级核算两种不同的体制和方法。实行一级核算时，各部门、各车间只报送有关质量成本的统计报表，不计算质量成本，财务部门接到统计报表后，进行统计汇总，其汇总结果即为本期发生的质量成本总额；实行二级核算时，各责任部门在统计报告质量成本有关项目明细表的基础上，先计算各部门的质量成本，财务部门汇总出企业的质量成本总额。

8.4 质量成本分析与报告

8.4.1 质量成本分析

质量成本分析就是根据企业质量管理需要，结合企业生产经营特点，灵活运用质量成本分析方法，对质量成本核算结果进行分析。质量成本分析是质量成本管理工作的一个重要环节。通过分析质量成本核算的数据，可以找出影响质量成本的关键因素，发现质量管理的薄弱环节，并提出质量改进措施。

1. 质量成本分析的内容

（1）质量总成本分析。通过核算计划期的质量总成本，与上期质量总成本或计划目标做比较，分析其变化情况，从而找出变化趋势和变化原因。此项分析可以掌握企业产品整体质量状况。

（2）质量成本构成分析。质量成本的不同项目之间是互相关联的，通过核算预防成本、鉴定成本、内部损失成本、外部损失成本占质量总成本的比率，来分析企业运行质量成本的项目构成是否合理，以便寻求降低质量成本的途径，并寻求比较合理的质量成本水平。

2. 质量成本分析方法

质量成本分析方法分为定性分析法和定量分析法。定性分析有助于提高企业领导和员工的质量意识，加强质量管理基础工作，帮助管理人员确定改进目标。定量分析能够计算出定量的经济效果，给出质量有效性的定量指标。

质量成本分析的定量方法具体有指标分析法、质量成本趋势分析法、排列图分析法和灵敏度分析法。

（1）指标分析法。所用的指标包括价值指标、目标指标、结构指标、相关指标等。

1）价值指标，是指质量成本费用的绝对值是用货币单位反映质量工作直接成果的指标，一般包括质量总成本、预防成本、鉴定成本、内部损失成本、外部损失成本等。

2）目标指标，是指一定时期内质量总成本及预防成本、鉴定成本、内部损失成本与外部损失成本的实际发生额与目标值相比的增减量或增减率。

$$质量总成本增减量 = 实际质量总成本 - 计划质量总成本$$

$$质量总成本增减率 = \frac{质量总成本增减量}{计划质量总成本} \times 100\%$$

预防成本、鉴定成本、内部损失成本与外部损失成本增减量和增减率的计算可依此类推。

3）结构指标，是指预防成本、鉴定成本、内部损失成本和外部损失成本各占质量总成本的比例。

$$预防质量成本占质量总成本比率 = \frac{预防成本}{质量总成本} \times 100\%$$

鉴定成本、内部损失成本与外部损失成本的结构指标的计算可依此类推。

4）相关指标，是指一定时期内质量总成本、预防成本、鉴定成本、内部损失成本或外部损失成本与其他经济指标的比值及其增减值，主要有百元产值质量总成本、百元销售收入质量总成本、百元总成本质量成本率、百元利润质量总成本、百元产值损失成本、百元销售收入损失成本、百元利润损失成本、百元总成本损失成本等。

例 8-1 表 8-4 是某服装公司年度质量总成本报表，试简要分析该公司质量总成本。

表 8-4　某服装公司年度质量总成本报表

	成本项目	金额（美元）	占百分比（%）
质量损失成本	a. 滞销压库	3 276	0.37
	b. 返修品	73 229	8.22
	c. 裁剪不当	2 228	0.25
	d. 剪裁报废	187 428	21.03
	e. 顾客调、退、换	408 200	45.79
	f. 产品降级处理	22 838	2.56
	g. 顾客投诉		
	h. 顾客改买竞争对手的服装		
	合　　计	697 199	78.22
质量评定成本	a. 进货检验	32 655	3.66
	b. 初检	32 582	3.66
	c. 复检	25 200	2.83
	d. 成品抽检	65 910	7.39
	合　　计	156 347	17.54
预防成本	a. 生产线质量控制	7 848	0.88
	b. 公司质量控制	30 000	3.37
	合　　计	37 848	4.25
	总　　计	891 394	100.00[①]

① 由于四舍五入的原因，总计不一定为100%。

解：

从上表可得到如下结论。

1）每年的质量总成本近90万美元，说明大有潜力可挖。

2）质量损失成本约占质量总成本的80%，其中顾客调、退、换和剪裁报废所占比例最大，超过一半。

3）质量损失成本是质量评定成本的4倍多，因此，首先必须削减质量损失成本。

4）预防成本数额不大，只占质量总成本的4.25%。

5）此外，还有一些无法直接定量表示的结果，比如顾客投诉或顾客改买竞争对手的服装所造成的损失等。

6）综合考虑质量成本结构，通过增加少量预防成本和质量评定成本可以大幅降低质量损失成本，从而降低质量总成本。

（2）质量成本趋势分析法。质量成本趋势分析的目的是掌握质量成本一定时期内的变化趋势，包括短期趋势分析和长期趋势分析。分析1年内各月的变化情况属于短期分析，5年以上的属于长期分析。趋势分析可通过表和图形方式来进行，前者准确明了，后者直观清晰。图 8-7 所示是某年万元产值内部损失和外部损失成本之和的趋势图。

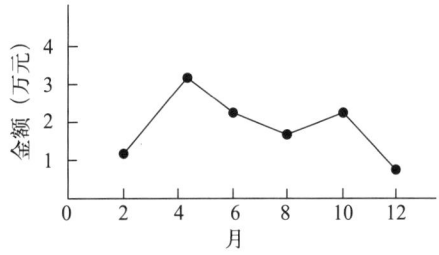

图 8-7　万元产值损失成本趋势图

（3）排列图分析法。排列图分析法就是应用全面管理中的排列图原理对质量成本进行分析的一种方法。根据排列图可以对预防成本、鉴定成本、内部损失成本和外部损失成本的大小进行排序，发现哪一类成本最大。还可就某一项成本对责任单位实际发生的成本进行排序。这样一步步地分析下去就可以找到主要原因，以便采取措施改进。

图 8-8 所示是某橡胶厂主要车间内部和外部损失成本排列图。从中可以看出，炼胶车间内部损失成本最高，占到总损失成本的 40%，硫化车间次之。两个车间总损失之和占 72%。对此，应进一步查明原因，把这两个车间的损失成本降下来。

（4）灵敏度分析法。灵敏度分析法就是把预防成本、鉴定成本、内部损失成本和外部损失成本的投入与产出在一定时间内的变化效果或特定的质量改进效果用灵敏度表示，其公式为

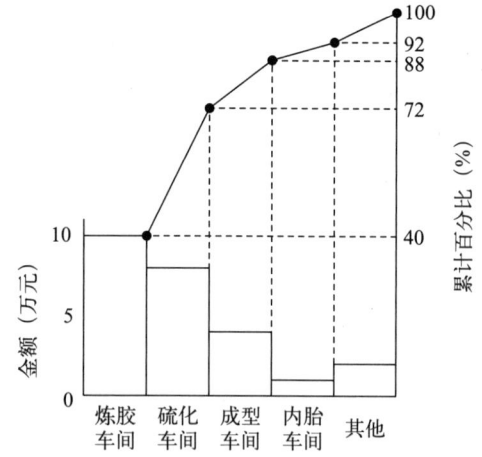

图 8-8 主要车间损失成本排列图

$$\alpha = \frac{\text{报告期内外部损失成本与基准期相应值的差额}}{\text{报告期预防成本和鉴定成本之和与基准期相应值的差额}}$$

8.4.2 质量成本报告

质量成本报告是在质量成本分析的基础上编制成的书面文件，是质量成本分析活动的总结性文件，供领导及有关部门决策使用，以作为制定质量方针目标、评价质量体系的有效性和进行质量改进的依据。质量成本报告也是企业质量管理部门和财务管理部门对质量成本管理活动或某一典型事件进行调查、分析、建议的总结性文件。

质量成本报告的内容和形式按呈送对象而定。呈送给高层领导的报告，应以文字或图表简明扼要地说明质量成本总体情况、变化趋势、质量成本计划执行情况、在改进质量和降低成本方面取得的效果以及存在的主要问题和改进方向。呈送给中层领导的报告，除了报告总体情况外，还应该根据各相关部门的特点提供专题分析报告，使他们能够从中发现自己部门的主要问题与改进重点。

质量成本报告的主要内容有以下几方面。

（1）预防成本、鉴定成本、内部损失成本与外部损失成本构成比例变化的分析结果。

（2）质量成本与相关经济指标的效益对比分析结果。

（3）质量成本计划的执行情况以及与基期或前期的对比分析结果。

（4）质量成本趋势分析结果。

（5）典型事例及重点问题的分析与解决措施。

8.5 提高质量经济性

8.5.1 质量特性波动及其损失

1. 质量特性及其波动

产品的质量特性多种多样，比如物理的、化学的、生物学的、感官上的、行为上的、时间上的、人体工效上的等。

按照对质量特性的期望，质量特性又分为望目值特性、望大值特性和望小值特性。望目值特性是指设定一个目标值，希望质量特性围绕这一目标值波动，并且波动越小越好，比如机械零件的内径就属于望目值特性；望大值特性是希望质量特性值尽可能地大，且波动越小越好，比如轮胎的寿命等就属于望大值特性；望小值特性是希望质量特性尽可能地小，且波动越小越好，比如食品中的有害成分、杂质含量等就属于望小值特性。

因为 5M1E 六个方面的原因，产品质量必然会有变异，即质量特性波动是无法避免的。质量波动必然会给生产者、消费者和社会造成损失，波动越大，损失越大。

2. 质量特性波动的损失

（1）生产者的损失。不良质量对生产者造成的损失可分为有形的损失和无形的损失。有形的损失是指可以通过价值计算的直接损失，比如废品损失、返修费用、降级降价损失、退货、赔偿损失等。无形的损失是指因不良质量而影响企业的信誉，从而使订单减少、市场占有率下降等。

值得注意的是，"剩余质量"也会对生产者造成损失。剩余质量是因为不顾顾客的实际需求，不合理地片面追求过高的内控标准所造成的，其结果是为了达到不切实际的质量标准而给生产者带来过高的成本。而企业往往又会通过各种方式把这种因剩余质量所产生的成本转嫁给顾客，损害顾客的利益，同时也给企业带来负面影响，比如声誉下降、市场份额减少等。

（2）顾客的损失。顾客的损失是指顾客在使用缺陷产品过程中而蒙受的各种损失。例如，因使用缺陷产品而导致能耗、物耗的增加，或对人身健康造成的不利影响，或导致财产损失，甚至危及生命安全。顾客的损失还包括因产品缺陷导致停用、停产、误期或增加的大量维修费用等。

此外，产品功能不匹配也是一种典型的顾客的损失。例如，一台仪器的某个组件失效，又无法更换，而该仪器的其他部分功能正常，最终不得不将整机丢弃或做销毁处理。从质量经济性出发，最理想的状态是使所有组件的寿命相同，实际上又做不到这一点。因此，通常的设计原则是，对于那些易损组件，使其寿命与整机的大修周期相近，或采用备份冗余配置模式。

（3）社会的损失。广义地说，生产者和顾客的损失都属于社会的损失。这里所说的社会的损失是指由于产品缺陷而对社会造成的公害和不良影响，比如对环境和社会资源所造成的破坏和浪费，影响公众安全等。值得指出的是，社会的损失最终通过各种渠道转嫁为对顾客的损害。

3. 质量损失函数

日本质量管理专家田口玄一把产品看作一个系统，系统的输出因素就是质量特性 Y，系统的输入因素分为可控因素 X 和不可控因素 Z。田口玄一认为，只要质量特性 Y 偏离了设计目标值（以 m 表示），就会造成损失，偏离越大，损失越大。为了定量地描述质量波动所造成的损失，田口玄一提出了质量损失函数的概念。质量损失函数为

$$L(Y) = K(Y-m)^2 \qquad (8\text{-}1)$$

事实上，如果以质量特性 Y 为自变量的函数 $L(Y)$ 在包含 m 的一个开区间 (a, b) 内存在直到 $n+1$ 阶的导数，则按泰勒展开式，有：

$$L(Y) = L(m) + \frac{L'(m)}{1!}(Y-m) + \frac{L''(m)}{2!}(Y-m)^2 + \cdots + \frac{L^{(n)}(m)}{n!}(Y-m)^n + R_n(m) \qquad (8\text{-}2)$$

其中，$R_n(m) = \frac{L^{(n+1)}(\xi)}{(n+1)!}(Y-m)^{(n+1)}$ 为拉格朗日余项。

对质量损失，显然 $L(m)=0$，又因为 $L(Y)$ 在 $Y=m$ 处取得极小值，所以 $L'(m)=0$。在式（8-2）中，略去二阶以上高阶项，得到：

$$L(Y) = \frac{L''(m)}{2!}(Y-m)^2$$

记：

$$K = \frac{L''(m)}{2!}$$

于是，得到式（8-1）。

质量损失函数曲线如图 8-9 所示。

从图 8-9 可以看出，无论产品合格与否，只要质量特性值偏离 m，就会有损失，偏离越大，损失越大。特别地，当偏差超过 Δ 时，就偏离了制造公差，需要返修，此时所造成的损失费用为返修费用。

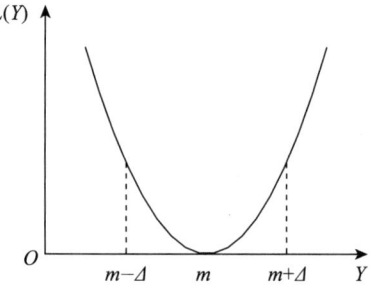

图 8-9　质量损失函数曲线

例 8-2　某一机械零件，尺寸偏差超过 $\pm 5\text{mm}$ 时，必须返修，历史统计数据表明，返修费用为 400 元，试确定这种产品的质量损失函数表达式。

解：

根据式（8-1）得：

$$400 = K(Y-m)^2 = 5^2 K$$

解上式，得：

$$K = 16$$

于是，质量损失函数为：

$$L(Y) = 16(Y-m)^2$$

4. 制造公差和使用规格的关系

一般地，企业内控标准要比行业标准严格，行业标准要比国家标准严格。简单地说，制

造公差要比使用规格更加严格。以下利用质量损失函数关系来讨论其经济合理性。

设 Δ 为制造公差要求，Δ_0 为使用规格要求，质量特性超过制造公差时的损失为 A，超过使用规格范围时的损失为 A_0，则：

$$A = K\Delta^2$$
$$A_0 = K\Delta_0^2$$

根据以上两式，得：

$$\Delta = \sqrt{\frac{A}{A_0}} \Delta_0 \tag{8-3}$$

返修费用一定小于质量波动超过使用规格所造成的损失，即 $A < A_0$，根据式（8-3），得 $\Delta < \Delta_0$，即制造公差要求比使用规格要求更为严格。

8.5.2 提高质量经济性的途径

1. 提高产品设计过程的质量经济性

产品设计过程是整个产品质量形成的关键环节。提高产品设计过程的质量经济性，就是要做到使设计出来的产品既能满足规定的质量要求，又能使产品在其生命周期内对生产者、顾客和社会造成的损失最小。为此，应准确把握顾客的真正需求并进行产品设计的价值分析。

（1）准确把握顾客的需求。确保设计出来的产品正是顾客所需要的。让我们回顾第3章中提到的一个例子。某公司设计生产一种砂布，顾客使用一段时间后，反馈质量不好，并声称如果再不改进，将不再订货。公司设计人员到顾客现场调查后才了解到：顾客判断质量好不好的依据是打磨100件标准金属件用掉的砂布张数。公司在设计砂布时，却把重点放在了砂粒和砂纸各自的质量上，而对两者的黏合强度重视不够，造成顾客耗费了更多的砂布，增加了使用成本。如果顾客真的停止订货，会影响到公司的销售，对公司造成损失。因此，如果在设计阶段没有真正了解顾客的需求，所设计的产品不但会对顾客造成损失，还会对生产者甚至社会造成损失。

（2）产品设计的价值分析。价值分析既是一种思想方法，又是一种优化技术。它采用系统化的方法分析问题、解决问题，通过较低的资源消耗为顾客提供优质的产品和服务。

在第二次世界大战期间，美国通用电气公司的工程师麦尔斯（Miles）在工作实践中发现，通过对产品的成本和功能进行分析，采用代用材料和使用新的制造方法，能够提升产品的性能并降低其成本。1946年，他把这种功能评估的方法命名为"价值分析"。1954年，美国国防部海军舰船局开始在产品设计中应用价值分析理论以降低成本，并成立专门的工作机构，将价值分析重新命名为"价值工程"。价值工程中的价值公式可表示为

$$V = \frac{F}{C} \tag{8-4}$$

其中，V——价值（value）；F——功能（function）；C——成本（cost）。

从式（8-4）可以看出，提高价值的途径有4种：在提高功能的同时，降低成本；在成本保持不变的前提下，提高功能；在功能不变的前提下，降低成本；以较小的功能降低带来

较大的成本降低。在产品设计中，第一种情况发生的可能性最小，最有可能发生的情况是通过削减对顾客不重要的功能带来成本的大幅降低，进而提高所设计产品的价值。

在实际中，设计人员经常追求完美，设置最严格的公差标准，使用最好的材料，采用最佳的工作方法，要求最严格的作业环境，结果导致成本无谓的增加。这与价值分析背道而驰。产品设计的价值分析就是在产品设计阶段着重于功能分析，力求用最低的全生命周期成本可靠地实现必要的功能。

2. 提高生产过程的质量经济性

从图 8-5 的质量成本特性曲线可以看出，生产产品的质量水平有一个最佳点，这一点所对应的质量总成本最低。质量水平低于或高于这个最佳点，质量总成本都会增加。但是，综合考虑质量波动对生产者、顾客和社会所造成的影响，从发展的眼光看，预防成本和鉴定成本的少量增加会带来内部和外部损失成本的大量减少，因此，质量最佳点会向右移动。事实上，从质量损失函数也可以看出，提高生产过程质量经济性的着力点在于使质量特性值维持在目标值 m 附近，并且波动越小越好，即 σ 越小越好。

在生产过程上，维持质量特性分布的中心值，缩小质量特性的波动性归根结底在于实施统计过程控制，改善 5M1E。

（1）人员技能的提高。质量管理人员与企业人事教育部门合作，共同制订与生产过程有关的各类人员的培训方案。特别地，实行特殊作业、检验、计量等人员的执业上岗制度，提高其专业技能。

（2）机器设备的更新与维护保养。质量管理人员与设备管理部门合作，协助制订机器设备的购置、改良、租赁计划。参与制定设备维护保养制度。积极采取全面生产维护（total productive maintenance，TPM）。

（3）原辅材料的采购。质量管理人员与物资供应部门合作，参与供应商评级，参与关键材料的评标，监控各种原辅材料、外协配套件的选购。

（4）工艺方案的选择。质量管理人员与技术管理部门合作，参与工艺计划的技术经济评价，审核工艺路线、工艺规程是否与产品质量要求相符合。

（5）检测系统的建立和完善。质量管理人员与计量管理部门合作，协助制订计量器具的购置和检定计划，参与计量器具的周期检定。

（6）作业环境的建立。质量管理人员与生产管理部门合作，协助制定工作环境标准，参与现场管理，推进 6σ 活动。

8.6 ERP 支持下的质量成本管理

8.6.1 ERP 支持下质量成本管理的必要性与可行性

1. ERP 概述

ERP 是通过数据库技术、图形用户界面、第四代查询语言、顾客/服务器结构、网络通信、可移植的开放系统等信息技术，对企业的物流、人流、资金流、信息流实施高效、统一的管理，从而实现企业经济效益最大化。ERP 实现了企业经营管理全覆盖，实现了营销管理、生产管理、财务与会计管理、供应商管理、人力资源管理、技术质量管理、仓储与物流管理、设备与工程管理等。

2. 在 ERP 平台上实施质量成本管理的必要性与可行性

质量成本管理涉及的数据量大，归集难。利用 ERP 系统，可以调取有关数据，并自动将质量成本数据进行归类、汇总、统计、分析。对于集团公司，在组织结构上通常设有总公司、子公司、分公司、事业部等。ERP 系统可以实现各级机构信息中心的对接，实现数据的交换、汇总、同步传输，以便及时了解质量成本基本情况及变化趋势。此外，在 ERP 系统上实施质量成本管理就可以充分利用各种分析工具，使数据处理更快捷、质量成本管理决策更科学。

质量成本管理既是质量管理的主要内容，也是财务与会计管理的主要内容，ERP 系统可以很好地实现技术质量管理子系统以及财务与会计管理。只要进行二次开发，设计质量管理子系统下的质量成本管理二级子系统，就可以在 ERP 系统中实现质量成本管理，并与其他子系统对接。

8.6.2　ERP 支持下质量成本管理的实施方案

1. 质量成本管理与其他子系统或模块的关系分析

质量成本管理主要与以下管理模块发生直接关联。
（1）财务与会计模块，涉及料工费、管理与销售成本等。
（2）生产管理模块，涉及主生产计划、MRP 等发生的各项质量成本数据。
（3）设备管理模块，涉及与质量有关的设备采购、维护等有关费用数据。
（4）销售管理模块，涉及销售及售后服务过程中发生的索赔、产品退换等质量成本数据，潜在销售损失成本。
（5）人力资源管理模块，涉及与质量有关的人工成本、绩效等数据。

2. 质量成本管理子系统功能模块

为了在 ERP 系统上实施质量成本管理，可将质量成本管理分为质量成本定义、质量成本核算（度量）、质量成本分析、质量成本控制、质量成本改进、质量成本绩效管理 6 个模块。以下简要说明这 6 个模块要完成的主要功能。

（1）质量成本定义。质量成本定义即实现顾客需求定义，确认各业务流程，定义企业的预防成本、检验成本、质量保证成本与内外部损失成本（特别注意隐含质量成本）及各项质量成本的具体科目。确定质量成本管理工作的目标，确定质量成本核算（度量）、质量成本分析、质量成本改进、质量成本控制和质量成本绩效管理的边界以及工作规则与工作目标。确定质量改进项目小组成员、项目目标与项目范围，估计项目的潜在效益，产生质量改进项目的任务计划书。

（2）质量成本核算。该模块依据所定义的数据收集、核算工作规则，通过实时更新的质量成本监控系统收集企业各部门各流程的质量成本数据，并将数据汇集存储到质量成本管理数据中心，对各项质量成本进行汇总归类、核算。

（3）质量成本分析。该模块依据所定义的分析规则，运用各种分析工具和方法对收集到的质量成本数据进行分析，找出引起质量成本的无效和非增值活动，出具质量成本报告并提出质量改进项目建议，并将结果上传至质量改进项目库，各职能部门可以调阅并提出建议。

（4）质量成本控制。该模块对质量成本管理工作特别是质量改进工作的实施做出总结，将一些有效的措施制度化，制定巩固改进成果的控制措施，通过实时更新的质量成本监控系统对发现的问题进行重点跟踪监控，并发展新的改进目标推动质量成本持续改进。

（5）质量成本改进。该模块依据质量改进项目库中的项目计划实施质量改进，提高顾客满意度，减少企业的质量成本尤其是隐含质量成本。特别地，质量成本改进不仅仅是指产品和服务的质量改进，还包括对企业所有流程的改进，即对无效、不增值作业的优化。通过这样全方位的质量成本改进活动，在降低企业的显见质量成本的同时，减少隐藏在管理流程中的隐含质量成本。

（6）质量成本绩效管理。由人力资源管理部门负责，依据质量成本管理数据中心的质量成本数据和质量改进成果对各个部门和各个员工进行绩效考评，同时对质量成本管理工作的效果进行评估，并反馈给质量成本控制系统。

3. ERP 支持下的质量成本管理集成方案

把上述 6 个功能模块整合在一起，就形成了 ERP 支持下的质量成本管理集成方案，其逻辑结构如图 8-10 所示。

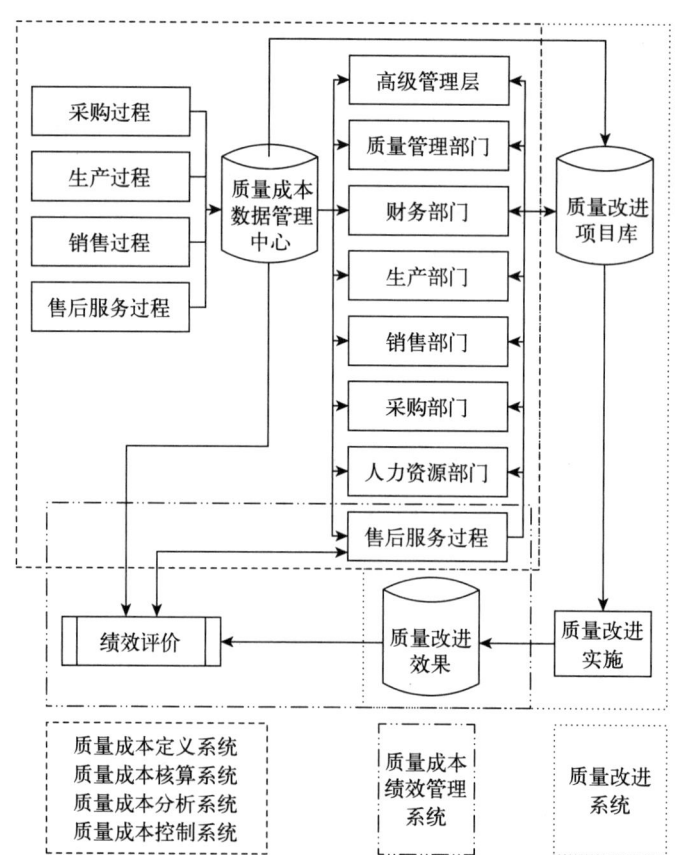

图 8-10　ERP 支持下的质量成本管理逻辑结构

❖ 案例分析

民康医药集团搭上质量成本管理的末班车

民康医药集团是2009年注册成立的原料制药公司，主要生产淀粉、葡萄糖、维生素C系列原料药。2012年正式投产以来，公司产销两旺，每年的销售收入和利润都呈现上升势头。但是与国内同行相比，其销售利润率仍然偏低。在2012年年终总结动员会上，公司总经理要求各部门认真做好经营成本分析工作。作为质量部部长，张部长要求质量管理人员协助财务部门统计分析公司全年质量成本执行情况，结果如表8-5所示。

此外，公司还对各装置发生的质量成本进行了统计分析，以12月为例，统计结果如表8-6所示。

表8-5 2012年质量成本统计表　　　　　　　　　　（单位：万元）

质量成本项目	1月	2月	3月	4月	5月	6月	7月	8月	9月	10月	11月	12月
预防成本	0.5	0.4	0.3	0.6	0.3	0.2	0.5	0.3	0.4	0.4	0.1	0.3
鉴定成本	20.7	15.9	12.5	17.4	16.6	16.6	10.2	16.7	18.2	14.3	23.7	12.8
内部损失成本	46.4	42.5	42.7	33.4	35.2	34.6	40.3	37	33.3	36.6	28	36.8
外部损失成本	1.3	2.4	0.8	3.8	2.8	1.7	2.3	1.8	1.2	1.7	0.9	1.3
质量总成本	68.9	61.2	56.3	55.2	54.9	53.1	53.3	55.8	53.1	53	52.7	51.2

表8-6 12月各装置质量成本统计表　　　　　　　　（单位：万元）

装置	淀粉	葡萄糖	山梨醇	发酵提取	转化精制	其他	合计
质量成本	4.0	15.9	7.7	21.0	1.0	1.6	51.2

从表8-5可以看出，公司全年12个月内部损失成本普遍偏高，即使是最低的11月，也达到质量总成本的53%（=28÷52.7），7月更是高达76%（=40.3÷53.3）。为此，公司对全年12个月的损失成本进行了专项分析。以12月为例，统计结果如表8-7所示。

表8-7 12月损失成本统计表　　　　　　　　　　　（单位：万元）

成本项目	废品损失	降级损失	退货损失	超定额损耗	索赔	其他	合计
成本金额	6.0	11.8	1.9	13.3	0.8	4.3	38.1

● 讨论问题

1. 通过趋势图等方法对该公司全年质量成本做总体情况分析。
2. 分析该公司质量成本结构。
3. 利用排列图分析该公司12月各装置质量成本情况。
4. 利用排列图分析该公司12月损失成本。
5. 提出下一年度质量成本管理建议。

◎ 思考与练习

1. 简述质量经济管理发展历程。
2. 试根据质量的变化与成本、价格、利润之间的关系，说明质量经济性的含义。
3. 何为质量成本？

4. 简述质量成本的构成。
5. 谈谈你对质量成本天平法则的理解。
6. 谈谈你对预防成本与损失成本杠杆法则的理解。
7. 内部运行质量成本包括哪些内容？
8. 预防成本、鉴定成本、内部损失成本和外部损失成本分别包含哪些内容？
9. 简述质量成本特性曲线的特征。
10. 利用质量成本特性曲线说明如何确定最佳质量水平。
11. 把质量成本特性曲线分为3个区域的管理含义何在？
12. 分别说明质量改进区、质量控制区和质量至善区的特征。
13. 分别说明当质量水平处于质量改进区、质量控制区和质量至善区时，质量管理的重点。
14. 简述质量成本科目的设置。
15. 何为质量成本原始凭证？
16. 把质量成本划分为显见质量成本和隐含质量成本的依据是什么？
17. 质量成本原始凭证的规范化、标准化的意义何在？
18. 分别说明预防成本、鉴定成本、内部损失成本和外部损失成本数据的收集途径。
19. 质量成本核算方法与通常的成本核算方法有什么区别？
20. 质量成本分析包括哪些内容？
21. 简述质量成本分析方法。
22. 何为质量成本分析中指标分析法的价值指标？
23. 何为质量成本分析中指标分析法的目标指标？
24. 何为质量成本分析中指标分析法的结构指标？
25. 何为质量成本分析中指标分析法的相关指标？
26. 质量成本趋势分析法的目的何在？
27. 质量成本排列图分析法的目的何在？
28. 简述质量成本报告的主要内容。
29. 简述质量特性波动对生产者所造成的损失。
30. 简述质量特性波动对顾客所造成的损失。
31. 简述质量特性波动对社会所造成的损失。
32. 何为质量损失函数？
33. 试利用质量损失函数说明制造公差比使用规格更加严格。
34. 某电视机电源电路的直流输出电压 Y 的目标值为 $m=115V$，使用规格界限为 $115\pm5V$，超过此界限的功能损失为 $A_0=300$ 元。

（1）试确定质量损失函数表达式。

（2）已知不合格时的返修费用 $A=80$ 元，求制造公差。

（3）如果产品的直流输出电压 $Y=112V$，能否放行该产品？

35. 结合实例说明准确把握顾客需求的意义。
36. 结合实例，利用价值分析的理念说明如何提高产品设计过程的质量经济性。
37. 结合实例说明提高产品生产过程质量经济性的途径。
38. 试述如何改善5M1E才能维持质量特性分布的中心值，并缩小质量特性的波动性。
39. 简述ERP支持下实施质量成本管理的必要性与可行性。
40. 绘制ERP支持下的质量成本管理逻辑结构图。

第 9 章 质量管理体系

○ 学习目标

√ 了解 ISO 9000 族标准的发展沿革
√ 了解 ISO 9000：2015 族标准的构成和特点
√ 掌握 ISO 9000：2015 族标准的 4 个核心标准
√ 掌握建立质量管理体系的步骤
√ 掌握质量管理认证的条件与程序

"货既出门，概不退换"的时代早已成为历史。质量策划、质量控制、质量保证和质量改进构成了质量管理的完整内容。质量管理的重点已转变到以"顾客满意，持续改进"为核心的质量管理体系的建立和有效运行上。

质量管理体系得以有效运行的基础是 ISO 9000 族标准的建立和执行。ISO 9000：1987 系列标准发布以后，很快得到了世界各国工业界或其他行业的广泛认同和推广，掀起了 ISO 9000 热潮。之后，经过 ISO 9000：1994 族标准，发展到今天的 ISO 9000：2000 族标准、ISO 9000：2008 族、标准，ISO 9000：2015 族标准，完成了从"质量保证体系"到"质量管理体系"的升华。

9.1 ISO 9000 质量管理体系

9.1.1 ISO 9000 标准产生的必然性

1. 客观条件：科学技术进步和生产力水平的提高

随着科学技术进步和社会生产力水平的不断提高，产品的品种越来越丰富，功能越来越强大，结构越来越复杂，制造链条越来越长，一般使用者无法凭借自己的能力判断所购买商品的质量是否可靠。此外，像大型船舶、核电站、航空航天飞行器等大型复杂系统（产品），一旦发生质量事故，将会造成灾难性损失。因此，对产品质量保证提出了客观要求。

事实上，早在 20 世纪 30 年代，人们就逐步形成了"产品责任"（product liability，PL）的概念。1936年,美国纽约成立了"消费者联盟",这是最早的消费者组织。消费者组织要求从法律上保护顾客的利益。此后,世界上许多国家纷纷成立各种保护消费者利益的团体。在处理产品责任问题上,逐渐从根据合同法处理向侵权法处理转化,由过失责任原则向无过失责任原则转化,以侵权行为诉讼来处理产品责任问题,为顾客利益和社会安全免受劣质产品的影响提供更充分的保护。这时,顾客已不满足于供应商一般的担保,人们更关心的是能得到性能稳定的产品,从而要求生产者建立相应的质量体系,来保证对产品质量进行管理与监督。

对于需要高安全性和高可靠性要求的产品,如果发生故障,对顾客所造成的损失将是巨大的。因此,顾客宁愿承担由于对生产者提出质量体系要求而增加的费用,以求得安全可靠的产品,把风险降到最低。

此外,对生产者来说,对由于质量而产生的"产品责任"也要承担巨大损失。根据"严格责任法"的规定,不但赔付的概率越来越高,而且赔偿的金额也越来越高,有时甚至达到惊人的程度。这在客观上促使生产者主动重视质量管理和质量保证,以便减少质量问题的产生,并在被追究责任时能够提出足够的证据为自己辩护。有些企业为了提高自己的信誉,加强竞争力,在加强质量管理、开展质量保证活动的同时,还向权威机构申请对其质量体系进行认证。

上述科学技术的发展为 ISO 9000 标准的产生提供了客观条件。

2. 实践基础:质量保证活动的成功经验

20世纪中叶,随着军事工业的迅速发展,武器装备日趋先进,生产过程日益复杂,许多产品的质量问题往往在使用过程中才可能逐渐暴露。因此,如果企业的管理体系不完善,产品规范本身就不可能始终提供满足顾客需要的产品,从而导致采购方不但对产品的特性提出要求,还对供方的质量管理体系提出要求,并作为产品规范中有关产品要求的一种补充。

1959年,美国军方制定了MIL-Q-9858A《质量大纲要求》,成为世界上最早的有关质量保证方面的标准,要求军品承制企业"应在实现合同要求的所有领域和过程(设计、研制、制造、加工、装配、试验、装箱、运输、贮存和安装)中充分保证质量"。同时,还要求承制企业根据标准文件编制本企业的实施细则——质量手册。在质量保证实践的基础上,美国国防部于 1963 年、1981 年、1985 年先后 3 次分别对 MIL-Q-9858A 做了补充和修订。与此同时,美国国防部还发布了 MIL-Q-45208A《检验系统要求》、MIL-HDBK-50《承包商质量大纲评定》和 MIL-HDBK-51《承包商检验系统评定》等质量保证标准文件。

上述质量保证标准在西方工业社会产生了广泛的影响,附加值高、产品安全责任重大的民用工业率先推广军品质量保证的成功经验,1971 年,美国国家标准学会(American National Standards Institute,ANSI)借鉴军用标准,制定、发布了美国国家标准 ANSI-N-45.2《核电站质量保证大纲要求》。1971 年,美国机械工程师协会(American Society of Mechanical Engineers,ASME)发布了 ASME-III-NA4000《锅炉与压力容器质量保证标准》,通过实行这一标准,大大降低了锅炉和压力容器的事故率。

随着各行各业对质量保证需求的发展,质量保证活动从特殊的高风险行业扩展到整个民用工业领域。1979 年,ANSI/ASQCZ1.15《质量体系通则》问世,为形成一个严格而完整的质量管理和质量保证体系奠定了基础。

美国质量保证活动的成功经验很快被一些工业发达国家所借鉴。1979年,英国发布了BS5750:Part1/2/3-1979,即三个质量体系,1982年开始实施质量体系认证,开创了质量体系认证的先河。1979年,加拿大发布了CSA CAN3-Z299.0/1/2/3/4,主要内容为《质量大纲标准的选用指南》和四个类型的《质量保证大纲》。法国于1980年和1986年先后发布了NFX-110-80《企业质量管理体系指南》和NFX-110-86《质量手册编制指南》。

所有这些质量保证活动以及各国实施的成功经验,为ISO 9000标准的产生奠定了可靠的实践基础。

3. 理论基础:质量管理学的发展

20世纪之前,由于产品相对比较简单,以手工操作为主,所以主要依靠手工操作者的手艺和经验来保证质量,因此是"操作者的质量管理"。20世纪初,泰勒的《科学管理原理》问世,强调工长在保证质量管理方面的作用,质量管理的责任由操作者转移给工长,即所谓"工长的质量管理"。之后,随着企业规模的扩大和产量的增加,大多数企业开始设置专职的检验部门,质量管理职能又由工长转移给专职检验人员,形成了有人专职制定标准、有人专职执行标准、有人专职按照标准检验产品质量的质量管理形式。

20世纪20年代以后,生产力得到进一步的发展,如何控制大批量生产条件下的产品质量成为一个主要问题。英国、美国、德国和苏联相继发布了公差标准,以保证批量产品之间的一致性和可互换性。同时,美国和欧洲的一些数理统计学家着手研究采用统计方法控制产品质量。1924年,休哈特提出了著名的控制图法,质量管理进入"统计过程控制"阶段。

从20世纪50年代开始,由于出现了一大批高安全性、高可靠性、技术密集型和大型复杂产品,仅在制造过程实施质量控制已不足以保证产品质量,质量管理已从集中于生产过程扩展到了产品设计和原材料的采购。这种需要推动了近代数理统计学、系统论和可靠性理论等学科的产生和发展。同一时期,朱兰、戴明、克劳斯比等质量管理专家相继提出了质量改进的螺旋曲线、PDCA循环、零缺陷等理论。20世纪60年代,费根鲍姆提出了较系统的"全面质量管理"概念。自此,质量管理进入"全面质量管理"阶段。

各国企业全面质量管理的实践,丰富、发展了质量管理学的理论,为ISO 9000标准提供了必要的理论基础。

4. 现实要求:经济一体化和世界范围内的贸易往来

随着地区化、集团化、全球化经济的发展,贸易往来日益增多,产品和资本的流动日趋国际化。随着各国经济的相互合作和交流,对供方质量管理体系的评价已逐渐成为国际贸易和国际合作的前提,但由于各国标准的不一致,给国际贸易带来障碍,所以,质量管理和质量保证标准的国际化成为当今世界各国的迫切需要。国际标准化组织(ISO)于1979年成立了质量保证技术委员会(TC176,1987年更名为"质量管理和质量保证技术委员会"),负责制定质量管理和质量保证方面的标准。

5. 生存和发展保障:日益激烈的市场竞争

随着社会的进步和人们生活水平的提高,各国居民的消费水平和消费结构发生了显著变化，对质量要求越来越高，对款式变化越来越敏感。企业只有通过完善的质量管理，高效地开发新产品，确保质量并优化过程，提高效率，降低成本，以优异的质量价格比和良好的服务来满足顾客多样化的要求，才能达到或超过顾客满意，取得顾客对企业的能力和品牌的信任。质量保证和质量改进能力是取得顾客信任、市场认同的重要前提。企业为了赢得竞争优势和获得显著的经济效益，必须重视实施外部质量保证，对内则应致力于建立和完善质量体系。

ISO 9000 标准为企业建立和完善质量管理体系并使之有效运行提供了指南，为企业在日趋激烈的竞争环境中得到生存和发展提供了保障。

9.1.2　ISO 9000 标准的修订情况

1. 1987 版 ISO 9000 系列标准简介

1986 年 6 月，ISO 发布了 ISO 8402《质量管理和质量保证——术语》（ISO 8402：1986）标准。1987 年 3 月，ISO 正式发布了 ISO 9000《质量管理和质量保证标准——选择和使用指南》（ISO 9000：1987）、ISO 9001《质量体系——设计、开发、生产、安装和服务的质量保证模式》（ISO 9001：1987）、ISO 9002《质量体系——生产和安装的质量保证模式》（ISO 9002：1987）、ISO 9003《质量体系——最终检验和试验的质量保证模式》（ISO 9003：1987）、ISO 9004《质量管理和质量体系要素——指南》（ISO 9004：1987）5 项标准。这 5 项标准与 ISO 8402：1986 一起统称为"ISO 9000 系列标准"。其中，ISO 8402：1986 是基础，对标准使用的术语进行了定义，ISO 9001/9002/9003 是一组 3 种保证模式，ISO 9004 标准是指业内建立质量体系的指南。

1987 版 ISO 9000 系列标准构成如图 9-1 所示。

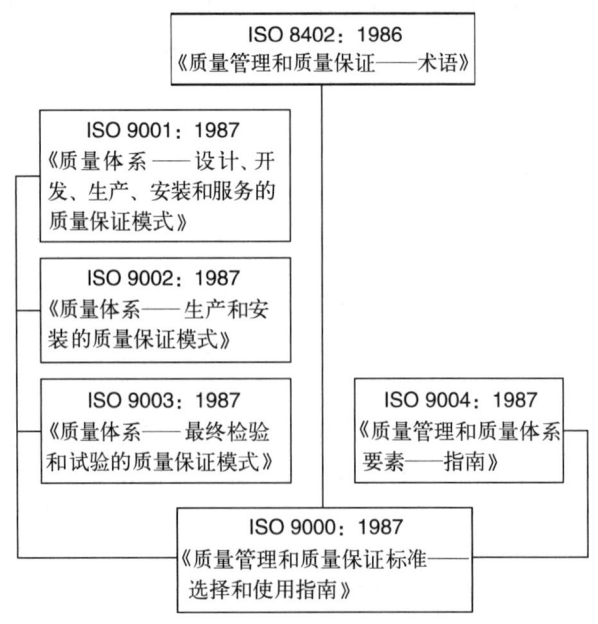

图 9-1　1987 版 ISO 9000 系列标准

2. 1994 版 ISO 9000 族标准简介

ISO 9000 系列标准具有较强的实践性和指导性，因此得到世界各国的普遍欢迎，并被纷纷采用。我国于 1988 年颁布了 GB/T 10300 标准，等效采用系列标准，推动了我国企业质量管理的发展。然而，1987 版 ISO 9000 系列标准也确实存在一些需要改进的地方。内容上比较适用于大中型制造业，难以适用于教育、行政、金融和服务业领域，急需改进补充，提高实用价值。

1990 年，ISO/TC 176 对系列标准进行修订，扩大标准的内容，尽可能满足各行各业不同需要，到 1994 年推出第 2 版标准，由原来的"ISO 9000 系列标准"改称为"ISO 9000 族标准"。我国也同等采用 ISO 9000 族标准，并颁布了我国质量管理标准。

1994 版 ISO 9000 族标准包括 24 个主要标准，如表 9-1 所示。

表 9-1　1994 版 ISO 9000 族标准构成

类别	标准	编号	名称
基础标准	术语 质量管理和质量保证标准选择和实施指南	ISO 8402	《质量管理和质量保证——术语》
		ISO 9000-1	《质量管理和质量保证标准——选择和使用指南》
		ISO 9000-2	《ISO 9001 至 ISO 9003 通用实施指南》
		ISO 9000-3	《ISO 9001 在软件开发、供应和维护中的使用指南》
		ISO 9000-4	《可信性大纲管理指南》
核心标准	质量保证标准	ISO 9001	《质量体系——设计、开发、生产、安装和服务的质量保证模式》
		ISO 9002	《质量体系——生产和安装的质量保证模式》
		ISO 9003	《质量体系——最终检验和试验的质量保证模式》
	质量管理标准	ISO 9004-1	《质量管理和质量体系要素——第一部分：指南》
		ISO 9004-2	《质量管理和质量体系要素——第二部分：服务指南》
		ISO 9004-3	《质量管理和质量体系要素——第三部分：流程性材料指南》
		ISO 9004-4	《质量管理和质量体系要素——第四部分：质量改进指南》
支持性技术标准	质量计划	ISO 10005	《质量管理——质量计划指南》
	项目管理	ISO 10006	《质量管理——项目管理指南》
	技术状态	ISO 10007	《质量管理——技术状态管理指南》
	质量体系审核指南	ISO 10011-1	《审核》
		ISO 10011-2	《质量体系审核员评定准则》
		ISO 10011-3	《审核工作管理》
	测量设备质量保证要求	ISO 10012-1	《测量设备的计量确认体系》
		ISO 10012-2	《测量过程控制指南》
	质量手册	ISO 10013	《质量手册编制指南》
	质量经济性	ISO 10014	《质量经济性管理指南》
	教育	ISO 10015	《培训指南》
	检验与试验	ISO 10016	《检验与试验记录》

3. 2000 版 ISO 9000 族标准的产生

1994 版 ISO 9000 族标准满足了更多行业的需要，但也存在一些需要完善的地方，主要有以下几方面。

（1）标准结构不够合理。标准文件总数达到 20 多个，为各类标准使用者选择标准带来困难，往往只选择使用质量保证模式，忽视了质量管理，在一定程度上背离了 ISO 9000 族标准的初衷。

（2）标准内容缺乏系统性。ISO 9001：1994 标准 20 个质量体系要素间的相互关联和相互作用体现不够。此外，3 种质量保证模式和 ISO 9004 标准之间缺乏协调性，标准结构不一致。

（3）通用性较差。1994 版主要针对规模较大的组织而设计，小型组织难以使用；主要针对提供硬件的制造业，而生产软件、流程性材料和提供服务的组织难以使用。

（4）标准更多地关注"文件化"和符合性。1994 版未能充分体现质量管理体系的持续改进和组织整体业绩的提高。

（5）缺少与其他标准的相容性。除 ISO 9000 族质量管理标准外，目前已制定发布的标准还有 ISO 14000 环境管理系列标准。同时，还存在有关安全、卫生健康和劳动保护等方面的国际和地区性管理标准。质量管理标准与其他标准体系之间缺乏相容性直接导致组织应用标准的困难，降低了管理效率。

正是基于上述考虑，ISO/TC 176 从结构体系、技术内容两个方面对标准进行了彻底修改，并于 2000 年 12 月 15 日正式发布了 2000 版 ISO 9000 族标准。ISO 9000：2000 族标准对提高组织的运营能力、促进国际贸易与经济合作、提高质量认证的有效性、维护顾客的利益产生了积极而深远的影响。

4. 2008 版 ISO 9000 族标准的产生

根据 ISO 的有关规则，每隔 5～8 年要对标准进行修订或修正。2004 年，各成员方对 ISO 9000：2000 族标准进行了系统评审，以确定是否对其撤销、保持原状、修正或修订。评审结果表明：需要对 ISO 9000：2000 族标准进行修订或修正。

就 ISO 9000 标准，经过修订，2005 年颁布了 ISO 9000：2005《质量管理体系——基础和术语》，于 2009 年 5 月 1 日正式实施。

就 ISO 9001 标准，经过修正，于 2008 年 11 月 15 日正式发布。对这个标准修正的主要目的是更加明确地表述其内容，并加强与 ISO 14001：2004 的兼容性。这次修正的基本要求为：标题、范围保持不变；继续保持过程方法；修正的标准仍适用于各行业不同规模和类型的组织；尽可能地提高与 ISO 14001：2004《环境管理体系要求及使用指南》的兼容性；ISO 9001 标准和 ISO 9004 标准仍然是一对协调一致的质量管理体系标准；使用相关支持信息协助识别需要明确的问题；根据设计规范进行修正，并经验证和确认。

ISO 9004 标准经过修订于 2009 年 11 月 1 日发布。与 2000 版 ISO 9004 标准相比，无论是内容上还是结构上都发生了较大的变化。标准的名称由原来的《业绩改进指南》更换为《组织持续成功管理——一种质量管理方法》。新标准旨在通过一种质量管理途径，为所有处于复杂与不断变化环境下的组织持续地取得成功提供指南。

需要说明的是，ISO 9000：2000 族标准的基本构成和特点都在 2008 版中保留下来。

5. 2015 版 ISO 9000 族标准

2012 年，ISO/TC 176 在西班牙召开有关修订 ISO 9001 的首次会议，制订了 ISO 9001

修订版的工作项目计划，起草了设计规范草案，形成了 ISO 导则附件 SL。

经过设计规范工作草案（Work Draft，WD）审批、委员会草案（Committee Draft，CD）征询意见及投票、国际标准草案（Draft International Standard，DIS）投票并最终国际标准草案（Final Draft International Standard，FDIS）投票，2015 年 9 月作为国际标准（International Standard，IS）正式发布。

ISO 9001：2015 的发布标志着 2015 版 ISO 9000 族标准的正式形成。

9.1.3 ISO 9000：2015 族标准的构成和特点

ISO 9000：2015 族标准延续了 ISO 9000：2008 族标准的基本体系结构和特点。下面分别介绍 ISO 9000：2015 族标准的体系结构和特点。

1. ISO 9000：2015 族标准的体系结构

ISO 9000：2015 族标准由一系列关于质量管理的标准、指南、技术规范、技术报告、小册子和网络文件组成。

其中，由 4 项密切相关的质量管理体系标准构成了 ISO 9000：2015 族标准的核心标准，如表 9-2 所示。

表 9-2 ISO 9000：2015 核心标准的构成

编号	名称
ISO 9000：2005	《质量管理体系——基础和术语》
ISO 9001：2015	《质量管理体系——要求》
ISO 9004：2009	《组织持续成功管理——一种质量管理方法》
ISO 19011：2011	《管理审核指南》

在用途上，ISO 9000：2015 族标准又分为 3 类标准，即 A 类、B 类和 C 类。

A 类标准为管理体系要求标准，向市场提供有关组织的管理体系的相关规范，以证明组织的管理体系是否符合内部和外部要求（比如通过内部审核和外部审核予以评定）的标准。例如，管理体系要求标准，专业管理体系要求标准。

B 类标准为管理体系指导标准，通过对管理体系要求标准各要素提供附加指导或提供非同于管理体系要求标准的独立指导，以帮助组织实施或完善管理体系的标准。例如，使用标准的指导，建立、改进和改善管理体系的指导，专业管理体系指导标准。

C 类标准为管理体系相关标准，就管理体系的特定部分提供详细信息或就管理体系的相关支持技术提供指导的标准。

ISO 9000：2015 族标准如表 9-3 所示。

表 9-3 ISO 9000：2015 族标准

编号	名称	类型
ISO 9000：2005	《质量管理体系——基础和术语》	C
ISO 9001：2015	《质量管理体系——要求》	A
ISO 9004：2009	《组织持续成功管理——一种质量管理方法》	B
ISO 10001：2007	《质量管理 顾客满意——组织行为规范指南》	C

（续）

编号	名称	类型
ISO 10002：2004	《质量管理 顾客满意——组织处理投诉指南》	C
ISO 10003：2007	《质量管理 顾客满意——组织外部争议解决指南》	C
ISO TS 10004：2010	《质量管理 顾客满意——监视和测量指南》	C
ISO 10005：2005	《质量管理——质量计划指南》	C
ISO 10006：2003	《质量管理——项目质量管理指南》	B
ISO 10007：2003	《质量管理——技术状态管理指南》	C
ISO 10012：2003	《质量管理体系——测量过程和测量设备的要求》	B
ISO TR 10013：2003	《质量管理体系文件指南》	C
ISO 10014：2006	《质量管理——实现财务和经济效益指南》	B
ISO 10015：1999	《质量管理——培训指南》	C
ISO TR 10017：2003	《质量管理 ISO 9001：2000 统计技术指南》	C
ISO 10019：2005	《质量管理体系咨询师的选择及其服务使用指南》	C
ISO TS 16949：2009	《质量管理体系——汽车生产部件及相关维修部件组织应用 ISO 9001：2008 的特殊要求》	A
ISO 19011：2011	《管理审核指南》	C
ISO 手册：2008	《ISO 9000 族标准的选择和使用》	C
ISO 手册：2000	《质量管理原则及其应用指南》	C
ISO 手册：2002	《小型组织实施 ISO 9001：2000 指南》	C

2. ISO 9000：2015 族标准的特点

（1）体现质量管理大师的质量理念与管理思想。ISO 9000：2015 族标准以朱兰、戴明、费根鲍姆等质量管理大师的质量理念和管理思想为自身注入了新的内涵，强调"顾客满意，持续改进"。

顾客满意是指"顾客对其期望已被满足的程度的感受"。顾客满意是顾客的一种主观感受，是顾客期望与实际感受之间对应程度的反映，具有相对性，随着时间、地点和其他条件的改变而变化。正是由于顾客满意的这种主观性和相对性，其对组织提出了持续改进的要求。顾客满意是归宿、是动力，持续改进是基础、是条件。

ISO 9000：2015 族标准确立了质量管理的 7 项原则，构成了 ISO 9000：2015 族质量管理体系标准的基础。这 7 项原则分别为"以顾客为关注焦点""领导作用""全员参与""过程方法""改进""基于事实的决策方法""关系管理"。第 1 项原则明确指出："组织依存了顾客。因此，组织应当理解顾客当前和未来的需求，满足顾客需求，并争取超越顾客需求。"第 5 项原则认为："改进总体业绩是组织的一个永恒目标。"其他原则也在不同方面说明了"顾客满足，持续改进"的重要意义。

ISO 9000：2015 族标准引入过程方法，致力于把"顾客满意，持续改进"落到实处。标准要求把顾客和其他相关方的需求作为组织的输入，通过产品实现、资源管理和过程监测来测评组织是否满足顾客或其他相关方的要求。

（2）适应组织所面临的新环境和组织自身的新特征。当今社会已由工业社会转向信息社会，经济体系已由工业经济转向以信息和知识为基础的服务经济。组织正面临着市场全球化、竞争激烈化、企业国际化、需求个性化的环境。企业自身正越来越多地呈现出组织扁平化、管理过程化、运营虚拟化的特征。

与之前的版本相比，ISO 9000：2015 族标准通用性更强，是适用范围最广的国际标准之一。一方面，它消除了偏重于制造业的倾向，而且考虑了对小型组织的适用性，从而适用于生产所有产品和提供所有服务的所有行业和各种规模的组织。另一方面，为了防止将 ISO 9000 族标准发展成为质量管理百科全书，ISO 9000：2015 族标准简化了其本身的文件结构，取消了应用指南标准，强化了标准的通用性和原则性。

（3）结构简化，可操作性更强。可操作性是标准得到推广和应用的基本条件之一。ISO 9000：2015 族标准的结构得到简化，从而增加了可操作性。

1）提出了统一的标准结构，通过 ISO 9001：2015 标准的《附件 SL 附录 2》规定了核心标准均分为 10 章。其他管理体系标准也由 10 章构成。

2）强调了质量体系有效运行的证实和效果，体现了新标准注重组织的实际控制能力、证实能力和实际效果，而不是用文件化来约束组织。取消了《质量手册》《程序文件》这类难以理解和应用的文件形式，统一用"形成文件的信息"来代替。

9.1.4　ISO 9000：2015 族标准的核心标准

1. ISO 9000：2005《质量管理体系——基础和术语》

ISO 9000：2005 由引言（阐明了质量管理原则）、范围、质量管理体系基础、术语和定义等 4 个主要部分组成。为方便和帮助使用者正确理解术语的定义和术语之间的相互关系，该标准给出了提示性的附录，在附录中首次利用概念图来说明术语之间的相互关系。

（1）8 项质量管理原则。为了成功地领导和运作一个组织，需要采用一种系统和透明的方式进行管理。针对所有相关方的需求，实施并保持持续改进其业绩的管理，可使组织获得成功。质量管理是组织各项管理的内容之一。8 项质量管理原则已得到确认，最高管理者可运用这些原则，领导组织进行业绩改进。

1）以顾客为关注焦点（customer focus）。组织依存于顾客，因此组织应当理解顾客当前和未来的需求，满足顾客要求并争取超越顾客期望。

2）领导作用（leadership）。领导者确立组织统一的宗旨及方向。他们应当创造并保持使员工能充分参与实现组织目标的内部环境。

3）全员参与（involvement of people）。各级人员都是组织之本，只有他们的充分参与，才能使他们的知识和技能为组织带来收益。

4）过程方法（process approach）。将活动和相关的资源作为过程进行管理，可以更高效地得到期望的结果。

5）管理的系统方法（system approach management）。将相互关联的过程作为系统加以识别、理解和管理，有助于组织提高实现目标的有效性和效率。

6）持续改进（continual improvement）。持续改进总体业绩应当是组织的一个永恒目标。

7）基于事实的决策方法（factual approach to decision making）。有效决策是建立在数据和信息分析基础上的。

8）与供方互利的关系（mutually beneficial supplier relationships）。组织与供方是相互依存的，互利的关系可增强双方创造价值的能力。

注意到，虽然 ISO 9000：2005 修订版还未正式发布，但其在质量管理原则上将会有所变化。主要变化将是：由 8 项原则变更为 7 项原则，去掉了"管理的系统方法"这一原则，把"持续改进"变更为"改进"。

（2）标准的范围。ISO 9000：2005 标准是 ISO 9000：2015 族标准的基本标准。它阐明了质量管理体系的基础，并确定了相关的术语。它不仅帮助生产不同种类产品和不同规模的组织为建立、实施、保持和改进质量管理体系提供理论基础，也适用于其他相关方。具体包括以下几方面。

1）通过实施质量管理体系寻求竞争优势的组织。

2）对能满足其产品要求的供方寻求信任的组织。

3）产品的使用者。

4）就质量管理方面所使用的术语需要达成共识的人们。

5）评价组织的质量管理体系或依据 ISO 9001 的要求审核其符合性的内部或外部人员和机构。

6）对组织质量管理体系提出建议或提供培训的内部或外部人员。

7）制定相关标准的人员。

（3）质量管理体系基础。ISO 9000：2005 标准阐述了质量管理体系的基础。这一标准把 8 项质量管理原则应用于质量管理体系的要求，着眼于指导组织以正确的指导思想和方法来建立、实施和持续改进质量管理体系，确保质量管理体系运行的有效性和效率。

第 1 项基础：质量管理体系的理论说明

本条目是质量管理体系基础的总纲，阐明了以下 3 个问题。

1）质量管理体系的目的是要帮助组织增强顾客满意。

2）在任何情况下，顾客最终确定产品的接受性。由于顾客的需求和期望是不断变化的，加之竞争的压力和技术的发展，这些都促使组织持续地改进产品和过程。

3）质量管理体系方法鼓励组织分析顾客和其他相关方的需求，规定相关过程，并使其持续受控，以实现顾客和其他相关方满意。

第 2 项基础：质量管理体系要求与产品要求

2008 版 ISO 9000 族标准把质量管理体系要求和产品要求区别开来。质量管理体系要求是通用的，适用于所有行业或经济领域，不论其提供何种类别的产品。

产品要求可由顾客规定，或由组织通过预测顾客的要求规定，或由法规规定。在某些情况下，产品要求和有关过程的要求可包含在诸如技术规范、产品标准、过程标准、合同协议和法规要求中。

第 3 项基础：质量管理体系方法

ISO 9000：2005 标准为帮助组织采取合适的方法，有计划、有步骤地建立和实施质量管理体系并取得预期效果，特提出 8 个工作步骤。

1）确定顾客和其他相关方的需求和期望。

2）建立组织的质量方针和质量目标。

3）确定实现质量目标必需的过程和职责。

4）确定和提供实现质量目标必需的资源。

5）规定测量每个过程的有效性和效率的方法。

6）应用这些测量方法确定每个过程的有效性和效率。

7）确定防止不合格并消除产生原因的措施。

8）建立和应用持续改进质量管理体系的过程。

第 4 项基础：过程方法

任何使用资源将输入转化为输出的活动或一组活动可视为一个过程。

为使组织有效运行，必须识别和管理许多相互关联和相互作用的过程。通常，一个过程的输出将直接成为下一个过程的输入。系统地识别和管理组织所使用的过程，特别是这些过程之间的相互作用，称为"过程方法"。

ISO 9000：2005 鼓励采用过程方法来管理组织，并提出以过程为基础的质量管理体系模式，明确了质量管理体系的组成，以及与顾客和其他相关方之间的关系，如图 9-2 所示。

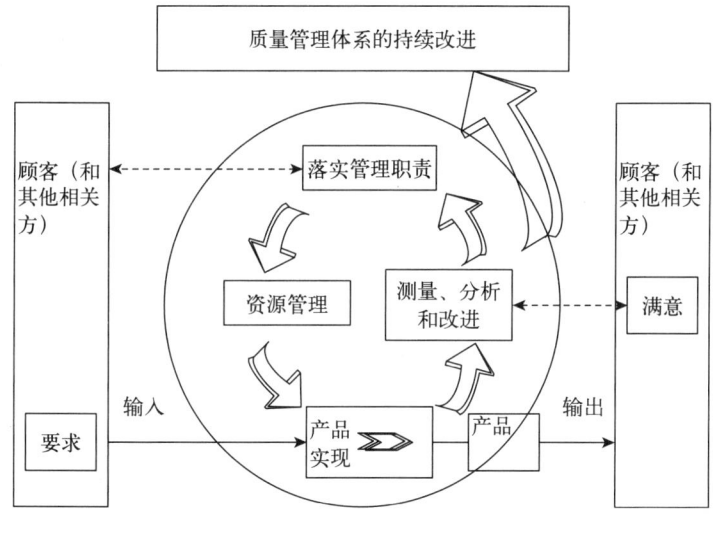

图 9-2 以过程为基础的质量管理体系模式

从图中可以看出，把顾客的要求作为输入，经过生产过程，输出产品，并达到顾客满意是组织的主过程。这一主过程又分为 4 个子过程，即落实管理职责、资源管理、产品实现以及测量、分析和改进。这 4 个子过程之间存在相互联系，其中，产品实现是实际生产运作过程，落实管理职责是管理过程，资源管理是资源保证过程，测量、分析和改进是支持过程。4 个子过程又由更为详细的过程组成。

当组织建立了有关质量的方针和目标，并通过管理上述过程致力于实现所制定的目标时，就构成了质量管理体系。为使质量管理体系得到持续改进，组织可采取 PDCA 循环模式。

第 5 项基础：质量方针和质量目标

建立质量方针和质量目标为组织提供了关注的焦点。前者确定了组织总的质量宗旨和方向，后者确定了组织在质量方面所追求的目的。质量方针和质量目标的确定有助于组织有效地使用其资源来实现在质量方面的预期效果。

质量方针为建立和评审质量目标提供了框架。质量目标需要与质量方针和持续改进的承诺相一致，并且是可测量的。质量目标应切实可行又要具有挑战性。质量目标的实现对产品质量、作业有效性和财务业绩都有积极的影响，因此对相关方的满意和信任也会产生积极影响。

第6项基础：最高管理者在质量管理体系中的作用

最高管理者应通过其领导作用创造一个员工充分参与质量活动的环境，以使质量管理体系得以有效运行。基于质量管理原则，最高管理者可发挥以下作用。

1）制定并保持组织的质量方针和质量目标。

2）在整个组织内促进质量方针和质量目标的实现，以增强员工的意识、积极性和参与程度。

3）确保整个组织关注顾客要求。

4）确保实施适宜的过程以满足顾客和其他相关方要求并实现质量目标。

5）确保建立、实施和保持一个有效的质量管理体系以实现这些质量目标。

6）确保获得必要的资源。

7）定期评价质量管理体系。

8）决定有关质量方针和质量目标的活动。

9）决定质量管理体系的改进活动。

第7项基础：文件

文件是"信息及其承载媒体"。信息是文件的实质性内容，信息不同，文件的性质也不同。媒体可以是纸张，计算机磁盘、光盘或其他电子媒体，照片或样件，或它们的组合。文件的形成应是一项增值活动。

文件的具体作用在于以下几方面。

1）满足顾客要求和质量改进。

2）提供适宜的培训。

3）使质量管理体系具有重复性和可追溯性。

4）提供客观证据。

5）评价质量管理体系的有效性和持续适宜性。

在质量管理体系中通常使用6种类型的文件，即质量手册、质量计划、规范、指南、文件形成流程与指导书以及记录等。

组织的类型和规模、过程的复杂性和相互作用、产品的复杂性、顾客要求、适用的法规要求、经证实的人员能力以及满足质量管理体系要求所需证实的程度都会不同。每个组织应根据上述企业特征来确定其所需文件的详略程度和所使用的载体。

第8项基础：质量管理体系评价

质量管理体系评价包括：质量管理体系过程评价、质量管理体系审核、质量管理体系评审和自我评定。

质量管理体系过程评价是针对组织中每一个被评价的过程，确认其有效性。为得到综合评价结果，应确认以下4个基本问题：是否识别并确认了过程？是否分配了职责？是否实施和保持了程序？在实现所要求的结果方面，过程是否有效？

质量管理体系审核有别于质量管理体系过程的评价，审核用于确定符合质量管理体系要求的程度。审核有助于发现用于评价质量管理体系的有效性和识别改进的机会。审核有第一方审核、第二方审核和第三方审核三种类型。第一方审核用于内部目的，由组织自己或以组织的名义进行，可作为组织自我合格声明的基础；第二方审核由组织的顾客或由其他人以顾客的名义进行；第三方审核由外部独立的审核服务组织进行。

质量管理体系评审是最高管理者的任务之一。最高管理者要对质量管理体系关于质量方针和质量目标的适宜性、充分性、有效性和效率进行定期的、系统的评价。质量管理体系评审还包括为响应相关方需求和期望的变化而修改质量方针和目标、确定采取措施的需求等。审核报告与其他信息源一起用于质量管理体系的评审。

自我评定是一种参照质量管理体系或优秀模式对组织的活动和结果所进行的全面和系统的自我评审。自我评定可提供一种对组织业绩和质量管理体系的成熟程度的总体看法，它还能有助于识别组织中需要改进的领域并确定优先开展的事项。

第9项基础：持续改进

持续改进质量管理体系的目的在于增加顾客和其他相关方满意。必要时，对结果进行评审，以确定进一步改进的机会。从这种意义上说，改进是一种持续的活动。顾客和其他相关方的反馈，质量管理体系的审核和评审也能用于识别改进的机会。持续改进包括下述活动。

1）分析和评价现状，以识别改进范围。
2）设定改进目标。
3）寻找可能的解决办法以实现这些目标。
4）评价这些解决办法并做出选择。
5）实施选定的解决办法。
6）测量、验证、分析和评价实施的结果以确定这些目标已经实现。
7）将更改纳入文件。

第10项基础：统计技术的作用

在许多活动的状态和结果中，甚至是在明显的稳定条件下，通过产品和过程的可测量特征能观察到变异，并且在产品的整个寿命期（从市场调研到顾客服务和最终处置）的各个阶段均有变异存在。

统计技术可帮助测量、表述、分析、说明这类变异并将其建立模型，甚至在数据相对有限的情况下也可实现。这种数据的统计分析有助于更好地理解变异的性质、程度和原因，从而有助于解决甚至防止由变异引起的问题，并促进持续改进。

第11项基础：质量管理体系与其他管理体系的关注点

任何组织都存在多个管理体系，如质量管理体系、环境管理体系、职业安全与卫生管理体系、财务管理体系等。每个管理体系都有其目标并致力于实现这些目标，各个管理体系的目标不同，如质量目标关注顾客要求的满足、环境目标关注环境影响、财务目标关注成本与效益。但是，这些目标之间是相互联系、相辅相成的，都是组织总目标的组成部分。

ISO 9000：2015族标准正是考虑了各个管理体系目标的一致性和管理活动的共同点，提出了各个管理体系可以通用的原则、要素以及规范的管理模式，致力于把一个组织的各个管理体系整合为一体。通过统一的管理体系的策划、资源配置、互补目标的确定来评价组织的整体有效性。

第 12 项基础：质量管理体系与优秀模式之间的关系

质量管理体系与优秀模式之间的区别在于其应用范围和要求程度不同。ISO 9000：2015 族标准为质量管理体系提出了要求，并为业绩改进提供了指南。质量管理体系评价确定这些要求是否被满足。优秀模式包含能够对组织业绩比较评价的准则，并能适用于组织的全部活动和所有相关方。优秀模式评价准则提供了一个组织与其他组织的业绩相比较的基础。

（4）术语和定义。ISO 9000：2005 标准共提出 80 个术语，分为 10 个方面，即有关质量的术语、有关管理的术语、有关组织的术语、有关过程和产品的术语、有关特性的术语、有关合格（符合）的术语、有关文件的术语有关检查的术语、有关审核的术语以及有关测量过程质量保证的术语。表 9-4 给出了全部 80 个术语的名称。

表 9-4　ISO 9000：2005 的 80 个术语

所属类别	术语数量	术语名称
质量	5	质量、要求、等级、顾客满意、能力
管理	15	体系、管理体系、质量管理体系、质量方针、质量目标、管理、最高管理者、质量管理、质量策划、质量控制、质量保证、质量改进、持续改进、有效性、效率
组织	7	组织、组织结构、基础设施、工作环境、顾客、供方、相关方
过程和产品	5	过程、产品、项目、设计和开发、程序
特性	4	特性、质量特性、可信性、可追溯性
合格（符合）	13	合格（符合）、不合格（不符合）、缺陷、预防措施、纠正措施、纠正、返工、降级、返修、报废、让步、偏离许可、放行
文件	6	信息、文件、规范、质量手册、质量计划、记录
检查	7	客观证据、检验、试验、验证、确认、鉴定过程、评审
审核	12	审核、审核方案、审核准则、审核证据、审核发现、审核结论、审核委托方、受审核方、审核员、审核组、审核专家、能力
测量过程质量保证	6	测量控制体系、测量过程、计量确认、测量设备、计量特性、计量职能

ISO 9000：2015 族标准使用术语概念图描述术语之间的逻辑关系，并以此作为术语分组的基础和依据。

概念之间的关系有 3 种主要形式：属种关系、从属关系和关联关系。属种关系用一个没有箭头的树形图表示，例如"管理体系""质量管理体系"与"体系"的关系，它们均是一种"体系"。从属关系用一个没有箭头的耙形图绘出，例如"相关方"由"供方"和"顾客"等组成。关联关系用一条在两端带有箭头的线表示，例如"质量保证"与"等效性"的关系，"质量保证"是要求提供质量活动"有效性"的证据。

有关 80 个术语的具体定义可参阅 ISO 9000：2005 标准条文的第 3 章"术语和定义"。

需要说明的是，ISO 9000：2005 修订版虽然还未正式发布，但在术语方面将会有大的变化。这些变化包括取消、新增、定义的改变、注解的调整。例如，"风险""监视""文件化信息"都将是新增的术语。

2. ISO 9001：2015《质量管理体系——要求》

（1）ISO 9001：2015 标准概述。ISO 9001：2015 标准是规定质量管理体系要求的标准。

该标准规定的质量管理体系要求除了产品质量保证之外，旨在增强顾客满意，从而成了名副其实的质量管理标准。

该标准为有下列需求的组织规定了质量管理体系要求。

1）需要证实其有能力稳定地提供满足顾客和适用的法律法规要求的产品或服务。

2）通过体系的有效应用，包括体系持续改进的过程以及保证符合顾客与适用的法律法规要求，旨在增强顾客满意。

ISO 9001：2015 规定了质量管理体系要求，可供组织内部使用，也可用于认证或合同目的。在满足顾客要求方面，ISO 9001：2015 关注的是质量管理体系的有效性。

该标准的制定已经考虑了 ISO 9000：2005 和 ISO 9004：2009 中所阐明的质量管理原则，并鼓励在建立、实施质量管理体系以及改进其有效性时采用过程方法，通过满足顾客要求，增强顾客满意。

ISO 9001：2015 和 ISO 9004：2009 已成为一对协调一致的质量管理体系标准，它们相互补充，但也可单独使用。虽然这两个标准具有不同的范围，但具有相似的结构，以有助于它们作为协调一致的一对标准的应用。

为了使用者的利益，该标准与 ISO 14001：2002 相互趋近，以增强两类标准的相容性。

该标准不包括针对其他管理体系的要求，比如环境管理、职业卫生与安全管理、财务管理或风险管理的特定要求，然而该标准使组织能够将自身的质量管理体系与相关的管理体系要求结合或整合。组织为了建立符合该标准要求的质量管理体系，可能会改变现行的管理体系。

（2）ISO 9001：2015 标准的主要内容。除前言和引言外，ISO 9001：2015 标准条文共分为 10 章内容：第 1 章"范围"、第 2 章"规范性引用文件"、第 3 章"术语和定义"、第 4 章"组织的背景环境"、第 5 章"领导作用"、第 6 章"策划"、第 7 章"支持"、第 8 章"运行"、第 9 章"绩效评价"、第 10 章"持续改进"。

第 4 章"组织的背景环境"对理解组织及其环境、理解相关方的需求和期望、确定质量管理体系的范围、建立质量管理体系提出了具体要求。强调组织应确定外部和内部那些与组织的宗旨、战略方向有关，影响质量管理体系实现预期结果的能力的事务。要求组织确定与质量管理体系有关的相关方，理解和满足相关方的需求和期望，并识别当前和预期的未来需求可导致改进和变革的机会。组织还应界定质量管理体系的边界和应用，以确定其范围。要求组织按标准的要求建立质量管理体系、过程及其相互作用，加以实施和保持，并持续改进。

第 5 章"领导作用"强调了对质量管理体系的领导作用与承诺，强调了对顾客需求和期望的领导作用与承诺。标准对最高管理者所制定的质量方针提出了具体要求。标准要求最高管理者应确保组织内相关的职责、权限得到规定和沟通。最高管理者应对质量管理体系的有效性负责，并规定职责与权限。

第 6 章"策划"要求组织在策划质量管理体系时，除了理解组织及其环境，理解相关方的需求和期望，还应确定需应对的风险和机遇。要求组织应在相关职能、层次、过程上建立质量目标。标准要求组织应确定变更的需求和机会，以保持和改进质量管理体系绩效；同时，应有计划、系统地进行变更，识别风险和机遇，并评价变更的潜在后果。

第 7 章"支持"要求组织在考虑现有资源、能力、局限和外包的产品和服务的基础上，确定、提供为建立、实施、保持和改进质量管理体系所需的资源。

第8章"运行"要求组织应实施运行策划与控制，确定市场需求，与顾客保持沟通，对外部供应的产品和服务进行控制。标准还对产品和服务的开发、产品生产和服务提供、产品和服务的放行、不合格产品和服务的处置做出了具体规定。

第9章"绩效评价"要求组织识别并测评风险。标准要求组织应建立过程，以确保以监视和测量活动与监视和测量的要求相一致的方式实施。标准要求组织应保持适当的文件信息，以提供"结果"的证据。此外，还要求组织应评价质量绩效和质量管理体系的有效性。标准强调了数据分析与评价的重要性，要求组织应分析、评价来自监视和测量以及其他相关来源的适当数据。标准还强调了管理评审的重要性。

第10章"持续改进"给出了不符合与纠正措施方面的具体要求。标准要求组织应持续改进质量管理体系的适宜性、充分性和有效性。适当时，组织应通过数据分析结果、组织的变更、识别的风险的变更、新的机遇来改进其质量管理体系、过程、产品和服务。

（3）ISO 9001：2015标准条文。关于标准条文读者可参阅ISO 9001：2015《质量管理体系——要求》。

3. ISO 9004：2018《质量管理－组织质量－对实现持续成功的指南》

（1）ISO 9004：2018标准概述。该标准参考了ISO 9001：2015中描述的质量管理原则，为组织在复杂的、严峻的和不断变化的环境中实现持续成功提供指南。质量管理原则可以通过该标准为组织的价值观和战略提供统一的基础。与ISO 9001：2015相比，ISO 9004：2018则是为质量管理体系更宽范围的目标提供了指南。ISO 9001：2015着重于为组织的产品和服务提供信心，而该标准则着重于提供对组织实现持续成功的能力的信心。ISO 9004：2018旨在系统地改进组织的整体绩效，包括有效和高绩效管理体系的策划、实施、分析、评价和改进。该标准包括指南和建议，它不拟用于认证、法规或合同等目的，更不是ISO 9001：2015的实施指南。ISO 9004：2018倡导自我评估，并提供了一套自我评估工具。它适用于各种规模、类型的任何组织，且能够协调或整合其质量管理体系与其他相关的管理体系。这反映了该标准建立的质量管理体系与其他管理体系具有相容性。

（2）ISO 9004：2018标准的主要内容。除了前言和引言之外，ISO 9004：2018标准条文共11章内容，包括：第1章"范围"、第2章"规范性引用文件"、第3章"术语和定义"、第4章"组织的质量和持续的成功"、第5章"组织环境"、第6章"组织特性"、第7章"领导作用"、第8章"过程管理"、第9章"资源管理"、第10章"组织绩效的分析与评估"及第11章"改进、学习和创新"。

ISO 9004：2018主体内容为标准条文第4～11章。分别就组织的质量和持续的成功，组织环境，组织特性，领导作用，过程管理，资源管理，组织绩效的分析与评估，改进、学习和创新提供了指南。标准条文第4章"组织的质量和持续的成功"包括组织的质量、管理组织的持续成功。标准条文第5章"组织环境"包括利益相关方、外部和内部问题。标准条文第6章"组织特性"包括使命、愿景、价值观和文化。标准条文第7章"领导作用"包括方针与策略、目标、交流。标准条文第8章"过程管理"包括过程的确定、过程责任和权力以及管理过程。标准条文第9章"资源管理"包括人员、组织知识、技术、基础设施和工作环境、外部提供的资源、自然资源。标准条文第10章"组织绩效的分析与评估"包括绩效指标、绩效分析、绩效评估、内部审核、自我评估、评审。标准条文第11章"改进、学习和创新"包括改进、学习、创新。值得注意的是，ISO 9004：2018的第8～11章的内容与ISO 9001：2015和其他管理体系相近，但第5～7章是独有的。

（3）ISO 9004：2018标准条文。可自行参阅ISO 9004：2018《质量管理－组织的质量－对实现持续成功的指南》。

4. ISO 19011：2018《管理体系审核指南》

（1）ISO 19011：2018标准的主要内容。除前言和引言外，ISO 19011：2018包括第1章"范围"、第2章"规范性引用文件"、第3章"术语和定义"、第4章"审核原则"、第5章"审核方案的管理"、第6章"实施审核"、第7章"审核员的能力与评价"。

（2）ISO 19011：2018标准相较于ISO 19011：2011标准和ISO 19011：2018标准的第4章"审核原则"增加了以风险为基础的审核原则，审核原则保证审核结论可靠为前提。它主要阐释了诚信、公平表达、职业素养、保密性、独立性、基于证据的方法、基于风险的方法等7项审核原则。第5章"审核方案的管理"中扩大了审核方案管理的指导，包括审核方案风险。第6章"实施审核"扩大了审核实施的指导，特别是审核策划的部分。第7章"审核员的能力与评价"扩大了审核人员的一般能力要求。

（3）如图9-3所示，本标准将PDCA循环应用于审核方案管理的流程以及实施审核的

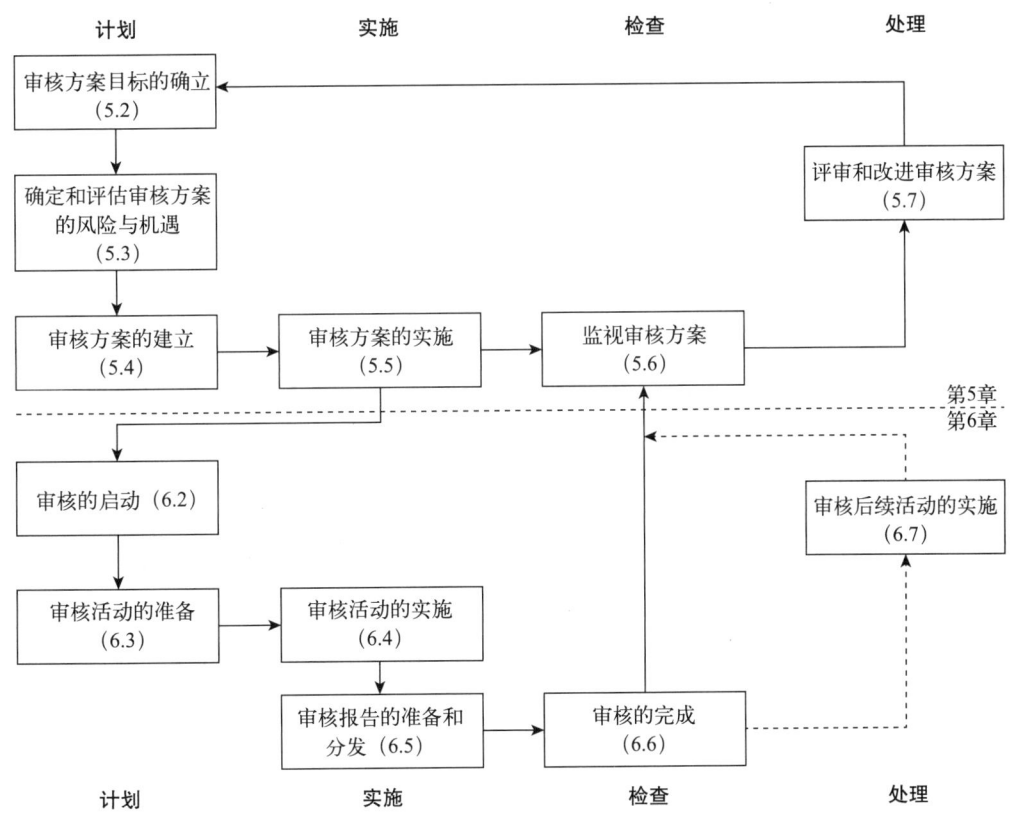

图9-3 质量管理体系审核的PDCA循环管理模式

注：括号中的数字为ISO 19011：2018标准条文中的章节号。

过程中。PDCA 循环的计划阶段包括审核方案目标的确立、确定和评估审核方案的风险与机遇、审核方案的建立。审核方案的建立主要论述了审核方案管理人员的作用和职责、审核方案管理人员的能力、确立审核方案的范围和详略程度、确定审核方案资源。实施审核方案环节阐述了审核方案管理人员在实施计划和协调方案内的所有活动时需完成的事项，主要包括规定每次审核的目标、范围和准则，选择和确定审核方法，选择审核组成员（第 7 章介绍了审核组成员需要的能力），为审核组长分配每次的审核职责，管理审核方案结果，管理和保持审核方案记录。在监视审核方案环节，审核方案管理人员应对审核目标是否实现等结果进行评价，而审核发现等一些因素可能表明需要修改审核方案。评审和改进审核方案是 PDCA 循环的处置阶段。从审核方案评审中获得的经验教训则是审核方案改进的输入，即在未来确立审核方案目标时考虑以往审核方案的结果。

9.2　质量管理体系的建立与有效运行

9.2.1　质量管理体系概述

1. 质量管理体系的含义

所谓管理体系，就是"建立方针和目标并实现这些目标的体系"。质量管理体系是指"在质量方面指挥和控制组织的管理体系"。

任何组织都需要管理。在质量方面指挥和控制组织的协调的活动则为质量管理。质量管理通常包括制定质量方针、目标以及质量策划、质量控制、质量保证和质量改进等活动。实现质量管理的方针目标，有效地开展各项质量管理活动，必须建立相应的管理体系，这个体系就是质量管理体系。

质量管理体系是使企业内部质量管理活动得以有效开展的基础，也是企业有计划、有步骤地提高质量水平的基础。

2. 质量管理体系的基本要求

同其他任何系统一样，质量管理体系也是一个系统，因此，所建立的质量管理体系必须具有系统的典型特征，比如集合性、关联性、目的性和适应性等。

（1）质量管理体系的集合性。质量管理体系作为一个大系统或过程，是由管理职责、资源管理、产品实现以及测量、分析和改进等若干子系统或过程组成的。每个子系统或过程又可细分为更小的子系统或过程。

（2）质量管理体系的关联性。组成质量管理体系的大系统或过程的各个子系统或过程是相互关联、相互制约、相互作用的。为此，需要对产品质量形成的全过程及其所有质量活动进行系统分析和设计，实施有效的控制。

（3）质量管理体系的目的性。质量管理体系的运行应是全面有效的，既能满足组织内部质量管理的要求，又能满足组织与顾客的合同要求，还能满足第二方认定、第三方认证和注册的要求。总之，建立和运行质量管理体系的目的是实现质量方针和质量目标，最终达到或超过顾客要求，使顾客或相关方满意。

（4）质量管理体系的适应性。组织的总体战略、人员的素质、组织的管理模式等都可能发生变化。组织所面临的竞争日趋激烈。因此，质量管理体系必须适应上述内部和外部环境的变化，及时做出调整，以使质量管理体系持续有效。

9.2.2　建立、完善质量管理体系的步骤

建立、完善质量管理体系一般要经历质量管理体系策划与设计、质量管理体系文件编制、质量体系试运行、质量管理体系评价以及质量管理体系持续改进 5 个阶段，每个阶段又可分为若干具体步骤。

1. 质量管理体系策划与设计

（1）宣传发动、培训教育。在决定建立质量管理体系之前，要在整个组织内部进行宣传发动，让全体员工认识到建立、完善质量管理体系的重要意义。

待全体员工统一认识后，即开始实施相关的培训教育。除了贯彻 ISO 9000：2008 族标准外，其他培训教育内容的重点依培训对象不同而不同。对中高层管理者，培训的重点是对建立和运行质量管理体系重要性的认识，质量管理基本理念、基本原理等；对基层管理者，培训的重点是质量管理基本方法、岗位职责等；对业务骨干，培训的重点是质量文件编制规程、统计过程控制技术、本岗位标准操作规程等。

（2）组织落实、制订计划。为在组织上保证建立质量管理体系，应成立以最高管理者（如总经理）为组长、质量主管领导为副组长的质量管理体系建设领导小组（或委员会），负责质量管理体系建设的总体规划；制定质量方针和目标；按职能部门进行质量职能的分解。

根据质量管理体系所涉及的要求，领导小组下设专业小组，比如由设计部门主导的"设计控制"小组，由人力资源部主导的"人力资源"小组，由物资采购部门主导的"采购"小组。

组织和责任落实后，按不同层次分别制订工作计划，在制订工作计划时应确定质量方针，确立质量目标。质量方针体现了一个组织对质量的追求、对顾客的承诺，是职工质量行为的准则和质量工作的方向。所制定的质量方针要与组织的总方针相协调，并确保各级人员都能理解和贯彻执行。对质量目标，要求重点突出、易于测评、切实可行。

（3）质量管理体系策划。质量管理体系策划就是通过现状调查与分析来合理地选择质量管理体系要素，主要内容包括以下几点。

1）产品分析，即分析产品的技术密集程度、使用对象、产品安全特性等，从而确定要素的采用程度。

2）组织结构分析，即分析组织的管理机构设置是否适应质量管理体系的需要，确定应建立与质量管理体系相适应的组织结构及其职责。

3）识别并确定过程，确定为确保过程有效运行和控制所需的准则与办法。

4）配置资源，比如基础设施、生产和检测设备，工作环境、管理、技术和操作人员等。

2. 质量管理体系文件编制

质量管理体系文件一般包括质量手册、质量计划、程序文件、作业指导书以及记录等。

（1）质量手册。质量手册是系统地概括与描述组织质量体系全貌的文件，是组织内部长期遵循的内部质量法规。不同组织的规模、类型、复杂程度不同，因此，质量手册在其详略程度和编排格式方面也有所不同，但要反映出组织应满足选定的质量管理体系标准中所规定的要求。对质量手册，有以下基本要求。

1）符合 ISO 9000：2015 族标准要求。质量手册应重点说明每个体系过程的基本控制程序，明确使该过程受控的必须开展的主要质量职能活动、负责部门、配合部门及活动的结果。

2）反映组织的特点。质量手册应结合组织实际产品形成过程、生产特点、管理模式和顾客要求编写。

3）尽量覆盖全部产品品种。质量手册是组织的通用性管理文件，为简化产品的专用文件服务。编写质量手册时，应从所生产的各种产品中选择出典型产品，构思一个较典型的产品质量环，作为选用质量管理体系过程的依据。

ISO 9000：2015 族标准所要求的质量手册的主要内容包括以下几点。

1）质量体系的范围，包括任何删除的细节与合理性。
2）质量管理体系编制的形成文件的程序或对其引用。
3）质量管理体系过程之间相互作用的表述。
4）批准、修改、发放质量管理体系文件的控制。

（2）质量计划。质量计划是"针对特定项目、产品、过程或合同，规定由谁及何时使用哪些程序和相关资源的文件"。作为组织内部的一种管理方法，通过产品或项目的质量计划，使产品的特殊质量要求能通过有效的措施得以满足。在合同情况下，组织使用质量计划向顾客证明其如何满足特定合同的特殊质量要求，并作为顾客实施质量监督的依据。

（3）程序文件。程序文件是质量管理体系文件的重要组成部分，是质量手册的具体展开和有力支撑。组织可根据各自的实际需要自行决定在哪些过程需要文件以及需要什么样的文件。规定的程序应能满足质量控制和质量保证的要求，并确保相关程序之间协调一致。

程序文件一般包括以下主要内容。

1）文件编号与标题。通常按照体系过程顺序或职能部门编号。
2）目的。简要说明开展这项活动的目的。
3）适用范围。说明该程序的适用范围。
4）职责与权限。说明实施该程序文件的相关人员的职责、权限及其相互关系。
5）程序。说明开展此项活动的细节和顺序，明确输入、各转换环节和输出的内容，按 5W1H 要求编写，必要时可辅以流程图。
6）相关文件。与本程序有关的文件。
7）记录。明确使用该程序时所产生的记录表格和报告，注明记录的保存期限。

（4）作业指导书。作业指导书是指导操作人员完成规定质量活动的实施细则，它直接指导操作人员进行各项质量控制活动。作业指导书一般包括：作业内容、实施步骤与方法、操作要领、控制要求等。各职能部门的工作人员在实施该项活动时的经验和技巧应总结到作业指导书中。对涉及组织专利、专有技术等机密内容应对外保密。

（5）记录。记录是阐明所取得结果或提供所完成活动的证据的文件，一般分为产品记录和质量管理体系的活动记录两类。记录可以是书面的,也可以是其他方式储存的资料。记录的最大特点是具有可追溯性。

记录的设计应与其他质量管理体系文件,尤其是要与程序文件协调一致。记录的编制应与质量手册和程序文件的设计同步进行,并应对其编号、格式、审批程序等做统一规定。

3. 质量管理体系试运行

质量管理体系文件编制完成后,质量管理体系即进入试运行阶段。通过质量管理体系的试运行,检验质量管理体系文件的有效性和协调性,对暴露出来的问题采取改进和纠正措施,从而进一步完善质量管理体系文件。在质量管理体系试运行过程中,应重视质量信息管理工作。作为质量管理体系运行的基础性工作之一,信息管理工作不仅是质量管理体系运行本身的需要,也是获得反馈信息的必要条件。只有及时、准确、全面地搜集质量管理体系试运行过程中取得的成功经验,分析暴露的问题,才能巩固成果,找准下一步改进的方向。

4. 质量管理体系评价

(1)**质量管理体系评价的目的**。质量管理体系评价的目的在于判定以下几方面内容。

1)质量方针和质量目标是否可行。
2)质量管理体系文件是否覆盖了所有主要质量活动。
3)组织结构能否满足质量管理体系运行的需要。
4)质量管理体系要求的选择是否合理。
5)规定的记录是否起到了见证作用。
6)所有员工是否养成了按质量管理体系文件的规定操作或工作的习惯。

(2)**质量管理体系评价的类型**。质量管理体系评价包括以下几种类型。

1)质量管理体系过程评价,即针对组织中每个被评价的过程,确认其有效性。
2)质量管理体系审核,即用于确定符合质量管理体系要求的程度。
3)质量管理体系评审,即对质量管理体系关于质量方针和质量目标的适宜性、充分性、有效性和效率进行定期的、系统的评价。
4)自我评定,即参照质量管理体系或优秀模式对组织的活动和结果所进行的全面和系统的自我评审。

5. 质量管理体系持续改进

(1)**持续改进目的**。持续改进是组织永恒的目标。只有持续改进才能增加顾客和其他相关方满意的机会。组织应利用质量方针、质量目标、审核结果、数据分析、纠正和预防措施以及管理评审持续改进质量管理体系的有效性。

(2)**持续改进步骤**。质量管理体系持续改进包括下述活动。

1)分析和评价现状,以识别改进区域。
2)确定改进目标。
3)寻找可能的解决办法,以实现这些目标。
4)评价这些解决办法并做出选择。

5）实施选定的解决办法。

6）测量、验证、分析和评价实施的结果以确定这些目标已经实现。

7）正式采纳改进方案，并确定下一步改进的机会，以实现持续改进。

9.3 质量管理认证

9.3.1 质量认证概述

1. 质量认证制度的产生和发展

质量认证制度是随着市场经济的发展作为一种外部质量保证的手段逐步建立起来的。在现代质量认证制度产生之前，供方为了推销产品，往往采取"合格声明"的方式以取得买方对产品质量的信任。这种"合格声明"方式对于质量特性比较简单的产品而言，不失为一种增强买方购买信心的有效手段。但随着科学技术的发展，产品结构和性能日趋复杂，仅靠买方的知识和经验很难判断产品是否符合要求，加之供方的"合格声明"并不总是可信，这种方式就难以起到作用了。在此情况下，顺应供方树立其产品信誉、社会保障消费者利益以及安全和立法的需要，由第三方来证实产品质量的现代质量认证制度便应运而生。

现代第三方认证制度起源于英国。1903 年，英国标准协会（British Standards Institution, BSI）首创了世界上第一个质量认证标志，即"BS"标志或称"风筝"标志，并于 1919 年按英国商标法注册，成为受到法律保护的认证标志，至今仍在国际上享有较高的信誉。此后，从 20 世纪 30 年代开始，质量认证制度得到了较快的发展。到 20 世纪 50 年代，质量认证制度基本上已普及所有工业发达国家。20 世纪 60 年代开始，苏联和东欧国家也陆续推行产品质量认证制度。在发展中国家，除印度较早实行质量认证外，其他大多数国家是从 20 世纪 70 年代起推行质量认证制度的。

鉴于质量认证制度开始跨越国界这一新情况，1970 年，ISO 成立了"认证委员会"（Committee on Certification, CERTICO），1985 年，ISO 又将其更名为"合格评定委员会"（Committee on Conformity Assessment, CASCO），开始从技术角度协调各国的认证制度，促进各国认证机构和检验结果的相互认可，从而消除各国由于标准、检验和认证过程中存在的差异所带来的贸易困难，进一步制定出国际质量认证制度。

2. 质量认证的作用

质量认证制度之所以得到世界各国的普遍重视，关键在于它是由一个公正的机构对产品或质量体系做出正确、可靠的评价，从而使人们对产品质量建立信心。具体作用体现在以下 3 个方面。

（1）提高供方的质量信誉和市场竞争能力。组织通过公正机构对其产品或质量管理体系认证，获取合格证书和标志，通过注册和公布，取得良好的质量信誉，有利于在竞争日益激烈的市场中取胜。

（2）有利于保护顾客的利益。实施质量认证，对通过产品质量认证或质量管理体系认证的组织，准予使用认证标志或予以注册和公布，使顾客了解哪些组织的产品质量有保证，从而起到保护顾客利益的作用。

（3）促进组织完善质量管理体系。组织要取得第三方认证机构的质量管理体系认证或按典型的产品认证制度实施产品认证，都需要对其质量管理体系进行检查和完善，提高其对产品的质量保证能力，并且对认证机构对其质量管理体系实施检查和评定中发现的问题及时进行纠正，从而起到促进组织完善其质量管理体系的作用。

3. 产品质量认证和质量管理体系认证

产品质量认证是指依据产品标准和相应技术要求，经认证机构确认并通过颁发认证证书和认证标志来证明某一产品符合相应标准和技术要求的活动。产品质量认证又有两种：一种是安全认证，它是通过法律、行政法规或规章强制执行的认证；另一种是合格认证，属自愿性认证。

质量管理体系认证是指依据质量管理体系标准，由质量管理体系认证机构对质量管理体系实施合格评定，并通过颁发质量管理体系认证证书，以证明某一组织有能力按规定的要求提供产品的活动。质量管理体系认证又称质量管理体系注册。

（1）产品质量认证与质量管理体系认证的联系。产品质量认证和质量管理体系认证同属质量认证的范畴，都具有质量认证的以下特征。

1）两种认证类型都有具体的认证对象。

2）产品质量认证与质量管理体系认证都是以特定的标准作为认证的基础。

3）两种认证都是由第三方独立机构主导进行的活动。

除上述共同特点外，产品质量认证与质量管理体系认证都要求企业建立质量管理体系，都要求对企业质量管理体系进行检查评定，从而评定企业是否具有使产品持续符合技术规范的能力。产品质量认证进行质量管理体系审核时应充分利用质量管理体系认证的审核结果，质量管理体系认证进行质量管理体系审核时也应充分利用产品质量认证的质量管理体系审核结果。

（2）产品质量认证与质量管理体系认证的主要区别。产品质量认证与质量管理体系认证有必然的联系，但也存在区别。表9-5从认证对象、认证目的、获准认证条件、证明方式、证书的使用、性质、认证的保持等几个方面总结了产品质量认证与质量管理体系认证的主要区别。

表9-5 产品质量认证与质量管理体系认证的主要区别

项目	产品质量认证	质量管理体系认证
认证对象	特定产品	质量管理体系
认证目的	证明供方的特定产品符合规定标准要求	证明供方的质量管理体系有能力确保其产品满足规定的要求（需方合同、法规、供方内部标准等）
获准认证条件	产品质量符合指定标准要求，质量管理体系满足指定的质量保证标准要求及特定产品的补充要求	质量管理体系满足 ISO 9000：2008 族标准要求和必要的补充要求
证明方式	产品质量认证证书及认证标志	质量管理体系认证（注册）证书及认证标记

（续）

项目	产品质量认证	质量管理体系认证
证书的使用	证书不能用于产品，标志可用于获准认证的产品上	证书和标记都不能在产品上使用
性质	一般为自愿性，对于实行强制认证产品的企业必须申请产品质量认证	自愿性
认证的保持	对认证产品实施监督检查，对质量管理体系实施监督检查（审核）	定期监督供方质量管理体系，不对产品实物实施监督检查

4. ISO 9000 认证机构

认证过程由组织申请，认证机构执行，而认证机构须由认可机构认可。图 9-4 是 ISO 9000 认证机构管理示意图。

1993 年，国际认可论坛（International Accreditation Forum，IAF）正式成立。1998 年，第一个国际多边承认协议（Multilateral Recognition Agreement，MLA）在中国广州诞生，所有加入 IAF 组织并签署了 MLA 协议的认可机构所认可的认证机构颁布的证书均可得到国际相互认可。

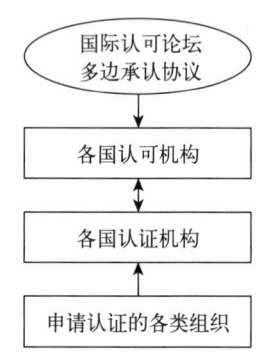

图 9-4 ISO 9000 认证机构管理示意图

9.3.2 获得质量认证的条件与程序

1. 获得 ISO 9000 认证的条件

不同的认证机构在其上级认可机构的要求下会有不同的具体要求。通常，获得 ISO 9000 认证需要具备以下基本条件。

（1）建立了符合 ISO 9001：2015 族标准要求的质量管理体系。

（2）质量管理体系至少已运行 3 个月，并被审核判定为有效。

（3）外部审核前至少完成了一次全面有效的内部审核，并可提供有效的证据。

（4）外部审核前至少完成了一次有效的管理评审，并可提供有效的证据。

（5）质量管理体系持续有效并同意接受认证机构每年的年审和每 3 年的复审，作为对质量管理体系是否得到有效保持的监督。

（6）承诺遵守证书及标志的使用规定。

2. ISO 9000 认证典型程序

ISO 9000 认证一般要经过以下步骤。

（1）认证申请。按企业经营需要，确定认证机构。由申请者按认证机构的需要填写申请表及附件，提交质量手册和其他有关资料。认证机构认为需要时安排初访，从而了解组织现状，确定审核范围，确定审核工作量。

（2）签订合同。认证机构对申请者提交的申请表及附件的完整性进行审查，决定是否受理申请。若受理，则签订合同，确定正式合作关系，缴纳申请费，委托方或被审核方向认证机构提交管理手册、程序文件及相关背景材料；若不受理，则书面通知申请者并说明理由。

（3）审查质量管理体系文件。编制审核计划，确定审核目的、范围、准则、日程安排等，审核计划经被审核方确认。认证机构详细评定申请者的体系文件是否符合申请认证选定标准的要求。若发现不符合，认证机构通知申请者修正或补充。

（4）现场审核。认证机构委托一个具有资格的审核组，提出审核计划，经申请方确认后，按计划实施现场审核。申请产品质量认证的，审核组还要对申请方申请认证的产品按规定进行现场抽样，由审核组或申请方送交指定的检验机构。

（5）提交审核结论。审核组根据审核发现做出审核结论，审核结论可能有3种：推荐注册、推迟或暂缓注册、不推荐注册。

（6）认证机构批准注册。认证机构技术委员会审定是否批准注册，如批准，则颁发认证证书，并在其网站上公布。

（7）定期监督审核。质量体系认证注册后有效期一般为3年，产品质量认证证书有效期一般为5年。在此期间内，认证机构根据认证管理的有关规定，对获证单位质量管理体系进行监督，对其产品质量进行监督检验（产品质量认证），以证实是否持续符合要求。监督审核一般每年一次。

（8）期满后重新评定。当认证注册有效期满，获证单位要求保留注册资格时，须重新提出认证申请，认证机构受理后重新组织认证审核。复评合格者，认证机构将向它重新换发认证证书。

❖ 案例分析

海尔集团通过ISO 9001质量管理体系认证

海尔集团是国内最早一批通过ISO 9001质量管理体系认证的企业之一，但它并不满足于此，为进一步提升服务质量，海尔不仅完善了产品质量管理，还针对服务体系单独进行了认证。从"只要用户一个电话，剩下的事由我们来做"到"一站式"通检服务，再到"海尔家电过生日，星级服务进社区"，海尔星级服务的每一次升级和创新都走在了同行业的前列。社区星级服务中心的推出，表面上看是网点布局、网点结构的调整，而本质上体现的是与用户的零距离，目的是通过遍布各社区的各级星级服务中心，快速发现并满足用户的需求。这种贴近用户的服务模式不仅让海尔的售后服务变得更加便捷和高效，也强化了用户与企业之间的联系与信任。

海尔集团还推出了"安全测电，家电健身"服务新举措，基于对用户居住环境的用电安全考虑，通过排除用户家里不安全的用电隐患，为用户营造一个安全的用电环境。海尔集团已经从过去对产品的关注，上升到了对人文环境的关注。

在竞争日益激烈的家电市场，服务的标准化显得尤为重要。海尔深知，要与国际接轨，仅仅依靠高质量的产品是不够的，服务体系的规范化与国际化同样重要。海尔集团在秉承"企业生存的土壤是用户"的服务理念、关注用户需求的同时，一直在不断完善内部流程机制、规范管理体系，走与国际接轨的道路，最终凭借自身的努力达到了全球服务体系国际标准，通过了ISO 9001质量管理体系认证。

通过这一系列举措，海尔不仅在国内市场保持领先地位，也在全球市场中展现了强大的服务竞争力。海尔从最初关注产品质量，逐步转向关注用户的整体生活质量，真正实现了服务质量管理从产品到人文环境的全面提升。

讨论问题

1. 上述海尔集团的质量管理体系认证给我们什么启示？
2. 企业确立适合自身发展的质量体系经历了怎样的过程？

思考与练习

1. 简述 ISO 9000 标准产生的必然性。
2. 简述 1994 版 ISO 9000 族标准的局限性。
3. 试述 ISO 9000：2015 族标准的体系结构。
4. 试说明 ISO 9000：2015 族标准的特点。
5. ISO 9000 族标准坚持了"顾客满意，持续改进"的核心理念，谈谈你的认识。
6. 简述 ISO 9000：2005 标准所倡导的 8 项质量管理原则。
7. 简述 ISO 9000：2005 标准的适用范围。
8. 试述质量管理体系要求与产品要求的区别。
9. 试述以过程为基础的质量管理体系模式。
10. 简述制定质量方针和质量目标的意义与作用。
11. 试述最高管理者在质量管理体系建设中应起的作用。
12. 简述质量管理体系过程评价。
13. 简述质量管理体系审核。
14. 简述质量管理体系评审。
15. 简述自我评定。
16. 简述持续改进的活动。
17. 简述质量管理体系与优秀模式之间的关系。
18. 简述 ISO 9001：2015 标准的主要内容。
19. 谈谈你对质量管理体系审核 PDCA 循环管理模式的理解。
20. 简述质量管理体系的含义。
21. 试述质量管理体系的基本要求。
22. 简述建立质量管理体系的步骤。
23. 简述质量管理体系策划与设计的基本内容。
24. 简述质量管理体系文件编制的主要内容。
25. 简述质量管理体系评价的目的。
26. 简述质量管理体系评价的类型。
27. 简述质量管理体系持续改进的目的。
28. 简述质量管理体系持续改进的步骤。
29. 简述质量认证产生和发展的过程。
30. 简述质量认证的作用。
31. 试述产品质量认证和质量管理体系认证的联系与区别。
32. 简述获得 ISO 9000 认证的基本条件。
33. 简述 ISO 9000 认证的程序。

第 10 章　6σ 管理

○ 学习目标

√ 了解 6σ 管理的产生和发展过程　　　　√ 了解 6σ 管理培训内容
√ 掌握 6σ 管理的含义　　　　　　　　　√ 掌握实施 6σ 管理的 DMAIC 模式
√ 掌握 6σ 管理水平测算的方法　　　　　√ 了解精益 6σ 管理的成功要素
√ 了解 6σ 管理组织架构

当一些人对克劳斯比提出的"零缺陷"的现实意义深表怀疑之时，当一些人还在那里空喊"百年大计，质量第一"之时，世界著名公司早已开始了它们的 6σ 管理之旅。

6σ 管理是先进的质量管理理念，它全面地贯彻了"顾客满意，持续改进"的核心思想。顾客的需求是变化的，要想满足甚至超越这种不断变化的需求，只有致力于持续改进。使组织内部个别业务的质量水平达到 6σ 并不难，而要想使公司的主要业务都达到 6σ 水平相当困难。但这不正是持续改进的机会所在吗？6σ 是方法论，它提供了持续改进质量水平的实用方法和技术。有人认为，只有公司发展到一定水平，具备了雄厚的资金基础时才能实施 6σ 管理。实用有效的 DMAIC 模式使这一观点不攻自破。

10.1　6σ 管理概述

10.1.1　6σ 管理的产生和发展

1. 6σ 管理的起源和背景

20 世纪 60 年代，美国质量管理专家费根鲍姆系统地提出了全面质量管理的概念。之后，日本企业普遍接受了费根鲍姆的质量管理理论，并结合自己的实践进行了创新。由于质量的改进，日本企业大举占领了美国的市场份额，许多美国企业面临着生死存亡的问题。

摩托罗拉也未幸免。20 世纪 70 年代，当一家日本公司收购摩托罗拉在美国的一家电视机制造厂后，在很短时间内，它像变魔术一样，将电视机的缺陷率降到了原来在摩托罗拉管理下的 1/20。1974 年，世界上最早生产电视机的厂家摩托罗拉正式告别了电视机的生产。之后，通用电气也放弃了电视机的生产，甚至整个美国都放弃了电视机的生产。难道电视机的市场已经饱和、已经无利可图了吗？显然不是。东芝、索尼等公司在电视机市场上仍赚得盆满钵满。难道危机只来自电视机市场吗？显然不是。20 世纪 70 年代初期，摩托罗拉已经成为全球无线通信产品的领导者，并与德州仪器公司以及英特尔公司一起争夺半导体产品的最大销售商的位置。1974 年，8 个最大的半导体厂商有 5 个来自美国，3 个来自欧洲，但很快半导体市场的竞争变得异常激烈起来，仅仅在 5 年后的 1979 年，8 个最大的芯片生产商中就有 2 个来自日本。

面临危机四伏的市场环境，面对自身的业务危机，摩托罗拉的领导人把眼光盯向了企业内部，并疾呼"我们的质量糟透了"。正是在这个背景下，在首席执行官鲍勃·高尔文（Bob Galvin）的领导下，摩托罗拉启动了一项质量管理创新计划，这一计划有以下 4 个要点。

（1）提升全球竞争力。与竞争对手进行对比，设计面向全球市场的产品，确保企业的优胜地位。

（2）开展顾客完全满意活动。吸取全面质量管理之精华，将质量循环的原则和方法引入摩托罗拉的企业文化。

（3）质量改进。将质量改进目标定为 5 年内提高 10 倍，并与所有管理人员的奖励挂钩，这一创意播下了 6σ 管理理念的种子。

（4）成立摩托罗拉培训与教育中心。使员工的能力满足质量管理流程与管理方式发生巨大变化的需求。培训与教育中心形成了摩托罗拉大学的雏形。

与此同时，摩托罗拉的高级工程师比尔·史密斯提出了 6σ 管理的概念，并在通信业务部由乔治·费舍尔（George Fisher）组织实施 6σ 管理改进计划。

随后，在高尔文的大力支持下，6σ 管理在全公司范围内得到了推广和实施。6σ 管理产生的强大动力为摩托罗拉带来了巨大成果：1988 年，美国政府把第一个马尔科姆·鲍德里奇奖颁发给了摩托罗拉，从 1987 年到 1997 年的 10 年间，公司的销售额增长了 5 倍，利润每年增加 20%，通过实施 6σ 管理所带来的收益累计达到 140 亿美元，股票价格平均每年上涨 21.3%。

摩托罗拉的成功深深地触动了时任 Allied Signal 公司首席执行官的拉里·博西迪（Larry Bossidy）。1992 年，博西迪将 6σ 管理引入其公司。"我们不但要给人们提出目标，还要提供合适的工具和方法。"该公司的管理层如是说。博西迪最大的成功在于把公司真正集结成一个整体，在整个公司范围内形成了统一的语言和文件，并把组织变革、领导力提升、企业文化变革融入 6σ 管理中。

博西迪成功了，6σ 管理改变了 Allied Signal 公司的经营与运作方式。公司收益从 1991 年的 3.42 亿美元增长到 1997 年的 11.7 亿美元，在短短的 6 年内几乎翻了两番，而且连续 31 个季度保持了每股利润 13% 以上的增长，公司股价增长了 8 倍。

真正把 6σ 管理这一高度有效的质量管理战略变成管理哲学和实践，从而形成一种企业文化的是杰克·韦尔奇（Jack Welch）领导下的通用电气。该公司在 1996 年年初把 6σ 管理作为一种管理战略列在其三大公司战略举措之首（另外两个是全球化和服务），在公司全面推行 6σ 管理的流程变革方法，并首创了"倡导者"（champion）、"黑带大师"（master black belt，

MBB)、"黑带"（black belt，BB）、"绿带"（green belt，GB）的组织形式，以通用电气所特有的方式推进 6σ 管理。6σ 管理的上述角色的名称借用的是跆拳道中获得不同段位所佩戴的腰带。6σ 战略与跆拳道有相似之处。两者都依赖系统的、强化的脑力和技术训练，依靠力量、速度、果断、准确、快速地完成任务。

通用电气的 6σ 管理计划演化成顾客满意计划，演化成利润增长计划，公司的面貌从此焕然一新。从实施 6σ 管理的第一年起，公司的收益增长速度就不断加快：1999 年的收益是 107 亿美元，比 1998 年增加了 15%。其中，因实施 6σ 管理而获得的收益就达到了 15 亿美元，到 21 世纪初，这个数字达到了 50 亿美元。从 1981 年韦尔奇入主通用电气以来，在短短的 20 年里，通用电气的股票市值达到了 4 500 亿美元，增长了 30 多倍。

2. 6σ 管理在世界级公司

在通用电气应用 6σ 管理取得了巨大成功之后，6σ 管理为全世界所认识并接受，很多企业发现 6σ 管理同样可以对自己产生重大而深远的影响，它们也开始大力推行 6σ 管理。6σ 管理的应用已经从摩托罗拉、通用电气走向了全世界，并从开始的电子工业领域走向了普通制造业、航空业、化工业、冶金业，乃至银行、保险等服务业以及电子商务领域。除摩托罗拉、Allied Signal、通用电气外，德州仪器、福特、陶氏化学、卡特彼勒、3M、庞巴迪、美国运通、英特尔、微软、杜邦、惠而浦、LG、爱立信、洛克希德·马丁、ABB、霍尼韦尔、柯达、西屋、西门子、诺基亚、索尼、东芝、三星、亚马逊、花旗集团等世界级公司都是实施 6σ 管理的典范。

3. 6σ 管理的新发展

自 20 世纪 80 年代产生以来，作为一种降低缺陷的方法，6σ 管理在实践中得到了不断的充实和发展。今天，6σ 管理已不再仅仅是一种质量改进的方法，而发展成为可以使企业保持持续改进、不断提高顾客满意度，从而带来巨大利润的一整套管理理念和系统方法。

6σ 管理的新发展体现在以下几个方面。

（1）6σ 管理与精益生产实现了有机融合。精益生产与 6σ 管理分别发源于日本与美国，前者更多地强调减少浪费、提高效率，后者更多地强调减少偏差、改进质量，而质量、效率和成本是相互联系、密不可分的。因此，两者是可以有机融合在一起的。

作为精益生产支柱之一的准时制生产（just in time，JIT），它得到实现的重要基础是可靠的产品质量。而从 6σ 管理看，质量具有更广泛的含义，偏差可表现为性能偏差，也可表现为时间偏差、数量偏差等，对精益生产效果的度量也可纳入对 6σ 管理效果的度量。

企业在时间上的改进与质量上的改进同样重要。缩短周期、减少时间差异与改进质量的最终目的都是提高组织的业务绩效。通过精益生产工具可以快速压缩周期，降低生产费用，6σ 管理直接使用统计方法管理流程，更加着重改进质量。如果把两者结合起来，形成合力，通过降低成本、改进流程、提高质量，可以大幅提高顾客满意度，实现企业经济效益最大化。

（2）6σ 管理与企业文化相互映衬。企业文化是指由集体共有的价值观念、传统和行为准则组成的系统，具有一定的独特性。先进的企业文化是企业持续发展的根本动力。6σ 管理的推行是对现行企业文化和经营管理的一次变革，6σ管理的全新理念有助于企业树立起先进的企业文化。戴明博士质量管理14条的第14条就明确指出："要在领导层建立一种机制，推动全体员工都来参加经营管理的改革。"

（3）6σ管理与流程优化殊途同归。6σ管理的直接目标是降低缺陷率，改善业务流程是降低缺陷的根本所在。通过推广和总结管理系统的成功要素，通过6σ管理的DMAIC模式又使6σ管理从纯粹的业务改进拓展到以提升领导力为核心的流程再造和企业重组。

10.1.2　6σ管理含义

1. 6σ是高标准的质量水准

"σ"是希腊字母，在统计学中常用来表示数据的离散程度，称为标准差。σ之前的系数在统计学中表示σ水平。考虑到不同工作的复杂程度，即出错机会，给出百万机会缺陷数的概念。如果某项工作每100万次出错机会实际出现错误为66 807次，就认为这项工作的质量水准为3σ，如果某项工作每100万次出错机会实际出现错误只有3.4次，就认为这项工作达到了6σ水平。6σ质量水准的缺陷率大约减少到3σ质量水准的1/20 000，即6σ比3σ质量水准提高了近2万倍。

由此可以看到，6σ是一个近乎完美的质量水准。对组织来说，某一项或某几项工作达到6σ水准并不难，但是要求组织内部主要业务都达到6σ则非常困难。

设想一下，一台由10 000个零件组成的笔记本电脑，每个零件的可靠度都达到了0.999 99时，整个笔记本电脑的可靠度才达到90%，这显然与我们的期望相差甚远。今天，产品的科技含量越来越高，可靠性要求越来越高，不要说0.999 99的可靠度不够，甚至0.999 999的可靠度仍然不够。此外，诸如医疗、航空航天，哪怕100万次中有一次事故，也是致命的。

因此，6σ为世界级公司设立了一个明确的、需要不懈追求的目标。这与"顾客满意，持续改进"的质量管理理念一脉相承。

2. 6σ管理是一个科学的管理方法体系

6σ管理是一个以质量为主线，以顾客需求为中心，利用对数据和事实的分析，提升一个组织的业务流程能力的管理方法体系。这一方法体系包括一组强大的系统工具箱。首先，这些方法是针对流程改进的，6σ管理在DMAIC的各个阶段使用大量工具。其次，这些方法是基于数据和事实驱动的，所有的方法都需要数据或信息做基础。

（1）6σ管理是一种基于流程优化的管理方法。6σ管理方法都是针对流程优化的。流程是为了实现一定的目的，利用一定的资源投入，经过一些转换过程，实现产出的活动或安排。6σ管理的重点不是产品或服务本身，而是生产产品或提供服务的流程。6σ管理通过界定和描述流程，测量流程中关键环节的指标，分析产生变异的原因，优化流程，从而实现改进流程绩效的目的。此即6σ的DMAIC流程管理模式。

6σ管理方法是从关注顾客的角度来优化流程的，特别注重改进核心流程。这里的核心流程是指那些直接影响顾客满意度的流程。核心流程是指向顾客提供产品或服务的主要流程，辨别核心流程的关键是判断它是否向顾客提供价值。例如，在快餐业中，对订餐者，快递业务就是核心流程。同样是快餐业，对送餐人员这一内部顾客，订单管理可以视为核心流程。6σ管理方法关注的是核心流程中的关键质量特性。例如，在快餐业中，递送的及时性毫无疑问是关键质量特性。关键质量特性通常有多个。这种关注核心流程及其关键质量特性的管理方法符合"一切以顾客为关注点"的质量管理原则。

（2）6σ管理是一种基于数据和事实驱动的管理方法。实施6σ管理，需要采取大量的数据统计和分析方法，这有别于传统的经验式管理。尽管直到今天，仍有不少企业仅靠经验式管理取得了相当不错的经营业绩，但缺乏科学的量化管理，企业就不可能获得持续发展。6σ管理由企业中的关键指标的测量开始，在收集数据、分析数据、研究变量与变量之间制约关系的基础上做出相应的决策。

统计技术可以帮助测量、表述、分析、说明变异并将其建立模型。这种数据的统计分析能更好地理解变异的性质、程度和原因，从而有助于组织解决问题并提高有效性和效率，促进持续改进。

3. 6σ管理是一种能实现持续领先的经营战略和管理哲学

（1）6σ管理使顾客与商家的利益达到高度统一。6σ管理的最终结果是产品质量水平大幅提高。从顾客角度看，消费高品质的产品就意味着增加了效用。缺陷必然会给顾客带来损失，即使顾客能够从商家得到补偿也会造成时间和精神上的损失。

为减少缺陷，必然要增加投入，发生各项费用。因此就有人片面地认为：高质量意味着高成本。事实是，在提高质量上的少量投入，会带来内部和外部损失费用大幅度的降低。因此，高质量与低成本是统一的。6σ管理以流程优化为出发点，采取基于数据和事实驱动的质量管理方法，最大限度地减少生产过程中的缺陷，最大限度地减少由于缺陷而导致的返修和投诉（甚至索赔）的发生，最大限度地减少失去顾客的风险。最后，6σ管理为组织带来巨大的利益：留住顾客、增加市场份额、降低成本、缩短周期时间、提高生产力、赢得利润。

（2）6σ管理为组织持续改进提供了理论指导。6σ管理方法为组织确定了一个高标准的质量水准。任何一个业务或多或少地存在缺陷。6σ管理把缺陷看作改进的机会。可怕的不是组织内部存在管理问题，而是看不到问题，或看到问题时视而不见。这种视问题为机会的6σ管理思维方式为使组织持续领先提供了理论上的指导。

4. 6σ管理是一项回报丰厚的投资

根据实施6σ管理项目的公司的统计结果，企业如果依照6σ的管理理念配置资源，企业将获得以下成就：质量水平每提高1σ，产量提高12%～18%，资产增加10%～36%，利润提高20%左右。企业开展6σ管理的目的是提高盈利水平，并获得质量和效率及顾客满意度的提高。当企业的质量水平从3σ提高到4σ，再到5σ左右，再到接近6σ时，企业的利润将呈现指数增长模式。5σ左右水平的企业与3σ水平的企业之间的利润有着令人吃惊的差距。当接近5σ水平时，企业会出现类似长跑运动员的"极限"。越到这个水平，越发感到困难，企业只有对流程进行创新，才能突破这一"极限"。

10.2 6σ 管理水平度量

10.2.1 6σ 的统计学原理

1. 问题的提出

对于每个产品或过程，都有相应的规格要求，特别地，对于双向公差要求的质量特性，顾客希望质量指标值在一定的范围内最好，即分别有一个规格下限（lower specification limit，LSL）和一个规格上限（upper specification limit，USL），要求质量特性值在 LSL 与 USL 之间波动。例如，快餐公司为顾客提供送餐服务，顾客希望在中午 12:00 送到，但是考虑到交通、寻找地址等因素，总会出现一些误差。这时，可以由双方约定一个时间范围，如在 11:45 ～ 12:15 送到即可。这里 11:45 与 12:15 分别是送餐业务的 LSL 与 USL。这时，送餐人员要力争在 12:00 准时送达快餐，因为这样顾客感觉最为满意。如果不能准时，在 11:45 ～ 12:15 送达快餐，顾客也能接受。但是，如果送达时间早于 11:45 或迟于 12:15，可以说快餐公司发生了一次服务失误。那么如何测量快餐公司的服务水平呢？为了说明这个问题，先要了解正态公布的一些统计学结论。

2. 正态分布的累计概率

为了解答上述问题，让我们先看一下标准正态分布累计概率的计算。

对于标准正态分布，有：

$$P(-1 < x < +1) = \Phi(+1) - \Phi(-1) = 2\Phi(+1) - 1 = 0.6827$$
$$P(-2 < x < +2) = \Phi(+2) - \Phi(-2) = 2\Phi(+2) - 1 = 0.9545$$
$$P(-3 < x < +3) = \Phi(+3) - \Phi(-3) = 2\Phi(+3) - 1 = 0.9973$$
$$P(-4 < x < +4) = \Phi(+4) - \Phi(-4) = 2\Phi(+4) - 1 = 0.99994$$
$$P(-5 < x < +5) = \Phi(+5) - \Phi(-5) = 2\Phi(+5) - 1 = 0.9999994$$
$$P(-6 < x < +6) = \Phi(+6) - \Phi(-6) = 2\Phi(+6) - 1 = 0.999999998$$

上述结果如图 10-1 所示。0.9973 是特征数据落在界限 -3 ～ +3 的概率，即在 [-3, +3] 范围内，标准正态分布曲线下面的面积，其余类推。

对于一般的正态分布 $N(\mu, \sigma^2)$，令 $Z = \dfrac{x - \mu}{\sigma}$，并将 Z 代入正态分布概率密度函数中，就可转换为标准正态分布。

在实际生产过程中，由于各种随机因素的影响，特征数据的平均值都会产生偏离目标值的情况。通常把这一现象称为漂移。美国学者本德（Bender）和吉尔森（Gilson）花了近 30 年的时间，独立研究了生产过程中产生的漂移，得

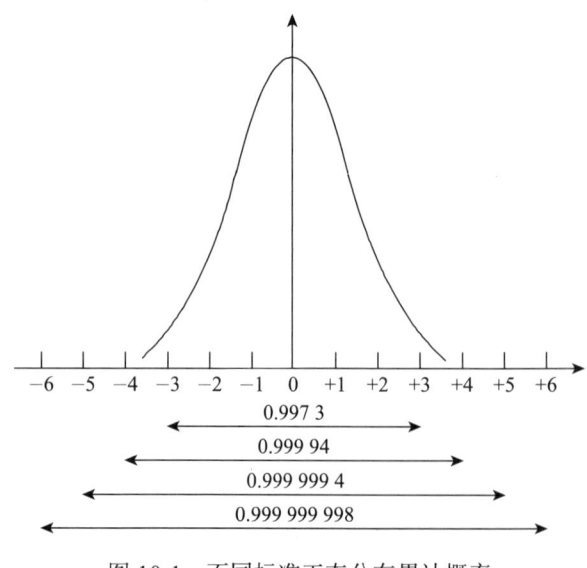

图 10-1 不同标准正态分布累计概率

到的结果是 1.49σ 的漂移量，为方便计算，取为 1.5σ。

考虑 1.5σ 正方向（反方向也可得到同样的结论）的漂移量，对于 σ=1 的正态分布曲线，容易计算特征数据落在界限 −3 ∼ +3 的概率为

$$P(-3<x<+3)=\Phi(+1.5)-\Phi(-4.5)\approx 0.9332-0=0.9332$$

特征数据落在界限 −6 ∼ +6 的概率为

$$P(-6<x<+6)=\Phi(+4.5)-\Phi(-7.5)\approx 0.9999966-0=0.9999966$$

这一结果如图 10-2 所示。

考虑 1.5（σ=1）的漂移量，特征数据落在界限 [−3，+3] 之外的概率约为 1−0.9332=0.066807（这里略去 −4.5 处的累积概率），即 66807ppm，特征数据落在界限 [−6，+6] 之外的概率约为 1−0.9999966=0.0000034，即 3.4ppm。在物理化学中，ppm（part per million）是一个表示微量元素浓度的方法，含义是百万分之几的溶质含量。这里借用过来表示质量特性值落在一定范围之外的概率。例如，考虑到 1.5（σ=1）的漂移量，特征数据落在界限 [−6，+6] 之外的概率为 3.4ppm。

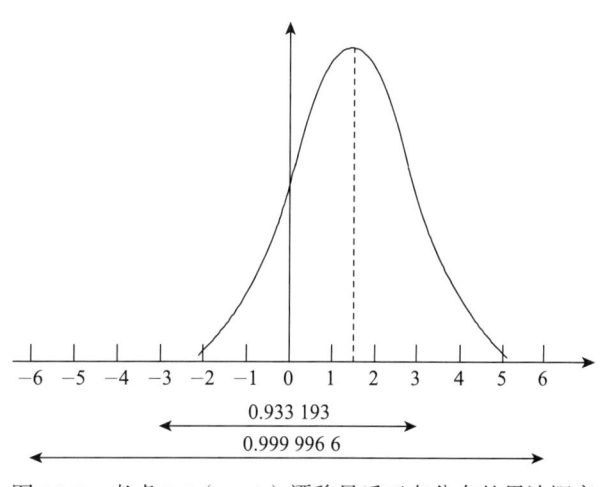

图 10-2 考虑 1.5（σ=1）漂移量后正态分布的累计概率

3. 6σ 的真正含义

"借用"上面的计算结果，对于标准差为 σ 的生产过程，如果过程结果的缺陷率减少到 3.4ppm，因为这一指标是质量特性值落在 [−6σ，+6σ] 之外的概率，就认为该生产过程的结果达到了 6σ 质量水平。显而易见，在均值不变的情况下，生产过程的标准差越小，质量水平越高，对于给定的规格范围，当生产过程的标准差小到使质量特性值在规格范围之外的概率减少到 3.4ppm 时，就认为该生产过程的结果达到了 6σ 质量水平。考虑到实际中测评的对象不是产品，更多的是某种结果，或者是出错的次数，而不同的业务会有不同的出错机会，即不同业务的工作难度不同，为此，引入百万机会缺陷数（defects per million opportunities，DPMO）的概念。因此，6σ 的真正含义是，对于任何一项业务，假设在 100 万次出错机会中，实际出错的次数少到 3.4 次，那么就认为这项业务的质量水平达到了 6σ。6σ 的真正含义如图 10-3 所示。

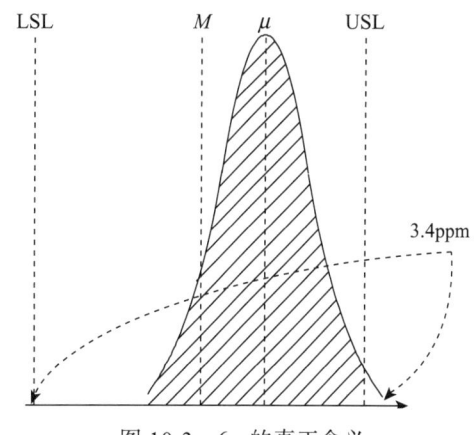

图 10-3 6σ 的真正含义

如果某项业务只有一个出错机会，那么尽管 ppm 与 DPMO 的含义不同，两者在数值上是一样的。

表 10-1 是 3σ 与 6σ 质量水平对比的一些实例。其中，第一个业务回答了本节开头提出的问题。

表 10-1 3σ 与 6σ 质量水平对比实例

业务	3σ 水平	6σ 水平
快餐公司递送 30 万次快餐	有 2 万多次送达时间早于 11:45 或迟于 12:15	只有 1 次送达时间早于 11:45 或迟于 12:15
银行进行 30 万次电子结算	发生 2 万多次错误交易	只发生 1 次错误交易
出版一部 30 万字的著作	出现 2 万多个差错	只出现 1 个差错
外科医生做 30 万台手术	发生 2 万多次手术事故	只发生 1 次手术事故
移动通话 30 万次	出现 2 万多次通话故障	只出现 1 次通话故障

注：假设每个业务只有一次出错机会。

10.2.2 6σ 水平测算

1. 关键质量特性与缺陷

关键质量特性（critical to quality，CTQ）是指满足顾客要求或过程要求的关键特性。例如，对某种自动调温炉灶，要求其温度设置在 350℃时必须产生 350±5℃的温度，那么，炉灶自动调温准确无误便是关键质量特性。再如，顾客要求打电话到客户服务中心的等候时间不能过长，那么，可以把入局呼叫的等候时间不能超过 30s 设为关键质量特性。

缺陷即"未满足与预期或规定用途有关的要求"。与缺陷有关的另一个概念是不合格，不合格即"未满足要求"。缺陷要比不合格严重，可以说，缺陷产品一定是不合格产品，不合格产品未必是缺陷产品。此外，缺陷有法律内涵，往往涉及产品责任。

6σ 管理中所指的缺陷就是未能满足对关键质量特性所提出的要求，即"未满足与预期或规定用途有关的要求"。

2. 单位缺陷数、机会缺陷数与百万机会缺陷数

单位缺陷数（defects per unit，DPU）是指给定单位数中所有缺陷数的平均值，即过程输出的缺陷总数量除以过程输出的单位数。例如，在全部 10 本 50 页的文件中，总共发现了 100 处拼写错误，如果单位是 1 本，那么 DPU 就是 100/10，即 10；如果单位是 1 页，那么 DPU 就是 100/500，即 0.2。其中，单位是指观察其是否有缺陷的对象，比如一件产品、一份报告、一本书、一次电话服务等。

DPU 的计算公式为

$$\text{DPU} = \frac{\text{缺陷数}}{\text{单位数}} \tag{10-1}$$

机会缺陷数（defects per opportunity，DPO）是指单位缺陷数除以缺陷机会。如果一次过程中存在 1 次缺陷机会，那么，DPO 与 DPU 相等。如果一次过程中存在不止 1 次机会，那么 DPO 就等于 DPU 除以缺陷机会。例如，在 100 次服务中出现了 20 次缺陷，而每次服

务过程中有 10 次缺陷机会，那么 DPO 就等于 20/1 000，即 0.02。机会缺陷数提供了一个统一的指标，这一指标可以比较难度不同的工作的质量水平。其中，缺陷机会是指产生缺陷的可能性。例如，一块线路板上有 100 个焊点，就有 100 个缺陷机会；一份表格上有 10 个需要填写的栏目，就有 10 个缺陷机会；输入单词 defect，就有 6 个机会缺陷。

DPO 的计算公式为

$$DPO = \frac{DPU}{缺陷机会} = \frac{缺陷数}{单位数 \times 缺陷机会} \quad (10\text{-}2)$$

把机会缺陷数扩大 100 万倍，就是百万机会缺陷数（DPMO），即 100 万次出错机会中实际出现的缺陷数。这个概念的提出是为了确定某项业务的质量水平。如果某项工作每 100 万次出错机会实际出现错误只有 3.4 次，就认为这项工作达到了 6σ 水平。

DPMO 的计算公式如下

$$DPMO = DPO \times 1\,000\,000 = \frac{缺陷数}{单位数 \times 缺陷机会} \times 1\,000\,000 \quad (10\text{-}3)$$

考虑 1.5σ 漂移，通过查标准正态分布累积概率表可得到不同 σ 水平所对应的 DPMO 值。在给定 σ 水平的前提下，还可以利用 MS-Excel 中的 NORMSDIST 函数来计算相应的 DPMO 值。例如，给定 4σ 水平，DPMO = 1 000 000 × [NORMSDIST(-4-1.5) + 1 - NORMSDIST(4-1.5)] ≈ 6 210，余者类推。表 10-2 列出了 50 组 DPMO 与 σ 水平的对应关系。

表 10-2　DPMO 与 σ 水平对应关系表

σ	DPMO	σ	DPMO	σ	DPMO	σ	DPMO	σ	DPMO
1.1	660 082	2.1	274 412	3.1	54 801	4.1	4 661	5.1	159
1.2	621 378	2.2	242 071	3.2	44 567	4.2	3 467	5.2	108
1.3	581 814	2.3	211 928	3.3	35 931	4.3	2 555	5.3	72
1.4	541 693	2.4	184 108	3.4	28 717	4.4	1 866	5.4	48
1.5	501 349	2.5	158 687	3.5	22 750	4.5	1 350	5.5	32
1.6	461 139	2.6	135 687	3.6	17 865	4.6	968	5.6	21
1.7	421 427	2.7	115 083	3.7	13 904	4.7	687	5.7	13
1.8	382 572	2.8	96 809	3.8	10 724	4.8	483	5.8	9
1.9	344 915	2.9	80 762	3.9	8 198	4.9	337	5.9	5
2.0	308 770	3.0	66 811	4.0	6 210	5.0	233	6.0	3.4

注：上表数据是利用 MS-Excel 中的 NORMSDIST 函数计算得到的近似值。除 6σ 水平对应的 3.4DPMO 外，其他按四舍五入取整。

例 10-1　某公司财务部门每月印制一次公司员工的工资单，该公司共有 400 名员工，工资单上的项目有 5 项，近 20 个月的统计表明，平均每月有 2 份工资单出现错误，试计算该公司印制工资单业务的 DPU、DPO、DPMO，并依此确定 σ 水平。

解：

分别根据式（10-1）、式（10-2）和式（10-3）得：

$$DPU = \frac{缺陷数}{单位数} = \frac{2}{400} = 0.005$$

$$DPO = \frac{DPU}{缺陷机会} = \frac{0.005}{5} = 0.001$$

$$DPMO = DPO \times 1\,000\,000 = 0.001 \times 1\,000\,000 = 1\,000$$

查表10-2可知1 000DPMO所对应的σ水平在4.5至4.6之间。

3. 首次产出率与流通产出率

首次产出率（first time yield，FTY）是指过程输出一次达到顾客要求或规定要求的比率，也就是一次提交合格率。

流通产出率（rolled throughput yield，RTY）是指构成过程的每个子过程的FTY的乘积。设某过程由n个子过程构成，那么，$RTY = FTY_1 \times FTY_1 \times \cdots \times FTY_n$。因此，RTY就是由若干子过程构成的大过程的一次提交合格率。

用FTY或RTY度量过程可以揭示由于不能一次达到顾客要求而造成的报废和返工返修以及由此而产生的质量、成本和生产周期的损失。这与通常采用的产出率的度量方法不同。在很多企业中，只要产品没有报废，在产出率上就不计损失。因此掩盖了由于过程输出没有一次达到要求而发生的返修费用和生产周期的延误。

例10-2 某加工过程由4道工序构成，如图10-4所示。在工序2（P_2）和工序4（P_4）设置质量检验点。根据生产计划部门的安排，投料100件。经过工序1和工序2加工后，检验发现有6件不合格产品。其中，2件报废，另外4件经返修处理后可送往工序3继续加工，这样有98件产品进入了后续的加工过程。这98件产品经过工序3和工序4后又有4件不合格。其中，1件报废，另外3件经返修后，连同合格产品共97件产品交付顾客。试计算工序2和工序4的FTY以及整个加工过程的RTY。

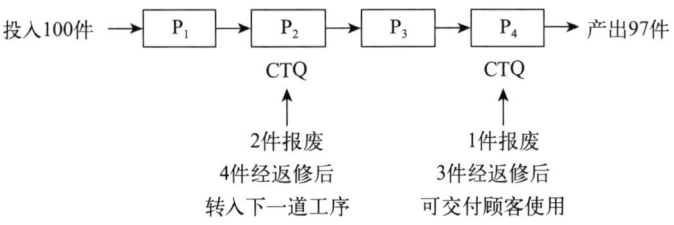

图10-4 某加工过程流程图

解：

由上图可知，工序2和工序4的首次产出率分别为

$$FTY_1 = \frac{100 - (2+4)}{100} \times 100\% = 94\%$$

$$FTY_2 = \frac{98 - (1+3)}{98} \times 100\% \approx 96\%$$

于是，整个加工过程的流通产出率为

$$RTY = FTY_1 \times FTY_2 = 94\% \times 96\% \approx 90\%$$

如果按照生产计划部门的统计方法，例 10-2 中的产出率为 97%。该统计数据掩盖了中间环节发生的返修问题，而返修必然增加了生产成本和生产周期。通过计算流通产出率可以知道，一次就能达到要求的可能性是 90%，10% 的产品需要返修或报废。

例 10-2 中只有 4 道工序，如果有 10 道或更多的工序，可以想象，如果不注重每个环节的质量控制，流通产出率会大幅下降。在 6σ 管理中，引入首次产出率和流通产出率符合克劳斯比提出的"第一次就做对最经济"的质量管理思想。

10.3　6σ 管理的组织与培训

10.3.1　6σ 管理组织架构与团队成员

1. 6σ 管理的组织构架

6σ 管理作为组织的重要行动，必须依靠组织体系的可靠保证和各管理职能的大力推动。因此，导入 6σ 管理时应建立健全组织机构，把经过系统培训的优秀人才安排在 6σ 管理活动的相应岗位上，规定并赋予明确的职责和权限，从而构建一个高效的组织系统，为实现 6σ 管理目标提供根本保证。实施 6σ 管理的组织系统一般分为 3 层，即领导层、指导层和执行层。

领导层即 6σ 管理推行委员会通常由倡导者（一般由企业高层领导担任）、主管质量的经理和财务主管组成。领导层负责执行 6σ 管理的战略计划活动，包括制订 6σ 管理计划、提供资源、审核结果。

指导层由组织的黑带大师或从外部聘请的咨询师组成。指导层负责执行 6σ 管理的战术活动，内容包括组织培训、指导项目、检查进度。

执行层由执行改进项目的黑带、绿带组成。执行层负责执行 6σ 管理的作业活动，内容包括按照 DMAIC 模式所开展的各项改进活动。

6σ 管理组织体系结构如图 10-5 所示。

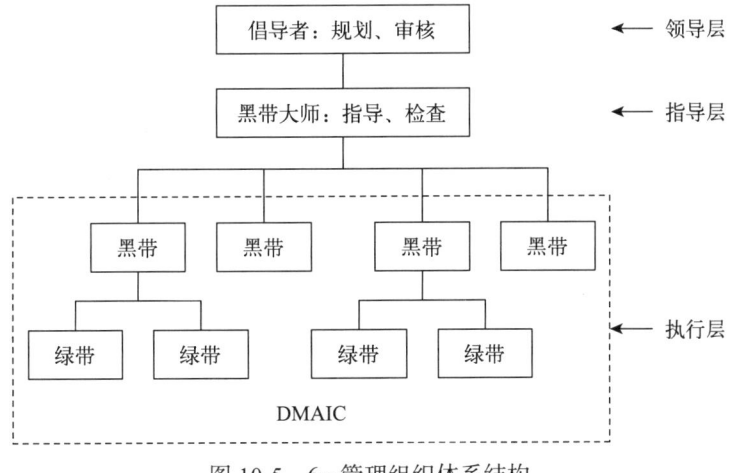

图 10-5　6σ 管理组织体系结构

2. 6σ 管理体系中各岗位职责

（1）倡导者。倡导者是 6σ 项目的领导者。企业开始启动 6σ 项目时，倡导者通常由最高领导者承担，比如通用电气的前 CEO 韦尔奇、Allied Signal 的前 CEO 博西迪都承担过倡导者的角色。当企业有了成功的经验后，可以由分管质量工作的副总经理或质量总监承担倡导者的角色。在大多数情况下，倡导者为兼职。对于规模较大的 6σ 项目，还划分为公司级倡导者和事业部倡导者。

倡导者的主要职责是制定 6σ 管理的计划、方针和政策，打破各职能部门的界限，调动组织的各项资源，支持和确认 6σ 管理的全面工作。此外，倡导者还负责选择黑带大师和黑带。

倡导者对 6σ 项目的支持和激励是组织按时、按质完成既定目标，最终实现 6σ 项目成功最重要的驱动因素。

（2）黑带大师。黑带大师（MBB）是实施 6σ 管理的技术总负责人、专家和咨询师。黑带大师必须具有 5 年以上 6σ 管理实践经验，并且有成功记录。黑带大师必须具备丰富的管理经验并掌握 6σ 管理工具和技术。在摩托罗拉，黑带大师至少要得到 2 名副总的推荐和认可。

黑带大师的主要职责为协助倡导者选择合适的 6σ 项目，组建 6σ 团队，并为 6σ 团队制定工作目标及实施方案，负责培训黑带和绿带，为黑带提供 6σ 高级技术工具支援，参与 6σ 项目评审并提出建议及要求。

黑带大师对 6σ 项目强有力的技术支持是组织成功实施 6σ 管理的基本保证。

（3）黑带。黑带（BB）是专门从事 6σ 项目的技术骨干和 6σ 团队的核心力量。黑带来自组织的各个部门，经过 6σ 革新过程和统计工具的全面培训。通常黑带是全职人员，他们脱离原来的岗位，把精力完全放在 6σ 项目的实施上。

黑带的主要职责是配合黑带大师组建团队，向绿带和普通成员传授 6σ 管理理念和方法，负责实施质量改进项目，参与 DMAIC 过程中的各个具体步骤。

同黑带大师一样，黑带在 6σ 管理中起到技术保证作用。

（4）绿带。绿带（GB）是在自己岗位上参与 6σ 项目的人员，他们通常是组织各个基层部门的业务骨干，受过 6σ 管理的相关培训。

绿带的主要职责是理解和应用 6σ 管理工具从事 6σ 项目的各项具体工作，比如数据收集、工作流程描述、测量等。与黑带不同的是，绿带一般还要兼任其他业务。

除上述特有角色外，在 6σ 团队中还应有一批普通成员，这些成员在黑带的指导下实现具体计划。摩托罗拉及通用电气的员工进入公司半年之内必须通过 6σ 管理的认知培训。他们都有资格作为团队的普通成员。

3. 公司需要 6σ 管理关键角色的数目

公司的实际情况及业务流程不同，所需要的黑带数目可以有所不同。一般地，每个业务部门或生产单位应有一个黑带大师，或每 1 000 名员工需要一个黑带大师。生产制造业每 100 个员工需要一个黑带，而服务业每 50 个员工就需要一个黑带。对于绿带的数目，每 20 名员工就至少应有一个绿带。

10.3.2 6σ 管理培训

1. 对黑带的培训

黑带必须掌握 6σ 管理的知识和技能，这是实施和领导一个有明确业务目标的 6σ 项目所必需的。黑带应具备识别关键流程的能力，具备判断 6σ 项目的生产流程或交易流程中是否存在缺陷的能力，具备集中主要精力从根本上解决质量问题的能力。

对黑带的完整培训通常需要连续进行 4 个月的时间。其中，每个月的第 1 周进行课堂学习，其余 3 周把所学到的理论知识和技能用于 6σ 管理实践。这一过程将一直持续到黑带所有课程完结并能成功实施具体方案为止。黑带培训完毕后，必须经过几个项目的实践过程。黑带通过所有课程的认证及项目实践后，公司与培训机构给黑带颁发黑带资格证书。

通过黑带课程的培训，黑带候选人应达到：深入理解 6σ 管理的主要理念；具备领导 6σ 团队的能力；具备管理 6σ 项目能力；具备运用 6σ 管理方法观察、分析和处理问题的能力；掌握 DMAIC 模式；掌握流程改进的高级工具。

表 10-3 给出了黑带培训项目中各个阶段的主要培训内容。

表 10-3 黑带培训项目各阶段的主要内容

第一个月	第二个月	第三个月	第四个月
质量管理发展历程	数据收集方法	可靠性分析	6σ 改进与控制概论
高效团队管理方法	流程分析	回归分析	过程改进技术
顾客需求调查	关键因素分析与确认	相关分析	简单的实验设计技术
改进机会分析	关键质量特性识别	中心极限定理	正交试验设计
6σ 统计学原理	重要概率分布	参数估计	复杂情况的正交设计
DMAIC 方法论	测量系统分析	假设检验	Minitab 应用技术
6σ 的项目管理	失效模式与影响分析	方差分析	
流程图绘制	统计过程控制	多变量分析	
Minitab 软件概述	顾客满意度测评	列联表分析	

2. 对绿带的培训

绿带的课程培训通常在 6 天左右完成。课程内容围绕 DMAIC 模式的 5 个阶段展开。通过绿带课程的培训，绿带候选人应达到：透彻理解 6σ 管理的主要理念；熟悉 DMAIC 模式的全过程；掌握基本的流程改进工具；熟悉 6σ 团队的工作技巧。绿带的培训内容主要包括以下几方面。

（1）质量管理的发展历程。
（2）6σ 管理的基本理念。
（3）6σ 管理的统计学原理。
（4）DMAIC 模式。

绿带的培训与黑带的课程类似，但在统计工具方面主要学习一些初等技术与方法，只讲授假设检验、方差分析、回归分析、试验设计的基本概念和简单应用。

为顺利实施 6σ 项目，还要对普通成员进行 6σ 管理的认知培训。

10.4 实施 6σ 管理的 DMAIC 模式

10.4.1 定义阶段

定义阶段的主要任务是利用 SIPOC 图、工艺或业务流程图、过程绩效测评、排列图等质量管理方法确定需要改进的产品及相关的核心流程,识别顾客心声(voice of customer,VOC),确定质量控制点及关键质量特性,确定 6σ 项目实施所需要的资源。

1. 项目选择

选择项目时,应以生产过程中的薄弱环节为切入点,这些薄弱环节包括以下几类。

(1)经常出现返工、返修,甚至残次品的生产过程或作业流程。

(2)一直存在的影响资源利用效率,从而影响经营业绩的障碍。

(3)对提高顾客满意度至关重要,但与标杆企业相比存在明显差距的业务。

找到这些薄弱环节并不是一件容易的事情,只有经过深入细致的调查分析才能确定,为此需要收集、分析信息。这些信息来源于顾客反馈意见(比如顾客抱怨、投诉甚至索赔)、市场占有率、竞争对手的策略和行动计划、企业内部的质量分析报告、财务分析报告和企业计划、方针、目标的执行报告等。

2. 项目描述

项目被界定后,应以文件化的形式予以表达,使领导层和项目中的所有成员都能了解项目的背景、关键问题、预期的目标、团队成员的职责等。

SIPOC 图是描述项目的一个非常有用的工具。SIPOC 图又称高级过程流程图,它以简洁直观的形式描述一个流程的结构和概况。

SIPOC 图说明了信息和物料来自何处,谁是供应商,供应商会向你提供什么,所提供的物料对生产过程和 CTQ 有什么影响,包括哪些主要处理过程,过程的结果是什么,谁是这个过程的顾客或细分市场。值得指出的是,顾客可能是最终顾客,也可能是下一道工序。

图 10-6 是 SIPOC 图的一个示例。该图描述了 PCBA 来料加工的典型过程。其中,供应商为主要物料供应商,输入为电子物料,过程为贴片、插件、焊接、装配、测试、包装,输出为 PCBA 组件,顾客为电子产品制造商。

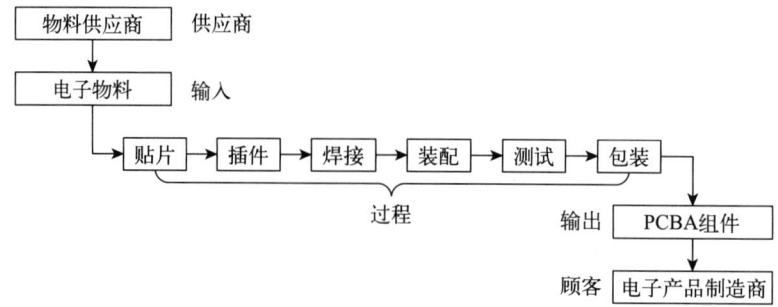

图 10-6 SIPOC 图示例

绘制完 SIPOC 图后，还需要进一步绘制工艺流程图（产品）或业务流程图（服务），并确定流程中的控制点。

3. 顾客需求分析

6σ 管理是一种以追求顾客满意为驱动的管理方法，顾客决定了组织的生存和发展。为达到甚至超过顾客满意，必须识别顾客需求，尤其是关键顾客需求。关键顾客需求即顾客心声（VOC），是顾客对产品在功能、性能、外观、操作等方面的要求或潜在要求。

顾客需求分析就是通过识别 VOC，确定产品或服务的技术要求，进而确定关键质量特性（CTQ）的过程。这一过程可通过 CTQ 树方法来实现。图 10-7 是 CTQ 树的一个实例。

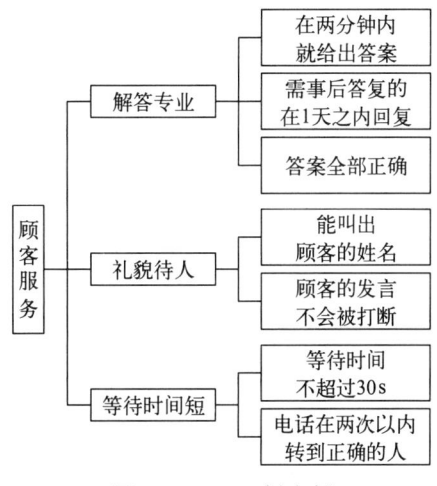

图 10-7　CTQ 树实例

4. 过程绩效测评

通过项目选择、项目描述、顾客需求分析，对所发现的问题就有了一个初步的判定。为了更准确地描述所存在的问题，需要测评过程绩效，例如 RTY 或 DPMO。虽然 RTY 测评的是输出结果，但是不同于传统产出率，RTY 揭示了过程中存在的一切问题。DPMO 则超出不合格产品数的局限，更多的是关注有几个出错机会以及每个不合格产品有几个缺陷项。因此，这两个指标的测评都有助于我们把存在的问题从量化、客观的角度进行定位，使得 6σ 项目要解决的问题更加明确。

10.4.2　测量阶段

测量阶段的主要任务是通过对现有过程的测量、确定过程的基线以及期望达到的目标，识别影响过程输出 Y 的输入 X_s，并对测量系统的有效性做出评价，根据所获得的数据计算反映现实质量水平的指标。

该阶段一般用到的质量管理方法有时间序列图、测量系统分析、直方图、描述性统计分析、过程能力分析等。

1. 数据收集和整理

为正确收集数据，需要对数据收集进行策划，包括数据收集的要求、测量对象、测量指标、测量装置及方法等。策划的结果应形成文件，比如"数据收集计划""数据收集表单"，并发放给有关人员，使测量和记录人员有章可循，同时，也有助于保持记录和测量结果的一致性。数据收集应遵循数据抽样的原则和方法。

整理数据的目的是为查找原因提供线索，可采用直方图、排列图、散布图、分层图、趋势图等统计工具分析数据。

2. 测量系统验证

数据是通过测量得到的。测量中涉及测量对象、测量人员、测量器具、测量方法、测量环境。这些因素都会对测量结果造成或多或少的影响。如果造成的影响比较大，所获得的数据就达不到预期的精度。

测量系统分析就是用统计学的方法来分析影响数据波动的各个测量因素，以及它们对测量结果的影响，最后给出明确的判定：该测量系统是否达到使用要求。

总之，评价测量系统必须具有良好的准确性（accuracy）和精确性（precision）。准确性是指多次测量结果的平均值与测量对象真值之间的差异性，精确性是指多次测量结果的波动大小。图10-8直观地描述了准确性与精确性的概念。

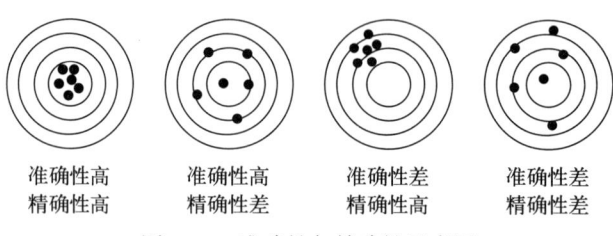

图 10-8　准确性与精确性示意图

测量系统的准确性由偏倚、线性和稳定性3个统计指标来表征。下面介绍这3个统计指标的具体含义。

（1）偏倚。偏倚是指多次测量的平均值与被测对象真值之间差异的大小。

（2）线性。线性是指在测量系统量程范围内，偏倚与真值之间是否存在线性关系。

（3）稳定性。稳定性是指测量系统的偏倚随时间变动的情况。

测量系统的精确性由重复性、再现性和分辨力3个统计指标来表征。下面介绍这3个指标的具体含义。

（1）重复性。重复性是指同一测量员使用同一量具对同一被测对象多次测量的结果的差异，它反映了量具的固有波动。

（2）再现性。再现性是指不同测量员使用同一量具对同一被测对象多次测量的结果的差异。

（3）分辨力。分辨力是指测量系统识别并显示被测对象最微小变化的能力。

以上介绍的是连续型数据的测量系统分析。对非连续型数据的测量系统的有效性，一般用测量结果的一致性来验证。其基本原理类似于对连续型数据测量系统的重复性与再现性的评价。

3. 时间序列分析

时间序列分析简单实用，可以帮助发现数据随时间变化的规律。时间序列分析所用的工具是时间序列图，又称作趋势图，是将收集到的数据按时间先后顺序在坐标图中直观地展示出来。6σ项目团队收集到过程输出Y的数据后，就可以绘制时间序列图。为了能够充分展现数据随时间变化的规律，需要尽可能多地收集数据。当数据量大时，可借助计算机辅助绘制时间序列图。

4. 描述性统计分析

6σ 项目团队收集到过程输出 Y 的数据后，还需要进一步分析数据分布的集中程度与分散程度以及数据分布的形状。

描述集中程度的指标有均值、中位数、众数，描述分散程度的指标有方差、标准差、极差，描述分布形状的指标有偏度、峰度。

5. 过程能力分析

6σ 项目团队收集到过程输出 Y 的数据后，应对 Y 的中心位置与波动情况进行综合分析，而过程能力分析是能够把两个方面放在一起进行综合评估的有效工具。过程能力分析是确定过程改进的基线和改进目标的重要工具。有关过程能力分析的内容在前面章节已做了详细介绍，这里不再赘述。

10.4.3 分析阶段

分析阶段的主要任务是识别影响过程输出 Y 的输入 X，通过数据分析确定影响输出的关键因素，并验证分析结果的正确性。

分析阶段用到的质量管理方法主要有头脑风暴、因果图、排列图、散布图、多变量图、回归分析、控制图、箱线图、方差分析、假设检验等。

1. 原因分析

利用头脑风暴、因果图、控制图等方法或工具，分析确定影响输出 Y 的关键 X_s，即确定过程的关键影响因素。通过绘制流程图，确定每个关键质量特性的可追溯变量 X_s，确定每个变量的能力，对 CTQ 与 X_s 之间的关系做出描述。

2. 结论验证

为确保所找到的关键因素是正确的，还要验证分析结果。为此，可用散布图来确认 Y 与 X_s 之间的相关程度，即通过计算相关系数来确定 Y 与 X_s 之间的密切程度。通过假设检验或方差分析则可以验证所找出的关键因素是否对特性结果有重大影响。

图 10-9 所示是一个利用头脑风暴分析设备停止运行的例子。最后发现，设备停止运行的真正原因是安装的过滤网目数不够。可以想象，在找到这一真正原因之前，一定经历了很长的曲折与摸索。

值得注意的是，分析阶段既是关键阶段，也是困难阶段。一方面，要找到造成质量问题的原因；另一方面，还要对所得出的结论进行验证。为了真正找到那些造成质量问题的少数的关键原因，就需要大量运用统计学的理论与方法。

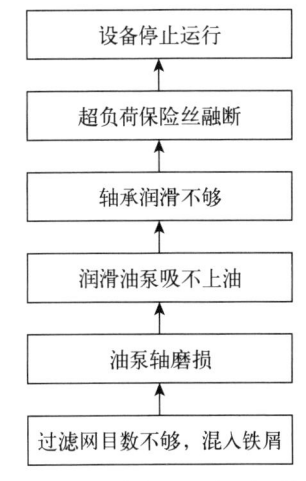

图 10-9 设备停止运行原因分析

10.4.4 改进阶段

改进阶段的主要任务是针对分析阶段所确定的关键问题,给出有效的解决方案,并实施解决方案。

改进阶段是最具创新性的一个阶段。改进可以是在原有方案的基础上进行优化,也可以是提出全新的方案。正是由于在这一阶段将提出创新性的改进方案,所以,一方面需要验证方案的有效性,另一方面需要对改进方案的风险做出全面评估。

改进阶段用到的主要质量管理方法有试验设计、精益管理方法、田口方法、FMEA、响应面分析、流程再造、甘特图等。

1. 改进方案的提出和选择

提出若干可行方案,通过实验设计等工具描述 CTQ 与 X_s 之间的关系,经过对比分析选择那些能够显著提高 CTQ 水平的方案。根据 6σ 总体目标,确定使 CTQ 达到最优的 X_s 的水平。

2. 改进方案的评估

失效模式与影响分析(failure mode and effect analysis,FMEA)是用来分析在产品或服务及其实现过程中存在风险的有效方法。当进入分析阶段时,6σ 项目团队应评估将要实施的改进方案是否解决了原有问题,还要评估在解决原有方案后是否会带来新的问题(风险)。

FMEA 的核心是 FMEA 分析表,如表 10-4 所示。

表 10-4 FMEA 分析表

功能	潜在失效模式	潜在失效后果	严重度(S)	失效机理	频度(O)	现行控制方法	不可探测度(D)	风险优先级别数(RPN)	措施	严重度(S)	频度(O)	不可探测度(D)	风险优先级别数(RPN)

下面逐项介绍 FMEA 分析表中的内容。

(1)功能。功能是指改进方案要实现的质量目标。一个改进方案对应一个 FMEA 分析表。

(2)潜在失效模式。潜在失效模式是指分析对象未达到预期功能所表现出来的失效形式。

(3)潜在失效后果。潜在失效后果是指失效后对系统、过程、顾客等所带来的不良影响。分析应包括对当前过程、后续过程及整体所造成的不良影响。

(4)严重度(S)。严重度是指对失效所造成影响的严重程度。从 1 到 10 分为 10 个等级。没有任何后果为 1,无警告的严重后果为 10。中间分为 8 个等级。

(5)失效机理。失效机理是指失效模式发生的原因、影响因素。

(6)频度(O)。频度是指失效原因发生的可能性。从 1 到 10 分为 10 个等级。失效不大可能发生为 1,失效几乎不可避免为 10。中间分为 8 个等级。

(7)现行控制方法。现行控制方法是指当前采取的用以防止或发现失效原因的措施。

(8)不可探测度(D)。不可探测度是指用当前方法发现失效原因的可能性。从 1 到 10 分为 10 个等级。几乎肯定可以发现失效原因为 1,几乎不可能发现失效原因为 10。中间分为 8 个等级。

（9）风险优先级别数（RPN）。风险优先级别数是 S、O、D 三者相乘的结果。一般认为，当 RPN > 100 时，需要对改进方案进行重新设计。注意到，除了关注 RPN 值外，还会关注 S、O、D 的单项值。有时，即使 RNP 值不是很高，当某一单项值很高时也应重新设计改进方案。

措施后面的 S、O、D 值及 RPN 值是实施预防措施后预计的数值，应比实施措施前有所降低。

3. 改进方案的实施

确定好改进方案后，就要采取强制措施推行改进方案。为此，需要确定要达到的具体目标、实施的具体内容、行动计划、资源配置、时间要求等。可以利用网络图法确定各项作业的先行后续关系、时间进度，并找出关键路径，进而从质量、费用、时间、资源等方面优化 6σ 项目计划。

10.4.5 控制阶段

控制阶段的主要任务是确认改进成果，通过有效的措施保持过程改进成果，并推广应用改进成果。

控制阶段用到的质量管理方法有控制图、防错方法、标准操作规程等。

（1）成果证实。从统计学角度，对改进前后的质量特性数据的分布进行分析比较，证实改进成果的真实性。此外，还要从经济学角度，验证 6σ 项目投资回报的显著性，在评估报告中说明由于减少缺陷而减少的浪费，质量成本的降低，效率的提高，创造的直接和间接效益。

为了确保 6σ 管理的信度和权威，应结合具体情况，建立有关 6σ 改进项目实施情况的评价与检查制度，从而定期评审 6σ 改进项目的进展情况。

（2）成果巩固。对证实的成果，建立保持成果的管理、技术和工程措施，使它文件化、标准化和制度化，并将改进结果应用到类似项目中。

在整个公司范围内，对 6σ 改进项目的成果做出表扬，对 6σ 项目做出突出贡献的人员，应在物质和精神上进行鼓励，从而确保成果得到认可。

显然，当质量水平上升到一个台阶后，正好是下一次质量改进的起点，此时，应及时提出下一阶段的工作重点和方向。

10.5 精益 6σ 管理

10.5.1 精益生产与 6σ 管理

1. 精益生产概要

（1）精益生产的起源。20 世纪 80 年代初，当日本汽车开始进入美国市场时，美国汽车制造商认为日本汽车市场占有率的提升仅靠廉价劳动及政府补助。20 世纪 90 年代初，美国麻省理工学院国际汽车项目组在对日本汽车工业进行深入调查时发现，以丰田汽车为代表的日本汽车公司与美国汽车公司相比,大约只需一半的人员、一半的生产场地、一半的投资、一半的工程设计时间、一半的新产品开发时间和少得多的库存,就能生产出质量更高、品种更多的轿车。詹姆斯·沃麦克(James P. Womack)博士对日本企业取得的这些成功经验进行总结,提出了精益生产(lean production,LP)的概念,并于1990年出版了《改变世界的机器》一书。精益生产是以没有任何库存、时间、空间及劳动力浪费为目标,持续推行价值链整体改善的一种生产方式。

(2)精益生产的目标。精益生产致力于消除生产过程中的一切浪费。浪费不仅包括生产活动本身的支出,比如制造费、管理费等,还包括只增加成本、不创造价值的一切要素和活动,比如等待、过量生产、无谓的搬运、多余的库存、多余的操作或动作、次品等。精益生产所追求的目标是废品量最低(零废品)、库存量最低(零库存)、更换作业时间最短、搬运量最低、生产提前期最短和批量最小。精益生产的最终目标是提升企业的竞争力,达到顾客满意,获得显著的经济效益。

(3)精益生产的实质。精益生产的核心是丰田汽车生产系统(Toyota production system,TPS),即在生产的各个层面上,采用能完成多种作业的工人和通用性强、自动化程度高的机器,以质量的持续改进为基础,通过实施准时制生产(JIT)和多品种混流生产,不断减少库存,消除浪费,降低成本。对于精益生产的本质,沃麦克提出,精益生产就是树立与浪费针锋相对的思想,精确地定义价值,识别价值流并制定价值流图,让没有浪费环节的价值流真正流动起来,让顾客拉动价值流,追求尽善尽美。

(4)精益生产的体系。并行工程的产品开发、JIT和稳定快捷的供应链是精益生产的三大支柱,多功能团队活动与持续改进是精益生产的基础,顾客满意是精益生产最终要实现的目标。精益生产体系结构如图10-10所示。

2. 精益生产与6σ管理比较

精益生产直接关注提高流程速度和减少资本投入,其实质是树立与浪费针锋相对的思想,而6σ管理是一种直接使用统计方法来最大幅度地降低核心流程的缺陷,实现组织的持续改进,从而达到甚至超过顾客满意的管理思想和方法体系。

精益生产与6σ管理的比较如表10-5所示。

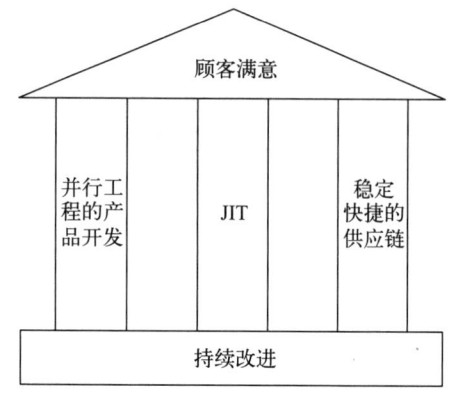

图10-10 精益生产体系结构

表10-5 精益生产与6σ管理的比较

项目	精益生产	6σ管理
关注范围	运营模式的全面变革	关键流程的优化
追求目标	减少浪费,价值驱动	减少波动,质量驱动
所应用方法的特征	不刻意追求方法的系统性与规范性	强调方法的系统性与规范性
典型方法	价值流分析、JIT	统计技术、DMAIC模式
组织方式	以非正式组织方式为主开展工作	成立正式组织

企业在时间上的改进与质量上的改进同样重要。缩短周期、减少时间差异与改进质量的

最终目的都是提高组织的业务绩效，并增加顾客满意度。

精益生产与 6σ 管理有各自鲜明的特点，也有着许多共通之处，主要表现在以下几个方面。

（1）两者追求的目标是一致的，即"顾客满意，持续改进"，并提高组织的经营业绩。

（2）两者都需要高层管理者的支持和授权才能保证成功。

（3）两者都采用团队的方式实施改善。

（4）两者都强调把工作重点从关注结果转移到流程控制。

（5）两者都不仅可以用于制造流程，还可以用于非制造流程。

正因为此，两者完全可以互为补充、互相结合。企业实施精益 6σ 管理（lean six sigma management，LSSM），通过发挥精益生产和 6σ 管理各自的优势，实现强强联合，必将带来更显著的收益。

10.5.2 精益 6σ 管理的成功要素

（1）重视领导者责任。LSSM 需要处理的是整个系统的问题，要分析和解决的问题涉及组织的方方面面，需要与不同的部门进行沟通，需要配置各种资源。因此，领导者要承担组织、指挥、协调职责，有力地推动 LSSM。

（2）重视企业文化建设。无论是精益生产还是 6σ 管理，企业文化对其成功都起到了重要的作用。同样，实施 LSSM 也离不开企业文化建设。LSSM 的企业文化强调持续改进、追求完美、全员参与。只有追求完美，持续地对过程进行改进，才能不断超越现状，取得更大的绩效。

（3）以流程管理为切入点。只有以流程为中心才能真正发现在整个流程中何处的变异较突出，业务流程中哪些是不创造价值的。因此 LSSM 必须以流程为切入点，摒弃以组织功能为出发点的思考方式。

（4）正确使用方法和工具。方法和工具是必要的，但不是万能的。如果不能正确使用工具，往往会适得其反。在实施 LSSM 时，可先采用简单的工具做出显著性改进，然后再采用系统的工具或方法减少波动，使之稳定。

❖ 案例分析

中兴通讯的 6σ 管理实践

2001 年可谓是 IT 行业的寒冬，中兴通讯开始了 6σ 管理的探索道路。中兴通讯引进 6σ 管理与它决心成为国际一流企业有关。当中兴通讯的企业规模扩大，业务范围覆盖全球数十个国家和地区，员工数量突破 1 万人时，管理滞后的矛盾日益突出。中兴通讯时任董事长侯为贵在考察了世界最先进的企业管理后，下决心将 6σ 管理引入中兴通讯。

为了实施 6σ，中兴从研发、市场、综合管理、物流等部门选拔了 27 名业务骨干参加由摩托罗拉大学组织的为期 41 天、价值 170 万元人民币的课程。第一期培训结束后，中兴通讯选择了旗下生产单板机的康讯电子公司试点 6σ 项目。康讯电子公司试点取得极大的成功，焊点不良率降低了 81%，这让侯为贵看到了希望，也坚定了他在中兴内部全面推广 6σ 的决心。于是，中兴通讯先后成立了6σ战略委员会和办公室，加快6σ管理的全员培训工作，先后培养了大量黑带、绿带人才，并从中选拔了数十名管理干部，6σ管理在中兴通讯快速推开。

在引进的基础上，中兴通讯从实际出发不断创新。例如，与国内外的其他企业黑带、绿带是终身资格不同，中兴通讯的黑带、绿带资格的任职周期只有1年。每年中兴通讯都会组织对黑带和绿带的资格复审，对于复审不合格的将取消其黑带或绿带资格，包括相应的职称和待遇。这一机制营造了良性的竞争氛围，较好地保持了6σ管理变革的激情与活力。

6σ管理不仅提升了中兴的内部管理，还推动其产品竞争力提升。通过6σ对系统设计、材料选型等几个关键因素的改进，中兴将GSM项目的成本降低20%，成为公司当年成本降幅最大的产品之一。巨大的成本优势直接促使中兴通讯GSM系统设备成为俄罗斯、哈萨克斯坦、巴基斯坦、赞比亚、尼日利亚、埃塞俄比亚等多个国家的全国性移动通信网络建设的主流产品。

中兴通讯已完成了超过1 500个6σ改进项目，范围覆盖市场营销、产品研发、采购供应、生产物流、工程服务、质量控制、人力资源、财务管理、IT建设等企业经营管理的所有领域，为企业带来了5亿元的直接经济收益，也帮助公司在激烈的国际市场中站稳脚跟。

讨论问题

1. 中兴通讯的6σ改进项目为什么能使之成为行业翘楚？
2. 你在该案例中有什么收获？

思考与练习

1. 简述6σ管理的起源和背景。
2. 20世纪80年代，在首席执行官高尔文的领导下，摩托罗拉启动了一项质量管理创新计划，简述这一计划要点。
3. 说明通用电气公司通过实施6σ计划所获得的收益。
4. 简述6σ管理的新发展。
5. 为什么说6σ是高标准的质量水准？
6. 为什么说6σ管理是一个科学的管理方法体系？
7. 基于流程优化的管理方法与基于职能的管理方法的区别何在？
8. 基于数据和事实驱动的管理方法与基于主观判断的管理方法的区别何在？
9. 为什么说6σ管理是一种能实现持续领先的经营战略和管理哲学？
10. "6σ管理使顾客与商家的利益达到高度统一"，谈谈你对这句话的理解。
11. 试说明组织改进业绩的机会来自哪里。
12. 为什么说6σ管理是一项回报丰厚的投资？
13. 试说明6σ管理的真正含义。
14. 试解释下列术语：关键质量特性、缺陷、单位缺陷数、机会缺陷数、百万机会缺陷数、首次产出率与流通产出率。
15. 某公司共有1 200名员工，交由印刷车间印制员工电话号码簿，经校对发现初稿共有24处错误。由于承印车间的打字员要把每位员工姓名和8位数的电话号码一一输入计算机，输错一个字就是一个缺陷，因而连同姓名共有11个出错机会。试计算承印车间打印业务的DPU、DPO、DPMO和σ水平。
16. 引入首次产出率和流通产出率有何管理意义？

17. 某电子元器件需要经过 6 道主要工序才能加工完成。在整个加工过程中，分别在第 2、4、6 道工序设置了质量检验点。其中，第 2 道工序为高附加值作业，第 4 道检验点为不可逆转作业，第 6 道工序为覆盖性作业。根据生产计划，投料 100 件。经过第一个检验点，发现有 3 件不合格产品，其中，1 件报废，另外 2 件经返修处理后送往下一道工序继续加工。这样，连同合格半成品有 99 件半成品进入了后续的加工过程。这 99 件产品经过第二个检验点，发现有 2 件不合格，由于这道工序为不可逆工序，无法进行修复。这样，有 97 件半成品送往下一道工序继续加工。这 97 件半成品经过第三个检验点，发现有 2 件不合格产品，其中 1 件报废，另外 1 件经修复后达到质量规格要求。最后，共有 96 件产品交付顾客。试计算第 2、4、6 三道工序的首次产出率（FTY）以及整个加工过程的流通产出率（RTY）。这种电子元器件的加工过程如下图所示。

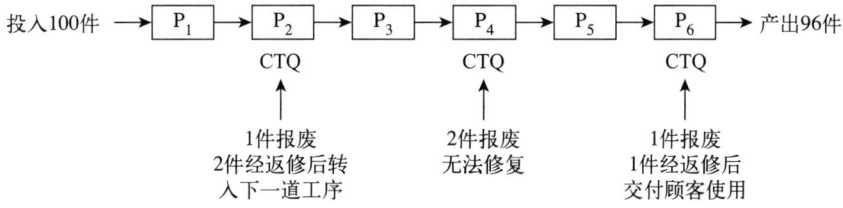

18. 试描绘 6σ 管理组织体系结构。
19. 简述倡导者的资格、职责及在 6σ 管理中所起的作用。
20. 简述黑带大师的资格、职责及在 6σ 管理中所起的作用。
21. 简述黑带的资格、职责及在 6σ 管理中所起的作用。
22. 简述绿带的职责及在 6σ 管理中所起的作用。
23. 黑带必须掌握哪些基本知识和技能？
24. 绿带必须掌握哪些基本知识和技能？
25. 简述定义阶段的主要任务。
26. 结合实例说明如何选择合理的 6σ 项目。
27. 在选择 6σ 项目时，需要占有大量信息，说明这些信息来源。
28. 就某一简单业务，绘制 SIPOC 图。
29. 就某一简单业务，绘制 CTQ 树。
30. 简述测量阶段的主要任务。
31. 简述如何对数据收集进行策划。
32. 何为测量系统？
33. 如何验证测量系统？
34. 就测量系统，简述以下 8 个术语的含义：准确度、精确性、偏倚、线性、稳定性、重复性、再现性、分辨力。
35. 简述描述性分析的作用。
36. 简述分析阶段的主要任务。
37. 简述原因分析要得出的主要结果。
38. 简述改进阶段的主要任务。
39. 简述如何选择改进方案。
40. 结合实例，绘制 FMEA 分析表。
41. 简述如何实施改进方案。
42. 简述控制阶段的主要任务。
43. 如何进行 6σ 项目成果证实？
44. 如何巩固 6σ 项目成果？
45. 以表格形式列出 DMAIC 各个阶段用到的质量管理方法。
46. 简述精益生产的起源。
47. 简述精益生产的目标和实质。
48. 简述精益生产的体系。
49. 试比较精益生产与 6σ 管理各自的关注点。
50. 试说明精益生产与 6σ 管理的共通之处。
51. 简述 LSSM 的成功要素。

第 11 章　卓越绩效模式

学习目标

- √ 了解卓越绩效模式产生的背景
- √ 理解卓越绩效模式的内涵与体系结构
- √ 掌握卓越绩效评价准则的框架结构
- √ 掌握日本戴明奖的评审标准
- √ 掌握美国马尔科姆·鲍德里奇奖的评审标准
- √ 掌握欧洲质量管理基金会卓越奖的评审标准

日本戴明奖、美国马尔科姆·鲍德里奇奖及欧洲质量管理基金会卓越奖是当今世界上最有影响的三大质量奖。这些奖项的设立与实施在全球刮起了卓越绩效模式旋风。量化评分的方法使得卓越绩效模式更直观，更具有可操作性。

卓越的结果来自卓越的过程，而结果又让人们反思过程中存在的不足。结果不仅在于组织的经济效益，更在于为员工创造发展的空间，为顾客创造价值，为社会做出贡献。

11.1　卓越绩效模式概述

1. 卓越绩效模式的起源与发展

从 20 世纪初的质量检验到 20 世纪中叶的统计过程控制，再到 20 世纪末的全面质量管理，质量管理方法实现了 3 个跨越。首先，质量管理成为独立的管理职能；其次，质量管理重点从事后转向了事前；最后，强调了全员、全过程、全方位的质量管理。

1987 年，在面临来自日本企业竞争压力的背景下，美国设立了国家质量奖，即马尔科姆·鲍德里奇奖。通过质量奖计划激励企业实施质量经营，改善产品和服务的质量水平，提升国际竞争力。正是在马尔科姆·鲍德里奇奖体系的基础上，逐步形成了卓越绩效模式（performance excellence model）。至此，连同日本早在 1951 年设立的戴明奖和欧洲在 1992 年设立的欧洲质量奖（现更名为欧洲质量管理基金会卓越奖），在全世界范围内形成了影响深远的 3 个质量大奖。卓越绩效模式与 ISO 9000 质量管理体系的推行以及 6σ 管理的广泛应用，标志着质量管理又进入了一个崭新的阶段。

今天，世界各国众多组织纷纷引入卓越绩效模式。例如，施乐、通用电气、微软、波音等世界级公司都是运用卓越绩效模式取得卓越经营结果的典范。

2. 卓越绩效模式的概念、内涵及特点

（1）卓越绩效模式的概念。卓越绩效模式是当今国际上广泛认同的一种组织综合绩效管理的有效方法。这种系统的绩效管理方法通过领导作用，战略规划，对顾客和市场的关注，测量、分析和知识管理，对人力资源的关注，过程管理，经营结果7个方面的集成来改变组织的形象。这7个方面的关系如图11-1所示。其中，领导作用、战略规划以及对顾客和市场的关注构成了"领导、战略、市场循环"；对人力资源的关注、过程管理和经营结果构成了"资源、过程、业绩循环"。两个循环以测量、分析与知识管理为基础和纽带相互促进，最终实现组织整体绩效和竞争力的大幅提升。

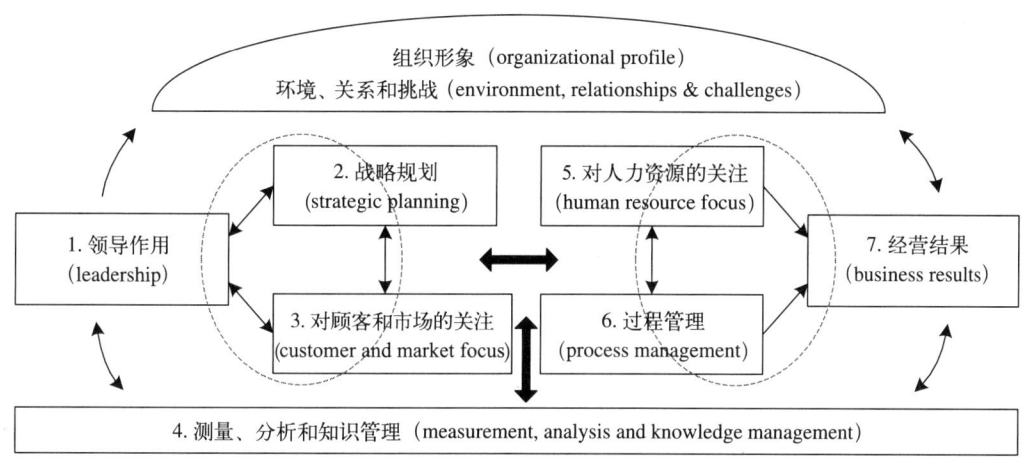

图 11-1 卓越绩效模式框架

（2）卓越绩效模式的内涵。卓越绩效模式的核心是引导企业满足甚至超越顾客需求，达到顾客满意，实现卓越经营绩效。朱兰认为，卓越绩效模式的本质是对全面质量管理的标准化、规范化和具体化。卓越绩效模式提供了评价准则，企业可以采用评价准则所集成的现代质量管理的理念和方法，不断评价自己的管理业绩，从而走向卓越。

因此，卓越绩效模式是手段，提升市场竞争力和卓越绩效是目的。实现目的的路径是利用卓越绩效评价准则定期对组织进行系统的诊断，识别存在的不足，实施持续改进，取得预期的绩效水平。

卓越绩效模式是世界级成功企业公认的提升企业竞争力的有效方法，也是中国企业在竞争日益激烈的环境下不断提高管理水平，实现卓越经营的努力方向。

（3）卓越绩效模式的特点。归纳起来，卓越绩效模式具有以下4个鲜明的特点。

1）强调综合经营绩效。卓越绩效模式追求的经营结果不再是单一的经济效益，而是组织相关方的利益。通过追求综合经营绩效，促使企业公民履行其社会责任。例如，卓越绩效模式关注的不仅包括财务和市场等传统性指标，还包括顾客满意、员工成长等先进性指标，也包括社会责任、道德行为等前瞻性指标。

2）注重领导在绩效改进中的决定性作用。高层领导应确定组织正确的发展方向，提出具有挑战性的目标，制定实现卓越绩效的运营战略，营造以顾客为关注点的企业文化。同时，提供包括人力在内的各种资源，指导组织实行有效的过程管理，组织综合绩效的测评。

3）强调过程管理。卓越绩效模式注重在产品（服务）的实现过程和支持过程中全面应用科学的管理工具，强调了测量、分析和知识管理的重要性，体现了通过数据分析监控过程活动的管理思想。

4）引入系统与可操作的方法体系。从图 11-1 可以看出，卓越绩效模式通过相互关联的两个三角形从组织领导到过程控制、从战略规划到绩效评价构成了一个系统的方法体系。卓越绩效模式还就 7 个方面详细规定了评价准则、条款及相应的分值，并提供实施指南，成为一种实用的、可操作的管理方法。

11.2 卓越绩效评价准则

11.2.1 制定卓越绩效评价准则的背景及目的

1. 制定卓越绩效评价准则的背景

追求卓越是 21 世纪质量管理的重要发展趋势。为了适应这种发展，迎接 21 世纪的到来，许多国家和地区推行了国家级的质量奖励计划。其中，最著名的当属美国马尔科姆·鲍德里奇国家质量奖和欧洲质量管理基金会卓越奖。这些质量奖励计划的实施连同 ISO 9000 质量管理体系的推行以及 6σ 管理的广泛应用，标志着质量管理进入了一个崭新的阶段。

各国的国家质量奖励计划在提高组织整体绩效，促进各类组织相互交流、分享最佳经营管理成果等方面发挥了重要作用。在这些国家质量奖励计划的影响下，我国认识到国内各类企业与世界先进企业整体经营管理水平所存在的差距，为引导我国各类企业追求卓越，增强竞争优势，走上快速健康发展之路，自 2001 年起，我国也在不断探索全国范围内的质量奖评审工作。国家质量监督检验检疫总局和国家标准化委员会根据《中华人民共和国产品质量法》和《质量振兴纲要（1996 年—2010 年）》的有关规定，于 2004 年正式发布了《卓越绩效评价准则》国家标准和《卓越绩效评价准则实施指南》国家标准指导性技术文件。

2. 制定卓越绩效评价准则的目的

制定卓越绩效评价准则有以下 3 个基本目的。
（1）为组织追求卓越提供一个经营模式的总体框架。
（2）为组织诊断当前管理水平提供一个系统的检查表。
（3）为国家质量奖和各级质量奖的评审提供依据。

11.2.2 卓越绩效评价准则框架

卓越绩效评价准则共包括 7 个类目，即 "4.1 领导" "4.2 战略" "4.3 顾客与市场" "4.4 资源" "4.5 过程管理" "4.6 测量、分析与改进" "4.7 经营结果"。这 7 个类目相互联系，构成一个完整的框架，如图 11-2 所示。该框架直观清晰地表达了卓越绩效评价准则的基本思想以及 7 个类目之间的逻辑关系。

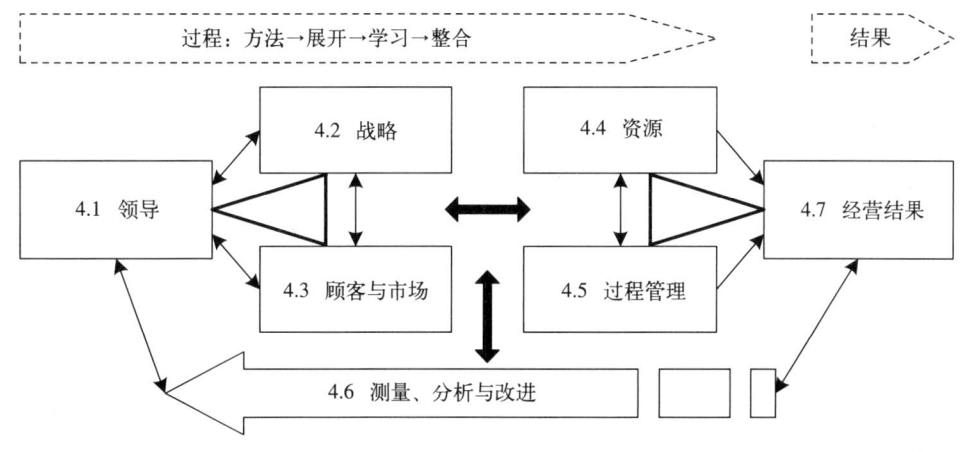

图 11-2　卓越绩效评价准则框架

1. 过程与结果

从卓越绩效评价准则可以看出：一方面，卓越绩效模式旨在通过卓越的过程创造卓越的结果；另一方面，对结果的测评可为过程改进和创新提供导向。

就过程管理需要根据评价准则的要求，明确所应用的方法，并进行展开。同时，对所应用的方法进行学习（评价、改进、创新和分享），并整合这些方法。过程管理的最终目的是要不断提升组织的整体结果，赶超对手和标杆，获得世界级的绩效。

2."领导作用三角"与"资源、过程和结果三角"

卓越绩效评价准则框架中包括了两个三角，即"领导作用三角"与"资源、过程和结果三角"。其中，"领导作用三角"包括领导、战略及顾客与市场三个模块。"领导作用三角"是驱动性的，"资源、过程和结果三角"是从动性的。"测量、分析与改进"是组织运营的基础，是连接两个三角的"链条"，并转动着改进和创新的 PDCA 循环之轮。

11.2.3　卓越绩效评价准则的具体内容和分值分配

卓越绩效评价准则为组织提供了追求卓越的经营模式。该准则的最大特点是用评分的方法全方位、平衡地诊断、评价组织经营管理的水平，为组织自我评价和外部评审提供了可操作性的指南。卓越绩效评价准则的 7 个类目细分为 22 个评分项。22 个评分项总分值为 1 000 分。表 11-1 给出了卓越绩效评价准则的 22 个评分项及其分值分配。

表 11-1　卓越绩效评价准则评分项及其分值分配

类目分值（总分值：1 000）	评分项	评分项分值
4.1 领导（100）	4.1.1 组织的领导	60
	4.1.2 社会责任	40

(续)

类目分值（总分值：1 000）	评分项	评分项分值
4.2 战略（80）	4.2.1 战略制定	40
	4.2.2 战略部署	40
4.3 顾客与市场（90）	4.3.1 对顾客与市场的了解	40
	4.3.2 顾客关系与顾客满意	50
4.4 资源（120）	4.4.1 人力资源	40
	4.4.2 财务资源	10
	4.4.3 基础设施	20
	4.4.4 信息	20
	4.4.5 技术	20
	4.4.6 相关方关系	10
4.5 过程管理（110）	4.5.1 价值创造过程	70
	4.5.2 支持过程	40
4.6 测量、分析与改进（100）	4.6.1 测量与分析	40
	4.6.2 信息与知识管理	30
	4.6.3 改进	30
4.7 经营结果（400）	4.7.1 顾客与市场结果	120
	4.7.2 财务结果	80
	4.7.3 资源结果	80
	4.7.4 过程有效性结果	70
	4.7.5 组织治理与社会责任结果	50

11.2.4　卓越绩效评价准则评分系统与评分指南

1．评分系统

卓越绩效评价准则按照过程和结果两种评分项进行评分。

（1）过程。对过程的评分主要考察组织为实施 4.1～4.6 的 17 个评分项要求所采用的方法、展开和改进的成熟程度。用方法-展开-学习-整合（approach-deployment-learning-integration，A-D-L-I）4 个要素评价组织的过程处于何种阶段。

"方法"的评价要点包括以下几个。

1）组织完成过程所采用的方式、方法。

2）方法对标准评分项要求的适宜性。

3）方法的有效性。

4）方法的可重复性，是否以可靠的数据和信息为基础。

"展开"的评价要点包括以下几个。

1）为实现标准评分项要求所采用方法的展开程度。

2）方法是否持续应用。

3）方法是否应用于所有适用的部门。

"学习"的评价要点包括以下几个。

1）通过循环评价和改进，对方法进行不断完善。

2）鼓励通过创新对方法进行突破性的改变。

3）在组织各相关部门、过程中分享方法的改进和创新。

"整合"的评价要点包括以下几个。

1）方法与其他评分项中识别出的组织需要协调一致。

2）组织各部门、过程的测量、分析和改进系统相互融合与补充。

3）组织各部门、过程的计划、过程、结果、分析、学习和行动协调一致，支持组织的目标。

（2）结果。对结果的评分主要考察组织在实现 4.7 的要求中得到的输出和效果。评价结果的要点包括以下几个。

1）组织绩效的当前水平。

2）组织绩效改进的速度和广度。

3）与适宜的竞争对手和标杆的对比绩效。

4）组织结果的测量与在"组织概述"和"过程"评分项中识别的重要顾客、产品和服务、市场、过程及战略规划的绩效要求相连接。

2. 评分指南

卓越绩效评价准则给出了具体的评分指南，详见表 11-2。

表 11-2 评分指南

分数	过程	结果
0 或 5%	<ul><li>显然没有系统的方法；信息是零散、孤立的（A）</li><li>方法没有展开或仅略有展开（D）</li><li>不能证实具有改进导向；已有的改进仅仅是"对问题做出反应"(L)</li><li>不能证实组织的一致性；各个方面或部门的运作都是相互独立的（I）</li></ul>	<ul><li>没有描述结果，或结果很差</li><li>没有显示趋势的数据，或显示了总体不良的趋势</li><li>没有对比性信息</li><li>在对组织关键经营要求重要的任何方面，均没有描述结果</li></ul>
10%、15%、20% 或 25%	<ul><li>针对该评分项的基本要求，开始有系统的方法（A）</li><li>在大多数方面或部门，处于方法展开的初级阶段，阻延了达成该评分项基本要求的进程（D）</li><li>处于从"对问题做出反应"到"一般性改进导向"方向转变的初期阶段（L）</li><li>主要通过联合解决问题，使方法与其他方面或部门达到一致（I）</li></ul>	<ul><li>结果很少；在少数方面有一些改进和（或）处于初期的良好绩效水平</li><li>没有或极少显示趋势的数据</li><li>没有或只有极少的对比性信息</li><li>在少数对组织关键经营要求重要的方面描述了结果</li></ul>
30%、35%、40% 或 45%	<ul><li>针对该评分项的基本要求，有系统、有效的方法（A）</li><li>尽管在某些方面或部门还处于展开的初期阶段，但方法还是展开了（D）</li><li>开始有系统的方法，评价和改进关键过程（L）</li><li>方法处于与在其他评分项中识别的组织基本需要协调一致的初级阶段（I）</li></ul>	<ul><li>在该评分项要求的多数方面有改进和（或）良好绩效水平</li><li>处于取得良好趋势的初期阶段</li><li>处于获得对比性信息的初期阶段</li><li>在多数对组织关键经营要求重要的方面，描述了结果</li></ul>

（续）

分数	过程	结果
50%、55%、60%或65%	• 针对该评分项的总体要求，有系统、有效的方法（A） • 尽管在某些方面或部门的展开有所不同，但方法还是得到了很好的展开（D） • 有了基于事实的、系统的评价和改进过程，以及一些组织的学习，以改进关键过程的效率和有效性（L） • 方法与在评分项中识别的组织需要协调一致（I）	• 在该评分项要求的大多数方面有改进趋势和（或）良好绩效水平 • 在对组织关键经营要求重要的方面，没有不良趋势和不良绩效水平 • 与有关竞争对手和（或）标杆进行对比评价，一些趋势和（或）当前绩效显示了良好到优秀的水平 • 经营结果达到了大多数关键顾客、市场、过程的要求
70%、75%、80%或85%	• 针对该评分项的详细要求，有系统、有效的方法（A） • 方法得到了很好的展开，无显著的差距（D） • 基于事实的、系统的评价和改进，以及组织的学习，成为关键的管理工具；存在清楚的证据，证实通过组织级的分析和共享，得到了精细、创新的结果（L） • 方法与在其他评分项中识别的组织需要达到整合（I）	• 在对该评分项要求重要的大多数方面，当前绩效达到良好到卓越水平 • 大多数的改进趋势和（或）当前绩效水平可持续 • 与有关竞争对手和（或）标杆进行对比评价，多数到大多数的趋势和（或）当前绩效显示了领先和优秀的水平 • 经营结果达到了大多数关键顾客、市场、过程和战略规划的要求
90%、95%或100%	• 针对该评分项的详细要求，全部有系统、有效的方法（A） • 方法得到了充分的展开，在任何方面或部门均无显著的弱项或差距（D） • 以事实为依据的、系统的评价和改进，以及组织的学习是组织主要的管理工具；通过组织层的分析和共享，得到了精细的、创新的结果（L） • 方法与在其他评分项中识别的组织需要达到很好的整合（I）	• 在对该评分项要求重要的大多数方面，当前绩效达到卓越水平 • 在大多数方面，具有卓越的改进趋势和（或）可持续的卓越绩效水平 • 在大多数方面被证实处于行业领导地位和标杆水准 • 经营结果充分地达到了关键顾客、市场、过程和战略规划的要求

11.3 三大著名质量奖

在全世界所有国家质量奖中，最为著名、影响最大的当属日本戴明质量奖、美国马尔科姆·鲍德里奇奖和欧洲质量管理基金会卓越奖，这三大质量奖被称为卓越绩效模式的创造者和经济奇迹的助推器。

11.3.1 日本戴明奖

1. 戴明奖的来历及它对全面质量管理的推动作用

（1）戴明奖的来历。爱德华·戴明博士（1900—1993）是美国最著名的质量控制专家之一。1950 年 7 月，戴明博士受日本科学家与工程师联合会（Japanese Union of Scientists and Engineers，JUSE）的邀请赴日本讲学。在日本期间，戴明博士用通俗易懂的语言将统计质量管理的基础知识完整地传授给了日本工业界的主管、经理、工程师和研究人员。戴明博士的讲授为现场听众留下了深刻印象。他们将 8 天课程的速记、笔录汇总整理为《戴明博士论质量的统计控制》的手抄本，竞相传播。JUSE 把发行讲义的版税支付给戴明博士。戴明博士并没有接受这笔钱，并声称将它用于推进日本的质量管理活动。为了感激戴明博士的这一慷慨之举，JUSE 会长建议用这笔资金建立一个奖项，以永久纪念戴明博士对日本人民的友情和对当时正处于幼年期的日本工业的持续发展所做出的重要贡献。1951 年，日本国家质量最高奖——戴明奖由此建立。日本的松下、丰田、理光、小松、三菱以及美国的佛罗里达电力等都曾获得戴明奖。今天，戴明奖已成为享誉世界的奖项。

（2）戴明奖对全面质量管理的推动作用。首先，企业通过申报戴明奖，在管理层主导下，扩大了推行全面质量管理（TQM）的范围，提高了质量创新的力度，最终形成若干个质量创新的"闪光点"。质量创新"闪光点"是指企业在质量管理方面独到的、能够推广应用的创新点。其次，获得戴明奖的企业，都严格按照戴明奖的评价标准和要求，根据企业自身的特点、环境，强化质量创新的"闪光点"，不断完善质量控制方法，其产品质量和服务均会得到大幅提高。最后，获得戴明奖的企业的质量管理人员会被其他企业邀请介绍其成功的质量管理经验，还要接受包括先前获得戴明奖在内的其他企业管理人员的到访参观与交流学习。通过以上三个机制，戴明奖对日本企业有效实施 TQM 产生了重要影响。经过几十年的积累，逐渐形成了日本企业的竞争力，取得了令世人瞩目的经济奇迹。

2. 戴明奖对 TQM 的定义

戴明奖评审委员会于 1998 年 6 月对 TQM 的定义进行了修订，认为"TQM 是为了能够及时地、以适当的价格提供让顾客满意的、高质量的产品或服务，而由整个组织开展的在效率和效益两方面达到组织目标的系统活动"。下面对这一定义中的一些术语进行诠释。

（1）提供：组织为满足顾客需求所从事的调查、研究、计划、开发、设计、生产准备、购买、制造、安装、检验、订货、运输、销售、售后、维修、回收及产品废弃等的活动。

（2）顾客：产品或服务的购买者、利用者、使用者、消费者和受益者等利益相关人。

（3）质量：在考虑第三方或社会、环境以及后代影响的前提下所确定的有用性（功能和心理）、可靠性和安全性等。

（4）产品或服务：产品（成品、零部件、材料）、服务、系统、软件、能源、信息等。

（5）组织目标：组织所追求的通过长期、持续地满足顾客需求来实现的正当的利润以及员工、社会、供应商和股东不断提高的利益。

（6）系统活动：为实现组织目标，在明确中长期战略及适当的质量战略和方针的基础上，在具有强烈使命感的最高管理层领导下所从事的一系列有组织的活动。

3. 戴明奖的种类

戴明奖分为以下 3 类。

（1）戴明奖。戴明奖授予在质量管理的研究、统计方法在质量控制中的应用以及 TQM 推广等方面做出突出贡献的个人。

（2）戴明应用奖。戴明应用奖授予在规定年限内通过应用 TQM 而取得与众不同的改进效果的组织或部门。自 1984 年开始，日本以外其他国家的组织或部门也可以申请戴明应用奖。

（3）戴明控制奖。戴明控制奖授予在规定的年限内通过应用 TQM 中的质量控制和质量管理方法而取得了与众不同的改进效果的组织的某一个部门。

4. 戴明奖的评审标准

戴明奖（应用奖）包括 10 个考察项目。每个考察项目又进一步细分为数目不等的检查点。戴明奖的检查清单如表 11-3 所示。

表 11-3 戴明奖的检查清单

考察项目	检查点
1. 方针	（1）管理、质量及质量控制（管理）方针 （2）形成方针的方法 （3）方针的适应性与连续性 （4）统计方法的应用 （5）方针的沟通与宣传 （6）对方针及其实现程度的检查 （7）方针与长期计划和短期计划的关系
2. 组织及其运营	（1）权利与责任的清晰度 （2）授权的合适性 （3）部门内协调 （4）委员会活动 （5）员工的使用 （6）质量控制活动的应用 （7）质量控制（管理）诊断
3. 培训和推行	（1）培训计划与结果 （2）质量意识及其管理和对质量控制（管理）的理解 （3）对统计概念和方法的培训及其普及程度 （4）对效果的理解 （5）对相关企业（尤其是集团公司、供应商、承包商及销售商）的培训 （6）质量控制循环活动 （7）改进建议系统及其地位
4. 信息收集、沟通及利用	（1）外部信息收集 （2）部门内沟通 （3）沟通速度（计算机使用） （4）信息处理（统计）分析与信息应用
5. 分析	（1）重要问题与改进主题的选择 （2）分析方法的正确性 （3）统计方法的应用 （4）与产业专有技术的联系 （5）质量分析与过程分析 （6）分析结果的利用 （7）就改进建议所采取的行动
6. 标准化	（1）标准系统 （2）建立、修改和废除标准的方法 （3）建立、修改和废除标准的实际绩效 （4）标准的内容 （5）统计方法的应用 （6）技术积累 （7）标准的运用

(续)

考察项目	检查点
7. 控制（管理）	（1）质量与其他相关因素的管理系统，诸如成本与运输 （2）控制点与控制项目 （3）统计方法与概念的运用 （4）质量控制循环的贡献 （5）控制（管理）活动的地位 （6）控制中的情境
8. 质量保证	（1）新产品和服务的开发方法 （2）产品安全与可靠性的预防性活动 （3）顾客满意的程度 （4）流程设计、流程分析、流程控制与改进 （5）过程能力 （6）设备化与检查 （7）设施、销售商、采购和服务的管理 （8）质量保证系统及其诊断 （9）统计方法的运用 （10）质量评估与审计 （11）质量保证的地位
9. 效果	（1）效果的测评 （2）诸如质量、服务、运输、成本、利润、安全与环境的有形效果 （3）无形效果 （4）实际绩效与计划的一致性
10. 远期计划	（1）对当前情况的具体理解 （2）解决缺陷的方法 （3）远期的推动计划 （4）远期计划与长期计划的关系

11.3.2 美国马尔科姆·鲍德里奇奖

1. 设立马尔科姆·鲍德里奇奖的背景

1980 年，日本在美国 NBC 电视台播放纪录片，介绍日本通过 TQM 活动生产优异产品的情况。同时，第一次向美国介绍日本戴明奖及它在创造经济奇迹中发挥的作用。颇具戏剧性的是，TQM 起源于美国，却在日本开花结果，20 世纪 80 年代又返销美国。正是在这个时期，美国企业界和政府领导已经认识到，美国的生产力在下降，美国的企业在更广阔、更激烈的全球一体化市场竞争环境下处于劣势，而根本原因就在于美国的企业并不真正理解美国质量管理专家提出的 PDCA 循环与 TQM 等质量管理理论的精髓。

1983 年，白宫召开了生产力会议，美国总统、副总统、总统顾问、财政部部长、商务部部长都在会议上发言。会议呼吁在全美公立和私营部门开展质量意识运动（quality awareness campaign）。随后，美国众议院科学技术委员会举行了一系列听证会，讨论有关国家质量改进法案的事宜。以此为契机，美国政府部门和企业界对 TQM 活动的兴趣与日俱增。马尔科姆·鲍德里奇对国家质量改进法案产生了浓厚的兴趣，并帮助起草了该法案的最初草稿。

1987年8月20日，美国总统里根签署了国会通过的美国100-107号公共法案《马尔科姆·鲍德里奇国家质量改进法》。依据该法案，设立马尔科姆·鲍德里奇奖，用以表彰美国在TQM和提高竞争力方面做出杰出贡献的企业。美国国家质量奖以马尔科姆·鲍德里奇的名字命名是为了表彰马尔科姆·鲍德里奇在促进美国国家质量管理的改进和提高上所做的突出贡献。

2. 马尔科姆·鲍德里奇奖的授予范围

1988年此奖开始正式评选，旨在奖励那些在质量和绩效方面取得卓越成就的美国企业，并以此强调质量和卓越绩效作为竞争力要素的重要性，提高公众对质量和卓越绩效的认知。马尔科姆·鲍德里奇奖并不授予某项特定的产品（服务），最初它是针对制造型企业、服务型企业、小型企业的，1999年增加了教育组织和健康卫生组织类别（包括营利性和非营利性）。2004年10月，美国总统布什签署新的法案，将马尔科姆·鲍德里奇奖的评审范围扩展至所有非营利性企业和政府公共组织。

3. 马尔科姆·鲍德里奇奖的评审标准

马尔科姆·鲍德里奇奖从7个方面对组织进行评审，包括：领导作用，战略规划，对顾客和市场的关注，测量、分析与知识管理，对人力资源的关注，过程管理，经营结果。这7个方面相互联系，形成了一个框架。这一框架就是后来被广泛应用的卓越绩效模式框架，参见图11-1。

对上述7个方面，评价的具体内容如下。

（1）领导作用：检查高层管理的各项能力以及组织社会责任的定位及履行措施。

（2）战略规划：检查组织战略的定位以及重大决策的实施。

（3）对顾客和市场的关注：检查组织对顾客需求的定义以及与顾客建立关系的方式。

（4）测量、分析与知识管理：检查组织为了对关键的组织流程和组织绩效提供支持而管理、有效利用、分析和改进数据与信息的方式。

（5）对人力资源的关注：检查组织促进其成员充分拓展其潜能并激励他们调整到与组织目标相一致的轨道上的方式。

（6）过程管理：检查组织的运营和支持等各个关键流程的设计、管理和改进。

（7）经营结果：检查组织的各个关键业务领域的绩效和改进措施以及顾客满意度、财务和市场表现、人力资源表现、供应商和合作伙伴表现、运营表现、公共和社会责任。此外，还检查组织与其竞争对手关系的处理。

4. 马尔科姆·鲍德里奇奖的实施

马尔科姆·鲍德里奇奖的评审和奖励由美国商务部负责，具体管理机构是美国国家标准和技术研究院（National Institute of Standards and Technology，NIST）。美国质量协会（American Society of Quality，ASQ）协助NIST从事对申请者的评审、准备相关文件和具体政策以及各类信息的发布等工作。

马尔科姆·鲍德里奇奖评奖过程包括自我评审与申请、专家评审、信息反馈、奖励与经验推广四大阶段。

（1）自我评审与申请。各类组织可以根据公开发布的标准进行自评。完成自评工作后，如果组织希望获得该奖项，可以向NIST提出申请，接受评审委员会的严格审查。在提交的申报材料中应着重说明所取得的卓越绩效。

（2）专家评审。所提交的申报材料由马尔科姆·鲍德里奇奖评审部门的专家进行审查和评定。评审分为以下4个步骤。

第1步：由评审部门的至少5位专家对申报材料进行独立的审查和评定。

第2步：对第1步出现的高评分申请单位进行一致性审查和评定。

第3步：对第2步评分高的申请单位进行现场考察。

第4步：由仲裁委员会最终评审，推荐获奖者名单。

（3）信息反馈。在评审结束后，每一个申报单位都会收到评审部门的反馈报告。报告由评审部门的美国高级专家签署评定意见。反馈报告根据评定准则逐项列出申请者的强项和需要改进的薄弱环节。反馈报告是申请单位改进业绩的指南，也是未能获得奖励者继续申请该奖项的一个重要指南。

（4）奖励与经验推广。获奖单位可以公开发布获奖信息或通过媒体宣传所获得的奖项。获奖者要与其他美国机构分享他们取得成功业绩的经验，但不要求分享其专利信息。分享经验的主要途径是美国一年一度的追求卓越（Quest for Excellence）大会。

11.3.3 欧洲质量管理基金会卓越奖

1. 欧洲质量管理基金会卓越奖的发起

1988年，包括英国电信、菲亚特汽车、荷兰航空、飞利浦、雷诺汽车、大众汽车等知名公司在内的欧洲14家大公司发起成立了欧洲质量管理基金会（The European Foundation for Quality Management，EFQM）。EFQM的定位是激励并帮助欧洲各地的组织改进它们的活动，并最终达到顾客满意、雇员满意、社会影响、企业效果的卓越化；支持欧洲组织的管理人员加速推进全面质量管理的进程。该组织已拥有来自欧洲国家和组织的成员800余个。

日本戴明奖和美国马尔科姆·鲍德里奇奖在推动和改进制造业与服务业方面所取得的质量成效使欧洲企业有所感悟。它们认为，欧洲有必要建立一个能与之相媲美的欧洲质量改进的框架。时任欧盟委员会主席的雅克·戴勒指出："为了企业的成功，为了企业竞争的成功，我们必须为质量而战。"

1990年，在欧洲质量组织和欧盟委员会的支持下，EFQM开始策划欧洲管理基金会卓越质量奖。1991年10月在法国巴黎召开的EFQM年度论坛上，时任欧盟委员会副主席马丁·本格曼正式提出设立欧洲质量奖，以表彰卓越的企业，并帮助所有申请者追求卓越。1992年，西班牙国王首次向获奖者颁发了欧洲质量奖，自此，每年颁发一次。欧洲质量奖现更名为欧洲质量管理基金会卓越奖（European Excellence Award，EEA）。

2. 欧洲质量管理基金会卓越奖的奖励范围及颁奖类别

申请欧洲质量管理基金会卓越奖的组织可以分为4类：大企业、企业运营部门、公共组织和中小型企业。前 3 类申请者要具备以下 4 个基本条件。

（1）雇员不少于 250 人。

（2）至少有 50% 的活动已经在欧洲运营了 5 年以上。

（3）前 3 年内申请者没有获得欧洲质量管理基金会卓越奖。

（4）同年同一母公司，其独立运营分部申请者不得超过 3 家。

欧洲质量管理基金会卓越奖分为质量奖、单项奖、入围奖和提名奖。

（1）质量奖。授予被认定是最好的企业。获奖企业的各类质量方法和经营结果是欧洲或世界的楷模。获奖企业可以在信笺、名片、广告等载体上使用欧洲质量管理基金会卓越奖标志。

（2）单项奖。授予在卓越绩效模式的某一方面表现优秀的企业。单项奖具有针对性，因此更容易被企业管理者和社会公众所理解。

（3）入围奖。授予在持续改进其质量管理的基本原则方面达到了较高水准的企业。

（4）提名奖。授予达到中等水平绩效的企业。颁发提名奖有助于鼓励企业更好地开展全面质量管理。

3. 欧洲质量管理基金会卓越奖的评审标准

欧洲质量管理基金会卓越奖从手段和结果两大方面对组织进行评审。欧洲质量管理基金会卓越奖的总分为 1 000 分，手段和结果各占 500 分。

（1）手段标准。欧洲质量管理基金会卓越奖从 5 个要素来评审组织手段的有效性，即领导作用要素（100 分）、人员要素（90 分）、方针与战略要素（80 分）、资源要素（90 分）、过程要素（140 分）。从手段上可以评审组织做了什么。

1）领导作用要素。考察领导者如何促成任务和远景目标的实现，如何制定长期成功所需要的战略，并通过适当的行动和行为予以实施。

2）人员要素。考察组织如何在个人、团体和组织高层上管理、开发和释放员工的知识和潜能，如何制订活动计划来支持方针与策略和过程的有效运行。

3）方针与战略要素。考察组织如何通过明确的战略，并由相关的方针、计划、目的和过程支持，来实现组织的使命和远景目标。

4）资源要素。考察组织如何计划和管理其外部合作关系与资源来支持其方针与战略以及过程的有效运行。

5）过程要素。考察组织如何设计、管理和改进其过程来支持方针与战略，使顾客和其他受益者满意。

（2）结果标准。欧洲质量管理基金会卓越奖从 4 个要素来评审组织结果的有效性，即人员结果要素（90 分）、顾客满意要素（200 分）、社会结果要素（60 分）、经营绩效要素（150 分）。从结果上可以评审组织获得了什么。

1）人员结果要素。考察就员工而言，组织取得了什么成果。

2）顾客满意要素。考察就外在顾客而言，组织取得了什么成果。

3）社会结果要素。考察就地区、国家和国际社会而言，组织取得了什么成果。

4）经营绩效要素。考察就企业经营而言，组织取得了什么成果。

两大方面 9 个要素之间的关系如图 11-3 所示。

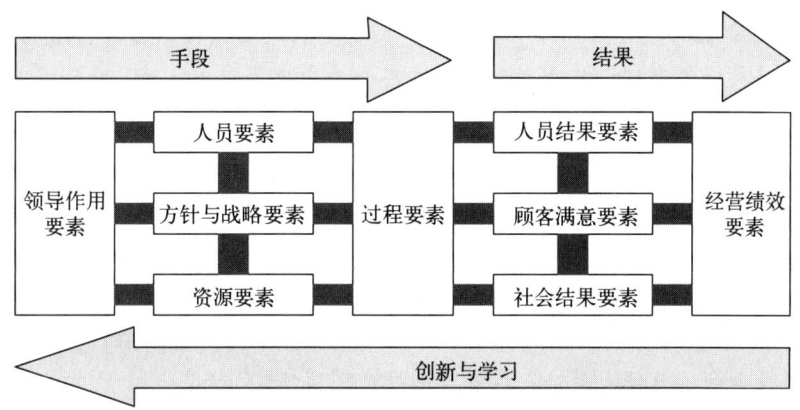

图 11-3　欧洲质量管理基金会卓越奖各要素间的关系

从图 11-3 中可以看出，结果来自手段，手段通过结果的反馈而得到改进。图中箭头强调了欧洲质量管理基金会卓越奖模式的动态性，表明创新与学习能够改变手段，进而改进结果。

4. 欧洲质量管理基金会卓越奖的评审过程

（1）自我评估并提交申请。申请者首先根据评审标准自我评估，然后在每年的 2 月或 3 月以申请文件的形式将评估结果提交给欧洲质量管理基金会。

（2）专家评审并选出入围者。评审委员会的评审小组对申请者的申请文件进行审查，然后评分，进而选出入围者。

（3）现场考核。被选出的入围者将接受现场考核。现场考核由以前获奖者的代表和欧盟委员会、欧洲质量管理基金会以及欧洲质量管理组织的代表执行。他们将对申请文件内容和不确切的地方进行现场验证。现场考核是申请者学习卓越模式的好机会。

（4）选定欧洲质量管理基金会卓越奖单项奖获得者。现场考核结束后，基于评审小组的最终报告，评审委员会选定单项奖获得者。获得单项奖意味着组织已经在卓越绩效经营中取得了明显的成绩。

（5）产生欧洲质量管理基金会卓越奖获得者。欧洲质量管理基金会卓越奖获得者产生于单项奖获得者。获奖者都将参加声望很高的欧洲质量论坛，媒体将对此进行广泛深入的报道，在整个欧洲，他们都将得到认可，成为其他组织的典范。获奖当年将举行一系列的会议，邀请获奖者与其他组织分享他们达到优秀的历程与经验。

❖ 案例分析

格力的质量管理之路

在意大利罗马一家即将开业的餐厅里，试运行的格力空调发出哗哗的响声，恰逢时任格力总经理朱江洪在罗马进行用户调查，意大利客人在盛怒之下狠狠地将朱江洪奚落了一番，面红耳赤的朱江洪亲自拆机检查，空调被打开后，大家都傻眼了——一块海绵搭在风叶上，罪魁祸首就是这块没有粘住的小海绵。

一块小海绵带来的"奇耻大辱"让朱江洪彻底意识到要狠抓质量，打造精品。"最笨的办法"就是要造最好的空调。当年年底，格力在全公司上下推出了精品战略，朱江洪亲自起草了"总经理十二条禁令"，对生产中最容易出现问题的地方做出了看似最不近人情的规定，任何人违反规定都会被开除，格力人深知，"质量管理没有人情可讲"。

为了从源头上控制产品质量，格力专门建立了筛选分厂。格力的筛选分厂不直接创造效益，主要负责对进厂的每个零部件进行各种检测，合格之后才能够被送上生产线，连最小的电容都要经过严格的检测。筛选分厂的建立使得格力空调的稳定性和可靠性大大提高，返修率大幅下降。除此之外，格力还成立了专门的质量监督队，专门监督在生产环节中出现的质量问题以及违反禁令的管理人员，一旦发现问题毫不留情。

从 1999 年开始，格力投入巨资推行"零缺陷"工程，开始在全员中灌输"零缺陷"的质量管理理念，并在设计、采购和制造环节大力推行"零缺陷"，大大降低了返修率，美国一家企业曾订购 4 万台格力空调，只有 4 台返修，返修率低至万分之一。

2003 年之后，格力更是引进了全球领先的质量管理方法——6σ 管理法，这一方法已在摩托罗拉等企业中得到了广泛应用并取得了良好的效果，格力所做的这一切都是为了打造世界上最好的空调。

格力的质量追求体现在每一个细节。例如，按照国家标准，电容的表面温度达到 70 ℃，能正常运转 600h 就算合格，但是格力的产品要运行 1 000h 才算过关。在原材料的选用上，格力也一直采用全球最大的钢管制造商生产的钢管，尽管在成本上要比其他钢管厂高 5%。

格力一直将产品质量看作生命，用产品代表人品，精益求精。"不干则已，一干精品"已经成为所有格力人的共识。得益于良好的质量控制和过程管理，格力在消费者中有口皆碑，2007 年 7 月，格力被国家人事部、国家质检总局联合授予"全国质量工作先进集体"称号，是家电行业第一个获此殊荣的企业；2018 年 5 月，由国家市场监督管理总局指导，经济日报社、中国国际贸易促进委员会、中国品牌建设促进会主办的"2018 中国品牌价值评价信息发布暨第二届中国品牌发展论坛"发布，格力位于中国品牌价值百强榜第 26 位；2023 年 5 月 11 日，新华社、浙江省人民政府、中国品牌建设促进会、中国资产评估协会等单位在浙江德清联合发布"2023 中国品牌价值评价信息"，其中格力电器位列轻工业组第二，品牌价值以 1 628.83 亿元位居家电行业第一。

讨论问题

1. 格力推行精品战略、"零缺陷"工程、6σ 质量管理方法的意义何在？
2. 对于格力的可持续发展，你还有什么建议可以让格力更上一层楼？

思考与练习

1. 简述卓越绩效模式的起源和背景。
2. 谈谈你对卓越绩效模式框架的理解。
3. 简述卓越绩效模式的内涵。
4. 简述卓越绩效模式的特点。
5. 简述制定卓越绩效评价准则的目的。
6. 谈谈你对卓越绩效评价准则框架的理解。

并说明其与卓越绩效模式框架的相同之处。
7. 试说明"领导作用三角"与"资源、过程和结果三角"的联系。
8. 简述卓越绩效评价准则的具体内容和分值分配。
9. 简述卓越绩效评价准则中的"方法－展开－学习－整合"4个要素各自的评分要点。
10. 说明戴明奖对全面质量管理的推动作用。
11. 简述戴明奖的评审标准。
12. 简述设立马尔科姆·鲍德里奇奖的背景。
13. 简述马尔科姆·鲍德里奇奖的评审标准。
14. 简述马尔科姆·鲍德里奇奖的实施过程。
15. 简述欧洲质量管理基金会卓越奖的奖励范围及颁奖类别。
16. 简述欧洲质量管理基金会卓越奖的评审标准。
17. 从欧洲质量管理基金会卓越奖模式说明过程与结果的关系。
18. 简述欧洲质量管理基金会卓越奖的评审过程。

附录　部分思考与练习参考答案

第 2 章　全面质量管理

21. 题略

（1）直方图如下图所示。

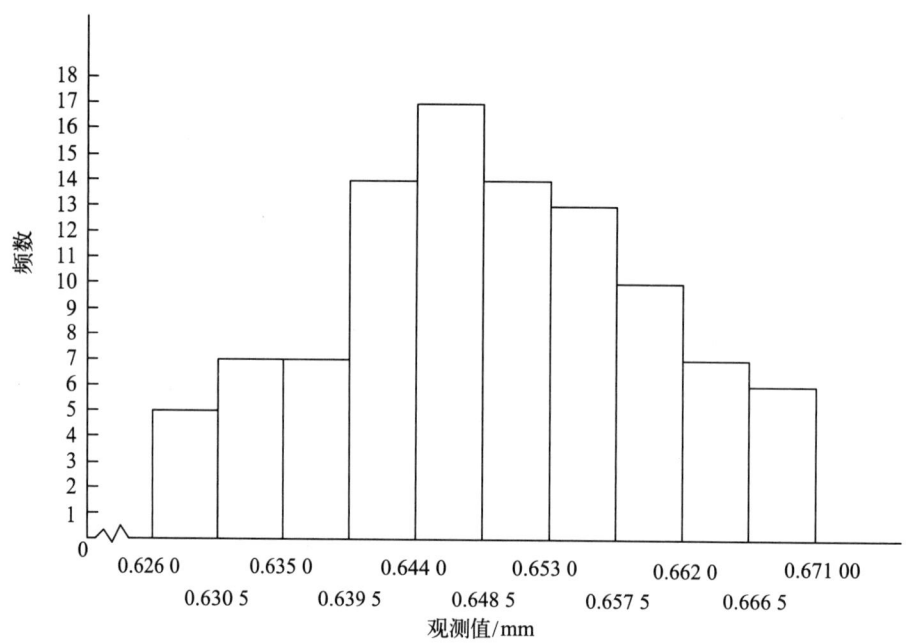

（2）从图中可以看出，泰诺林片剂的重量分布处于正常状态，并可计算出中心值为 0.649 2g，标准差为 0.010 7g。

第 4 章　设计过程质量管理

22. 题略

可靠度分布曲线如下图所示。

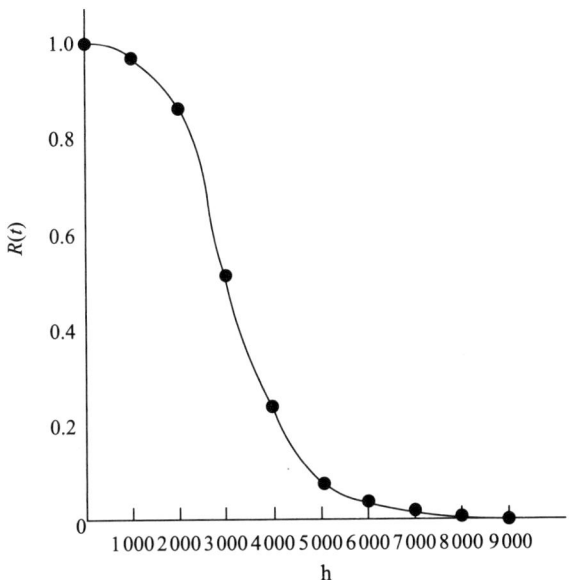

24. 题略

$R_S = 0.95$。

第 5 章 统计过程控制

12. 题略

（1）控制界限。

1）$\bar{x}$ 控制图的控制界限为：$CL_{\bar{x}} = 29.61$mm，$UCL_{\bar{x}} = 37.48$mm，$LCL_{\bar{x}} = 21.74$mm。

2）$\tilde{x}$ 控制图的控制界限为：$CL_{\tilde{x}} = 29.10$mm，$UCL_{\tilde{x}} = 37.70$mm，$LCL_{\tilde{x}} = 20.50$mm。

3）R 控制图的控制界限为：$CL_R = 10.80$mm，$UCL_R = 24.65$mm，$LCL_R = 0.00$mm。

（2）两组控制图。

1）$\bar{x}\text{-}R$ 控制图如下图所示。

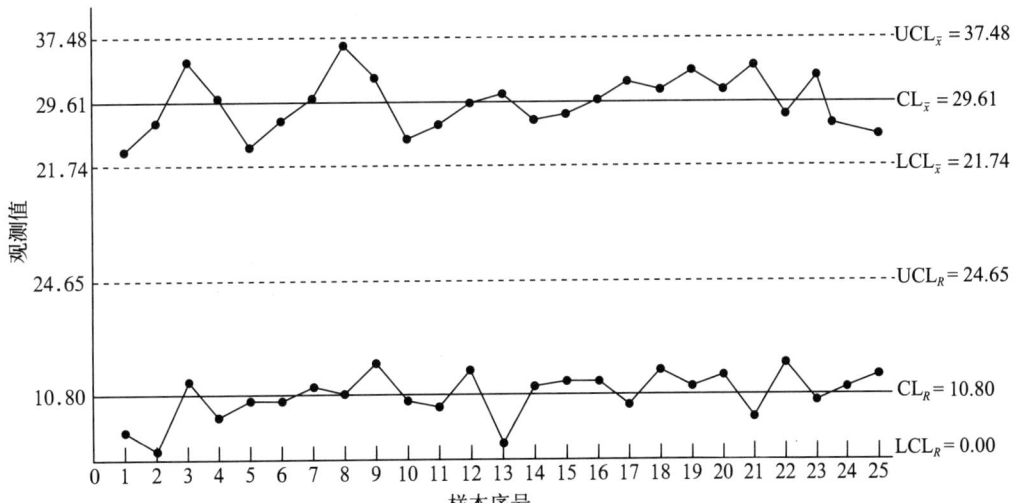

2）$\tilde{x}$-R 控制图如下图所示。

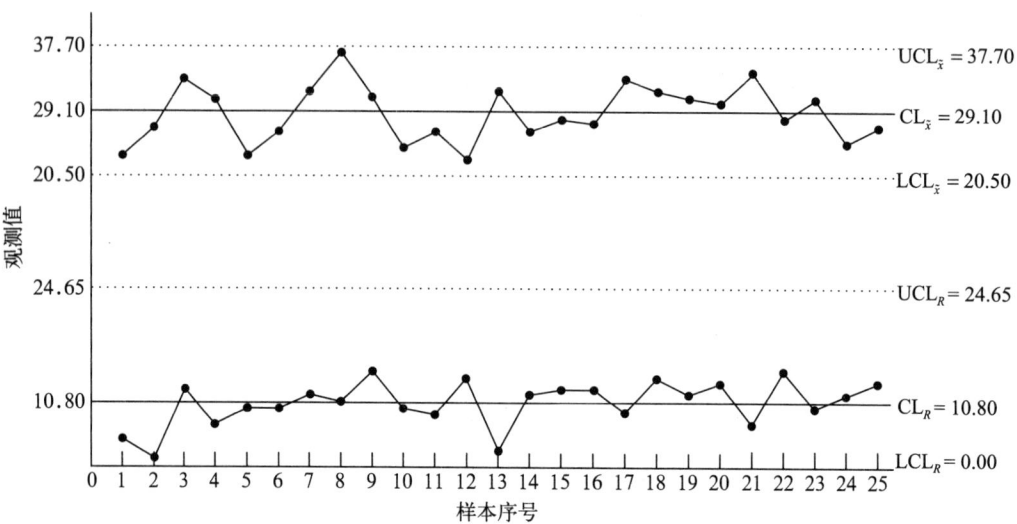

（3）控制状态判断。

从以上两组图可以看出，生产过程处于较好的控制状态。值得注意的是，在极差控制图中，自第 4 个样本点开始，到第 9 个样本点结束，6 个样本点呈现上升的趋势（第 8 个样本点有点例外）。这种情况应引起重视，如果存在必然性影响因素，就应消除必然性因素，保证生产过程处于良好的控制状态。

13. 题略

（1）控制界限为：$CL_p = 0.0082$，$UCL_p = 0.0112$，$LCL_p = 0.0052$。

（2）p 控制图如下图所示。

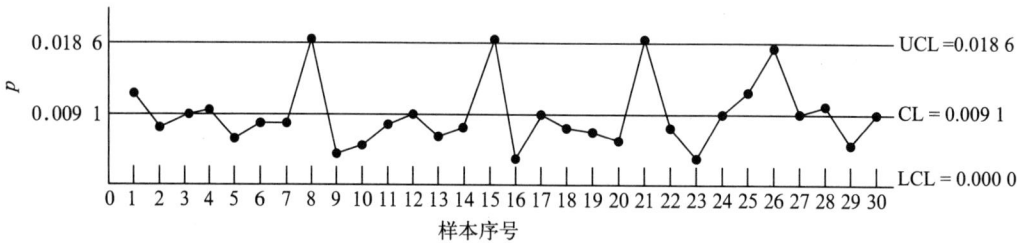

（3）从图中可以看出，在 30 个样本中，只有第 8、15、21 和 26 这 4 个样本的不合格产品率超出或接近控制界限，所以可以认为该体温计厂的质量状况良好。但应追踪分析第 8、15、21 和 26 这 4 个样本共 3 600 只体温计的生产情况，查找是否存在必然性原因。如果存在必然性影响因素，就应消除必然性因素，保证生产过程处于良好的控制状态。

14. 题略

（1）控制界限为：$CL_c = 5.33$，$UCL_c = 12.26$，$LCL_c = 0.01$。

（2）c 控制图如下图所示。

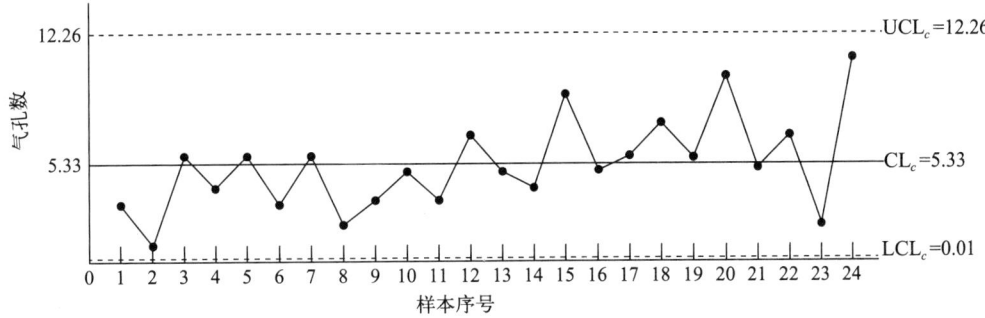

22. 题略

$C_p = 1.67$，$C_{pk} = 1.37$。根据工序能力等级要求，华乐联公司的生产工序能够满足杰普特公司需求的能力。但根据"顾客满意，持续改进"的质量管理理念，华乐联公司应从生产过程的 5M1E 六个方面加强质量监控，以提供质量水平更高的产品。

第 6 章 抽样检验

18. 题略

抽样方案为（517，15）。

27. 题略

（1）二次正常、加严和放宽检查抽样方案如下表所示。

类型	样本容量	A_c	R_e
正常	125	1	4
	125	4	5
加严	125	0	3
	125	3	4
放宽	50	0	4
	50	1	5

（2）正常、加严、放宽检查抽样方案的转移关系如下图所示。

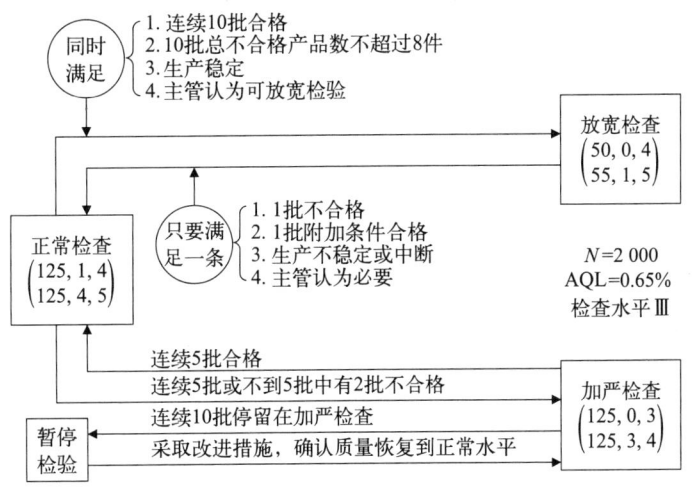

28. 题略

（1）二次正常、加严和放宽检查抽样方案如下表所示。

类型	样本容量	A_c	R_e
正常	200	2	5
	200	6	7
加严	200	1	4
	200	4	5
放宽	80	0	4
	80	3	6

（2）二次正常检查抽样方案如下图所示。

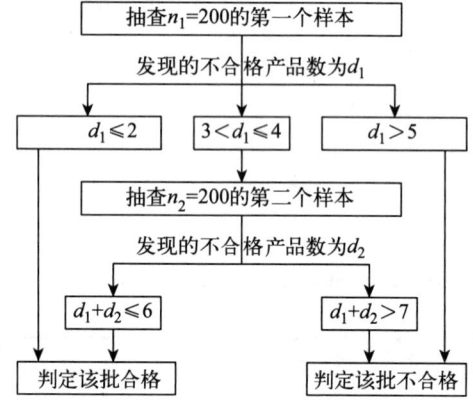

33. 题略

计量抽样方案为（6, 2.52）。

第8章 质量经济分析

34. 题略

（1）质量损失函数为：$L(Y)=12(Y-m)^2$。

（2）制造公差为：115 ± 2.58V。

（3）不能放行。

第10章 6σ管理

15. 题略

DPU = 0.02，DPO = 0.001 818，DPMO = 1 818，σ 水平在 4.4 至 4.5 之间。

17. 题略

$FTY_2 = 97\%$，$FTY_4 \approx 98\%$，$FTY_6 \approx 98\%$，$RTY \approx 93\%$。

参考文献

［1］朱兰，戈弗雷．朱兰质量手册：第5版［M］．焦叔斌，等译．北京：中国人民大学出版社，2003．

［2］JOHNSON R, KUBY P. Elementary statistics［M］. 8th ed. Duxbury：Thomson Learning, 2000.

［3］FOSTER S T. Managing quality: integrating the supply chain［M］. 6th ed. London：Pearson Education Limited, 2017.

［4］韩福荣．现代质量管理学［M］．4版．北京：机械工业出版社，2018．

［5］韩之俊，许前，钟晓芳．质量管理［M］．4版．科学出版社，2017．

［6］姜兴宇，王世杰，王宛山．网络化制造模式下产品全生命周期质量管理［M］．北京：冶金工业出版社，2011．

［7］梁工谦，刘德智，陈洪根．质量管理学［M］．3版．北京：中国人民大学出版社，2018．

［8］马风才，谷炜．质量管理［M］．3版．北京：机械工业出版社，2017．

［9］马林，何桢．六西格玛管理［M］．2版．北京：中国人民大学出版社，2007．

［10］孙静．质量管理学［M］．4版．北京：高等教育出版社，2018．

［11］王海燕，张斯琪，仲琴．服务质量管理［M］．北京：电子工业出版社，2014．

［12］王祖和．项目质量管理［M］．2版．北京：机械工业出版社，2018．

［13］杨大跃．首席质量官：华为管理转型与质量变革［M］．2版．北京：企业管理出版社，2023．

［14］杨文培，田茂华，杨璠．现代质量成本管理［M］．3版．北京：中国标准出版社，2022．

［15］杨跃进．六西格玛管理DMAIC方法操作实务［M］．北京：国防工业出版社，2011．

［16］詹姆斯·A.菲茨西蒙斯，莫娜·J.菲茨西蒙斯．服务管理：运作、战略与信息技术：原书第7版［M］．范秀成，杨坤，译．北京：机械工业出版社，2013．

［17］中国国家标准化管理委员会．质量管理体系 基础和术语：GB/T 19000—2016/ISO 9000：2015［S］．北京：中国标准出版社，2017．

［18］中国国家标准化管理委员会．质量管理体系 要求：GB/T 19001—2016/ISO 9001：2015［S］．北京：中国标准出版社，2017．

［19］中国国家标准化管理委员会．质量管理 组织的质量 实现持续成功指南：GB/T 19004—2020/ISO 9004：2018［S］．北京：中国标准出版社，2020．

［20］中国国家标准化管理委员会．管理体系审核指南：GB/T 19011—2021/ISO 19011：2018［S］．北京：中国标准出版社，2021．